Biblioteca de Obras Maestras del Pensamiento

El suicidio
Estudio de sociología

Emile
DURKHEIM

Biblioteca de Obras
Maestras del Pensamiento

El suicidio
Estudio de sociología

Traducción:
MANUEL ARRANZ

EDITORIAL LOSADA
BUENOS AIRES

Durkheim, Emile
El suicidio: estudio de sociología / Emile Durkheim. - 1ª ed.
1ª reimp. - Ciudad Autónoma de Buenos Aires: Losada, 2017.
- 446 p.; 22 x 14 cm. - (Biblioteca obras maestras del pensamiento)

Traducción de Manuel Arranz
ISBN 978-950-03-9291-4

1. Sociología. I. Manuel Arranz, trad. II. Título.
CDD 301

Título original:
Le suicide
Étude de sociologie

1ª edición en Biblioteca de Obras
Maestras del Pensamiento: enero de 2004

© Editorial Losada S. A.
Moreno 3362
Buenos Aires, 2003

Distribución:
Capital Federal: Vaccaro Sánchez, Moreno 794 - 9º piso
(1091) Buenos Aires, Argentina.
Interior: Distribuidora Bertrán, Av. Vélez Sársfield 1950
(1285) Buenos Aires, Argentina.

Interior y tapa: *Taller del Sur*

Queda hecho el depósito que marca la ley 11.723
Libro de edición argentina
Tirada 1500 ejemplares
Impreso en la Argentina - *Printed in Argentina*

Introducción

I

Dado que la palabra suicidio aparece continuamente en el curso de las conversaciones, podría pensarse que todo el mundo conoce su significado y que no vale la pena dar una definición de la misma. Sin embargo, las palabras que usamos habitualmente, como los conceptos que expresan, son siempre ambiguas y el científico que las empleara tal y como suelen ser usadas y sin más elaboración, se expondría a las mayores confusiones. No sólo su comprensión es tan imprecisa que varía de un caso a otro según las necesidades del discurso, sino que además, como su clasificación no procede de un análisis metódico, sino que no hace más que traducir las confusas impresiones del vulgo, sucede continuamente que categorías de hechos muy dispares se designan indistintamente con un mismo término, mientras que a hechos de la misma naturaleza se les llama con nombres diferentes. Por tanto, si nos dejamos guiar por la acepción común, corremos el riesgo de hacer distinciones en lo que es similar, o de considerar similar lo que debe ser distinguido, ignorando de este modo el verdadero parentesco entre las cosas y, consiguientemente, confundiendo su naturaleza. La mejor explicación es la comparación. Una investigación científica no puede concluirse con éxito más que si se apoya en hechos comparables, y cuantos más hechos reúna que puedan ser comparados con provecho, más posibilidades tendrá de lograr su objetivo. Pero estas afinidades naturales entre los seres no podrán conseguirse con ciertas garantías mediante un examen superficial como el que resulta de la terminología vulgar; por consiguiente, el científico no puede tomar como objetivos de sus investigaciones los conjuntos de hechos preestablecidos que se corresponden con las palabras del lenguaje corriente.

Por el contrario, deberá constituir él mismo los conjuntos que quiere estudiar, a fin de que tengan la homogeneidad y la especificidad necesarias para ser estudiados científicamente. Así es como el botánico, cuando habla de flores o de frutos, el zoólogo, cuando habla de peces o de insectos, utilizan esos diferentes términos en el sentido que previamente han convenido.

Nuestra primera tarea debe ser por tanto determinar el orden de los hechos que nos proponemos estudiar bajo la denominación de suicidios. Para ello, vamos a tratar de ver si, entre las diferentes clases de muerte, hay algunas que tienen en común características lo suficientemente objetivas como para poder ser reconocidas por cualquier observador de buena fe, lo suficientemente distintas como para que no se encuentren en otra parte, pero, al mismo tiempo, lo suficientemente parecidas a aquellas a las que generalmente se llama suicidios para que podamos, sin violentar su uso, conservar esta misma expresión. Si llega el caso, nos referiremos con esta denominación a todos los hechos, sin excepción, que presenten esas características distintivas, sin preocuparnos si nuestra clasificación no incluye todos los casos que se denominan comúnmente así o, por el contrario, incluye algunos a los que se suele denominar de otro modo. Pues lo que importa no es expresar con mayor precisión la noción que la mayoría de los mortales tiene del suicidio, sino constituir una categoría de hechos que, a la vez que puedan ser etiquetados bajo esa denominación sin ningún problema, tenga un fundamento objetivo, es decir corresponda a una naturaleza determinada de cosas.

Entre las diversas clases de muertes, hay algunas que revisten la peculiaridad de ser producto de la propia víctima, que son la consecuencia de un acto que lo padece quien lo ejecuta; por otra parte, es esa misma característica la que se encuentra en la base de la idea que nos hacemos generalmente del suicidio. Poco importa, por lo demás, la naturaleza intrínseca de los actos que producen ese resultado. Aunque, en general, se presente el suicidio como una acción positiva y violenta que implica un cierto despliegue de fuerza muscular, puede suceder que una actitud puramente negativa o una simple abstención tengan el mismo resultado. Uno se mata tanto negándose a alimentarse como destruyéndose con un arma. Ni siquiera es necesario que el acto que emana del sujeto haya antecedido inmediatamente a la muerte para que pueda considerarse su efecto; la relación de causalidad puede ser indirecta, el fenómeno no cambia por eso de naturaleza. El iconoclasta que, para conquistar los laureles del martirio, comete un crimen de lesa majestad que sabe que le condenará a morir a manos del verdugo, es tan autor de su propia muerte como si hubiera descargado sobre él mismo el golpe mortal; al menos, no hay ningún motivo para clasificar en géneros diferentes estas dos variantes de muertes voluntarias, pues no hay más diferencia entre ellas que los detalles materiales de la ejecución. Ya tenemos por tanto una primera conclusión: llamamos suicidio a toda muerte que provenga, tanto de forma mediata como inmediata, de un acto positivo o negativo, realizado por la propia víctima.

No obstante, esta definición está incompleta; no distingue entre dos clases de muertes muy diferentes. No deberíamos colocar en la misma clase y tratar de la misma manera la muerte del lunático que salta por una ventana elevada creyéndola al nivel del suelo, y la de un hombre, en su sano juicio, que atenta contra su vida sabiendo lo que hace. Incluso, en cierto sentido, son pocos los desenlaces mortales que no sean consecuencia, próxima o lejana, de alguna acción del que la padece. Las causas de muerte se encuentran generalmente más fuera que dentro de nosotros y sólo nos alcanzan cuando nos aventuramos en su esfera de acción.

¿Diremos entonces que sólo hay suicidio cuando el acto que provoca la muerte ha sido llevado a cabo por la víctima con esa finalidad? ¿Que sólo se mata verdaderamente quien ha querido matarse y que el suicidio es un homicidio intencionado de sí mismo? En primer lugar, esto sería definir el suicidio por una característica que, cualquiera que pueda ser su interés y su importancia, tendría, al menos, el inconveniente de no ser fácilmente reconocible porque no es fácil de observar. ¿Cómo saber qué móvil ha determinado al agente y si, cuando ha tomado la resolución, era la muerte lo que buscaba o alguna otra cosa? La intención es algo demasiado íntimo para poder adivinarla desde fuera con algo más que burdas aproximaciones. Se oculta incluso a una observación interior. ¡Cuántas veces nos equivocamos sobre las verdaderas razones que nos impelen a actuar! Continuamente explicamos por pasiones generosas o consideraciones elevadas, actos que nos han sido inspirados por pequeños sentimientos o incluso por una ciega rutina.

Por lo demás, de un modo general, un acto no puede definirse por la finalidad que persigue el agente, pues un mismo conjunto de movimientos, sin cambiar de naturaleza, puede perseguir muchos fines diferentes. Y por lo tanto, si sólo hay suicidio donde hay intención de matarse, habría que prescindir de esta denominación en aquellos casos que, a pesar de diferencias aparentes, son en el fondo idénticos a aquellos que todo el mundo llama así, y que no pueden ser llamados de otro modo a menos de vaciar el término de contenido. El soldado que va al encuentro de una muerte cierta para salvar a su regimiento no quiere morir, y sin embargo ¿no es el autor de su propia muerte tanto como el industrial o el comerciante que se matan para librarse de la vergüenza de la ruina? Y lo mismo puede decirse del mártir que muere por su fe, de la madre que se sacrifica por su hijo, etc. Que la muerte sea sencillamente aceptada como una condición lamentable, pero inevitable, del fin que se persigue, o bien que sea expresamente deseada y buscada por sí misma, el sujeto, tanto en un caso como en el otro, renuncia a la existencia, y las diferentes maneras de renunciar a ella no pueden ser más que variantes de una misma clase. Hay demasiadas similitudes fundamentales entre ellas como para no reunirlas bajo la misma denominación genérica, sin que ello sea óbice para que distingamos a continuación distintas especies dentro del mismo género. Sin duda, vulgarmente, el suicidio es ante todo el acto de desesperación de un hombre que no quiere seguir viviendo. Pero, en realidad, puesto que uno está todavía apegado a la vida en el momento en que se la quita, no se acaba de renunciar a ella; y, entre todos los actos mediante los cuales un ser vivo abandona así el bien más preciado de todos sus bienes, hay algunos rasgos comunes que son evidentemente esenciales. Por el contrario, la diversidad de móviles que pueden haber influido en su resolución sólo darán lugar a diferencias secundarias. Cuando la abnegación llega hasta el sacrificio inevitable de la vida, se trata científicamente de un suicidio; ya veremos más delante de qué clase.

Lo que es común a todas las formas posibles de renunciamiento supremo, es que el acto por el que se llevan a cabo sea con conocimiento de causa; que la víctima, en el momento de actuar, conozca las consecuencias de su conducta, cualquiera que hayan sido las razones que la han empujado a esa conducta. Todas las muertes que presentan esta particularidad característica se distinguen netamente de todas las otras en las que el sujeto paciente o bien no es el agente de su propia muerte, o bien sólo lo es inconscientemente. Se distinguen unas de las otras por una característica fácil de reconocer, pues no constituye un problema insoluble el saber si un individuo conocía o no por adelantado las consecuencias naturales de su acción. Forman por tanto un grupo definido, homogéneo, distinto de cualquier otro y que, por consiguiente, debe ser designado con una palabra especial. La de suicidio es apropiada y no hay motivo para inventar otra; pues la mayor parte de los hechos que denominamos habitualmente con esta palabra suelen ser tales. Digamos por tanto definitivamente: *Se llama suicidio a todo caso de muerte que resulta directa o indirectamente de un acto positivo o negativo, llevado a cabo por la propia víctima que sabía que iba a producir ese resultado.* La tentativa es el acto que lo define, pero frenado antes de que la muerte se produzca.

Esta definición es suficiente para excluir de nuestra investigación todo aquello concerniente al suicidio de los animales. Lo que sabemos de la inteligencia animal no nos permite atribuir a los animales una representación anticipada de su muerte, ni sobre todo de los medios capaces de producirla. Es cierto que vemos a algunos que se resisten a entrar en un edificio donde se ha matado a otros; se diría que presienten su suerte. Pero, en realidad, el olor de la sangre es suficiente para explicar ese movimiento instintivo de resistencia. Todos los casos más o menos auténticos que se citan y en los que se quiere ver suicidios propiamente dichos pueden ser explicados de otro modo. Si el escorpión enloquecido se clava a sí mismo su aguijón (cosa que, por lo demás, no es segura), probablemente se deba a una reacción automática e instintiva. La energía motriz, desencadenada por su estado de excitación, se descarga al azar, como puede; el resultado es que el animal se convierte en su propia víctima, sin que pueda decirse sin embargo que conociera por adelantado la consecuencia de su movimiento. Inversamente, si hay perros que se niegan a alimentarse cuando han perdido a su dueño, es porque la tristeza en la que están sumidos ha suprimido mecánicamente su apetito; como consecuencia mueren, pero sin que lo hubieran previsto. Ni el ayuno en este caso, ni la herida en el otro, se han empleado como medios cuyo efecto era conocido. Las características distintivas del suicidio, tal y como lo hemos definido, no están presentes. Por este motivo, de ahora en adelante, sólo vamos a ocuparnos del suicidio humano.[1]

Esta definición no tiene únicamente la ventaja de prevenir las inclusiones engañosas o las exclusiones arbitrarias; sino que nos da ya una idea del lugar que los suicidios ocupan en el conjunto de la vida moral. Nos muestra, en efecto, que no constituyen, como pudiera pensarse, un grupo totalmente aparte, una clase aislada de fenómenos monstruosos, sin ninguna relación con las demás formas de conducta, sino que por el contrario están todas relacionadas íntimamente. No son más que una forma exagerada de prácticas habituales. Como decíamos, hay suicidio cuando la víctima, en el momento en que comete el acto que debe poner fin a sus días, sabe con toda certeza lo que normalmente va a suceder. Pero esta certeza puede ser más o menos grande. Si la matizamos con algunas dudas, tendremos un hecho distinto, que ya no es un suicidio, pero que es un pariente cercano ya que no existen entre ellos más que diferencias de matiz. Un hombre que se arriesga por otro a sabiendas, pero sin que el desenlace mortal sea necesario, no es, evidentemente, un suicida, incluso si sucede que perezca, como tampoco lo es el imprudente que juega a sortear a la muerte, o el apático que, no interesándose por nada, no se toma la molestia de preocuparse por su salud y la arriesga por negligencia. Sin embargo, estas diferentes maneras de actuar no se distinguen radicalmente de los suicidios propiamente dichos. Proceden de estados de ánimo análogos, puesto que entrañan igualmente riesgos mortales que no son ignorados por el agente, y la perspectiva de esos riesgos no le detiene; la única diferencia es que las probabilidades de muerte son menores. De modo que cuando oímos decir de un científico que se mata a trabajar, hay

---

[1] Hay un pequeño número de casos que no pueden explicarse de este modo, pero que resultan más que sospechosos. Por ejemplo la observación, referida por Aristóteles, de un caballo que, descubriendo que le habían hecho montar a su madre sin que él lo supiera después de haberse negado varias veces, se habría precipitado voluntariamente desde lo alto de un barranco. (*Hist. de los animales*, IX, 47). Los criadores de caballos aseguran que el caballo no es en absoluto refractario al incesto. Ver sobre toda esta cuestión, Westgott, *Suicide*, p. 174-179.

algo de verdad en ello. Todos estos hechos constituyen distintas clases de suicidios embrionarios, y, si no conviene confundirlos con el suicidio consumado, tampoco hay que perder de vista las relaciones de parentesco que mantienen con este último. Pues una vez que hemos reconocido que el suicidio está relacionado sin solución de continuidad con los actos de valor y abnegación por un lado, y los de imprudencia y negligencia por otro, lo contemplamos bajo un aspecto distinto. Veremos con más detalle a continuación todo lo que estas comparaciones tienen de instructivo.

II

Sin embargo, definido el hecho en estos términos, ¿interesa al sociólogo? Puesto que el suicidio es un acto del individuo que sólo afecta al individuo, parece que deba depender exclusivamente de factores individuales y que, por consiguiente, sólo concierna a la psicología. De hecho, ¿no se suele explicar la resolución del suicida por su carácter, por sus antecedentes, por los acontecimientos de su historia privada?

De momento no nos preguntamos en qué medida y en qué condiciones resulta legítimo estudiar así los suicidios, pero lo que nos parece indudable es que pueden serlo desde otro punto de vista. Porque si en lugar de ver en ellos acontecimientos particulares, aislados unos de los otros y que requieren ser examinados uno a uno, se considera el conjunto de los suicidios cometidos en una sociedad dada durante un lapso determinado de tiempo, constatamos que el total obtenido por este medio no es una simple suma de unidades independientes, algo que forma un conjunto, sino que constituye en sí mismo un hecho nuevo, un hecho *sui generis*, que tiene una unidad y una individualidad propias, y por consiguiente una naturaleza propia, y que, además, esta naturaleza es eminentemente social. Así podemos ver que en una misma sociedad, mientras la observación no abarque un periodo demasiado largo, la cifra de suicidios es casi invariable, como demuestra la tabla I (v. p. 15). La razón es que, de un año a otro, las circunstancias en las que se desarrolla la vida de los pueblos son prácticamente las mismas. Naturalmente, a veces se producen variaciones más importantes; pero son siempre la excepción. Por lo demás, puede verse que siempre son contemporáneas de alguna crisis que afecta provisionalmente a la sociedad.[2] Así podemos ver que en 1848 hay una brusca tendencia a la baja en todos los Estados europeos.

Si consideramos un intervalo de tiempo más largo, podemos constatar cambios más pronunciados. Esos cambios se hacen a continuación crónicos; reflejan sencillamente que las características constitutivas de la sociedad han sufrido, en un mismo momento, profundas modificaciones. Es interesante observar que no se producen con la lentitud que les atribuyen un buen número de observadores; sino que son a la vez bruscas y progresivas. De repente, después de una serie de años en que las cifras han oscilado entre unos límites muy parecidos, se manifiesta una tendencia a la alza que, luego de algunas vacilaciones en sentido contrario, se afirma, se acentúa, y finalmente se consolida. La razón es que toda ruptura del equilibrio social, aunque estalle de forma repentina, necesita siempre tiempo para producir todas sus consecuencias. La evolución del suicidio está compuesta por tanto de ondas de movimiento, diferentes y sucesivas, que tienen lugar por impulsos, se desarrollan durante un tiempo, y luego se detienen para volver a empezar a continuación. En la tabla anterior puede verse como una de esas ondas se ha formado en casi toda Europa inmediatamente después de los acontecimientos de 1848, es decir entre los años 1850-1853 según los países; otra comenzó en Alemania después de la guerra de 1866, en Francia un poco antes, hacia 1860, en la época que corresponde al apogeo del gobierno imperial, en Inglaterra hacia 1868, es decir después de la revolución comercial que determinarían los tratados de comercio. Tal vez se deba también a la misma causa el nuevo recrudecimiento que se constata en nuestro país hacia 1865. En fin, después de la guerra de 1870 ha comenzado un nuevo movimiento hacia delante que todavía dura y que se da de una forma casi general en toda Europa.[3]

---

[2] Hemos puesto entre paréntesis las cifras que se relacionan con esos años excepcionales.

[3] En la tabla hemos representado alternativamente mediante cifras en redonda o cifras en cursiva las series de números que representan las diferentes ondas de movimiento, con el fin de hacer visible la individualidad de cada una de ellas.

Tabla I
Constancia del suicidio en los principales países de Europa.
(cifras absolutas)

Años	Francia	Prusia	Inglaterra	Sajonia	Baviera	Dinamarca
1841	2814	1630		290		337
1842	2866	1598		318		317
1843	3020	1720		420		301
1844	2973	1575		335	244	285
1845	3082	1700		338	250	290
1846	3102	1707		373	220	376
1847	(3647)	(1852)		377	217	345
1848	(3301)	(1649)		398	215	(305)
1849	3583	(1527)		(328)	(189)	337
1850	3596	1736		390	250	340
1851	3598	1809		402	260	401
1852	3676	2073		530	226	426
1853	3415	1942		431	263	419
1854	3700	2198		547	318	363
1855	3810	2351		568	307	399
1856	4189	2377		550	318	426
1857	3967	2038	1349	485	286	427
1858	3903	2126	1275	491	329	457
1859	3899	2146	1248	507	387	451
1860	4050	2105	1365	548	339	468
1861	4454	2185	1347	(643)		
1862	4770	2112	1317	557		
1863	4613	2374	1315	643		
1864	4521	2203	1340	(545)		411
1865	4946	2361	1392	619		451
1866	5119	2485	1329	704	410	443
1867	5011	3625	1316	752	471	469
1868	(5547)	3658	1508	800	453	498
1869	5114	3544	1588	710	425	462
1870		3270	1554			486
1871		3135	1495			
1872		3467	1514			

Cada sociedad tiene por lo tanto, en cada momento de su historia, una capacidad determinada para el suicidio. La intensidad relativa de esta capacidad puede medirse comparando la cifra global de las muertes voluntarias con la población total de cualquier edad y sexo. Llamaremos a este dato numérico *tasa de mortalidad-suicida propia de la sociedad considerada*. Se la calcula generalmente con relación a un millón o a cien mil habitantes.

Esta tasa no es solamente constante durante largos periodos de tiempo, sino que además su invariabilidad es mayor que la de los principales fenómenos demográficos. La mortalidad general, particularmente, varía mucho más a menudo de un año a otro y las variaciones por las que atraviesa son mucho más importantes. Para comprobarlo, basta con comparar, durante varios periodos, el modo en que evolucionan uno y otro fenómeno. Esto es lo que hemos hecho en la tabla II (v. p. 17). Para facilitar la comparación, tanto para las defunciones como para los suicidios, hemos reflejado la tasa de cada año en función de la tasa media del periodo, referida a 100. Las desviaciones de un año a otro, o en relación a la tasa media, pueden compararse en las dos columnas. Como resultado de esta comparación vemos que en todos los periodos las variaciones son mucho mayores y más considerables en la mortalidad general que en los suicidios; por término medio, es de dos veces mayor. Únicamente la desviación *mínima* entre dos años consecutivos es sensiblemente igual en las dos partes durante los dos últimos periodos. Sólo que ese *mínimo* es una excepción en la columna de las defunciones, mientras que por el contrario las variaciones anuales entre los suicidios sólo difieren excepcionalmente. Esto puede verse comparando las desviaciones medias.[4]

Es verdad que si se comparan, no ya los años sucesivos de un mismo periodo, sino las medias de periodos diferentes, las variaciones que se observan en las tasas de mortalidad son casi insignificantes. Los cambios en sentido contrario que tienen lugar de un año a otro y que son debidos a la influencia de causas pasajeras y accidentales, se neutralizan mutuamente cuando calculamos a partir de una unidad de tiempo más larga; desaparecen de hecho

---

[4] Wagner ya había comparado de esta forma la mortalidad con la nupcialidad (*Die Geselzmässigkeit*, etc., p. 87).

Tabla II
Variaciones comparadas entre tasas de mortalidad-suicidio y tasas de mortalidad general.

Periodo 1841-46	Suicid. por 100.000 habit.	Defunc. por 1.000 habit.	Periodo 1849-55	Suicid. por 100.000 habit.	Defunc. por 1.000 habit.	Periodo 1856-60	Suicid. por 100.000 habit.	Defunc. por 1.000 habit.
			A. – Cantidades absolutas					
1841	8,2	23,2	1849	10,0	27,3	1856	11,6	23,1
1842	8,3	24,0	1850	10,1	21,4	1857	10,9	23,7
1843	8,7	23,1	1851	10,0	22,3	1858	10,7	24,1
1844	8,5	22,1	1852	10,5	22,5	1859	11,1	26,8
1845	8,8	21,2	1853	9,4	22,0	1860	11,9	21,4
1846	8,7	23,2	1854	10,2	27,4			
			1855	10,5	25,9			
Medias	8,5	22,8	Medias	10,1	24,1	Medias	11,2	23,8
			B. – Tasa de cada año expresada en función de la media referida a 100					
1841	96	101,7	1849	98,9	113,2	1856	103,5	97
1842	97	105,2	1850	100	88,7	1857	97,3	99,3
1843	102	101,3	1851	98,9	92,5	1858	95,5	101,2
1844	100	96,9	1852	103,8	93,3	1859	99,1	112,6
1845	103,5	92,9	1853	93	91,2	1860	106,0	89,9
1846	102,3	101,7	1854	100,9	113,6			
			1855	103	107,4			
Medias	100	100	Medias	100	100	Medias	100	100

	Entre dos años consecutivos			Por encima y por debajo de la media	
	Diferencia Máxima	Diferencia mínima	Diferencia media	Máximo por debajo	Máximo por encima
C. – Tamaño de la diferencia					
Periodo 1841-46:					
Mortalidad general	8,8	2,5	4,9	7,1	4,0
Tasa de suicidios	5,0	1	2,5	4	2,8
Periodo 1841-46:					
Mortalidad general	24,5	0,8	10,6	13,6	11,3
Tasa de suicidios	10,8	1,1	4,48	3,8	7,0
Periodo 1856-60:					
Mortalidad general	22,7	1,9	9,57	12,6	10,1
Tasa de suicidios	6,9	1,8	4,82	6,0	4,5

de la cifra media que, como consecuencia de esta eliminación, presenta una considerable invariabilidad. Así, en Francia, de 1841 a 1870, ha sido sucesivamente para cada periodo decenal de 23'18; 23'72; 22'87. Pero ante todo, es un hecho notable que el suicidio demuestre, de un año a otro, un grado de constancia al menos igual, si no superior, al que la mortalidad general no manifiesta más que de un periodo a otro. Además, la tasa media de la mortalidad no alcanza esta regularidad más que cuando se convierte en algo general e impersonal que sólo puede servir de un modo muy imperfecto para caracterizar a una sociedad determinada. Esta es prácticamente la misma en todos los pueblos que han alcanzado más o menos el mismo grado de civilización; o por lo menos, las diferencias son muy pequeñas. Así, en Francia, como acabamos de ver, oscila, de 1841 a 1870, alrededor de 23 fallecimientos por cada 1000 habitantes; durante el mismo periodo, ha sido sucesivamente en Bélgica de 23'93, de 22'5, de 24'04; en Inglaterra de 22'32, de 22'21, de 22'68; en Dinamarca de 22'65 (1845-49), de 20'44 (1855-59), de 20'4 (1861-68). Si exceptuamos Rusia que todavía no puede considerarse europea más que geográficamente, los únicos grandes países de Europa en que el diezmo mortuorio se diferencia sensiblemente de las cifras precedentes son Italia, en la que ascendía de 1861 a 1867 hasta el 30'6, y Austria, donde todavía era más considerable (32'52).[5] Por el contrario, la tasa de suicidios, al mismo tiempo que no acusa más que débiles modificaciones anuales, varía según las sociedades multiplicándose por dos, por tres, por cuatro, en incluso más (ver tabla III, p. 19). Es, por tanto, en mucha mayor medida que la tasa de mortalidad, propia de cada grupo social del que puede ser considerada un índice característico. Está incluso tan estrechamente ligada a lo que hay de más profundamente específico en cada temperamento nacional, que el orden en el que se clasifican las diferentes sociedades, desde este punto de vista, es prácticamente el mismo en épocas muy diferentes. Eso es lo que demuestra el examen de esta misma tabla. En el transcurso de los tres periodos comparados, la tendencia al suicidio se ha recrudecido en todas partes; sin embar-

---

[5] Según Bertillon, en su artículo *"Mortalité"* del *Dictionnaire encyclopédique des sciences médicales*, t. LXI, p. 738.

Tabla III
Tasa de suicidios por millón de habitantes en los diferentes países de Europa.

	Periodo			Número de orden		
	1866-70	1871-75	1874-78	1º periodo	2º periodo	3º periodo
Italia	30	35	38	1	1	1
Bélgica	66	69	78	2	3	4
Inglaterra	67	66	69	3	2	2
Noruega	76	73	71	4	4	3
Austria	78	94	130	5	7	7
Suecia	85	81	91	6	5	5
Baviera	90	91	100	7	6	6
Francia	135	150	160	8	9	9
Prusia	142	134	152	9	8	8
Dinamarca	277	258	255	10	10	10
Sajonia	293	267	334	11	11	11

go, en esta progresión, los diferentes pueblos han guardado sus respectivas distancias. Cada uno tiene su propio coeficiente de aceleración.

La tasa de suicidios constituye por tanto un orden de hechos único y determinado; eso es lo que demuestra, a la vez, su estabilidad y su variabilidad. Pues esta estabilidad sería inexplicable si no estuviera referida a un conjunto de características distintivas, relacionadas unas con otras, y que, a pesar de la diversidad de las circunstancias ambientales, se afirman simultáneamente; y esta variabilidad es la mejor prueba de la naturaleza individual y concreta de esas mismas características, puesto que varían tanto como la individualidad social misma. En resumidas cuentas, lo que demuestran estos datos estadísticos, es la tendencia al suicidio de la que toda sociedad está colectivamente aquejada. No podemos decir en estos momentos en qué consiste esta tendencia, si es un estado *sui generis* del alma colectiva,[6] con su realidad propia, o si no representa

---

[6] Naturalmente, utilizando esta expresión no pretendemos hipostasiar la conciencia colectiva. No admitimos ningún alma substancial ni en la sociedad ni en el individuo. Volveremos por lo demás sobre este punto.

más que una suma de estados individuales. Aunque las consideraciones que preceden sean difícilmente conciliables con esta última hipótesis, aplazamos el problema que será tratado a lo largo de esta obra.[7] No importa lo que se piense sobre este tema, no queda más remedio que admitir que esta tendencia existe de un modo o de otro. Toda sociedad está predispuesta a proporcionar un contingente determinado de muertes voluntarias. Esta predisposición puede por tanto ser objeto de un estudio especial propio de la sociología. Y es este estudio el que vamos a emprender aquí.

Nuestra intención no es por tanto hacer un inventario lo más completo posible de todas las condiciones que pueden entrar en la génesis de los suicidios particulares, sino únicamente investigar aquellas de las que depende este hecho concreto que hemos denominado la tasa social de los suicidios. Somos conscientes de que las dos cuestiones son muy distintas, por mucho que puedan tener en común. Pues entre las condiciones individuales, hay evidentemente muchas que no son lo suficientemente generales como para afectar a la relación entre el número total de muertes voluntarias y la población. Pueden contribuir, tal vez, a que tal o cual individuo aislado se mate, pero no a que la sociedad *globalmente considerada* tenga hacia el suicidio una inclinación más o menos intensa. Lo mismo que no obedecen a ningún estado determinado de la organización social, tampoco tienen repercusiones sociales. Por lo tanto, interesan al psicólogo, no al sociólogo. Lo que busca este último, son las causas por medio de las cuales es posible actuar, no sobre los individuos aisladamente, sino sobre el grupo. Por consiguiente, entre los factores de los suicidios, los únicos que le conciernen son aquellos que influyen en el conjunto de la sociedad. La tasa de los suicidios es el producto de estos factores. Esta es la razón por la que debemos atenernos a ella.

Tal es el objeto del presente trabajo que estará dividido en tres partes.

El fenómeno que se trata de explicar no puede ser debido más que a causas extra-sociales muy generales o a causas propiamente sociales. Nos preguntaremos primero cuál es la influencia de las primeras y veremos que es nula o muy limitada.

[7] V. Libro III, cap. I.

Determinaremos a continuación la naturaleza de las causas sociales, la manera en la que producen sus efectos, y sus relaciones con los estados individuales que acompañan las diferentes clases de suicidios.

Una vez hecho esto, estaremos en mejores condiciones para precisar en qué consiste el elemento social del suicidio, es decir esa tendencia colectiva de la que acabamos de hablar, cuáles son sus relaciones con los otros hechos sociales y con qué medios puede actuarse sobre ella.[8]

---

[8] Al principio de cada capítulo, cuando sea necesario, se encontrará la bibliografía especial de las cuestiones particulares que son tratadas en él. A continuación damos las fuentes relativas a la bibliografía general del suicidio.

I. — PUBLICACIONES ESTADÍSTICAS OFICIALES A LAS QUE HEMOS RECURRIDO PRINCIPALMENTE

Oesterreichische Statistik (Statistik des Sanitätswesens). – *Annuaire statistique de la Belgique.* – *Zeitschrift des Koeniglich Bayerischen statistichen bureau.* – *Preussische Statistik (Sterblichkeit nach Todesursachen und Altersclassen der gestorbenen).* – *Württembürgische Iahrbücher für Statistik und Landeskunde.* – *Badische Statistik.* – *Tenth Census of the United States. Report on the Mortality and vital statistic of the United States 1880, II^a Parte.* – *Annuario statistico Italiano.* – *Statistica delle cause delle Morti in tutti i communi del Regno.* – *Relazione medico-statistica sulle conditione sanitarie dell' Exercito Italiano.* – *Statistische Nachrichten des Grossherzogtums Oldenburg.* – *Compte rendu général de l'administration de la justice criminelle en France.*

Statistisches Iahrbuch der Stadt Berlin. – *Statistik der Stadt Wien.* – *Statistisches Handbuch für den Hamburgischen Staat.* – *Jahrbuch für die amtliche Statistik der Bremischen Staaten.* – *Annuaire statistique de la ville de Paris.*

Pueden encontrarse además útiles informaciones en los siguientes artículos: Platter, Ueber die Selbstmorde in Oesterreich in den Iahren 1819-1872, in *Statist. Monatsch.*, 1876. – Brattassévic, Die Selbstmorde in Oesterreich in den Iahren 1873-77, in *Stat. Monatsch.*, 1878, p. 429. – Ogle, Suicide in England and Wales in relation to Age, Sex, Season and Occupation, in *Journal of the Statistical Society*, 1886. – Rossi, Il Suicidio nella Spagna nel 1884, *Arch. di psychiatria*, Turin, 1886.

II. — ESTUDIOS SOBRE EL SUICIDIO EN GENERAL

De Guerry, *Statistique morale de la France*, París, 1835, y *Statistique morale comparée de la France el de l'Angleterre*, Paris, 1864. – Tissot, *De la manie du suicide et de l'esprit de révolte, de leurs causes et de leurs remèdes*, Paris, 1841. – Etoc-Demazy, *Recherches statistiques sur le suicide*, Paris, 1884. – Lisle, *Du suicide*, Paris, 1856. – Wappäus, *Allgemeine Bevölkerungsstatistik*, Leipzig, 1861. – Wagner, *Die Gesetzmässigkei in den scheinbar willkürlichen menschlichen Handlungen*, Hamburgo, 1864, II^a Parte. – Brierre de Boismont, *Du suicide et de la folie-suicide*, Paris, Germer Baillière, 1865. – Douay, *Le suicide et la mort volontaire*, Paris, 1870. – Leroy, *Etude sur le suicide et les maladies mentales dans le département de Seine-*

et-Marne, Paris, 1870. – Oettingen, *Die Moralstatistik, 3º* Auflage, Erlangen, 1882, p. 786-832 y cuadros anexos 103-120. – Del mismo, *Ueber acuten und chronischen Selbstmord*, Dorpat, 1881. – Morselli, *Il suicidio*, Milan, 1879. – Legoyt, *Le suicide ancien et moderne*, Paris, 1881. – Masaryk, *Der Selbstmord als sociale Massenerscheinung*, Viena, 1881. – Westcott, *Suicide, its history, litterature, etc.*, Londres, 1885. – Motta, *Bibliografia del Suicidio*, Bellinzona, 1890. – Corre, *Crime et suicide*, París, 1891. – Bonomelli, *Il Suicidio*, Milan, 1892. – Mayr, *Selbstmordstatistik*, en *Handwörterbuch der Staatswissenschaften, herausgegeben von Conrad, Erster Supplementband*, Jena, 1895. – Hauviller, D., *Suicide*, Tesis, 1898-99.

LIBRO PRIMERO
Los factores extra-sociales

Capítulo I

El suicidio y los estados psicopáticos[1]

Hay dos clases de causas extra-sociales a las cuales se puede *a priori* atribuir una influencia sobre la tasa de los suicidios: las disposiciones orgánico-psíquicas y la naturaleza del medio físico. Podría suceder que en la constitución individual, o al menos en la constitución de una clase importante de individuos, hubiese una propensión, de intensidad variable según los países, que empujara directamente al hombre al suicidio; por otro lado, el clima, la temperatura, etc., podrían, por la manera en que actúan sobre el organismo, tener indirectamente los mismos efectos. La hipótesis, en cualquier caso, no puede descartarse sin discusión. Vamos por tanto a examinar sucesivamente estos dos órdenes de factores y a tratar de descubrir si de algún modo forman parte del fenómeno que estudiamos, y si es así, qué parte.

---

[1] *Bibliografía*. – Falret, *De l'hypocondrie et du suicide*, Paris, 1822. – Esquirol, *Des maladies mentales*, Paris, 1838 (t. I, p. 526-676) y artículo Suicidio, en *Dictionnaire de médecine*, en 60 vol. – Cazauvieilh, *Du suicide et de l'aliénation mentale*, Paris, 1840. – Etoc-Demazy, De la folie dans la production du suicide, en *Annales médico-psych.*, 1844. – Bourdin, *Du suicide consideré comme maladie*, Paris, 1845. – Dechambre, De la monomanie homicide-suicide, en *Gazette médic.*, 1852. – Jousset, *Du suicide et de la monomanie suicide*, 1858. – Bierre de Boismont, *op. cit.* – Leroy, *op. cit.* – Art. "Suicidio", del *Dictionnaire de médecine et de chirugie pratique*, t. XXXIV, p. 117. – Strahan, *Suicide and Insanity*, London, 1894. – Lunier, *De la production et de la consommation des boissons alcooliques en France*, Paris, 1877. – Del mismo, art. en *Annales médico-psych.*, 1872; *Journal de la Soc. de stat.*, 1878. – Prinzing, *Trunksucht und Selbstmord*, Leipzig, 1895.

I

Hay enfermedades cuya tasa anual es relativamente constante en una sociedad determinada, al mismo tiempo que varía sensiblemente según los pueblos. Por ejemplo la locura. Si hubiera algún motivo para ver en toda muerte voluntaria una manifestación vesánica, el problema que nos hemos planteado estaría resuelto; el suicidio sería una afección individual.[2]

Esta es la tesis que sostienen numerosos alienistas. Según Esquirol: "El suicidio presenta todas las características de las enfermedades mentales".[3] – "El hombre no atenta contra su vida más que cuando está bajo los efectos de un delirio y los suicidas son enfermos mentales".[4] Partiendo de este principio, concluía que el suicidio, al ser involuntario, no debía ser castigado por la ley. Falret[5] y Moreau de Tours se expresan en términos casi idénticos. Cierto, sin embargo, que este último, en el mismo pasaje en que enuncia la doctrina que suscribe, hace una observación que basta para volverla sospechosa: "El suicidio, dice, ¿debe contemplarse en todos los casos como el resultado de una enfermedad mental? Sin querer resolver aquí esta difícil cuestión, digamos de una forma general que instintivamente uno se inclina tanto más a una respuesta afirmativa cuanto más profundamente se ha estudiado la locura, más experiencia se ha adquirido, y más enfermos mentales se han visto".[6] En 1845, el doctor Bourdin, en un opúsculo que cuando apareció levantó cierta polémica en el mundo de la medicina, sostenía de una forma más radical todavía la misma opinión.

Esta teoría puede ser defendida, y de hecho lo ha sido, de dos maneras diferentes. O bien se afirma que, por sí mismo, el suicidio constituye una entidad mórbida *sui generis*, una locura especial; o bien, sin hacer de él una especie distinta, se lo toma simplemente

---

[2] En la medida en que la locura es ella misma puramente individual. En realidad es un fenómeno social en parte. Volveremos sobre este punto.
[3] *Maladies mentales*, T. I, p. 639.
[4] *Ibid.*, T. I, p. 665.
[5] *Du suicide*, etc., p. 137.
[6] En *Annales médico-psych.*, T. VII, p. 287.

como un episodio de una o de varias clases de locura, que no se encuentra en los individuos sanos de mente. La primera tesis es la de Bourdin; Esquirol, por el contrario, es el representante más autorizado de la otra corriente. "De todo lo anterior, nos dice, podemos deducir ya que el suicidio no representa para nosotros más que un fenómeno resultante de un gran número de causas diversas, y que se presenta con características muy diferentes; un fenómeno que no puede caracterizar a una enfermedad. Haber hecho del suicidio una enfermedad *sui generis* es lo que ha llevado a establecer hipótesis generales desmentidas por la experiencia".[7]

De estas dos maneras de demostrar el carácter vesánico del suicidio, la segunda es la menos rigurosa y la menos convincente en razón del principio de que no puede haber experiencia negativa. Es imposible, efectivamente, proceder a un inventario completo de todos los casos de suicidio y demostrar en cada uno de ellos la influencia de la enfermedad mental. Sólo pueden citarse ejemplos particulares que, por numerosos que sean, no pueden servir como argumento para una generalización científica; aunque no se alegaran ejemplos en contra, siempre serían posibles. Sin embargo la otra prueba, si pudiera ser demostrada, sería concluyente. Si se llega a demostrar que el suicidio es una locura que tiene sus características propias y una evolución particular, el problema estaría resuelto; todo suicida es un loco.

¿Pero existe realmente una locura suicida?

II

Siendo la tendencia al suicidio por naturaleza especial y concreta, si constituyera una variedad de la locura, no podría ser más que una locura parcial y limitada a un único acto. Para que pueda ser característica de un delirio, sería necesario que estuviera referida solamente a ese único objeto; pues si tuviera múltiples objetos, no habría razón para definirla por uno de ellos y no por otro. En la terminología tradicional de la patología mental, se llaman monomanías a estos delirios parciales. El monomaniaco es

---

[7] *Maladies mentales*, T. I, p. 528.

un enfermo cuya conciencia está perfectamente sana, excepto en un punto; sólo presenta una tara claramente localizada. Por ejemplo, siente por momentos un deseo irracional y absurdo de beber o de robar o de insultar; pero todos sus demás actos como todos sus demás pensamientos son absolutamente normales. Si hay por lo tanto una locura suicida, sólo puede ser una monomanía y así es precisamente como se la ha calificado lo más a menudo.[8]

Inversamente, se comprende que si se admite este género particular de enfermedades llamadas monomanías, se quiera incluir entre ellas al suicidio. Lo que caracteriza estas afecciones, según la definición que acabamos de traer a colación, es que no implican desarreglos esenciales en el funcionamiento intelectual. El substrato de la vida mental es el mismo en el monomaniaco y en el hombre de mente sana; la única diferencia es que, en el primero, un estado psíquico determinado se desprende de ese substrato común adquiriendo una importancia excepcional. La monomanía, efectivamente, es sencillamente, en el orden de las tendencias, una pasión exagerada, y en el orden de las representaciones, una idea falsa, pero de tal intensidad que obsesiona a la mente y la priva de toda libertad. Por ejemplo, normalmente, la ambición se convierte en enfermiza y se transforma en monomanía de grandeza cuando adquiere proporciones tales que todas las demás funciones cerebrales quedan como paralizadas. Basta por lo tanto con que un movimiento un poco violento de la sensibilidad venga a turbar el equilibrio mental para que la monomanía aparezca. Ahora bien, parece que los suicidas se encuentran generalmente bajo la influencia de alguna pasión anormal, que agota su energía de repente o no la desarrolla más que a la larga; podría pensarse incluso, aparentemente con razón, que es necesaria siempre alguna fuerza de esta naturaleza para neutralizar el instinto, tan fundamental, de conservación. Por otra parte, muchos suicidas, si prescindimos del acto especial por el que ponen fin a sus días, no se diferencian en nada del resto de los hombres; no hay, por consiguiente, ninguna razón para atribuirles un delirio general. De este modo, considerándolo como una monomanía, es como se ha incluido al suicidio entre las vesanias.

---

[8] V. Brierre de Boismont, p. 140.

¿Pero existen las monomanías? Durante mucho tiempo, su existencia no ha sido puesta en duda; todos los alienistas admitían unánimemente y sin discusión la teoría de los delirios parciales. No sólo se la creía demostrada por la observación clínica, sino que se la presentaba como un corolario de las enseñanzas de la psicología. Se sostenía entonces que la mente humana estaba formada por facultades diferentes y fuerzas distintas que cooperaban por regla general, pero que eran susceptibles de actuar por separado; parecía entonces natural que pudiesen ser afectadas individualmente por la enfermedad. Puesto que el hombre puede manifestar inteligencia sin voluntad y sensibilidad sin inteligencia, ¿por qué no iba a haber enfermedades de la inteligencia o de la voluntad sin trastornos de la sensibilidad y viceversa? Aplicando este mismo principio a las formas más específicas de estas facultades, se llega a admitir que la lesión podría afectar exclusivamente a una tendencia, a una acción determinada, o a una idea aislada.

Sin embargo, hoy en día esta opinión sido universalmente abandonada. Seguramente no se puede demostrar directamente por la observación que no haya monomanías; pero se acepta que es imposible citar un solo ejemplo irrefutable. Jamás la experiencia clínica ha observado una tendencia enfermiza de la mente en un estado de auténtico aislamiento; siempre que una facultad ha sido dañada, las otras también lo han sido, y si los partidarios de la monomanía no han percibido esas lesiones concomitantes, es porque han hecho mal sus observaciones. "Tomemos por ejemplo, dice Falret, un loco preocupado por ideas religiosas y al que clasificaríamos entre los monomaníacos religiosos. Se cree un enviado de Dios; encargado de una misión divina, trae al mundo una nueva religión... Esta idea, diréis, es completamente loca, sin embargo, dejando aparte esta serie de ideas religiosas, razona como cualquier otro hombre. Pues bien, interrogadle con más cuidado y no tardaréis en descubrir en él otras ideas enfermizas; encontraréis, por ejemplo, paralelamente a las ideas religiosas, una tendencia al orgullo. No se cree únicamente llamado a reformar la religión, sino a reformar la sociedad; tal vez incluso se imagine que le espera el destino más alto... Admitamos que después de haber buscado en ese enfermo tendencias orgullosas, no las habéis encontrado, entonces constatareis ideas de humildad o tendencias punitivas. El enfermo, preocupado por sus ideas religiosas, se imaginará perdido, destinado a perecer, etc.".[9] Sin duda, todos estos delirios no se encuentran juntos, por regla general, en un mismo sujeto, pero esos son los que se suelen encontrar juntos lo más a menudo; o bien, cuando no coexisten en un único y mismo momento de la enfermedad, se suelen suceder en fases más o menos próximas.

En una palabra, independientemente de estas manifestaciones particulares, se da siempre en los pretendidos monomaniacos un estado general de toda la vida mental que constituye el fondo mismo de la enfermedad y del cual esas ideas delirantes no son más que su expresión superficial y pasajera. Lo fundamental es que siempre encontraremos una exaltación excesiva, o una depresión grave, o una perversión general. Se da sobre todo una ausencia de equilibrio y de coordinación tanto en el pensamiento como en la acción. El enfermo razona, pero sus ideas no se siguen unas a otras sin que se produzcan lagunas; no se comporta de una forma absurda, pero su conducta carece de sentido. No es por tanto exacto decir que la locura pueda reclamar su parte, una parte limitada; desde el momento en que penetra en el entendimiento, lo invade todo por completo.

Por otra parte, el principio sobre el que se apoyaba la hipótesis de las monomanías está en contradicción con los descubrimientos actuales de la ciencia. La vieja teoría de las facultades ya no la sostiene nadie. Ya no se piensa que las diferentes manifestaciones de la actividad consciente sean fuerzas separadas que sólo se reúnen y encuentran su unidad en el seno de una substancia metafísica, sino que son por el contrario funciones solidarias; es por consiguiente imposible que una sea dañada sin que ese daño repercuta en las otras. Esta compenetración es incluso más íntima en la vida cerebral que en el resto del organismo: porque las funciones psíquicas no disponen de órganos lo suficientemente diferenciados unos de otros como para que uno pueda ser afectado sin que los demás no lo sean. Su distribución entre las diferentes regiones del encéfalo no tiene nada de definido, como demuestra la facilidad con que las diferentes partes del cerebro se sustituyen mutuamente cuando una de ellas se encuentra impedida para realizar su

---

[9] *Maladies mentales*, p. 437.

tarea. Su interdependencia es por tanto demasiado íntima como para que la locura pueda afectar a unas dejando a las otras intactas. Con mayor motivo aun, es completamente imposible que pueda alterar una idea o un sentimiento particular sin que la vida psíquica sea alterada en su misma raíz. Las representaciones y las tendencias no tienen existencia propia; no son como pequeñas substancias, átomos espirituales que, combinándose unos con otros, forman la mente. No hacen más que manifestar externamente el estado general de los centros conscientes; son producto de ellos a la vez que su expresión. Por consiguiente, no pueden tener un carácter mórbido sin que ese estado se encuentre él mismo viciado.

Pero si las taras mentales no son susceptibles de ser localizadas, entonces no hay, y no puede haber monomanías propiamente dichas. Las afecciones, aparentemente locales, a las que se ha dado en llamar con ese nombre, son consecuencia siempre de una perturbación más grave; no son enfermedades, sino accidentes particulares y secundarios de enfermedades más generales. Por lo tanto si no existen las monomanías, tampoco podrá existir una monomanía-suicida y, por consiguiente, el suicidio no es una locura especial.

III

Pero sigue siendo posible que sólo tenga lugar en un estado de locura. Si, por sí mismo, no constituye una vesania especial, en cambio no hay forma de vesania en la que no pueda presentarse. No es más que un síndrome episódico, pero muy frecuente. ¿Podemos deducir de esta frecuencia que no se produce jamás en personas sanas y que es un índice inequívoco de alienación mental?

La conclusión sería precipitada. Porque si, entre los actos de los alienados, hay algunos que les son propios y que pueden servir para caracterizar la locura, otros, por el contrario, los comparten con los hombres sanos, aunque revistan en los locos una forma especial. *A priori*, no hay razón para clasificar el suicidio en la primera de estas dos categorías. Sin duda, los alienistas afirman que la mayoría de los suicidas que han conocido presentaban todos los síntomas de la alienación mental, pero este testimonio no es suficiente para dar la cuestión por zanjada; ya que semejantes observaciones son demasiado superficiales. Por lo demás, de una experiencia tan particularmente especial, no se debería extraer ninguna ley general. De los suicidas que ellos han conocido y que, naturalmente, eran alienados, no pueden extraerse conclusiones válidas para los que no han observado, que son además mucho más numerosos.

El único modo de proceder metódicamente consiste en clasificar los suicidios cometidos por los locos de acuerdo con sus propiedades esenciales, constituir así los tipos principales de suicidios vesánicos, y comprobar si todos los casos de muertes voluntarias tienen cabida en esos cuadros nosológicos. En otros términos, para saber si el suicidio es un acto específico de los alienados, hay que determinar las formas que reviste en la alienación mental y ver a continuación si esas son las únicas en que se presenta.

Los especialistas se han preocupado poco, en general, por clasificar los suicidios de enfermos mentales. Sin embargo, puede considerarse que los cuatro tipos siguientes abarcan las especies más importantes. Las características principales de esta clasificación han sido tomadas prestadas a Jousset y a Moreau de Tours.[10]

I *Suicidio maníaco*. – Está debido a las alucinaciones o a las representaciones delirantes. El enfermo se mata para escapar a un peligro o a una vergüenza imaginarios, o para obedecer a una orden misteriosa que ha recibido de lo alto, etc.[11] Los motivos de este suicidio y su forma de evolución reflejan las características generales de la enfermedad de la cual deriva, es decir, de la manía. Lo que distingue esta dolencia, es su gran inestabilidad. Las ideas, los sentimientos más diversos e incluso los más contradictorios se suceden con una extraordinaria rapidez en la mente de los maníacos. Esta se encuentra en un permanente torbellino. Apenas apunta la conciencia de algo cuando ya ha sido sustituida por otra co-

---

[10] V. art. "Suicidio" del *Dictionnaire de médecine et de chirugie pratique*.

[11] No hay que confundir estas alucinaciones con aquellas otras cuyo efecto consiste en ocultar al enfermo los riesgos que corre, por ejemplo, al confundir una ventana con una puerta. En este caso, de acuerdo con la definición precedente, no se produciría un suicidio, sino una muerte accidental.

sa. Y lo mismo puede decirse de los móviles que determinan el suicidio maníaco: nacen, desaparecen o se transforman con una asombrosa rapidez. De repente, aparece la alucinación o el delirio que determinan al sujeto a destruirse; la tentativa de suicidio se produce; luego, en un instante, la escena cambia, y si el intento ha fracasado, no vuelve a repetirse, al menos de momento. Si llega a reproducirse más adelante, habrá sido por otro motivo. El incidente más insignificante puede conducir a estas bruscas alteraciones. Un enfermo de esta clase, queriendo poner término a sus días, se había tirado a un río poco profundo. Estaba buscando un lugar donde la inmersión fuera posible, cuando un aduanero, sospechando sus intenciones, le apunta con su fusil y le amenaza con disparar si no sale del agua. Inmediatamente, el hombre se vuelve tranquilamente a su casa, y no vuelve a pensar más en matarse.[12]

II *Suicidio melancólico*. – Está relacionado con un estado general de fuerte depresión, de tristeza excesiva que hace que el enfermo no pueda apreciar de una forma normal las relaciones que mantiene con las personas y las cosas de su entorno. Los placeres no tienen ningún atractivo para él; lo ve todo negro. La vida le parece aburrida o dolorosa. Su estado de ánimo es invariable, y lo mismo sus ideas suicidas; son obsesivas y los motivos generales que las determinan son prácticamente siempre los mismos. Una joven, hija de padres sanos, después de haber pasado su infancia en el campo, se ve obligada a abandonarlo a los catorce años para completar su educación. A partir de ese momento, es presa de una apatía inexplicable, de una inclinación a la soledad, y de un deseo de morir que nada puede disipar. "Permanece durante horas enteras inmóvil, con la mirada fija en el suelo, sintiendo una opresión en el pecho y en el estado de alguien que teme un acontecimiento siniestro. Decide tirarse al río y busca los lugares más apartados a fin de que nadie pueda socorrerla".[13] Sin embargo, cuando comprende que el acto que se propone llevar a cabo es un crimen, renuncia a él durante un tiempo. Pero al cabo de un año, la atracción del suicidio vuelve con más fuerza y las tentativas se repiten a intervalos cada vez más cortos.

[12] Bourdin, *op. cit.*, p. 43.
[13] Falret, *Hypocondrie et suicide*, p. 299-307.

A menudo, a esa desesperación general vienen a añadirse alucinaciones e ideas delirantes que conducen directamente al suicidio. Sólo que estas no son inestables como las que observábamos hace un momento en los maniacos. Al contrario, son fijas, como el estado general del que derivan. Los temores que asaltan al sujeto, los reproches que se hace, la tristeza que experimenta, son siempre los mismos. Si bien este suicidio está determinado por motivos imaginarios lo mismo que el anterior, se distingue de él por su carácter crónico. Además es muy tenaz. Los enfermos de esta clase preparan con cuidado los medios para llevarlo a cabo; hacen gala incluso de una perseverancia y de una astucia increíbles para conseguir su fin. Nada se parece menos a esta obstinación que la perpetua inestabilidad del maníaco. En uno no hay más que arrebatos pasajeros, sin causas duraderas, mientras que en el otro hay una predisposición constante que tiene que ver con el carácter general del sujeto.

III *Suicidio obsesivo*. – En este caso, el suicidio no está provocado por ningún motivo, ni real ni imaginario, sino únicamente por la idea fija de la muerte que, sin razón aparente, se ha apoderado por completo de la mente del enfermo. Este está obsesionado con el deseo de matarse, a pesar de que sepa perfectamente que no tiene ningún motivo razonable para hacerlo. Es una necesidad instintiva que ni la reflexión ni el razonamiento controlan, análoga a la necesidad de robar, de matar, o de incendiar, de las que se ha querido hacer otras tantas monomanías. Cuando el sujeto se da cuenta del carácter absurdo de su deseo, trata en un principio de combatirlo. Pero durante todo el tiempo que dura esta resistencia, está triste, atormentado, y siente en la cavidad epigástrica una ansiedad que aumenta cada día. Por este motivo a veces se ha llamado a este suicidio *suicidio ansioso*. En la confesión que un enfermo le hizo un día a Brierre de Boismont, está descrito perfectamente este estado: "Estoy empleado en un comercio y cumplo eficientemente con las obligaciones de mi profesión, pero lo hago como un autómata y, cuando me dirigen la palabra, tengo la impresión de que suena en el vacío. Mi mayor tormento consiste en que no puedo deshacerme ni un momento del pensamiento del suicidio. Hace un año que vivo con este impulso; al principio no era muy fuerte; pero después de dos meses aproximadamente, me persigue a todas partes, *sin embargo no tengo ningún motivo para matarme...* Mi salud es buena; nadie en mi familia ha tenido una dolencia parecida; no tengo deudas, mi sueldo me basta y me permite los placeres propios de mi edad".[14] Pero en cuanto el enfermo decide renunciar a la lucha, desde el momento en que toma la resolución de matarse, la ansiedad cesa y vuelve la calma. Si la tentativa fracasa, en ocasiones es suficiente para que olvide por un tiempo ese deseo enfermizo. Se diría que al sujeto se le han pasado las ganas.

IV *Suicidio impulsivo o automático.* – No está más motivado que el precedente; no tiene ninguna razón de ser ni en la realidad ni en la imaginación del enfermo. Sólo que en lugar de estar producido por una idea fija que obsesiona a la mente durante un tiempo más o menos largo y que se va adueñando progresivamente de la voluntad, es el resultado de un impulso brusco e irresistible. En un abrir y cerrar de ojos, surge la idea completamente desarrollada y provoca el acto o, como mínimo, un comienzo de ejecución. Esta repentinidad recuerda lo que hemos observado antes en la manía; sólo que el suicidio maníaco tiene siempre alguna razón, aunque sea irracional. Está relacionado con los pensamientos delirantes del sujeto. Aquí, en cambio, la inclinación al suicido estalla y produce sus efectos con un auténtico automatismo, sin venir precedida por ningún antecedente elaborado mentalmente. La vista de un cuchillo, un paseo al borde de un precipicio, etc., hacen que aparezca instantáneamente la idea del suicidio y el acto se ejecuta con tal rapidez que, a menudo, los enfermos no tienen conciencia de lo que ha pasado. "Un hombre está charlando tranquilamente con sus amigos; de repente, se abalanza, salta un muro, y se tira al agua. Le sacan rápidamente y le preguntan los motivos de su comportamiento; no sabe nada, ha cedido a una fuerza que le arrastraba a su pesar".[15] "Lo más curioso, dice otro, es que no puedo recordar cómo he trepado a la ventana ni qué idea me dominaba entonces; porque en absoluto pensaba en matarme o, al menos, no recuerdo hoy nada parecido".[16] En menor medida, los

---

[14] *Suicide et folie-suicide*, p. 397.
[15] Brierre, *op. cit.*, p.574.
[16] *Ibid.*, p. 314.

enfermos sienten nacer el impulso y logran escapar a la fascinación que ejerce sobre ellos el instrumento de muerte, huyendo de él inmediatamente.

En resumen, todos los suicidios vesánicos o están desprovistos de cualquier motivo, o están determinados por motivos puramente imaginarios. Ahora bien, un gran número de muertes voluntarias no entran ni en una ni en la otra categoría; la mayoría de ellas tienen motivos y no carecen de fundamento en la realidad. No se debería por lo tanto, sin abusar de las palabras, ver a un loco en cada suicida. De todos los suicidios que acabamos de describir, el que puede parecer más difícil de distinguir de aquellos que se observan en los hombres sanos de mente, es el suicidio melancólico; porque, muy a menudo, el hombre normal que se mata se encuentra él también en un estado de desesperación y de depresión, lo mismo que un loco. Pero siempre hay entre los dos una diferencia esencial, y es que el estado del primero y el acto que resulta de él no carecen de una causa objetiva, mientras que en el segundo no existe ninguna relación con las circunstancias exteriores. En resumidas cuentas, los suicidios vesánicos se distinguen de los otros lo mismo que las ilusiones y las alucinaciones se distinguen de las percepciones normales, y los impulsos automáticos de los actos deliberados. Es cierto que se pasa de unos a otros sin solución de continuidad; pero si esta fuera una razón para hacerlos idénticos, habría también que confundir, de una manera general, la salud con la enfermedad, puesto que esta no es más que una variedad de aquella. Incluso si se demostrara que las personas normales no se matan jamás y que sólo se destruyen aquellos que presentan alguna anomalía, tampoco se tendría derecho a considerar la locura como una condición necesaria del suicidio; pues un loco no es simplemente un hombre que piensa o que actúa de un modo distinto al común de los mortales.

De manera que sólo puede relacionarse estrechamente el suicidio con la locura limitando arbitrariamente el sentido de las palabras. "No se puede considerar homicida de sí mismo, afirma Esquirol, a aquel que, empujado por sentimientos nobles y generosos, se lanza a un peligro real, se expone a una muerte inevitable y sacrifica de buen grado su vida en obediencia a las leyes, a un juramento, o por la salvación de su país".[17] Y cita el ejemplo de Decio, de d'Assas, etc. Falret también se niega a considerar a Curcio, Codro, o Aristodemo como suicidas.[18] Bourdin hace extensiva la misma excepción a todas las muertes voluntarias inspiradas, no solamente por la fe religiosa o por creencias políticas, sino incluso por sentimientos de afecto exaltado. Pero sabemos que la naturaleza de los móviles que determinan inmediatamente el suicidio no puede servir para definirlo ni, por consiguiente, para distinguirlo de lo que no lo es. Todos los casos de muerte que son la consecuencia de un acto llevado a cabo por el sujeto mismo con el pleno conocimiento de los efectos que va a surtir presentan, cualquiera que haya sido su finalidad, similitudes demasiado importantes como para hacer distinciones de géneros. De todas formas, no pueden más que constituir especies dentro de un mismo género; y para proceder a estas distinciones, necesitaríamos algún otro criterio además de la finalidad, más o menos problemática, perseguida por la víctima. Este es al menos un grupo de suicidios del que la locura está ausente. Ahora bien, una vez que se ha abierto la puerta a las excepciones, es difícil cerrarla. Pues entre esas muertes inspiradas por pasiones especialmente generosas y aquellas que responden a móviles menos nobles no hay solución de continuidad. Se pasa de las unas a las otras de forma imperceptible. Por lo tanto, si las primeras son suicidios, no hay ninguna razón para que las segundas no lo sean.

Resumiendo, hay suicidios, y en un gran número, que no son vesánicos. Se los reconoce en que son deliberados y en que las representaciones que entran en esa deliberación no son exclusivamente alucinatorias. Así que esta cuestión, tantas veces ventilada, puede solucionarse sin que sea necesario plantear el problema de la libertad. Para saber si todos los suicidas están locos, no nos hemos preguntado si actuaban libremente o no; nos hemos basado únicamente en las características empíricas que ofrecen a la observación las diferentes especies de muertes voluntarias.

---

[17] *Maladies mentales*, t. I, p. 529.
[18] *Hypocondrie et suicide*, p. 3.

IV

Puesto que los suicidios de enfermos mentales no constituyen todo el género, sino que sólo representan una variedad de él, los estados psicopáticos que constituyen la enfermedad mental no pueden explicar la tendencia colectiva al suicidio en términos generales. Sin embargo, entre la enfermedad mental propiamente dicha y el perfecto equilibrio de la mente, hay toda una serie de estados intermedios: estos son las diferentes anomalías conocidas habitualmente con el nombre común de neurastenias. Es necesario por tanto ver si, en lugar de la locura, estas anomalías no juegan un papel importante en la génesis del fenómeno que nos ocupa.

La existencia misma del suicidio vesánico es la que plantea la cuestión. Efectivamente, si una alteración profunda del sistema nervioso basta para provocar por ella sola el suicidio, una alteración menor debe, en menor grado, ejercer la misma influencia. La neurastenia es una especie de locura rudimentaria; debe por tanto surtir, al menos en parte, los mismos efectos. Ahora bien, es un estado mucho más extendido que la vesania; incluso puede decirse que cada día se generaliza más. Puede por tanto suceder que el conjunto de anomalías que conocemos bajo ese nombre, sea uno de los factores en función de los cuales varía la tasa de suicidios.

Por lo demás, es fácil comprender que la neurastenia pueda predisponer al suicidio; pues los neurasténicos, por su temperamento, están como predestinados al sufrimiento. Se sabe, efectivamente, que en general el dolor resulta de una fuerte conmoción del sistema nervioso; una onda nerviosa demasiado intensa resulta casi siempre dolorosa. Pero esta intensidad *máxima* más allá de la cual comienza el dolor, varía según los individuos; es mayor en aquellos cuyos nervios son más resistentes, y menor en los otros. Por consiguiente, en estos últimos, el umbral del dolor comienza mucho antes. Para el neurópata, cualquier impresión es motivo de malestar, cualquier movimiento supone fatiga; sus nervios, a flor de piel, se excitan al menor contacto; llevar a cabo las funciones fisiológicas, que son por lo general las más silenciosas, es para él una fuente de sensaciones casi siempre penosas. Es cierto que, en contrapartida, el umbral de los placeres es también más bajo, ya que la excesiva permeabilidad de un sistema nervioso debilitado le vuelve sensible a excitaciones que un organismo normal no llegaría ni a percibir. Esta es la razón de que acontecimientos insignificantes puedan llegar a ser para él ocasión de placeres desmesurados. Y así parece que deba ganar por un lado lo que pierde por el otro, y que gracias a esta compensación se encuentre en las mismas condiciones que los demás para afrontar la vida. Pero no es así ni mucho menos, y su inferioridad es real; porque las impresiones corrientes, las sensaciones cuyas condiciones de existencia media provocan lo más a menudo una reacción, son siempre de una cierta intensidad. Para él, por consiguiente, la vida corre el peligro de no ser lo suficientemente moderada. Sin duda, cuando puede permanecer al margen, o crearse un medio especial al que los ruidos del exterior sólo lleguen muy amortiguados, consigue vivir sin demasiado sufrimiento; esta es la razón por la que le vemos en ocasiones huir del mundo que le lastima y buscar la soledad. Pero cuando no tiene más remedio que mezclarse con la masa, cuando no puede proteger su delicadeza enfermiza de los golpes del exterior, está más expuesto a los dolores que a los placeres. Semejantes organismos son un terreno abonado para las ideas suicidas.

Sin embargo esta razón no es la única que hace difícil la existencia al neurópata. Como consecuencia de la extremada sensibilidad de su sistema nervioso, sus ideas y sus sentimientos se encuentran siempre en un equilibrio inestable. Puesto que las impresiones más leves tienen en él una repercusión anormal, su organización mental está continuamente alterada de arriba abajo y, sometida a continuas sacudidas, no puede asentarse en ninguna forma definida. Está siempre en trance de devenir. Para que pudiera consolidarse, sería necesario que las experiencias pasadas tuviesen efectos duraderos, y no estar sometidas a una destrucción continua arrastradas por las bruscas revoluciones que las sacuden. Porque la vida, en un medio estable y equilibrado, sólo es posible si las funciones del ser vivo tienen un grado igual de estabilidad y de equilibrio. Puesto que vivir consiste en responder a los estímulos exteriores de una manera apropiada y esta correspondencia armónica solo puede darse con ayuda del tiempo y de la costumbre. Es un producto de tanteos, repetidos en ocasiones durante generaciones, cuyos resultados han llegado a ser en parte hereditarios y que no pueden repetirse de nuevo cada vez que hay que actuar. Si, por el contrario, todo está por hacer, por decirlo así, en el momento de la acción, es imposible que ésta se lleve a cabo como debe. Esta estabilidad no nos es solamente necesaria en nuestras relaciones con el medio físico, sino también con el medio social. En una sociedad cuya organización está definida, el individuo sólo puede mantenerse con la condición de disponer de una constitución mental y moral igualmente definida. Y eso es lo que le falta al neurópata. El estado de quebranto en el que se encuentra hace que las circunstancias le pillen siempre por sorpresa. Como no está preparado para responder a ellas, se ve obligado a inventar formas originales de comportamiento; de ahí le viene su conocida afición por las novedades. Pero cuando se trata de adaptarse a situaciones tradicionales, las combinaciones improvisadas no pueden prevalecer sobre las que ha consagrado la experiencia; y por lo tanto fracasan lo más a menudo. Por eso, cuanto más estable sea un sistema social, más dificultades tiene para vivir en él un sujeto inestable.

Por lo tanto es bastante probable que sea este tipo psicológico el que se de con más frecuencia entre los suicidas. Queda por determinar qué influencia tiene esta condición individual en la producción de muertes voluntarias. ¿Es suficiente para suscitarlas cuando las circunstancias contribuyen, o bien no tiene más efecto que hacer a los individuos más sensibles a la influencia de fuerzas externas que son las que constituyen por sí solas las causas determinantes del fenómeno?

Para poder resolver directamente la cuestión, tendría que ser posible comparar las variaciones del suicidio con las de la neurastenia. Desgraciadamente, ésta no ha sido objeto de la estadística. Pero un rodeo va a proporcionarnos los medios para resolver esta dificultad. Puesto que la locura no es más que una forma exagerada de la degeneración nerviosa, podemos suponer, sin temor a equivocarnos demasiado, que el número de degenerados varía tanto como el de los locos, y substituir, por consiguiente, la consideración de los segundos por la de los primeros. Este procedimiento tendrá además la ventaja de que nos permitirá establecer de una manera general la relación que hay entre la tasa de suicidios y el conjunto de las anomalías mentales de cualquier clase.

Un primer hecho podría inducirnos a atribuirle una influencia que no tiene: el suicidio, como la locura, está más extendido en las ciudades que en el campo. Da la impresión por tanto de que crezca y decrezca como ella; lo que podría hacer suponer que depende de ella. Sin embargo este paralelismo no expresa necesariamente una relación de causa a efecto; puede muy bien ser el resultado de una simple coincidencia. Esta hipótesis es tanto más plausible por cuanto que las causas sociales de las que depende el suicidio están ellas mismas, como veremos, estrechamente ligadas a la civilización urbana y es en las grandes aglomeraciones donde se dan con mayor intensidad. Para calcular los efectos que los estados psicopáticos pueden tener sobre el suicidio, es necesario por tanto eliminar aquellos casos en que varían tanto como las condiciones sociales del mismo fenómeno; porque cuando estos dos factores actúan en el mismo sentido, es imposible disociar, en el resultado global, la parte que corresponde a cada cual. Es necesario considerarlos exclusivamente donde se encuentran en razón inversa el uno del otro; y únicamente cuando se establece entre ellos una especie de conflicto, puede llegar a saberse cuál es el determinante. Si los desordenes mentales desempeñan el papel esencial que se les supone a veces, deben hacer patentes su presencia mediante efectos característicos, incluso cuando las condiciones sociales tiendan a neutralizarlos; e inversamente, éstas no deberían poder manifestarse cuando las condiciones individuales actúan en sentido contrario. Ahora bien, los siguientes hechos demuestran que es lo contrario lo que constituye la regla:

1º Todas las estadísticas establecen que, en los manicomios, la población femenina es ligeramente superior a la población masculina. La proporción varía según los países, pero, como muestra la tabla siguiente, en general es de 54 o 55 mujeres por cada 46 o 45 hombres:

	Años	De cada 100 alienados			Años	De cada 100 alienados	
		Hombres	Mujeres			Hombres	Mujeres
Silesia	1858	49	51	Nueva York	1855	44	56
Sajonia	1861	48	52	Massachusetts	1854	46	54
Wurtemberg	1853	45	55	Maryland	1850	46	54
Dinamarca	1847	45	55	Francia	1890	47	53
Noruega	1855	45	56		1891	48	52

Kock ha reunido los resultados del censo efectuado en once Estados diferentes sobre el conjunto de la población con alguna enfermedad mental. De un total de 166.675 locos de ambos sexos, 78.584 son hombres y 88.091 mujeres, o sea 1,18 enfermos mentales por cada 1000 habitantes de sexo masculino y 1,30 por cada 1000 habitantes del otro sexo.[19] Mayr, por su parte, ha encontrado cifras análogas.

Este excedente de mujeres se ha relacionado naturalmente con la mayor mortalidad de los locos respecto a la de las locas. De hecho, se da la circunstancia de que en Francia de cada 100 locos que mueren en los manicomios, alrededor de 55 son hombres. El mayor número de sujetos femeninos censados en un momento dado no demostraría sin embargo que la mujer tuviera una mayor tendencia a la locura, sino únicamente que, en esta condición, como por lo demás en todas las otras, vive más años que el hombre. Pero no deja de ser cierto que la población existente de locos cuenta con un mayor número de mujeres que de hombres; si por lo tanto, como parece legítimo, inferimos de los locos a los enfermos de los nervios, debemos admitir que existen en todo momento más neurastenicos en el sexo femenino que en el otro. Por consiguiente, si hubiera entre la tasa de los suicidios y la neurastenia una relación de causa a efecto, las mujeres deberían matarse más que los hombres. O por lo menos deberían matarse lo mismo.

Porque incluso teniendo en cuenta su menor mortalidad, y practicando las oportunas correcciones en los censos, la única conclusión que podríamos sacar es que las mujeres tienen hacia la locura una predisposición sensiblemente igual a la del hombre; su menor diezmo mortuorio y la superioridad numérica que presentan en todos los censos de enfermos mentales se compensan, efec-

Tabla IV[20]
Proporción de cada sexo en la cifra total de suicidios

		Números absolutos de suicidios		Proporción por cada 100 suicidios	
		Hombres	Mujeres	Hombres	Mujeres
Austria	(1873-77)	11429	2478	82,1	17,9
Prusia	(1831-40)	11435	2534	81,9	18,1
	(1871-76)	16425	3724	81,5	18,5
Italia	(1872-77)	4770	1195	80,0	20,0
Sajonia	(1851-60)	4004	1055	79,1	20,9
	(1871-76)	3625	870	80,7	19,3
Francia	(1836-40)	9561	3307	74,3	25,7
	(1851-55)	13596	4601	74,8	25,2
	(1871-76)	25341	6839	78,7	21,3
Dinamarca	(1845-56)	3324	1106	75,0	25,0
	(1870-76)	2485	748	76,9	23,1
Inglaterra	(1863-67)	4905	1791	73,3	26,7

tivamente, con más o menos exactitud. Por lo tanto, lejos de que su predisposición a la muerte voluntaria sea superior o equivalente a la del hombre, descubrimos que el suicidio es una manifestación esencialmente masculina. Por cada mujer que se mata hay, por término medio, 4 hombres que se dan la muerte (ver tabla IV). Cada sexo tiene por tanto respecto al suicidio una disposición particular, que es además constante en cada medio social. Pero la intensidad de esta tendencia no varía en absoluto como el factor psicopático, ya se mida este último según el número de casos nuevos registrados cada año o según el de sujetos censados en un mismo momento.

2º La tabla V permite comparar la intensidad de la tendencia a la locura en los diferentes cultos.

Comprobamos que la locura es mucho más frecuente en los judíos que en las otras confesiones religiosas; hay por tanto razones para pensar que las demás enfermedades del sistema nervioso se dan igualmente en las mismas proporciones. Sin embargo es todo lo contrario, la tendencia al suicidio es entre ellos muy leve.

Tabla V[21]
Tendencia a la locura en las diferentes confesiones religiosas

		Número de locos por cada 100 habitantes de cada culto		
		Protestantes	Católicos	Judíos
Silesia	(1858)	0,74	0,79	1,55
Mecklembourg	(1862)	1,36	2,00	5,33
Ducado de Bade	(1863)	1,34	1,41	2,24
	(1873)	0,95	1,19	1,44
Baviera	(1871)	0,92	0,96	2,86
Prusia	(1871)	0,80	0,87	1,42
Wurtemberg	(1832)	0,65	0,68	1,77
	(1853)	1,06	1,06	1,49
	(1875)	2,18	1,86	3,96
Ducado Hesse	(1864)	0,63	0,59	1,42
Oldenbourg	(1871)	2,12	1,76	3,37
Cantón Berna	(1871)	2,64	1,82	

Más adelante demostraremos incluso que es la religión que menos influye.[22] *Por consiguiente, en este caso, el suicidio varía en razón inversa a los estados psicopáticos,* lejos de ser su prolongación. Sin duda, de este hecho no se deduce que las taras nerviosas y cerebrales puedan preservar contra el suicidio; pero deben de ser muy poco eficaces para determinarlo, ya que puede reducirse hasta ese punto precisamente cuando ellas alcanzan su mayor desarrollo.

Si se compara únicamente a los católicos con los protestantes, la inversión no es tan general; pero a pesar de todo es muy frecuente. La tendencia entre los católicos a la locura sólo es inferior a la de los protestantes 4 de cada 12 veces, y además la diferencia entre ellos es muy pequeña. Veremos, por el contrario, en la tabla XVIII[23] que, en todas partes y sin ninguna excepción, los primeros se matan mucho menos que los segundos.

[21] Según Koch, *op. cit.*, p. 108-119.
[22] V. más adelante, libro II, capítulo I.
[23] Ver más adelante, p. 151.

3º Demostraremos más adelante[24] que, en todos los países, la tendencia al suicidio crece progresivamente desde la infancia hasta la ancianidad más avanzada. Si en ocasiones retrocede después de los 70 o los 80 años, el retroceso es muy débil; sigue siendo en este periodo de la vida dos o tres veces más fuerte que durante la madurez. Inversamente, durante la madurez es cuando la locura se da con mayor frecuencia. Hacia la treintena el peligro es mayor; a partir de entonces disminuye, y durante la ancianidad es muy débil.[25] Semejante antagonismo sería inexplicable si las causas que hacen variar al suicidio y las que determinan los trastornos mentales no fuesen de naturaleza diferente.

Si se compara la tasa de los suicidios en cada edad, no ya con la frecuencia relativa de los casos nuevos de locura que se producen en el mismo periodo, sino con la cantidad proporcional de la población alienada, la ausencia de cualquier paralelismo no es menos evidente. Hacia los 35 años los locos son más numerosos con respecto al conjunto de la población. La proporción sigue siendo aproximadamente la misma hasta los 60 años; más allá de los 60 años disminuye rápidamente. Es por tanto *mínima* cuando la tasa de suicidios es máxima y, por lo demás, es imposible percibir ninguna relación constante entre las variaciones que se producen en ambas partes.[26]

4º Si se compara las diferentes sociedades desde el doble punto de vista del suicidio y la locura, tampoco se encuentra ninguna relación entre las variaciones de estos dos fenómenos. Aunque hay que tener en cuenta que la estadística de la enfermedad mental no está hecha con la suficiente precisión como para que las comparaciones internacionales puedan ser de una exactitud muy rigurosa. No obstante es significativo que las dos tablas siguientes, que tomamos de dos autores diferentes, den resultados prácticamente concordantes.

De modo que los países donde hay menos locos son aquellos donde se producen más suicidios; el caso de Sajonia es particularmente significativo. El doctor Leroy, en su excelente estudio so-

---

[24] Ver tabla IX, p. 83.
[25] Koch, *op. cit.*, p. 139-146.
[26] Koch, *op. cit.*, p. 81.

Tabla VI
Correspondencia del suicidio y de la locura en los diferentes países de Europa

A

	Número de locos por 100.000 habitantes	Número de suicidios por millón de habitantes	Número de orden de los países	
			Locura	suicidio
Noruega	180 (1855)	107 (1851-55)	1	4
Escocia	164 (1855)	34 (1856-60)	2	8
Dinamarca	125 (1847)	258 (1846-50)	3	1
Hanovre	103 (1856)	13 (1856-60)	4	9
Francia	99 (1856)	100 (1851-55)	5	5
Bélgica	92 (1858)	50 (1855-60)	6	7
Wurtemberg	92 (1853)	108 (1846-56)	7	3
Sajonia	67 (1861)	245 (1856-60)	8	2
Baviera	57 (1858)	72 (1846-56)	9	6

B[27]

	Número de locos por 100.000 habitantes	Número de suicidios por millón de habitantes	Media de suicidios
Wurtemberg	215 (1875)	180 (1875)	107
Escocia	202 (1871)	35	
Noruega	185 (1865)	85 (1866-70)	63
Irlanda	180 (1871)	14	
Suecia	177 (1870)	85 (1866-70)	
Inglaterra y Gales	175 (1871)	70 (1870)	
Francia	146 (1872)	150 (1871-75)	164
Dinamarca	137 (1870)	277 (1866-70)	
Bélgica	134 (1868)	66 (1866-70)	
Baviera	98 (1871)	86 (1871)	153
Austria Cis.	95 (1873)	122 (1873-77)	
Prusia	86 (1871)	133 (1871-75)	
Sajonia	84 (1875)	272 (1875)	

[27] La primera parte de la tabla está tomada del artículo "Enfermedad mental", del *Dictionnaire* de Dechambre (t. III, p. 34); la segunda de Oettingen, *Moralstatistik*, tabla anexa 97.

bre el suicidio en Seine-et-Marne, ya había hecho una observación similar. "Lo más a menudo, dice, las localidades donde se encuentra una proporción notable de enfermedades mentales, la tienen también de suicidios. Sin embargo las dos *máximas* pueden ser totalmente distintas. Me inclino incluso a pensar que junto a países lo bastante felices... como para no registrar ni enfermedades mentales ni suicidios... hay otros en los que las enfermedades mentales sólo han hecho su aparición recientemente". En otras localidades se produce la situación inversa.[28]

Morselli, no obstante, llega a resultados un poco diferentes.[29] Pero principalmente porque ha incluido bajo la rúbrica común de alienados a los locos propiamente dichos y a los retrasados mentales.[30] Sin embargo, estas dos dolencias son muy diferentes, sobre todo desde el punto de vista de la influencia que puede presuponerse que tienen en el suicidio. Lejos de predisponer a él, la idiocia parece actuar más bien como protección; porque los retrasados mentales, en el campo, son mucho más numerosos que en las ciudades, mientras que los suicidios son más raros. Conviene por tanto distinguir dos estados tan contrapuestos cuando se trata de determinar la parte que corresponde a los diferentes trastornos neuropáticos en la tasa de muertes voluntarias. Pero incluso mezclándolos, no se puede establecer un paralelismo claro entre el desarrollo del retraso mental y el del suicidio. Si, tomando como irrefutables las cifras de Morselli, clasificamos los principales países de Europa en cinco grupos según la importancia de su población con retraso mental (retrasados y locos juntos bajo la misma denominación), y si buscamos a continuación cuál es en cada uno de estos grupos la media de los suicidios, obtenemos el cuadro siguiente:

---

[28] *Op. cit.*, p. 238.
[29] *Op. cit.*, p. 404.
[30] Morselli no lo declara expresamente, pero se deduce de las cifras mismas que da. Son demasiado altas como para representar únicamente los casos de locura. Cf. la tabla en el *Dictionnaire* de Dechambre donde se establece esta distinción. En ella se ve claramente que Morselli ha sumado a los locos con los retrasados mentales.

	Alienados por 100.000 habitantes	Suicidios por millón de habitantes
1º Grupo (3 países)	De 340 a 280	157
2º — —	— 261 a 245	195
3º — —	— 185 a 164	65
4º — —	— 150 a 116	61
5º — —	— 110 a 100	68

En líneas generales puede decirse que allí donde hay muchos locos y retrasados, hay también muchos suicidios, e inversamente. Pero no hay entre las dos escalas una correspondencia continua que ponga de manifiesto la existencia de un vínculo causal determinado entre las dos clases de fenómenos. El segundo grupo, que debería contar con menos suicidios que el primero, tiene en cambio más; el quinto, que desde el mismo punto de vista debería de ser inferior a todos los demás, es por el contrario superior al cuarto e incluso al tercero. En fin, si la estadística del retraso mental que propone Morselli se sustituye por la de Koch que es mucho más completa y, al parecer, más rigurosa, la ausencia de paralelismo es todavía mucho más acusada. Esto es lo que encontramos.[31]

	Locos y retrasados por 100.000 habitantes	Media de suicidios por millón de habitantes
1º Grupo (3 países)	De 422 a 305	76
2º — —	— 305 a 291	123
3º — —	— 268 a 244	130
4º — —	— 223 a 218	227
5º — (4 países)	— 216 a 146	77

Otra comparación hecha por Morselli entre las diferentes provincias de Italia es, según su propia opinión, poco demostrativa.[32]

5º Finalmente, como está comúnmente admitido que la locu-

---

[31] De los países de Europa sobre los que Koch nos informa, hemos dejado sólo de lado Holanda, pues los datos de que dispone sobre la intensidad de la tendencia al suicidio no parecen suficientes.

[32] *Op. cit.*, p. 403.

ra aumenta regularmente desde hace un siglo[33] y lo mismo el suicidio, uno podría estar tentado de ver en este hecho una prueba de su relación. Sin embargo, lo que priva a este hecho de cualquier valor demostrativo es que en las sociedades poco desarrolladas, en las que la locura es muy rara, el suicidio, por el contrario, es a menudo muy frecuente, como demostraremos más adelante.[34]

La tasa social de suicidios no presenta por tanto ninguna relación definitiva con la tendencia a la locura, ni, por vía de inducción, con la tendencia a las diferentes formas de neurastenia.

En efecto, si, como hemos demostrado, la neurastenia puede predisponer al suicidio, no es necesariamente su consecuencia. Sin duda el neurasténico está casi inevitablemente abocado al sufrimiento cuando está inmerso en la vida activa; pero no le es imposible apartarse de ella para llevar una existencia más contemplativa. Porque si los conflictos de intereses y de pasiones son demasiado tumultuosos y violentos para un organismo tan delicado, en cambio está hecho para degustar en toda su plenitud los placeres más suaves del pensamiento. Su debilidad muscular, su sensibilidad excesiva, que le incapacitan para la acción, le hacen apto, por el contrario, para las funciones intelectuales que, ellas también, exigen los órganos apropiados. Por lo mismo, si un medio social demasiado rígido no puede más que lastimar sus instintos naturales, en la medida en que la sociedad misma es cambiante y no puede mantenerse más que a condición de progresar, tiene un papel útil que desempeñar; pues él es, por excelencia, el instrumento del progreso. Precisamente porque es rebelde a la tradición y al yugo de las costumbres, es una fuente eminentemente fecunda de novedades. Y como las sociedades más cultivadas son también aquellas en las que las funciones representativas son las más necesarias y las más desarrolladas, y que al mismo tiempo, a causa de su enorme complejidad, un cambio casi continuo es la condición de su existencia, es precisamente cuando los neurasténicos son más numerosos cuando más se los necesita. No son por tanto se-

---

[33] La prueba, hay que reconocerlo, no ha sido nunca hecha de un modo concluyente. En cualquier caso, si hay progresión, ignoramos el coeficiente de aceleración.
[34] Ver libro II, cap. IV.

res particularmente insociables, que se eliminan a sí mismos porque no han nacido para vivir en el medio que les ha tocado. Se necesita que otras causas vengan a añadirse al estado orgánico que les es propio para imprimirle ese giro y desarrollarle en ese sentido. Por sí misma, la neurastenia es una predisposición muy general que no arrastra necesariamente a ningún acto determinado, pero que puede, según las circunstancias, adoptar las formas más variadas. Es un terreno sobre el cual pueden surgir tendencias muy diferentes, según como haya sido abonado por las causas sociales. En un pueblo envejecido y desorientado, la desgana por la vida, una melancolía pasiva, con las funestas consecuencias que implica, germinarán fácilmente; por el contrario, en una sociedad joven, se desarrollarán preferentemente un ardiente idealismo, un proselitismo generoso, una abnegación activa. Si vemos cómo los degenerados se multiplican en las épocas de decadencia, también es gracias a ellos por lo que se fundan los Estados; ya que entre ellos se reclutan todos los grandes renovadores. Una fuerza tan ambigua[35] no es suficiente para dar cuenta de un hecho social tan concreto como la tasa de suicidios.

V

Pero hay un estado psicopático particular, al cual, desde hace tiempo, se tiene por costumbre culpar de casi todos los males de nuestra civilización. Se trata del alcoholismo. Se le ha atribuido,

---

[35] Tenemos un ejemplo sorprendente de esta ambigüedad en las semejanzas y los contrastes que la literatura francesa presenta con la literatura rusa. La simpatía con que hemos acogido la segunda demuestra que tiene afinidades con la nuestra. Y en efecto, percibimos entre los escritores de ambas naciones una delicadeza enfermiza del sistema nervioso, una cierta ausencia de equilibrio mental y moral. Sin embargo, este mismo estado, biológico y psicológico a la vez, ¡qué diferentes consecuencias sociales produce! Mientras que la literatura rusa es idealista en exceso, mientras que la melancolía de la que está impregnada, que tiene por origen una compasión activa por el dolor humano, es una de esas tristezas sanas que avivan la fe y provocan a la acción, la nuestra presume de no expresar más que sentimientos de sombría desesperación y refleja un inquietante estado de depresión. Aquí vemos cómo un mismo estado orgánico puede servir para fines sociales casi opuestos.

con razón o sin ella, el aumento de la locura, de la pobreza, de la criminalidad. ¿Tendrá también alguna influencia sobre el suicidio? *A priori*, la hipótesis parece poco verosímil. Ya que es en las clases más cultivadas y más acomodadas entre las que el suicidio recluta más víctimas, y no es en esos medios donde el alcoholismo tiene sus clientes más numerosos. Pero como no hay nada que prevalezca sobre los hechos, examinémoslos.

Si se compara el mapa francés de suicidios con el de sanciones por abuso de alcohol,[36] no se percibe entre ellos casi ninguna relación. Lo que caracteriza al primero es la existencia de dos grandes focos de contaminación, de los cuales uno está situado en la Isla de Francia y se extiende desde allí hacia el Este, mientras que el otro ocupa la costa mediterránea, de Marsella a Niza. Muy distinta es la distribución de las manchas claras y de las manchas oscuras sobre el mapa del alcoholismo. Aquí, encontramos tres centros principales, uno en Normandía y más particularmente en el Sena inferior, otro en el Finisterre y las jurisdicciones bretonas en general, y el tercero en el Ródano y la región colindante. Por el contrario, desde el punto de vista del suicidio, el Ródano no está por encima de la media, la mayoría de las jurisdicciones normandas está por debajo, Bretaña se encuentra casi indemne. La geografía de los dos fenómenos es por tanto demasiado diferente como para que pueda imputarse a uno de ellos una parte importante en la producción del otro.

Se llega al mismo resultado si se compara el suicidio, no ya con los delitos de embriaguez, sino con las enfermedades nerviosas o mentales provocadas por el alcoholismo. Después de haber agrupado las jurisdicciones francesas en ocho clases según la importancia de su volumen de suicidios, hemos buscado cuál era, en cada una de ellas, el número medio de los casos de locura de origen alcohólico, según las cifras que da el Dr. Lunier;[37] hemos obtenido el resultado siguiente:

---

[36] Según la *Memoria general de la administración de justicia criminal*, año 1887. – V. lámina I, p. 54.

[37] *De la production et de la consommation des boissons alcooliques en France*, p. 174-175.

	Suicidios por 100.000 habitantes (1872-76)	Locuras de causa alcohólica por cada 100 ingresos (1867-69 y 1874-76)
1° Grupo (5 jurisdicciones)	Por debajo de 50	11,45
2° – (18 –)	De 51 a 75	12,07
3° – (15 –)	De 76 a 100	11,92
4° – (20 –)	De 101 a 150	13,42
5° – (10 –)	De 151 a 200	14,57
6° – (9 –)	De 201 a 250	13,26
7° – (4 –)	De 251 a 300	16,32
8° – (5 –)	Más de 301	13,47

No hay ninguna correspondencia entre las dos columnas. Mientras que los suicidios pasan de uno a multiplicarse por seis e incluso por más, la proporción de las llamadas locuras alcohólicas aumenta apenas algunas unidades y su crecimiento no es regular; el segundo grupo está por encima del tercero, el quinto por encima del sexto, el séptimo por encima del octavo. Por lo tanto, si el alcoholismo actúa sobre el suicidio en tanto estado psicopático, sólo puede ser por los trastornos mentales que determina. La comparación de los dos mapas confirma las medias.[38]

A primera vista parece existir una relación más estrecha entre la cantidad de alcohol consumida y la tendencia al suicidio, al menos en lo que respecta a nuestro país. En efecto, es en las provincias septentrionales en las que se bebe más alcohol, y es también en esas mismas regiones en las que el suicidio castiga con más violencia. Sin embargo, las dos manchas no tienen en absoluto en ambos mapas la misma configuración. Una tiene su relieve *máximo* en Normandía y en el Norte y va degradándose poco a poco a medida que desciende hacia París; es la mancha del consumo alcohólico. La otra, por el contrario, tiene su mayor intensidad en el Sena y los departamentos colindantes; es ya un poco menos oscura en Normandía y se detiene antes de alcanzar el Norte. La primera se desarrolla hacia el Oeste y llega hasta el litoral del Océano; la segunda tiene una orientación inversa. Se detiene rápidamente en dirección Oeste y no pasa de un límite; no rebasa el Eu-

---

[38] V. lámina I, p. 55.

re ni el Eure-et-Loir, mientras que tiene una tendencia marcada hacia el Este. Además, la masa oscura formada en el Midi por el Var y las Bocas del Ródano en el mapa de los suicidios, no se encuentra en absoluto en el del alcoholismo.[39]

Por último, incluso en la medida en que hay coincidencia, no demuestra nada, pues es fortuita. Si salimos de Francia en dirección siempre hacia el Norte, el consumo de alcohol va creciendo paulatinamente sin que el suicidio se desarrolle. Mientras que en Francia, en 1873, no se consumía por término medio más que 2,84 litros de alcohol por habitante, en Bélgica esta cifra se elevaba a los 8,56 litros en 1870, en Inglaterra a 9,07 litros (1870-71), en Holanda a 4 litros (1870), en Suecia a 10,34 litros (1870), en Rusia a 10,69 litros (1866) e incluso en San Petersburgo hasta 20 litros (1855). Y sin embargo, mientras que, en la misma época, Francia contaba 150 suicidios por millón de habitantes, Bélgica sólo tenía 68, Gran Bretaña 70, Suecia 85, y Rusia muy pocos. Incluso en San Petersburgo, de 1864 a 1868, la tasa media anual no fue más que de 68,8. Dinamarca es el único país del Norte en el que se dan a la vez muchos suicidios y un gran consumo de alcohol (16,51 litros en 1845).[40] Por lo tanto, si nuestras provincias septentrionales destacan a la vez por su tendencia al suicidio y su afición por las bebidas alcohólicas, no es porque lo primero derive de lo segundo y encuentre en ello su explicación. La coincidencia es fortuita. En el Norte, en general, se bebe mucho alcohol porque el vino es escaso y caro,[41] y tal vez también porque una alimentación especial, que contribuya a mantener elevada la temperatura del organismo, es allí más necesaria que en otros lugares; y además, da la casualidad de que las causas generadoras del suicidio se encuentran especialmente acumuladas en esta misma región de nuestro país.

---

[39] *Ibid.*
[40] Según Lunier, *op. cit.*, p. 180 y sig. Se encuentran cifras análogas referidas a otros años en Prinzing, *op. cit.*, p. 58.
[41] Por lo que se refiere al consumo de vino, varía en razón inversa al suicidio. En el Midi es donde se bebe más vino, y allí los suicidios son los menos numerosos. De donde no hay que sacar la conclusión de que el vino protege contra el suicidio.

Lámina I a
Suicidios y alcoholismo en Francia (1878-1887)

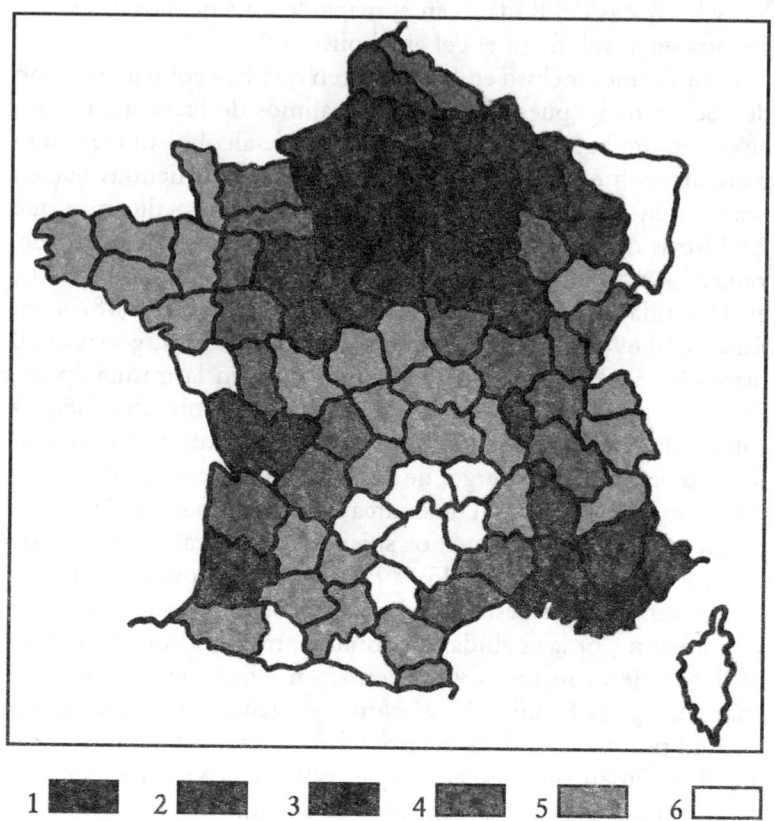

Proporción por cada 100.000 habitantes:

1   de 31 a 48
2   de 24 a 30
3   de 18 a 23
4   de 13 a 17
5   de 8 a 12
6   de 3 a 7

Lámina I b
Delitos por ebriedad (1878-1887)

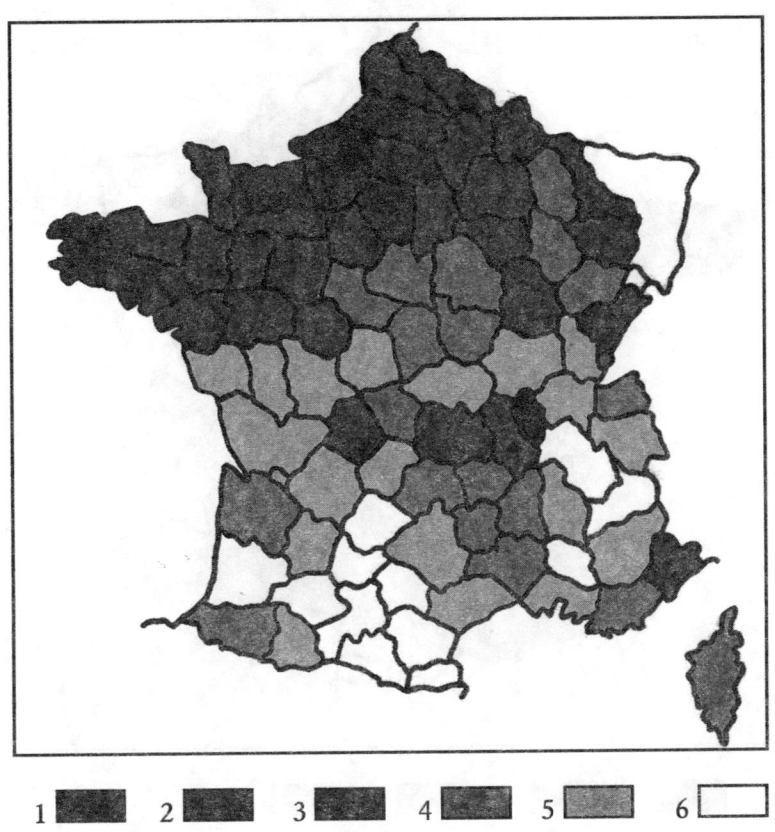

Proporción por cada 100.000 habitantes:

1 376-639
2 210-266
3 111-196
4 70-104
5 41-69
6 19-38

Lámina I c
Locuras alcohólicas (1867-1876)

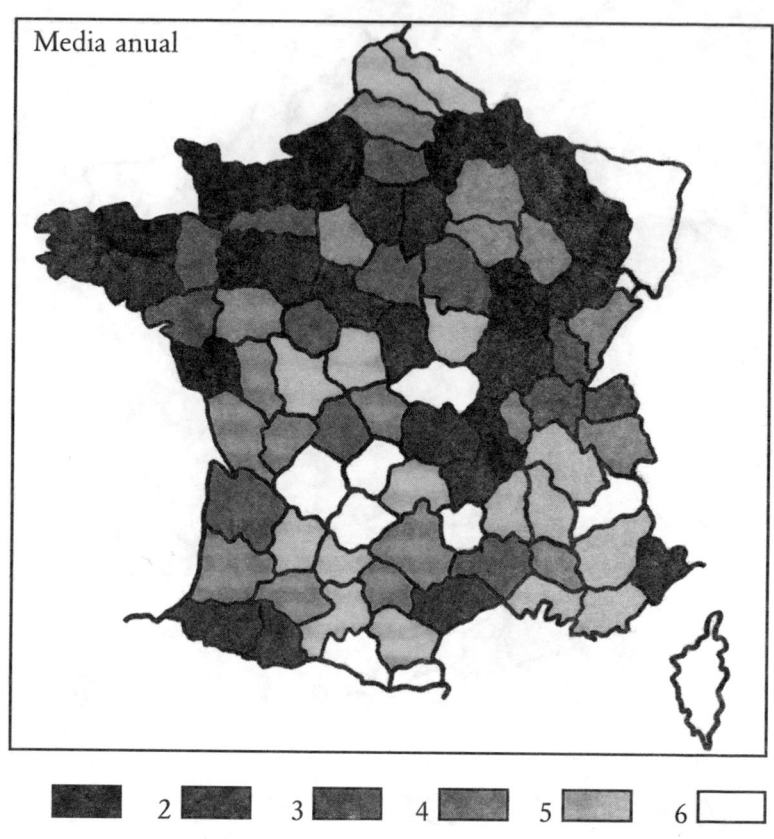

Proporción sobre 100 casos admitidos de locura por causa alcohólica:

 1 de 18,9 a 29,3
 2 de 13,69 a 18,14
 3 de 12,75 a 13,44
 4 de 10,06 a 12,22
 5 de 8,27 a 9,76
 6 de 3,90 a 7,90

Lámina I d
Consumo de alcohol (1873)

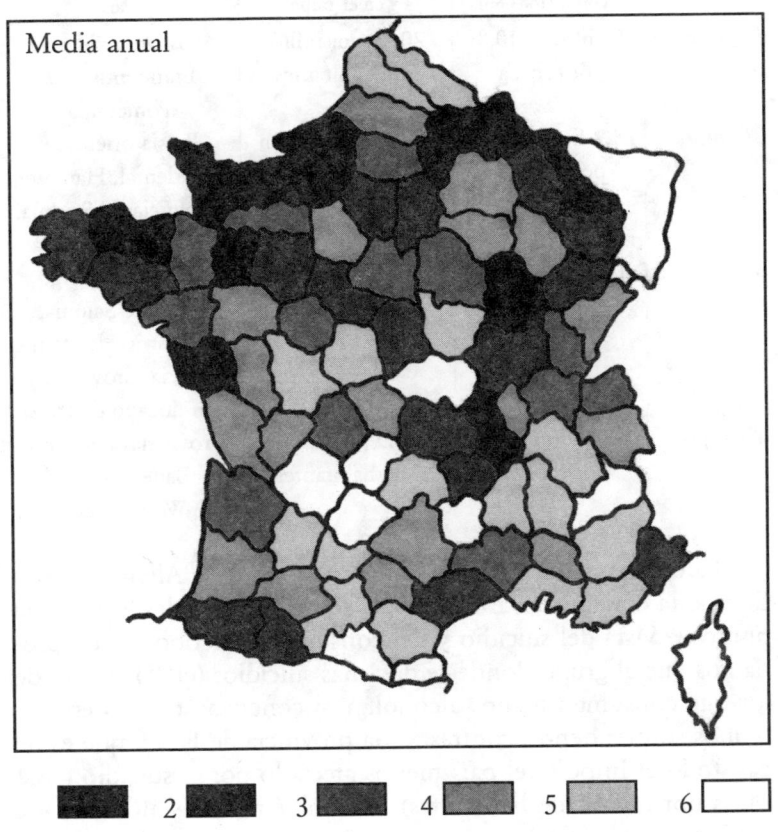

Cantidad de litros de alcohol a 100° consumidos por habitante:

1 de 6,80 a 10
2 de 5,05 a 6,34
3 de 3,30 a 4,75
4 de 2,05 a 2,61
5 de 1,01 a 1,84
6 de 0,37 a 0,99

Alcoholismo y suicidio en Alemania

	Consumo de alcohol (1884-86)	Media de suicidios en el grupo	País
1° grupo	13 litros a 10,8 por cabeza	206,1 por millón de habitantes	Posnania, Silesia, Brandemburgo, Pomerania
2° grupo	9,2 litros a 7,2 por cabeza	208,4 por millón de habitantes	Prusia oriental y occidental, Hanovre, provincia de Sajonia, Turinga, Westfalia.
3° grupo	6,4 litros a 4,5 por cabeza	234,1 por millón de habitantes	Mecklembourg, reino de Sajonia, Schleswig-Holstein, Alsacia, provincia y gran ducado de Hesse.
4° grupo	4 o menos litros por cabeza	147,9 por millón de habitantes	Provincias del Rhin, Bade, Baviera, Wurtemberg.

La comparación entre los diferentes países de Alemania confirma esta conclusión. En efecto, si se los clasifica desde el doble punto de vista del suicidio y del consumo de alcohol,[42] comprobamos que el grupo donde se dan más suicidios (el 3°) es uno de los que consumen menos alcohol. Y si concretamos más encontramos sorprendentes contrastes: la provincia de Posen que es de casi todo el Imperio el país menos afectado por el suicidio (96,4 casos por millón de habitantes), es también la más alcoholizada (13 litros por cabeza); en Sajonia, donde se matan casi cuatro veces más (348 por millón), se bebe dos veces menos. Por último, se observará que el cuarto grupo, en el que el consumo de alcohol es el más bajo, está compuesto casi exclusivamente por los Estados meridionales. Por otra parte, si aquí se mata menos gente que en el resto de Alemania, es porque la población es católica o hay influyentes minorías católicas.[43]

[42] Según Prinzing, *op. cit.*, p. 75.
[43] Para demostrar la influencia del alcohol se ha recurrido a veces al ejemplo de Noruega, donde el consumo de bebidas alcohólicas y el suicidio han dismi-

Por lo tanto, no existe ningún estado psicopático que mantenga con el suicidio una relación regular e indiscutible. Que una sociedad contenga más o menos neurópatas o alcohólicos no es razón para que se produzcan en ella más o menos suicidios. A pesar de que la degeneración, en sus diferentes formas, constituya un terreno psicológico indiscutiblemente favorable a la producción de causas que pueden determinar al hombre a matarse, ella misma no es una de esas causas. Puede admitirse que, en iguales circunstancias, el degenerado se mata con más frecuencia que el sujeto sano; pero no se mata necesariamente a causa de su estado. La potencialidad que hay en él no puede pasar al acto más que bajo la influencia de otros factores que tendremos que investigar.

---

nuido paralelamente desde 1830. Sin embargo, en Suecia, el alcoholismo ha disminuido igualmente y en las mismas proporciones, mientras que el suicidio no ha dejado de aumentar (115 casos por millón en 1886-88, en lugar de los 63 de 1821-1830). Lo mismo pasa en Rusia.

A fin de que el lector disponga de todos los datos del problema, debemos añadir que la proporción de los suicidios que la estadística francesa atribuye bien a accesos ocasionales de embriaguez, bien a embriaguez habitual, ha pasado de 6,69 % en 1849 a 13,41 % en 1876. Pero ante todo, es preciso que todos estos casos sean imputables al alcoholismo propiamente dicho, que no hay que confundir con la simple embriaguez o la frecuentación de los cabarets. Por consiguiente, estas cifras, cualquiera que sea su significado exacto, no demuestran que el abuso de bebidas alcohólicas tenga demasiada influencia en la tasa de los suicidios. En fin, veremos más adelante por qué no concedemos demasiado valor a los datos estadísticos sobre las causas presumibles de los suicidios.

Capítulo II

El suicidio y los estados psicológicos normales. La raza. La herencia

Pero podría suceder que la tendencia al suicidio estuviera arraigada en la constitución del individuo, sin que dependiera especialmente de los estados anormales que acabamos de pasar revista. Podría consistir en fenómenos puramente psíquicos, sin que estuviera necesariamente ligada a alguna perversión del sistema nervioso. ¿Por qué no iba a haber en los hombres una tendencia a deshacerse de la existencia que no fuera ni una monomanía, ni una forma de alienación mental o de neurastenia? La proposición podría incluso ser admitida si, como reconocen varios suicidógrafos,[44] cada raza tuviera una tasa de suicidios propia. Porque una raza no se define y no se diferencia de las otras más que por características orgánico-psíquicas. Por lo tanto si el suicidio variara realmente con las razas, habría que concluir que existe alguna predisposición orgánica con la que estaría estrechamente relacionado.

¿Pero existe esa relación?

I

En primer lugar ¿qué es una raza? Es tanto más necesario dar una definición cuanto que no sólo el uso vulgar del término, sino incluso los mismos antropólogos, emplean la palabra con sentidos bastante divergentes. No obstante, en las diferentes fórmulas propuestas, se encuentran habitualmente dos nociones funda-

---

[44] Particularmente Wagner, *Gesetzmässigkeit*, etc., p. 165 y sig.; Morselli, p. 158; Oettingen, *Moralstatistik*, p. 760.

mentales: la de la semejanza, y la de la filiación. Y según las escuelas, es una u otra de esas ideas la que predomina.

En ocasiones se ha entendido por raza un conjunto de individuos que, indudablemente, presentan rasgos comunes, pero que además deben esta similitud de características al hecho de que todos derivan de un mismo tronco. Cuando bajo la influencia de una causa cualquiera se produce en uno o varios sujetos de una misma generación sexual una variación que los distingue del resto de la especie, y esta variación, en lugar de desaparecer en la generación siguiente, se fija progresivamente en el organismo por efecto de la herencia, da nacimiento a una raza. En este sentido M. de Quatrefages ha definido la raza como "el conjunto de individuos semejantes pertenecientes a una misma especie que trasmiten por vía de generación sexual las características de una variedad primitiva".[45] Entendida de este modo, se distinguiría de la especie en que las parejas iniciales de las que habrían salido las diferentes razas de una misma especie, habrían salido todas, a su vez, de una única pareja. El concepto estaría por lo tanto claramente delimitado y se definiría por el procedimiento especial de filiación que lo ha originado.

Desgraciadamente, si nos atenemos a esta fórmula, la existencia y el ámbito de una raza sólo pueden establecerse con ayuda de investigaciones históricas y etnográficas, cuyos resultados son siempre dudosos; porque, sobre estas cuestiones de origen, nunca se puede llegar más que a probabilidades muy inciertas. Además, no es seguro que haya hoy en día razas humanas que respondan a esta definición; pues como consecuencia de los cruces que han tenido lugar en todos los sentidos, cada una de las variedades existentes de nuestra especie proviene de orígenes muy diversos. Por lo tanto, si no tenemos en cuenta otros criterios, será muy difícil saber qué relaciones mantienen las diferentes razas con el suicidio, ya que no podríamos decir con precisión dónde comienzan y dónde terminan. Por lo demás, la definición de M. de Quatrefages tiene el inconveniente de prejuzgar la solución de un problema que la ciencia está lejos de haber resuelto. Da por supuesto que las cualidades características de la raza se han formado en el

---

[45] *L'espèce humaine*, p. 28, Paris, Félix Alcan.

transcurso de la evolución, y que sólo se han fijado en el organismo bajo la influencia de la herencia. Y esto es lo que discute toda una escuela de antropólogos que se hacen llamar polingenistas. Según ellos, la humanidad, en lugar de descender toda ella de una sola y misma pareja, como pretende la tradición bíblica, habría aparecido, bien simultáneamente, bien sucesivamente, sobre distintos puntos del globo. Y como estos troncos primitivos se habrían formado independientemente los unos de los otros y en medios diferentes, se habrían diferenciado desde el principio; por consiguiente, cada uno de ellos habría constituido una raza. Por lo tanto, las principales razas no se habrían formado gracias a la consolidación progresiva de las variantes adquiridas, sino desde el principio y de una sola vez.

Teniendo en cuenta que este debate sigue todavía abierto, no es un buen método construir la noción de raza a partir de las ideas de filiación o parentesco. Es preferible definirla por sus cualidades inmediatas, que el observador pueda percibir directamente, y aplazar cualquier cuestión respecto al origen. Sólo quedan entonces dos características por las que se distingue. En primer lugar es un grupo de individuos que presentan similitudes, aunque esto pasa también con los miembros de una misma religión o de una misma profesión. La segunda característica es que estas semejanzas son hereditarias. La raza constituye un tipo que, no importa cómo se haya formado en origen, se transmite actualmente por herencia. En este sentido es en el que Prichard decía: "Bajo la denominación de raza, englobamos a cualquier colectividad de individuos que presenten más o menos características comunes transmisibles por herencia, sin entrar a considerar el origen de esas características". M. Broca se expresa poco más o menos en los mismos términos: "Por lo que respecta a las variedades del género humano, dice, han recibido el nombre de razas, que hace suponer una filiación más o menos directa entre los individuos de la misma clase, pero no resuelve ni afirmativa, ni negativamente, la cuestión del parentesco entre individuos de clases diferentes".[46]

Planteado en estos términos, el problema de la constitución de las razas parece solucionarse; sólo que el término está tomado

---

[46] Artículo "Anthropologie", en el *Diccionario* de Dechambre, t. V.

en una acepción tan amplia, que se convierte en indeterminado. Ya no designa únicamente las ramificaciones más generales de la especie, las divisiones naturales y relativamente inmutables de la humanidad, sino tipos de cualquier clase. Desde este punto de vista, cada grupo de naciones cuyos miembros, como consecuencia de las íntimas relaciones que les han unido durante siglos, presenten similitudes en parte hereditarias, constituiría una raza. Así es como se ha llegado a hablar de una raza latina, de una raza anglosajona, etc. Incluso, sólo bajo esta forma las razas pueden todavía ser contempladas como factores concretos y vivos del desarrollo histórico. En la mezcla de los pueblos, en el crisol de la historia, las grandes razas, primitivas y fundamentales, han terminado por confundirse de tal manera las unas con las otras que han perdido casi por completo su individualidad. Si no se han desvanecido totalmente, se encuentra como mucho rasgos imprecisos, rasgos dispersos que sólo se reúnen de una forma imperfecta unos con otros y no forman fisonomías características. Un tipo humano que se constituye únicamente con ayuda de algunas informaciones, a menudo imprecisas, sobre el tamaño y la forma de su cráneo, no tiene suficiente consistencia ni está lo suficientemente determinado como para que pueda atribuírsele demasiada influencia sobre el acontecer de los fenómenos sociales. Los tipos más específicos y de menos alcance que llamamos razas en un sentido amplio del término tienen unas características más marcadas, y tienen necesariamente un papel histórico, puesto que son productos de la historia mucho más que de la naturaleza. Pero es necesario que estén definidos objetivamente. No sabemos exactamente, por ejemplo, qué signos precisos distinguen la raza latina de la sajona. Cada cual dice algo diferente, y sin el menor rigor científico.

Estas observaciones preliminares nos previenen de que el sociólogo debería ser muy prudente cuando trate de determinar la influencia de las razas en un fenómeno social cualquiera. Porque, para poder resolver tales problemas, habría que saber antes cuáles son las diferentes razas y en qué se diferencian unas de otras. Esta precaución es tanto más necesaria cuanto que esta incertidumbre de la antropología pudiera muy bien deberse al hecho de que la palabra raza no se corresponde ya actualmente con nada definido. Por una parte, las razas originales ya no tienen más que un interés puramente paleontológico, y, por otra, esos grupos más limitados a los que se les aplica hoy ese nombre, parecen no ser más que pueblos o sociedades de pueblos, hermanos de civilización más que de sangre. La raza concebida así termina casi por confundirse con la nacionalidad.

II

Admitamos, sin embargo, que existan en Europa algunos grandes tipos en los que se aprecian algunas características generales y entre los que se dividen los pueblos, y convinamos en darles el nombre razas. Morselli distingue cuatro: *el tipo germánico*, que incluye las variedades alemana, escandinava, anglosajona y flamenca; *el tipo celta-romano* (belgas, franceses, italianos, españoles); *el tipo eslavo* y *el tipo uralo-altaico*. Mencionamos este último sólo a título de información, pues cuenta con muy pocos representantes en Europa como para que puedan determinarse sus relaciones con el suicidio. Sólo tenemos a los húngaros, a los finlandeses, y algunas provincias rusas que puedan estar relacionadas con ese grupo. Las otras tres razas se clasificarían de la manera siguiente según el orden decreciente de su propensión al suicidio: primero los pueblos germánicos, luego los céltico-romanos, y por último los eslavos.[47]

Sin embargo, ¿estas diferencias pueden ser atribuidas realmente al influjo de la raza?

La hipótesis sería plausible si cada agrupamiento de pueblos que abarca un mismo término tuviese una tendencia al suicidio de una intensidad aproximada. Sin embargo se dan entre naciones de la misma raza divergencias considerables. Mientras que los eslavos, en general, son poco dados a matarse, Bohemia y Moravia constituyen una excepción. La primera cuenta con 158 suicidios por millón de habitantes y la segunda con 136, mientras que Carniola solo tiene 46, Croacia 30, Dalmacia 14. Así mismo, entre todos los pueblos céltico-romanos, Francia se dis-

---

[47] No hablamos ya de las clasificaciones propuestas por Wagner y por Oettingen, las cuales el propio Morselli ha refutado de una vez por todas (p. 160).

tingue por la importancia de su aportación, 150 suicidios por millón, mientras que Italia, en el mismo periodo, sólo contaba con una treintena, y España menos todavía. Es difícil admitir, como pretende Morselli, que una diferencia tan considerable pueda explicarse por el hecho de que los componentes germánicos son más numerosos en Francia que en los otros países latinos. Teniendo en cuenta sobre todo que los pueblos que se apartan así de sus congéneres son también los más civilizados, uno tiene motivos para preguntarse si lo que diferencia a las sociedades y a los llamados grupos étnicos, no es más bien el desigual desarrollo de su civilización.

Entre los pueblos germánicos, la diversidad es todavía mayor. De los cuatro grupos que se asocian con este tronco, hay tres que son mucho menos propensos al suicidio que los eslavos y los latinos. Son los flamencos, que sólo tienen 50 suicidios (por millón), y los anglosajones que sólo tienen 70;[48] por lo que respecta a los escandinavos, es verdad que Dinamarca presenta la cifra más elevada de 268 suicidios, pero Noruega sólo tiene 74,5, y Suecia 84. Por tanto, no es posible atribuir la tasa de los suicidios daneses a la raza, ya que en los dos países donde esta raza es más pura, produce efectos contrarios. En resumidas cuentas, de todos los pueblos germánicos, sólo los alemanes, en línea generales, tienen una fuerte propensión al suicidio. Por lo tanto, si somos rigurosos con la terminología, no es una cuestión de raza, sino de nacionalidad. Sin embargo, como no está demostrado que exista un tipo alemán que sea, en parte, hereditario, podemos aceptar extender el sentido de la palabra hasta este límite extremo y decir que, entre los pueblos de raza alemana, el suicidio está más extendido que en la mayoría de las sociedades céltico-romanas, eslavas o incluso anglosajonas y escandinavas. Pero eso es todo lo que podemos deducir de las cifras precedentes. De todas formas, ese caso es el único en que una determinada influencia de las características étnicas podría ser, si acaso, supuesta. En realidad, como vamos a ver, la raza no tiene nada que ver.

---

[48] Para explicar estos hechos, Morselli supone, sin pruebas de apoyo, que hay numerosos componentes celtas en Inglaterra, y, en cuanto a los flamencos, trae a colación la influencia del clima.

Para atribuir a esta causa la propensión de los alemanes al suicidio, no basta con comprobar que esta propensión es general en Alemania; pues esta generalidad podría deberse a la naturaleza propia de la civilización alemana. Tendría que demostrarse que esa propensión está ligada a un estado hereditario del organismo alemán, que es un rasgo permanente del tipo, que subsiste incluso cuando el medio social ha cambiado. Sólo con esta condición podremos ver en ello un efecto de la raza. Indaguemos entonces si, fuera de Alemania, asociado a la vida de otros pueblos y aclimatado a civilizaciones diferentes, el alemán conserva su triste primacía.

Austria nos ofrece, para responder a la cuestión, una experiencia prefabricada. Los alemanes están mezclados, en proporciones diferentes según las provincias, con una población cuyos orígenes étnicos son muy diferentes. Veamos entonces si su presencia provoca un aumento en la cifra de los suicidios. La tabla VII (v. p. 67) refleja en cada provincia, al mismo tiempo que la tasa media de los suicidios durante el periodo quinquenal 1872-77, la importancia numérica de los componentes alemanes. De acuerdo con la naturaleza del idioma se han distribuido las razas; aunque este criterio no sea de una exactitud absoluta, es sin embargo el más seguro al que podemos recurrir.

Es imposible percibir es esta tabla, que tomamos del mismo Morselli, la menor huella de la influencia alemana. Bohemia, Moravia y Bukovina que tienen únicamente de un 37 a un 9% de alemanes presentan una media de suicidios (140) superior a la de Estiria, la de Carintia, y la de Silesia (125) donde los alemanes son sin embargo una gran mayoría. Del mismo modo, estos últimos países, en los que se encuentra sin embargo una importante minoría de eslavos, sobrepasan, en lo que concierne al suicidio, a las tres únicas provincias en que la población es completamente alemana, la Alta Austria, Salzburgo y el Tirol transalpino. Es cierto que Austria inferior da muchos más suicidios que las otras regiones; pero la ventaja que tiene en este punto no puede atribuirse a la presencia de elementos alemanes, ya que estos son más numerosos en Austria superior, Salzburgo y el Tirol transalpino donde se suicidan dos o tres veces menos. La verdadera causa de esta cifra tan elevada es que Austria inferior tiene como cabeza de distrito a Viena que, como todas las capitales, registra todos los

Tabla VII
Comparación entre las provincias austríacas desde el punto de vista del suicidio y de la raza.

		Número de Alemanes por cada 100 Habitantes	Tasa de suicidios Por millón		
Provincias puramente alemanas	Austria inferior	95,90	254	Media 106	
	Austria superior	100	110		
	Salzburgo	100	120		
	Tirol transalpino	100	88		
De mayoría alemana	Carintia	71,40	92	Media 125	
	Styria	62,45	94		
	Silesia	53,37	190		
Con minoría alemana importante	Bohemia	37,64	158		Media De los 2 grupos 86
	Moravia	26,33	136	Media 140	
	Bukovina	9,06	128		
Con minoría alemana débil	Galizia	2,72	82		
	Tirol cisalpino	1,90	88		
	Littoral	1,62	38		
	Carniola	6,20	46		
	Dalmacia		14		

años un número enorme de suicidios: en 1876, tuvieron lugar 320 por millón de habitantes. Hay que evitar por lo tanto atribuir a la raza lo que está provocado por la gran ciudad. Inversamente, si el Littoral, Carniola y Dalmacia tienen tan pocos suicidios, la causa no es la ausencia de alemanes; ya que en el Tirol cisalpino, en Galizia, donde sin embargo no hay más alemanes, se producen de dos a cinco veces más muertes voluntarias. Incluso si se calcula la tasa media de los suicidios para el conjunto de las ocho provincias con minoría alemana, se llega a la cifra de 86, es decir tanto como en el Tirol transalpino, donde no hay más que alemanes, y más que en Carintia y en Estiria donde se encuentran en un gran número. De modo que cuando el alemán y el eslavo viven en el mismo medio social, su tendencia al suicidio es prácticamente la misma. Por consiguiente, la diferencia que se observa entre ellos, cuando las circunstancias son distintas, no está relacionada con la raza.

Lo mismo sucede con la diferencia que hemos señalado entre el alemán y el latino. En Suiza, encontramos estas dos razas. Quince cantones son alemanes, bien en su totalidad, o bien en parte. La media de suicidios es aquí de *186* (año 1876). En cinco de ellos la mayoría es francesa (Valais, Friburgo, Neuchâtel, Ginebra, Vaud). La media de suicidios es aquí de *255*. El cantón donde tienen lugar menos suicidios, Valais (10 por millón) es precisamente aquel donde hay más alemanes (319 por cada 1000 habitantes); por el contrario, Neuchâtel, Ginebra y Vaud, donde la población es casi por completo latina, tienen respectivamente 486, 321, y 371 suicidios.

A fin de permitir que el factor étnico manifieste de una forma más clara su influencia, en el caso de que ésta exista, hemos intentado eliminar el factor religioso que podía enmascararla. Para ello, hemos comparado los cantones alemanes con los cantones franceses de la misma religión. Los resultados de este cálculo no han hecho más que confirmar los precedentes:

Cantones suizos

Católicos alemanes	87 suicidios	Protestantes alemanes	293 suicidios
Católicos franceses	83 suicidios	Protestantes franceses	456 suicidios

Por un lado, no hay una diferencia apreciable entre las dos razas; por el otro se imponen los franceses.

Los hechos contribuyen a demostrar que, si los alemanes se matan más que los otros pueblos, la causa no está en la sangre que corre por sus venas, sino en la civilización en cuyo seno han crecido. No obstante, entre las pruebas a cuyo ejemplo recurre Morselli para establecer la influencia de la raza, hay una que, a primera vista, podría parecer indiscutible. El pueblo francés es el resultado de la mezcla de dos razas principales, los celtas y los cimbros, que, en su origen, se distinguían unos de otros por su altura. En la época de Julio Cesar, los cimbros eran célebres por su alta estatura. Precisamente según la altura de los habitantes, Broca ha determinado la forma en que estas dos razas se encuentran actualmente distribuidas sobre la superficie de nuestro territorio, y ha descubierto que las poblaciones de origen celta son preponderantes en el sur del Loire, y las de origen cimbrico en el norte. Este mapa etnográfico tiene un cierto parecido con el de los suicidios; porque sabemos que estos están amontonados en la parte septentrional del país y son, por el contrario, *mínimos* en el Centro y en el Midi. Pero Morselli va todavía más lejos. Cree poder concluir que los suicidios franceses varían puntualmente según el modo de distribución de los componentes étnicos. Para proceder a esta demostración, forma seis grupos de departamentos, calcula para cada uno de ellos la media de los suicidios y la de los reclutas exentos por falta de talla; lo que constituye una forma indirecta de medir la talla media de la población correspondiente, ya que es más elevada a medida que el número de exentos disminuye. El resultado es que estas dos series de medias varían en razón inversa una de la otra; cuantos más suicidios se producen menos exentos por falta de talla hay, es decir que la talla media es más alta.[49]

Una correspondencia tan exacta, si llegara a demostrarse, sólo podría explicarse por la influencia de la raza. Pero la forma en que Morselli llega a esta conclusión no permite considerarla definitiva. Ha tomado, efectivamente, como base de su comparación, a los seis grupos étnicos seleccionados por Broca[50] según el grado supuesto de pureza de las dos razas célticas o címbricas. Ahora bien, cualquiera que sea la autoridad de este científico, estas cuestiones etnográficas son mucho más complejas y dan lugar a tal diversidad de interpretaciones e hipótesis contradictorias como para que no pueda tenerse por definitiva la clasificación que él propone. No hay más que ver con cuántas conjeturas históricas, más o menos inverificables, ha tenido que apoyarla, y, si se deduce claramente de sus investigaciones que hay en Francia dos tipos antropológicos netamente diferenciados, la realidad de los tipos intermedios y las distintas matizaciones que cree haber encontrado son más bien dudosas.[51] Así pues, si de-

---

[49] Morselli, *op. cit.*, p. 189.
[50] *Mémoires d'anthropologie*, t. I, p. 320.
[51] La existencia de dos grandes masas regionales, una formada por 15 departamentos septentrionales donde predominan las tallas altas (39 exentos únicamente por cada mil reclutas), otra compuesta por 24 departamentos del Centro y

jando de lado este cuadro sistemático, aunque tal vez demasiado ingenioso, nos limitamos a clasificar los departamentos según la talla media propia de cada uno de ellos (es decir según la media de reclutas exentos por falta de talla) y si, frente a cada una de estas medias, ponemos las de los suicidios, nos encontramos con los resultados siguientes que difieren notablemente de los obtenidos por Morselli v. tabla VIII).

La tasa de los suicidios no aumenta, de una forma regular, proporcionalmente a la importancia relativa de los componentes címbricos o supuestamente tales; porque el primer grupo, en el que las tallas son las más altas, cuenta con menos suicidios que el segundo, y apenas más que el tercero; así mismo, los tres últimos se encuentran casi al mismo nivel,[52] por desiguales que sean respecto a la talla. Todo lo que podemos deducir de estas cifras, es que, tanto desde el punto de vista de los suicidios como desde el de la talla, Francia está dividida en dos mitades, una sep-

---

del Oeste, donde las tallas pequeñas son frecuentes (de 98 a 130 exenciones por mil), parece indiscutible. ¿Esta diferencia es producto de la raza? Este es un problema difícil de resolver. Si se piensa que en treinta años la talla media de Francia ha cambiado considerablemente, que el número de exenciones por esta causa ha pasado de 92,80 en 1831 a 59,40 por mil en 1860, uno se pregunta con razón si una característica tan inestable constituye un criterio seguro para reconocer la existencia de esos tipos relativamente inmutables que se llaman razas. Pero, en cualquier caso, la forma en que los grupos intermedios, intercalados por Broca entre esos dos tipos límites, están constituidos, denominados, y referidos, bien al tronco címbrico o al otro, nos parece que da lugar a bastantes dudas. Aquí las razones de orden morfológico no son posibles. La antropología puede establecer perfectamente cuál es la talla media en una región determinada, pero no de qué cruces es el resultado esta media. Ahora bien, las tallas intermedias pueden perfectamente deberse tanto a que los celtas se hayan cruzado con razas de mayor estatura, como a que los cimbrios lo hayan hecho con hombres más bajos que ellos. La distribución geográfica tampoco puede servir de argumento, pues da la casualidad de que esos grupos mixtos se encuentran un poco por todas partes, al noroeste (Normandía y el bajo Loira), al sudeste (Aquitania), al sur (la provincia romana), al este (Lorena), etc. Quedan finalmente los argumentos históricos que no son más que conjeturas. La historia no sabe en realidad cómo, cuándo, en qué condiciones y proporciones han tenido lugar las distintas invasiones e infiltraciones de los pueblos. Con mayor motivo todavía, tampoco puede ayudarnos a determinar la influencia que han tenido en la constitución orgánica de los pueblos.

[52] Sobre todo si se descuenta el Sena que, por las condiciones especiales en que se encuentra, no es exactamente comparable a los demás departamentos.

Tabla VIII

	Departamentos con tallas altas			Departamentos con tallas bajas	
	Número de exentos	Tasa media de suicidios		Número de exentos	Tasa media de suicidios
1º grupo: 9 departamentos	Por debajo de 40 por mil examinados	180	1º grupo: 22 departamentos	De 60 a 80 por mil examinados	115 (sin el Sena 101)
2º grupo: 8 departamentos	De 40 a 50	249	2º grupo: 12 departamentos	De 80 a 100	88
3º grupo: 17 departamentos	De 50 a 60	170	3º grupo: 14 departamentos	Por encima	90
Media general	Por debajo de 60 por mil examinados	191	Media general	Por encima de 60 por mil examinados	103 (con el Sena) 93 (sin el Sena)

tentrional donde los suicidios son numerosos y las tallas altas, otra central donde las tallas son menores y donde la gente se mata menos, sin que, sin embargo, estas dos progresiones sean exactamente paralelas. En otros términos, las dos grandes masas regionales que hemos visto en el mapa etnográfico vuelven a encontrarse en el de los suicidios; aunque sea una coincidencia sólo en líneas generales. Esta coincidencia no la encontramos en las variaciones particulares que presentan los dos fenómenos comparados.

Una vez que se la reduce a sus proporciones reales, deja de constituir una prueba decisiva a favor de los componentes étnicos; porque no es más que un hecho curioso, que no basta para demostrar una ley. Perfectamente podría deberse a una simple coincidencia de factores independientes. Al menos, para que pudiera atribuírsela al efecto de las razas, sería necesario que esta hipótesis fuese confirmada e incluso exigida por otros hechos. Sin embargo, muy al contrario, los hechos siguientes la refutan:

1° Sería raro que un tipo colectivo como el de los alemanes, cuya realidad es incuestionable y que tiene hacia el suicidio una propensión tan grande, dejara de manifestarla en cuanto las circunstancias sociales se modifican, y que un tipo algo problemático como es el de los celtas o el de los antiguos belgas, del que no quedan más que escasos vestigios, ejerciese todavía hoy día una influencia eficaz sobre esa misma tendencia. Hay una distancia enorme entre la generalización de las características que se perpetúan en el recuerdo y la compleja particularidad de semejante inclinación.

2° Veremos más adelante que el suicidio era frecuente entre los antiguos celtas.[53] Por lo tanto, si hoy es raro entre las poblaciones que se supone de origen céltico, no es en virtud de ninguna propiedad congénita de la raza, sino de las circunstancias externas que han cambiado.

3° Celtas y cimbros no constituyen razas primitivas y puras; estaban hermanadas "tanto por la sangre, como por la lengua y las creencias".[54] Unos y otros no son más que variedades de esa raza de hombres rubios y de alta estatura que, bien a través de invasiones masivas, bien por oleadas sucesivas, se fueron extendiendo poco a poco por toda Europa. Toda la diferencia que hay entre ellas desde el punto de vista etnográfico, es que los celtas, al cruzarse con las razas morenas y de baja estatura del Midi, se fueron apartando cada vez más del tipo común. Por consiguiente, si la mayor propensión de los cimbros al suicidio tuviese causas étnicas, sería porque entre ellos la raza primitiva estaría menos alterada. Pero entonces deberíamos ver, incluso fuera de Francia, aumentar el suicidio cuanto más acusadas sean las características distintivas de esta raza. Sin embargo no sucede así. Es en Noruega donde se encuentran las tallas más altas de Europa (1,72 cm.) y, por otra parte, es probablemente del Norte, en particular de las orillas del Báltico, de donde es originario este tipo; también es allí donde al parecer se ha conservado mejor. Sin embargo, en Escandinavia, casi

---

[53] V. Más adelante libro II, cap. IV, p. 77 y 81.
[54] Broca, *op. cit.*, t. I, p. 394.

una isla, la tasa de suicidios no es elevada. La misma raza parece que ha conservado mejor su pureza en Holanda, en Bélgica y en Inglaterra que en Francia,[55] y no obstante este último país es mucho más fecundo en suicidios que los otros tres.

Por lo demás, esta distribución geográfica de los suicidios franceses puede explicarse sin que sea necesario recurrir a los poderes oscuros de la raza. Como se sabe, nuestro país está dividido, tanto moral como etnológicamente, en dos partes que todavía no se han compenetrado plenamente. Las poblaciones del Centro y del Midi conservan un carácter y un género de vida propios y, por este motivo, resisten a las ideas y a las costumbres del Norte donde sin embargo se encuentra el núcleo de la civilización francesa; que por lo tanto es esencialmente septentrional. Por otra parte, como veremos más adelante, en ella residen las principales causas que empujan a los franceses a matarse, y los límites geográficos de su esfera de influencia son también los de la zona más fértil en suicidios. Por lo tanto, si los pueblos del Norte se matan más que los del Midi, no es porque estén más predispuestos en virtud de su temperamento étnico; sino simplemente que las causas sociales del suicidio se encuentran en mayor medida en el norte del Loire que en el sur.

Y en cuanto a saber cómo esta dualidad moral de nuestro país se ha producido y se conserva, es un problema de historia que las consideraciones etnográficas no pueden resolver por sí solas. La causa no es las diferencias entre razas, o en cualquier caso no lo es únicamente, ya que razas muy diversas son susceptibles de mezclarse y perderse las unas en las otras. No hay entre el tipo septentrional y el tipo meridional ningún antagonismo que siglos de vida en común no hayan podido borrar. El habitante de Lorena no difiere menos del de Normandía que el de la Provenza del habitante de la Isla de Francia. Por razones históricas, el provincialismo y el tradicionalismo local se han conservado más en el Midi, mientras que en el Norte la necesidad de hacer frente a enemigos comunes, una solidaridad de intereses más estrecha, y contactos más frecuentes, han unido más a los pueblos y confundido su historia. Y es precisamente esta nivelación

---

[55] V. Topinard, *Anthropologie*, p. 464.

moral la que, al hacer más activa la circulación de hombres, ideas y cosas, ha hecho de esta última región el lugar de origen de una civilización intensa.[56]

III

La teoría que hace de la raza un factor importante de la tendencia al suicidio admite implícitamente, por lo demás, que es hereditario: pues sólo puede constituir una característica étnica con esa condición. ¿Pero el carácter hereditario del suicidio ha sido demostrado alguna vez? El problema merece ser examinado, no sólo por su vinculación con el problema precedente, sino en función de su interés propio. Porque si se demostrara que la tendencia al suicidio se transmite por generación, no habría más remedio que reconocer que depende estrechamente de un estado orgánico determinado.

En primer lugar debemos precisar el sentido de las palabras. Cuando se dice del suicidio que es hereditario, ¿queremos decir sencillamente que los hijos de los suicidas, habiendo heredado el carácter de sus padres, tienen tendencia a comportarse como ellos en las mismas circunstancias? En estos términos, la proposición es incuestionable, pero sin consecuencias, pues no es el suicidio entonces lo que es hereditario; lo que se transmite, es sencillamente un determinado temperamento general que puede, llegado el caso, predisponer a los individuos, pero no necesariamente, y que, por consiguiente, no es una explicación suficiente de su determinación. Hemos visto, en efecto, como la constitución individual que más favorece la eclosión, a saber la neurastenia bajo sus diferentes formas, no puede dar cuenta en absoluto de las variaciones

[56] La misma observación puede aplicarse a Italia. Allí también los suicidios son más numerosos en el Norte que en el Midi y, por otro lado, la talla media de las poblaciones septentrionales es ligeramente superior a la de las regiones meridionales. Esto es así porque la civilización actual de Italia es de origen piemontés y, por otro lado, los piemonteses son un poco más altos que las gentes del sur. La diferencia es, por lo demás pequeña. El *maximum* que se observa en Toscana y en Venecia es de 1,65 m.; el *minimum*, en Calabria, es de 1,60 m., al menos en lo que se refiere al continente italiano. En Cerdeña, la talla se reduce hasta 1,58 m.

que presenta la tasa de los suicidios. Pero los psicólogos a menudo hablan de herencia en un sentido completamente distinto. Sería la tendencia a matarse la que se transmitiría directa e íntegramente de padres a hijos y que, una vez transmitida, provocaría el suicidio de manera automática. Consistiría por lo tanto en una especie de mecanismo psicológico, dotado de una cierta autonomía, que no sería muy diferente de una monomanía y al cual, con toda probabilidad, correspondería un mecanismo psicológico no menos concreto. Por consiguiente, dependería fundamentalmente de causas individuales.

¿Demuestra la observación la existencia de una herencia semejante? Seguramente, ya que en ocasiones el suicidio se repite en una misma familia con una triste regularidad. Uno de los ejemplos más impresionantes es el que cita Gall: "Un tal señor G..., rentista, deja siete hijos y una fortuna de dos millones, seis de los hijos se quedan a vivir en París o en los alrededores, y conservan su parte de la fortuna paterna; algunos incluso la aumentan. Ninguno tiene una desgracia; todos gozan de buena salud... Los siete hermanos, en el espacio de cuarenta años, se suicidaron".[57] Esquirol conoció a un comerciante, padre de seis hijos, de los cuales cuatro se mataron; mientras que el quinto hizo varios intentos.[58] En otros lugares, vemos sucesivamente a padres, hijos y nietos, sucumbir al mismo impulso. Sin embargo, el ejemplo de los fisiólogos debería enseñarnos a no sacar conclusiones prematuras en estas cuestiones de herencia que requieren ser tratadas con mucho cuidado. Sin duda se dan numerosos casos en que la tisis afecta a sucesivas generaciones, y sin embargo los científicos dudan todavía en admitir que sea hereditaria. Incluso parece que prevalezca la idea contraria. Esta repetición de la enfermedad en el seno de una misma familia podría deberse, no ya a la herencia de la tisis misma, sino a la de un temperamento general, predispuesto a recibir y fecundar, en cuando se presenta la ocasión, al bacilo que provoca la enfermedad. En ese caso, lo que se transmitiría no sería la dolencia misma, sino únicamente un terreno abonado para su desarrollo. Para poder rechazar categóricamente esta última ex-

---

[57] *Sur les fonctions du cerveau*, Paris, 1825.
[58] *Maladies mentales*, t. I, p. 582.

plicación, habría que haber descubierto al menos que el bacilo de Koch se encuentra a menudo en el feto; mientras no se demuestre esto, se impone la duda. La misma reserva es de rigor en el problema que nos ocupa. No basta por tanto, para resolverlo, con citar algunos hechos favorables a la tesis de la herencia. Sería necesario además que esos hechos estuvieran en número suficiente como para que no pudieran ser atribuidos a la casualidad, que no tuviesen otra explicación, que otros hechos no los contradijeran. ¿Cumplen esta triple condición?

Es cierto que no son infrecuentes. Pero para poder concluir que está en la naturaleza del suicidio el ser hereditario, no es suficiente con que sean más o menos frecuentes. Sería necesario, además, que se pudiese determinar cuál es su proporción en relación al conjunto de muertes voluntarias. Si se demostrara la existencia de antecedentes hereditarios en una fracción relativamente elevada de la cifra total de suicidios, tendríamos una base para admitir que entre estos dos hechos existe una relación de causalidad, y que el suicidio tiene una tendencia a transmitirse hereditariamente. Pero mientras esta prueba falte, siempre podremos pensar que los casos que se citan se deben a combinaciones fortuitas de causas diferentes. Las observaciones y las comparaciones que permitirían zanjar esta cuestión no han sido hechas nunca de una manera sistemática. Casi siempre se limitan a recoger cierto número de anécdotas interesantes. Los escasos datos de que disponemos sobre este particular asunto no son concluyentes en ningún sentido; incluso son un poco contradictorios. De los 39 alienados con una tendencia más o menos pronunciada al suicidio que el Dr. Luys pudo observar en su clínica y sobre los que consiguió reunir informes bastante completos, sólo encontró un único caso en que la misma tendencia se había dado ya en la familia del enfermo.[59] De 265 alienados, Brierre de Boismont encontró únicamente 11, o sea un 4% cuyos padres se habían suicidado.[60] La proporción que da Cazauvielh es mucho más alta; en 13 individuos sobre 60 habría comprobado antecedentes hereditarios; es decir en un 28%.[61] De acuerdo con los datos es-

---

[59] *Suicide*, p. 197.
[60] Citado por Legoyt, p. 242.
[61] *Suicide*, p. 17-19.

tadísticos bávaros, los únicos que registran la influencia de la herencia, durante los años 1857-66 ésta podría percibirse en unos 13 casos de cada 100.[62]

Por poco demostrativos que fuesen estos hechos, si sólo pudieran explicarse admitiendo una especial condición hereditaria del suicidio, esta hipótesis sería plausible dada la imposibilidad de encontrar otra explicación. Pero hay al menos otras dos causas que pueden producir el mismo efecto, sobre todo cuando se combinan.

En primer lugar, casi todas estas observaciones han sido hechas por alienistas y, por consiguiente, sobre alienados. Ahora bien, la alienación mental es tal vez, de todas las enfermedades, la que se transmite con mayor frecuencia. Podemos preguntarnos por tanto si es la tendencia al suicidio la que es hereditaria, o si no lo es más bien la alienación mental de la que el suicidio no es más que un síntoma frecuente, pero a pesar de todo accidental. La duda tiene tanto mayor fundamento cuanto que, coincidiendo con todos los observadores, es sobre todo, si no exclusivamente, entre los alienados suicidas entre los que se encuentran los casos favorables a la hipótesis de la herencia.[63] Sin duda, incluso en estas condiciones, ésta juega un papel importante; pero no es el suicidio lo que se hereda. Lo que se transmite, es la enfermedad mental en general, es la tara nerviosa de la que el atentado contra la propia vida no es más que una consecuencia contingente, siempre de temer por lo demás. En este caso, la herencia no influye en la inclinación al suicidio más de lo que influye en la hemoptisis en el caso de la tisis hereditaria. Si el desdichado, que cuenta a la vez en su familia con locos y suicidas, se mata, no lo hace porque sus padres se mataron, sino porque estaban locos. Del mismo modo que las enfermedades mentales se transforman al transmitirse, como, por ejemplo, la melancolía de los antepasados se convierte en delirio crónico o locura instintiva en los descendientes, puede suceder que varios miembros de una misma familia se maten y que todos esos suicidios, estando referidos a locuras diferentes, pertenezcan por consiguiente a tipos diferentes.

---

[62] Según Morselli, p. 410.
[63] Brierre de Boismont, *op. cit.*, p. 59; Cazauvieilh, *op. cit.*, p. 19.

Sin embargo, esta primera causa no basta para explicar todos los hechos. Ya que, por una parte, no está demostrado que el suicidio sólo tenga lugar en las familias de alienados; y por la otra, siempre queda el hecho significativo de que, en algunas de esas familias, el suicidio parece encontrarse en estado endémico, mientras que la enfermedad mental no implica necesariamente esa consecuencia. Todo loco no está predestinado a matarse. ¿Por qué entonces existen cepas de locos predestinados a destruirse? Esta coincidencia de casos similares supone evidentemente un factor distinto que el precedente. Pero se lo puede encontrar sin que sea necesario atribuirlo a la herencia. El poder contagioso del ejemplo basta para producirlo.

En el próximo capítulo veremos que, efectivamente, el suicidio es eminentemente contagioso. Este contagio tiene efecto sobre todo entre los individuos que por su constitución son más fácilmente proclives a todas las sugestiones en general y a las ideas suicidas en particular; pues no sólo se dejan llevar por todo lo que les choca, sino que sienten una inclinación especial a repetir un acto para el que están ya predispuestos. Esta doble condición se cumple en los individuos alienados o simplemente neurasténicos, cuyos padres se han suicidado. Su debilidad nerviosa les hace fácilmente sugestionables, al mismo tiempo que les predispone a aceptar fácilmente la idea de darse muerte. No es por tanto de extrañar que el recuerdo o el espectáculo del fin trágico de sus familiares se convierta para ellos en fuente de obsesión o impulso irresistible.

Esta explicación no sólo es tan satisfactoria como la que recurría a la herencia, sino que se dan algunos hechos que sólo ella puede explicar. Sucede a menudo que, en las familias en las que se observan casos repetidos de suicidio, estos reproducen casi los mismos detalles. No sólo tienen lugar a la misma edad, sino que se ejecutan de la misma manera. En unos casos se prefiere la cuerda, en otros la asfixia o arrojarse desde algún lugar elevado. En un caso citado a menudo, la similitud llega incluso más lejos; toda una familia se sirvió de una misma arma, con varios años de intervalo.[64] Se ha pretendido ver en estas similitudes una prueba más a favor de la herencia. Sin embargo, si existen buenas razones

---

[64] Ribot, *L'hérédité*, p. 145, París, Félix Alcan.

para no hacer del suicidio una categoría psicológica diferenciada, ¡cuánto más difícil no será admitir que exista una tendencia al suicidio que se incline por la cuerda o por la pistola! Estos hechos, ¿no demuestran más bien la fuerza de la influencia contagiosa que ejercen en la mente de los supervivientes los suicidas que han ensangrentado la historia de su familia? Es preciso que esos recuerdos les obsesionen y les persigan para determinarlos a reproducir, con una fidelidad tan exacta, el acto de sus antepasados.

Esta explicación resulta todavía más verosímil si tenemos en cuenta que numerosos casos en los que no puede plantearse la herencia y el contagio es la única causa del mal, presentan la misma característica. En las epidemias, de las que hablaremos más adelante, sucede casi siempre que los diferentes suicidios se parecen con una sorprendente uniformidad. Se diría que se copian unos a otros. Todo el mundo conoce la historia de los quince inválidos que, en 1772, se colgaron sucesivamente y en un corto lapso de tiempo de un mismo gancho, en un oscuro corredor del hospital. Quitado el gancho, se acabó la epidemia. Lo mismo que en un campamento de Boloña, un soldado se salta la tapa de los sesos en una garita; en poco tiempo, aparecen imitadores en la misma garita; pero en cuanto se quema la garita, cesa el contagio. En todos estos casos, la influencia preponderante de la obsesión es evidente puesto que dejan de producirse tan pronto como desaparece el objeto material que evocaba la idea. Por tanto, cuando los suicidios provocados manifiestamente unos por otros parecen reproducir todos el mismo modelo, resulta legítimo atribuirlos a la misma causa, y con mayor motivo cuanto que debe tener su *maximum* de influencia en aquellas familias en las que todo contribuye a aumentar su fuerza.

Por lo demás, muchos individuos piensan que al hacer como sus padres, no hacen más que dejarse llevar por el ejemplo. Este es el caso de una familia estudiada por Esquirol: "El (hermano) más joven, entre 26 y 27 años, se volvió melancólico y se tiró desde el tejado de su casa; un segundo hermano, que le cuidaba, se reprocha su muerte, tiene varias tentativas de suicidio y muere un año después como consecuencia de un ayuno prolongado y repetido... Un cuarto hermano, médico, que dos años atrás me había repetido con desesperación que no podría escapar a su suerte, se mata".⁶⁵ Moreau cita el siguiente caso. Un alienado, cuyo hermano y tío paterno se habían matado, tenía una clara inclinación al suicidio. Un hermano que solía visitarle en Charenton estaba desesperado por las ideas horribles que le contaba y no podía evitar el estar convencido que él también acabaría por sucumbir.⁶⁶ Un enfermo acudió a Brierre de Boismont y le hizo la siguiente confesión: "Hasta los 53 años, me he encontrado siempre bien; no tenía ningún motivo de tristeza, y estaba alegre hasta que, hace tres años, empecé a tener ideas siniestras... Desde hace tres meses, no me dejan descansar, y continuamente siento ganas de matarme. No le ocultaré que mi hermano se mató a los 60 años; nunca llegué a preocuparme por eso seriamente, pero al cumplir los cincuenta y seis años, el recuerdo aparecía cada vez con mayor intensidad, y ahora está siempre presente". Sin embargo, uno de los casos más convincentes es el que refiere Falret. Una joven de 19 años se entera de que "un tío paterno se había matado voluntariamente. La noticia la consternó: había oído decir que la locura era hereditaria, y la idea de que ella podría un día caer en aquel estado empezó a obsesionarla... Se encontraba en esta triste situación cuando su padre puso voluntariamente fin a su existencia. A partir de entonces, se imagina condenada sin remedio a una muerte violenta. Sólo se preocupa por su inminente final y repite una y otra vez: "¡Moriré como mi padre y como mi tío!, ¡tengo la sangre contaminada!" Y hace una tentativa de suicidio. Sin embargo, el hombre que ella creía que era su padre, no lo era realmente. Para librarla de sus temores, su madre le confiesa la verdad y le concierta una cita con su verdadero padre. El parecido físico es tan grande que la enferma vio como todas sus dudas desaparecían al instante. Desde entonces, ha renunciado a cualquier idea de suicidio; ha vuelto a estar alegre y su salud se recupera progresivamente".⁶⁷

De modo que, por una parte, los casos más favorables a la herencia del suicidio no bastan para demostrar su existencia, y por otra, se prestan fácilmente a cualquier otra explicación. Pero toda-

---

⁶⁵ Lisle, *op. cit.*, p. 195.
⁶⁶ Brierre, *op. cit.*, p. 57.
⁶⁷ Luys, *op. cit.*, p. 201.

vía hay más. Algunos datos estadísticos, cuya importancia parece haber escapado a los psicólogos, son incompatibles con la hipótesis de una transmisión hereditaria propiamente dicha. Son los siguientes:

1° Si existe un determinismo orgánico-psíquico, de origen hereditario, que predestina a los hombres a matarse, debe actuar por el estilo sobre los dos sexos. Puesto que el suicidio no tiene, en sí mismo, nada de sexual, no hay razón para que la herencia castigue más a los hombres que a las mujeres. Ahora bien, sabemos que los suicidios femeninos son de hecho mucho menos numerosos, y que no representan más que una pequeña proporción de los suicidios masculinos. No sucedería así si la herencia tuviese la influencia que se le atribuye.

¿Podríamos decir entonces que las mujeres heredan, lo mismo que los hombres, la tendencia al suicidio, pero que ésta es neutralizada, la mayor parte de las veces, por las condiciones sociales propias del sexo femenino? ¿Pero qué podemos pensar entonces de una herencia que, en la mayoría de los casos, permanece latente, sino que consiste en una vaguísima hipótesis sin ningún fundamento?

2° Al hablar de la herencia de la tisis, M. Grancher se expresa en estos términos: "Podemos admitir la herencia en un caso como este (se trata de una tisis declarada en un niño de tres meses)... Pero ya es menos probable que la tuberculosis anide en la vida intrauterina cuando se manifiesta quince o veinte meses después del nacimiento, cuando además nada puede hacer suponer la existencia de una tuberculosis latente... ¿Y qué diríamos entonces de las tuberculosis que aparecen quince, veinte, o treinta años después del nacimiento? Suponiendo incluso que una lesión hubiera tenido lugar al comienzo de la vida, ¿esta lesión, al cabo de un tiempo tan largo, no habría perdido su virulencia? Es natural que se prefiera hacer responsable de la enfermedad a esos microbios fósiles, en vez de a los bacilos vivos... que el individuo está siempre expuesto a tropezar en su camino".[68] Efectivamente, para sostener con fundamento que una enfermedad es hereditaria, cuando se carece de la prueba perentoria que consistiría en descubrir el ger-

---

[68] *Dictionnaire encyclopédique des sciences méd.*, art. "Tisis", t. LXXVI, p. 542.

men en el feto o en el recién nacido, al menos habría que demostrar que se produce frecuentemente en los niños. Por eso se ha hecho de la herencia la causa fundamental de esa especial locura que se manifiesta desde la primera infancia y a la que se ha llamado, por esa razón, locura hereditaria. Koch ha demostrado incluso que en los casos en que la locura, sin deberse por completo a la herencia, sufre su influencia, presenta una tendencia mucho más marcada a la precocidad que allí donde no existen antecedentes conocidos.[69]

Es verdad que se citan características que se consideran como hereditarias y que, sin embargo, sólo aparecen a una edad más o menos avanzada: como la barba, los cuernos, etc. Pero este retraso sólo se explica en la hipótesis de la herencia cuando dependen de un estado orgánico que sólo puede constituirse en el curso de la evolución individual; por ejemplo, en todo lo concerniente a las funciones sexuales, la herencia no puede evidentemente producir efectos visibles más que en la pubertad. Pero cuando la propiedad transmitida es posible a cualquier edad, debería manifestarse al principio. Por consiguiente, cuanto más tiempo tarde en aparecer, su relación con la herencia será menor. No hay ninguna razón para que la tendencia al suicidio sea más propia de una fase del desarrollo orgánico que de otra. Si constituye un mecanismo concreto, que puede transmitirse íntegramente, debería manifestarse ya en los primeros años.

Sin embargo, sucede todo lo contrario. El suicidio es extremadamente raro entre los niños. En Francia, según Legoyt, entre 1 millón de niños por debajo de los 16 años, se produjeron, durante el periodo 1861-75, 4,3 suicidios de niños, y 1,8 suicidios de niñas. En Italia, según Morselli, las cifras son todavía más bajas: no pasan de 1,25 en un sexo y de 0,33 en el otro (periodo 1866-75), y la proporción es prácticamente la misma en todos los países. Los suicidios más precoces se cometen a los cinco años y son totalmente excepcionales. Tampoco se ha demostrado que esos casos extraordinarios deban ser atribuidos a la herencia. No hay que olvidar que el niño también está sometido a los efectos de las causas sociales y que estas pueden bastar para empujarle al suicidio. Lo

---

[69] *Op. cit.*, p. 170-172.

que demuestra su influencia incluso en este caso, es que los suicidios de niños varían según el medio social. En ninguna parte son tan numerosos como en las grandes ciudades.[70] Porque tampoco en ninguna parte la vida social comienza tan temprano para el niño, como demuestra la precocidad que caracteriza al pequeño ciudadano. Iniciado antes y de forma más completa en la vorágine de la civilización, sufre también antes y de forma más completa sus efectos. Por eso, en los países más civilizados, el número de suicidios infantiles aumenta con una deplorable regularidad.[71]

Y hay más. No solamente el suicidio es muy raro durante la infancia, sino que sólo con la vejez llega a su apogeo y, en el intervalo, crece regularmente de edad en edad.

Tabla IX[72]
Suicidios en las diferentes edades (por millón de individuos de cada edad)

	Francia (1835-44)		Prusia (1873-75)		Sajonia (1847-58)		Italia 1872-76		Dinamarca (1845-56)
	Hombres	Mujeres	Hombres	Mujeres	Hombres	Mujeres	Hombres	Mujeres	Hombres y Mujeres
Por debajo de	2,2	1,2	10,5	3,2	9,6	2,4	3,2	1,0	113
De 16 a 20	56,5	31,7	122,0	50,3	210	85	32,3	12,2	272
De 20 a 30	130,5	44,5	231,1	60,8	396	108	77,0	18,9	307
De 30 a 40	155,6	44,0	235,1	55,6	551	126	72,3	19,6	426
De 40 a 50	204,7	64,7	347,0	61,6			102,3	26,0	576
De 50 a 60	217,9	74,8	529,0	113,9	906	207	140,0	32,0	702
De 60 a 70	274,2	83,7					147,8	34,5	785
De 70 a 80	317,3	91,8			917	297	124,3	29,1	
Por encima	345,1	81,4					103,8	33,8	642

Con algunas matizaciones, estas proporciones son las mismas en todos los países. Suecia es la única sociedad donde la máxima

---

[70] V. Morselli, p. 329 y sig.
[71] V. Legoyt, p. 158 y sig., París, Félix Alcan.
[72] Los elementos de esta tabla se han tomado prestados a Morselli.

está situada entre los 40 y los 50 años. En el resto de países se produce en el último o penúltimo periodo de la vida y, también en el resto de países, con muy pocas excepciones que tal vez sean debidas a errores en el censo,[73] el crecimiento hasta ese límite extremo es continuo. La disminución que se observa más allá de los 80 años no es completamente general y, en cualquier caso, es muy débil. El contingente de esta edad está un poco por debajo del que proporcionan los septuagenarios, pero sigue siendo superior a los demás o, al menos, a la mayoría de los demás. ¿Cómo atribuir entonces a la herencia una tendencia que sólo aparece en el adulto *y que, a partir de ese momento, va tomando cada vez más fuerza a medida que el hombre avanza en la vida*? ¿Cómo calificar de congénita una enfermedad que, inexistente o muy débil durante la infancia, va desarrollándose cada vez más y sólo alcanza su grado máximo de intensidad entre los ancianos?

Tampoco puede recurrirse aquí a la ley de la herencia homocrónica. Ésta enuncia que, en determinadas circunstancias, el carácter hereditario aparece en los descendientes aproximadamente a la misma edad que en los padres. Sin embargo este no es el caso del suicidio que, más allá de los 10 o los 15 años, se produce en todas las edades sin distinción. Lo que tiene de característico, no es que se manifieste en un momento determinado de la vida, sino que progrese sin interrupción de edad en edad. Esta progresión ininterrumpida demuestra que la causa de la que depende se desarrolla a medida que el hombre envejece. La herencia, en cambio, no cumple esta condición; pues la herencia es, por definición, todo lo que debe y puede ser desde el momento mismo de la fecundación. ¿Diremos entonces que la tendencia al suicidio existe en estado latente desde el nacimiento, pero que sólo se ha-

---

[73] Entre los hombres, sólo conocemos un caso, el de Italia, donde se produce un nivelamiento entre los 30 y los 40 años. Entre las mujeres se produce en la misma edad un movimiento de ralentí que es general y que, por consiguiente, debe de ser real. Señala una etapa en la vida femenina. Como se manifiesta de forma especial entre las solteras, corresponde sin duda a ese periodo intermedio en que las decepciones y los disgustos causados por el celibato empiezan a ser menos sensibles, y en que el aislamiento moral que se produce a una edad más avanzada, cuando la solterona se queda sola, no ha producido todavía todos sus efectos.

ce manifiesta bajo la influencia de otras fuerzas cuya aparición es tardía y su desarrollo progresivo? Esto equivale a reconocer que la influencia hereditaria se reduce como mucho a una predisposición muy general e indeterminada; ya que, si la contribución de otro factor les es tan indispensable que sólo puede manifestarse cuando éste se de y en la medida en que se de, es el factor el que debería verse como la verdadera causa.

En fin, la manera en que el suicidio varía según las edades demuestra que, de cualquier forma, un estado orgánico-psíquico no podría ser la causa determinante. Porque todo lo que tiene que ver con el organismo, al estar supeditado al ritmo de la vida, atraviesa sucesivamente por una fase de crecimiento, luego de estacionamiento y, finalmente, de degeneración. No existe carácter biológico o psicológico que progrese indefinidamente; todos, después de alcanzar un punto de apogeo, entran en decadencia. El suicidio, por el contrario, sólo llega a su punto culminante al final de la carrera humana. Incluso el retroceso que se observa a menudo hacia los 80 años, además de que es muy leve y en absoluto general, no es más que relativo, pues los nonagenarios se matan tanto o más todavía que los sexagenarios, y más en cualquier caso que los hombres en plena madurez. ¿No reconoceremos en este hecho que la causa que hace variar el suicidio no puede consistir en un impulso congénito e inmutable, sino más bien en la acción progresiva de la vida social? Lo mismo que aparece más o menos pronto, según la edad en que los hombres entran en sociedad, aumenta a medida que se van encontrando más absorbidos por ella.

Volvemos por tanto a la conclusión del capítulo precedente. Sin duda el suicidio sólo es posible cuando la constitución de los individuos no lo rechaza. Pero el estado individual que le es más favorable consiste, no en una tendencia concreta y automática (excepto en el caso de los alienados), sino en una aptitud general y vaga, susceptible de adoptar formas diversas según las circunstancias, que posibilita el suicidio, pero no lo implica necesariamente y, por consiguiente, no es suficiente para explicarlo.

Capítulo III

El suicidio y los factores cósmicos[74]

Sin embargo, si por si solas las predisposiciones individuales no son causas determinantes del suicidio, adquieren tal vez mayor influencia cuando se combinan con determinados factores cósmicos. Lo mismo que el medio material hace aflorar a veces enfermedades que, sin él, permanecerían en estado de letargo, podría suceder que tuviera el poder de hacer que se manifestasen aptitudes generales y puramente virtuales de las que determinados individuos estarían dotados naturalmente para el suicidio. En este caso, no habría motivo para ver en la tasa de suicidios un fenómeno social; debido a la confluencia de determinadas causas físicas y de un estado orgánico-psíquico, dependería por completo o principalmente de la psicología mórbida. Quizás tuviéramos dificultades para explicar cómo, en esas condiciones, puede ser tan estrictamente personal en cada grupo social: ya que, de un país a otro, el medio cósmico no difiere prácticamente. No obstante, no puede pasar desapercibido un hecho importante: se pueden explicar al menos algunas variaciones que presenta este fenómeno, sin que intervengan las causas sociales.

Entre los factores de esta clase, hay dos únicamente a los que se ha atribuido una influencia suicidógena: el clima y la temperatura de las estaciones.

---

[74] *Bibliografía.* – Lombroso, *Pensiero e Meteore*; Ferri, Variations thermométriques et criminalité, en *Archives d'Anth. criminelle*, 1887; Corre, Le délit et le suicide à Brest, en *Arch. d'Anath. crim.*, 1890, p. 109 y sig., 259 y sig.; del mismo autor, *Crime et suicide*, p. 605-639; Morselli, p. 103-157.

I

Veamos cómo se distribuyen los suicidios en el mapa de Europa, según los diferentes grados de latitud:

De 36° a 43° grados de latitud	21,1 suicidios por millón de habitantes
De 43° a 50° — —	93,3 — —
De 50° a 55° — —	172,5 — —
Por encima de 55°	88,1 — —

Por tanto es en el sur y en el norte de Europa donde el suicidio es *mínimo*; y en el centro es donde está más desarrollado: con mayor precisión, Morselli ha llegado a la conclusión de que el espacio comprendido entre el grado 47 y el 57 de latitud, por una parte, y el 20 y el 40 de longitud por otra, es el lugar predilecto del suicidio. Esta zona coincide bastante con la región más templada de Europa. ¿Tendríamos que ver en esta coincidencia un efecto de las influencias climáticas?

Esa es la tesis que ha defendido Morselli, siempre, sin embargo, con algunas reservas. No se entiende, en efecto, qué relación pueda haber entre el clima templado y la tendencia al suicidio; sería necesario por tanto que los hechos fuesen especialmente concordantes para que semejante hipótesis se impusiese. Sin embargo, lejos de darse alguna relación entre el suicidio y tal o cual clima, lo que aparece constantemente es que prospera bajo cualquier clima. Hoy en día, Italia está relativamente exenta; pero fue muy frecuente en tiempos del Imperio, cuando Roma era la capital de la Europa civilizada. Lo mismo que bajo el ardiente cielo de la India estuvo, en determinadas épocas, muy desarrollado.[75]

La configuración misma de esta zona muestra perfectamente que el clima no es la causa de los numerosos suicidios que se cometen en ella. La mancha que forma sobre el mapa no está constituida por una única franja, más o menos igual y homogénea, que comprendiera todos los países que comparten el mismo clima, sino por dos manchas diferentes: una cuyo centro es la Isla de Francia y los departamentos circundantes, la otra Sajonia y Prusia.

---

[75] Ver más adelante, libro II, cap. IV, p. 235, 236.

Coinciden por tanto, no con una región climática claramente definida, sino con los dos principales núcleos de la civilización europea. Por consiguiente, es en la naturaleza de esta civilización, en la forma en que está distribuida entre los diferentes países, y no en las misteriosas propiedades del clima, adonde hay que ir a buscar la causa de la desigual inclinación de los pueblos al suicidio.

Del mismo modo puede explicarse otro hecho, que ya había señalado Guerry, y Morselli confirma con nuevas observaciones, y que, a pesar de algunas excepciones, es sin embargo bastante general. En los países que no forman parte de la zona central, las regiones que están más próximas a ella, ya sea por el Norte o por el Sur, son también las más propensas al suicidio. Así, en Italia está sobre todo desarrollado en el Norte, mientras que en Inglaterra y en Bélgica lo está sobre todo en el Midi. Pero no hay razón alguna para imputar estos hechos a la proximidad de un clima templado. ¿No sería más lógico admitir que las ideas, los sentimientos, en una palabra, las corrientes sociales que empujan con tanta fuerza al suicidio a los habitantes de Francia septentrional y de Alemania del norte, se encuentran también en los países vecinos que viven más o menos igual, aunque con menos intensidad? Por lo demás, esto demuestra la gran influencia de las causas sociales en la distribución del suicidio. En Italia, hasta 1870, las provincias del norte contaban con el mayor número de suicidios, el centro venía a continuación, y el sur en tercer lugar. Pero poco a poco la distancia entre el norte y el centro ha disminuido y los rangos res-

Tabla X
Distribución regional del suicidio en Italia

	Suicidios Por millón de habitantes			Tasa de cada región expresada En función de la del Norte En base a 100		
Periodo	1866-67	1864-76	1884-86	1866-67	1864-76	1884-86
Norte	33,8	43,6	63	100	100	100
Centro	25,6	40,8	88	75	93	139
Sur	8,3	16,5	21	24	37	33

pectivos han terminado por invertirse (ver tabla X). El clima de las distintas regiones sin embargo ha continuado siendo el mismo. Lo que ha cambiado es que, como consecuencia de la conquista de Roma en 1870, la capital de Italia se ha trasladado al centro del país. El movimiento científico, artístico, económico, se ha desplazado en el mismo sentido, y los suicidios le han seguido.

No hay motivo para insistir más en una hipótesis que nada avala y que tantos hechos desmienten.

II

La influencia de la temperatura estacional parece mejor fundada. Los hechos pueden ser interpretados de formas diversas, pero son constantes.

Si en lugar de observarlos, se intentara prever razonablemente cuál debería de ser la estación más favorable al suicidio, se pensaría sin duda que aquella en que el cielo es más sombrío, o la temperatura más baja, o más húmeda. El desolador aspecto que presenta entonces la naturaleza, ¿no debería predisponer a la ensoñación, despertar tristes pasiones, provocar la melancolía? Por lo demás, ésta es también la época en que la vida es más dura, porque necesitamos una alimentación más rica para suplir la falta de calor natural y no siempre es fácil procurársela. Por este motivo ya Montesquieu consideraba a los países brumosos y fríos como particularmente favorables al desarrollo del suicidio y, durante mucho tiempo, esta opinión fue unánimemente aceptada. Aplicándola a las estaciones, se llega a la conclusión de que es en el otoño cuando el suicidio debería de encontrarse en su apogeo. A pesar de que Esquirol había hecho públicas sus dudas sobre la exactitud de esta teoría, Falret aceptaba todavía su fundamento.[76] Hoy día, la estadística la ha refutado definitivamente. No es ni en invierno, ni en otoño cuando el suicidio alcanza su *máximo*, sino en la estación más benigna, cuando la naturaleza está en plena eclosión y la temperatura es más suave. El hombre abandona preferentemente la vida en el momento en que ésta es más fácil. Si se di-

[76] *De l'hypocondrie*, etc., p. 28.

vide el año en dos semestres, uno que comprenda los seis meses más calurosos (de marzo a agosto inclusive), y el otro los seis meses más fríos, siempre es el primero en el que se producen más suicidios. *Ningún país escapa a esta ley.* La proporción, con pocas unidades de diferencia, es la misma en todas partes. De cada 1000 suicidios anuales, de 590 a 600 se cometen durante la estación más benigna y 400 únicamente durante el resto del año.

La relación entre el suicidio y las variaciones de la temperatura puede determinarse incluso con mayor precisión.

Si decidimos llamar invierno al trimestre que va de diciembre a febrero inclusive, primavera al que se extiende de marzo a mayo, verano al que comienza en junio para terminar en agosto, y otoño a los tres meses siguientes, y si clasificamos estas cuatro estaciones según la importancia de su mortalidad-suicida, nos encontramos con que en casi todas partes el verano obtiene el primer lugar. Morselli ha podido comparar desde este punto de vista 34 periodos diferentes pertenecientes a 18 Estados europeos, y ha comprobado que en 30 casos, es decir 88 veces de cada cien, el máximo de suicidios descendía durante el periodo estival, tres casos solamente en la primavera, un solo caso en el otoño. Esta última irregularidad que se ha observado únicamente en el gran ducado de Bade y en un único momento de su historia, carece de valor, pues es el resultado de un cálculo sobre un periodo de tiempo demasiado corto; por lo demás, no ha vuelto a reproducirse en los periodos siguientes. Las otras tres excepciones no son más significativas. Están referidas a Holanda, a Irlanda, y a Suecia. Por lo que respecta a los dos primeros países, las cifras efectivas que han servido de base para el cálculo de las medias estacionales son demasiado insignificantes como para que pueda sacarse alguna conclusión fiable de ellas; no tenemos más que 387 casos en Holanda y 755 en Irlanda. Por lo demás, la estadística de estos dos pueblos, no es todo lo fiable que sería de desear. En fin, en cuanto a Suecia, solamente durante el periodo 1835-51 se ha constatado el hecho. Por lo tanto, si nos atenemos a los Estados en cuyos datos podemos confiar plenamente, puede decirse que la ley es absoluta y universal.

La época en que tiene lugar el mínimo no es menos regular: 30 veces de cada 34, es decir 88 veces por cien, tiene lugar en invierno; las otras cuatro en otoño. Los cuatro países que se apartan de la regla son Irlanda y Holanda (como en el caso precedente), el cantón de Berna y Noruega. Ya conocemos el alcance de las dos primeras anomalías; la tercera tiene menos todavía, ya que no ha sido observada más que sobre un conjunto de 97 suicidios. En resumen, 26 veces de cada 34, o sea 76 veces por cien, las estaciones se ordenan del siguiente modo: verano, primavera, otoño, invierno. Esta relación se cumple sin ninguna excepción en Dinamarca, Bélgica, Francia, Prusia, Sajonia, Baviera, Wüttemberg, Austria, Suiza, Italia, y España.

No sólo las estaciones se clasifican del mismo modo, sino que la parte proporcional de cada una difiere apenas de un país a otro. Para que esta invariabilidad sea más visible hemos reflejado en la siguiente tabla XI, el total de cada estación en los principales Estados europeos en relación al total anual referido a mil. Puede verse como las mismas series de números se repiten casi idénticamente en cada columna.

Tabla XI
Parte proporcional de cada estación en el total anual de suicidios de cada país

	Dinamarca (1858-65)	Bélgica (1851-49)	Francia (1835-43)	Sajonia (1847-58)	Baviera (1858-65)	Austria (1858-59)	Prusia (1869-72)
Verano	312	301	306	307	308	315	290
Primavera	284	275	283	281	282	281	284
Otoño	227	229	210	217	218	219	227
Invierno	177	195	201	195	192	185	199
	1000	1000	1000	1000	1000	1000	1000

De estos hechos incuestionables Ferri y Morselli han deducido que la temperatura tenía sobre la tendencia al suicidio una influencia directa; que el calor, por la acción mecánica que ejerce sobre las funciones cerebrales, empujaba al hombre a matarse. Ferri ha tratado incluso de explicar la manera en que producía este efecto. Por una parte, dice, el calor aumenta la excitabilidad del sistema nervioso; por otra, como en la estación templada el organismo no necesita consumir tanta cantidad de productos para mantener su propia temperatura al nivel deseado, se produce una acumulación de fuerzas disponibles que tienden naturalmente a encontrar una salida. Por esta doble razón, hay durante el verano un exceso de actividad, una plétora de vida que necesita ser consumida y sólo puede manifestarse en forma de actos violentos. El suicidio es una de esas manifestaciones, el homicidio es otra, y ésta es la razón por la que las muertes voluntarias se multiplican durante esta estación al mismo tiempo que los crímenes de sangre. Por lo demás, la alienación mental, bajo todas sus formas, parece que también se desarrolla en esta época; es por tanto natural, se ha dicho, que el suicidio, como consecuencia de las relaciones que mantiene con la locura, evolucione de la misma manera.

Esta teoría, seductora por su simplicidad, parece a primera vista coincidir con los hechos. Parece incluso que sea su expresión inmediata. En realidad, está muy lejos de explicarlos.

III

En primer lugar, implica una concepción muy discutible del suicidio. Supone que se da siempre como antecedente psicológico un estado de sobreexcitación, que consiste en un acto violento y que sólo es posible mediante un gran despliegue de fuerza. Ahora bien, muy al contrario, a menudo es la consecuencia de una extrema depresión. Si el suicidio exaltado o violento es frecuente, el suicidio taciturno no lo es menos; volveremos sobre ello. Sin embargo es imposible que el calor actúe de la misma forma en uno y otro; si estimula el primero, entonces debe volver el segundo más raro. La influencia agravante que podría tener sobre determinados individuos sería neutralizada y anulada prácticamente por la acción moderadora que ejercería sobre los otros; por consiguiente, no podría manifestarse, sobre todo de una forma tan sensible, mediante los datos estadísticos. Las variaciones que presentan según las estaciones, deben por tanto tener otra causa. Y en cuanto a ver aquí una simple consecuencia de las variaciones similares que experimentaría, en el mismo momento, la alienación mental, sería necesario, para poder aceptar esta explicación, admitir entre el suicidio y la locura una relación más inmediata y más íntima de la que existe. Por otro lado, ni siquiera está demostrado que las estaciones actúen del mismo modo sobre estos dos fenómenos,[77] y, incluso si este paralelismo fuera incuestionable, quedaría todavía por demostrar si son los cambios de la temperatura estacional los que hacen subir y descender la curva de la alienación mental. No es seguro que causas de otra naturaleza no puedan producir o contribuir a producir este resultado.

Pero de cualquier forma que se explique esta influencia atribuida al calor, veamos si es real.

Parece deducirse de algunas observaciones que los calores demasiado fuertes incitan al hombre a matarse. Durante la expedición de Egipto, parece que el número de suicidios aumentó en el ejército francés y se atribuyó este aumento a lo elevado de la temperatura. En los trópicos, no es raro ver hombres que se arrojan bruscamente al mar cuando el sol deja caer verticalmente sus rayos. El Dr. Dietrich cuenta que, en un viaje alrededor del mundo que realizó de 1844 a 1847 el conde Charles de Gortz observó un impulso irresistible, que él llama *the horrors*, ente los marinos de la tripulación y que describió de este modo: "El mal, dice, se manifiesta generalmente en la estación de invierno cuando, después de una larga travesía, los marinos pisan tierra, se sitúan sin ninguna precaución alrededor de una estufa ardiendo y se entregan, según la costumbre, a excesos de todo tipo. Y al volver a bordo es cuando se declaran los síntomas del terrible *horrors*. Aquellos a los que

---

[77] Sólo se puede saber de qué manera los casos de locura se distribuyen entre las estaciones por el número de ingresos en los manicomios. Ahora bien, semejante criterio es insuficiente; ya que las familias no internan a los enfermos en el momento preciso en que la enfermedad aparece, sino más tarde. Además, tomando estos datos tal y como se nos presentan, están lejos de demostrar una coincidencia perfecta entre las variaciones estacionales de la locura y las del suicidio. Según un estudio estadístico de Cazauvieilh, de cada 1000 ingresos anuales en Charenton, la proporción de cada estación sería la siguiente: invierno, 222; primavera, 283; verano, 261; otoño, 231. El mismo cálculo hecho para el conjunto de alienados admitidos en los asilos del Sena da resultados análogos: invierno, 234; primavera, 266; verano, 249; otoño, 248. Podemos ver: 1° que el máximo se sitúa en la primavera y no en el verano; aunque hay que tener en cuenta que, por las razones señaladas, el máximo real debe de ser anterior; 2° que las desviaciones entre las diferentes estaciones son muy débiles. En lo que concierne a los suicidios tienen una distribución distinta.

se ha contagiado la enfermedad se ven impelidos por una fuerza irresistible a arrojarse al mar, bien porque el vértigo les asalte en mitad de su trabajo, en lo alto de los mástiles, bien porque sobrevenga durante el sueño del que los enfermos despiertan bruscamente lanzando horrorosos alaridos". Se ha observado igualmente que el *sirocco*, que no puede soplar sin levantar un calor sofocante, tiene sobre el suicidio una influencia análoga.[78]

Pero esta influencia no se debe exclusivamente al calor; el frío excesivo actúa del mismo modo. Por eso se dice que, durante la retirada de Moscú, en nuestro ejército se produjeron numerosos suicidios. No podríamos sin embargo recurrir a estos hechos para explicar cómo es que, habitualmente, las muertes voluntarias son más numerosas en verano que en otoño, y en otoño que en invierno; la única conclusión que podemos sacar de ellos es que las temperaturas extremas, cualesquiera que sean, favorecen el desarrollo del suicidio. Es fácil comprender, por lo demás, que los excesos de cualquier género, los cambios bruscos y violentos que tienen lugar en el medio físico, alteran el organismo, desconciertan el funcionamiento normal de los órganos y determinan de este modo toda clase de delirios en los que la idea del suicidio puede presentarse y llegar a realizarse, si nada la contiene. Pero no existe ninguna analogía entre estas perturbaciones excepcionales y anormales y las variaciones graduales por las que atraviesa la temperatura en el transcurso de cada año. El problema queda pues sin resolver. La solución habrá que buscarla en el análisis de los datos estadísticos.

Si la temperatura fuera la causa fundamental de las oscilaciones que hemos constatado, el suicidio debería variar tan regularmente como ella. Pero no es así. Los hombres se matan mucho más en primavera que en otoño, a pesar de que entonces haga un poco más de frío:

De modo que mientras el termómetro sube por encima de 0,9° en Francia, y de 0,2° en Italia, la cifra de los suicidios disminuye el 21% en el primer país y el 35% en el otro. Asimismo, la temperatura de invierno es, en Italia, mucho más baja que la del otoño (2,3° en lugar de 13,1°), y sin embargo, la mortalidad-suicida es poco

---

[78] Citamos estos hechos según Brierre de Boismont, *op. cit.*, p. 60-62.

	Francia		Italia	
	Sobre 1.000 suicidios anuales	Temperatura media de las estaciones	Sobre 1.000 suicidios anuales	Temperatura media de las estaciones
Primavera	284	10,2°	297	12,9°
Otoño	227	11,1°	196	13,1°

más o menos la misma en las dos estaciones (196 casos por un lado, y 194 por el otro). En todas partes, la diferencia entre la primavera y el verano es muy pequeña en lo que respecta a los suicidios, mientras que es muy grande en lo que respecta a la temperatura. En Francia, la desviación es del 78% en un caso y únicamente de un 8% en el otro; en Prusia, es respectivamente del 121% y del 4%.

Esta independencia con relación a la temperatura es todavía más apreciable si se observa la evolución de los suicidios, no ya por estaciones, sino por meses. Las variaciones mensuales están sujetas a la siguiente ley aplicable a todos los países de Europa: *A partir del mes de enero inclusive la evolución del suicidio es progresivamente ascendente de mes a mes hasta junio aproximadamente, y progresivamente descendente a partir de ese momento hasta el final del año*. Por regla general, 62 casos de cada cien, el máximo recae en junio, 25 casos en mayo y 12 casos en julio. El mínimo tiene lugar 60 casos de cada cien en diciembre, 22 casos en enero, 15 casos en noviembre y 3 casos en octubre. Por otra parte, las diferencias más marcadas se dan, en la mayoría de las ocasiones, en series demasiado pequeñas como para que tengan alguna significación. Allí donde podemos seguir la evolución del suicidio a través de un largo periodo de tiempo, como en Francia, le vemos crecer hasta junio, disminuir a continuación hasta enero, y la distancia entre los extremos nunca es inferior al 90 o al 100% por término medio. El suicidio no llega por lo tanto a su apogeo durante los meses más calurosos que son agosto o julio; por el contrario, a partir de agosto, comienza a disminuir sensiblemente. Del mismo modo en la mayoría de los casos, no desciende hasta su punto más bajo en enero que es el mes más frío, sino en diciembre. En la tabla XII puede verse que la correspondencia, por meses, entre los cambios de temperatura y los del suicidio no presentan ninguna regularidad ni ninguna constancia.

Tabla XII[79]

	Francia (1866-70)		Italia (1883-88)			Prusia (1876-78, 80-82, 85-89)	
	Temp. media	suicidios al mes sobre 1.000 anuales	Temperatura media		Suicidios al mes sobre 1.000 anuales	Temp. media (1847-77)	Suicidios al mes sobre 1.000 anuales
			Roma	Nápoles			
Enero	2,4°	68	6,8°	8,4°	69	0,28°	61
Febrero	4,0°	80	8,2°	9,3°	80	0,73°	67
Marzo	6,4°	86	10,4°	19,7°	81	2,74°	78
Abril	10,1°	102	13,5°	14,0°	98	6,79°	99
Mayo	14,2°	105	18,0°	17,9°	103	10,47°	104
Junio	17,2°	107	21,9°	21,5°	105	14,05°	105
Julio	18,9°	100	24,9°	24,3°	102	15,22°	99
Agosto	18,5°	82	24,3°	24,2°	93	14,60°	90
Septiem.	15,7°	74	21,2°	21,5°	73	11,60°	83
Octubre	11,3°	70	16,3°	17,1°	65	7,79°	78
Noviem.	6,5°	66	10,9°	12,2°	63	2,93°	70
Diciem.	3,7°	61	7,9°	9,5°	61	0,60°	61

En un mismo país, los meses cuya temperatura es prácticamente la misma producen un número proporcional de suicidios muy diferente (por ejemplo, mayo y septiembre, abril y octubre en Francia, junio y septiembre en Italia, etc.). La inversa no es menos frecuente; enero y octubre, febrero y agosto, en Francia, cuentan con el mismo número de suicidios a pesar de las enormes diferencias de temperatura, y lo mismo ocurre en abril y julio en Italia y en Prusia. Por lo demás, las cantidades proporcionales son casi exactamente las mismas en cada mes en los distintos países, a pesar de que la temperatura mensual sea muy desigual de un país a otro. Así, mayo cuya temperatura es de 10,47° en Prusia, de 14,2°

---

[79] Todos los meses de esta tabla están referidos a 30 días. Las cifras correspondientes a las temperaturas, en el caso de Francia, han sido tomadas del *Annuaire du bureau des longitudes*, y, en el caso de Italia, de los *Annali dell'Ufficio centrale de Meteorologia*.

en Francia y de 18° en Italia, da en el primer país 104 suicidios, 105 en el segundo y 103 en el tercero.[80] La misma observación puede hacerse en casi todos los meses restantes. El caso de diciembre es particularmente significativo. Su parte en el total anual de los suicidios es rigurosamente la misma en las tres sociedades comparadas (61 suicidios por mil); y sin embargo el termómetro en esta época del año marca 7,9° de media en Roma, y 9,5° en Nápoles, mientras que en Prusia no sube de los 0,67°. No sólo las temperaturas mensuales no son las mismas, sino que evolucionan según leyes distintas en las diferentes regiones; así, en Francia, el termómetro sube más de enero a abril que de abril a junio, mientras que en Italia es a la inversa. Las variaciones termométricas y las del suicidio no tienen por tanto ninguna relación entre sí.

Por lo demás, si la temperatura tuviera la influencia que se supone, ésta debería hacerse notar igualmente en la distribución geográfica de los suicidios. Los países más cálidos deberían ser los más afectados. La conclusión se impone con tanta evidencia que la escuela italiana recurre a ella cuando intenta demostrar que la tendencia homicida aumenta también con el calor. Lombroso y Ferri, han intentado demostrar que, dado que los asesinatos son más frecuentes en verano que en invierno, también son más numerosos en el Sur que en el Norte. Desgraciadamente, cuando se trata del suicidio, la prueba se vuelve contra los criminalistas italianos: porque es en los países meridionales de Europa donde el suicidio está menos desarrollado. Italia cuenta cinco veces menos que Francia; en España y Portugal apenas se producen. En el mapa francés de los suicidios, la única mancha blanca con alguna extensión está formada por los departamentos situados al sur del Loire. Obviamente no queremos decir que esta situación sea realmente un efecto de la temperatura; pero, cualquiera que sea la razón, constituye un hecho inconciliable con la teoría que hace del calor un estímulo del suicidio.[81]

---

[80] Nunca se insistirá bastante en la regularidad de estas cantidades proporcionales sobre cuyo significado volveremos más adelante (libro III, cap. I).

[81] Es cierto que, según estos autores, el suicidio no sería más que una variedad del homicidio. La ausencia de suicidios en los países meridionales no sería por tanto más que aparente, pues estaría compensada con un excedente de homi-

El reconocimiento de estas dificultades y de estas contradicciones ha llevado a Lombroso y Ferri a modificar ligeramente la doctrina de su escuela, pero sin abandonar su principio. Según Lombroso, cuya opinión suscribe Morselli, no sería tanto la intensidad del calor lo que provocaría el suicidio sino la llegada de los primeros calores, es decir el contraste entre el frío que se va y la estación cálida que comienza. Esta sorprendería al organismo en un momento en que todavía no está habituado a esa nueva temperatura. Basta, sin embargo, con echar una mirada a la tabla XII para darse cuenta de que esta explicación carece de todo fundamento. Si fuera cierta, la curva que representa las variaciones mensuales del suicidio debería permanecer horizontal durante el otoño y el invierno, luego subir bruscamente en el preciso instante en que aparecen los primeros calores, fuente de todo el mal, para descender no menos bruscamente una vez que el organismo ha tenido tiempo de aclimatarse a ellos. Sin embargo, sucede todo lo contrario, su evolución es perfectamente regular: la subida, mientras dura, es poco más o menos la misma de un mes a otro. Aumenta de diciembre a enero, de enero a febrero, de febrero a marzo, es decir durante los meses en que los primeros calores están todavía lejos, y desciende progresivamente de septiembre a diciembre, cuando estos hace tanto tiempo que terminaron que no puede atribuirse este decrecimiento a su desaparición. ¿Y además, en qué momento aparecen estos? Habitualmente se los hace comenzar en abril. Efectivamente, de marzo a abril, el termómetro sube de 6,4° a 10,1°; el aumento es por tanto de un 57%, mientras que de abril a mayo no es más que de un 40%, y de mayo a junio de un 21%. Debería por tanto constatarse en abril un aumento excepcional de los suicidios. En realidad, el aumento que se produce entonces no es mayor al que se observa de enero a febrero (18%). En fin, dado que este aumento

---

cidios. Más adelante veremos lo que significa esta identificación. Sin embargo, no se puede ocultar que este argumento se vuelve contra sus autores. Si el exceso de homicidios que se observa en los países cálidos compensa la falta de suicidios, ¿por qué esta misma compensación no se produce también durante la estación templada? ¿Qué significa que esta última sea a la vez fértil en homicidios de uno mismo y de otro?

no sólo se mantiene, sino que continúa, aunque más lentamente, hasta junio, e incluso julio, parece difícil que pueda ser atribuido a la acción de la primavera, a menos de prolongar esta estación hasta el final del verano y dejar excluido únicamente el mes de agosto.

Por lo demás, si los primeros calores fueran hasta ese punto funestos, los primeros fríos deberían tener las mismas consecuencias. También ellos sorprenden al organismo que se ha deshabituado a ellos y perturban las funciones vitales hasta que la readaptación vuelve a efectuarse. Sin embargo, en otoño no se produce ningún aumento que se parezca ni de lejos al que se observa en la primavera. Por eso no comprendemos cómo Morselli, después de haber reconocido, de acuerdo con su teoría, que el paso del calor al frío debe producir los mismos efectos que el paso contrario, ha podido añadir: "Este efecto de los primeros fríos puede verificarse bien en nuestras series estadísticas, bien, o mejor aún, en la segunda subida que presentan todas nuestras curvas en otoño, durante los meses de octubre y de noviembre, es decir, cuando el tránsito de la estación cálida a la estación fría es experimentado de forma más aguda por el organismo humano, especialmente por el sistema nervioso".[82] No hay más que acudir a la tabla XII para comprobar que esta afirmación es absolutamente contraria a los hechos. De las cifras que el propio Morselli ha proporcionado, se deduce que de octubre a noviembre el número de suicidios no aumenta casi en ningún país, sino que por el contrario, disminuye. La única excepción es Dinamarca, Irlanda, y Austria en un solo periodo (1851-54), y en los tres casos el aumento es mínimo.[83] En Dinamarca, pasan de 68 por mil a 71, en Irlanda de 62 a 66, en Austria de 65 a 68. Del mismo modo, en octubre, no se produce un aumento más que en ocho casos sobre treinta y una observaciones, a saber durante un periodo de Noruega, uno de Suecia, uno de Sajonia, uno de Baviera, de Austria, del ducado de Bade y

---

[82] *Op. cit.*, p. 148.
[83] No tenemos en cuenta las cifras concernientes a Suiza. Han sido calculadas para un único año (1876) y, por consiguiente, no puede sacarse conclusiones de ellas. Por lo demás, la subida de octubre a noviembre es muy débil. Los suicidios pasan de 83 por mil a 90.

dos de Württemberg. En todos los demás casos se produce un descenso o bien un estado estacionario. En resumen, veintiuna veces de treinta y una, o 67 veces por cien, se produce una disminución regular de septiembre a diciembre.

La perfecta continuidad de la curva, tanto en su fase ascendente como en su fase descendente, demuestra que las variaciones mensuales del suicidio no pueden ser el resultado de una crisis pasajera del organismo, produciéndose una o dos veces al año, como consecuencia de una ruptura del equilibrio brusca y temporal, sino que sólo pueden depender da causas que varían ellas también con la misma periodicidad.

IV

Ahora ya estamos en condiciones de estudiar la naturaleza de esas causas.

Si se compara la parte proporcional de cada mes en el total de los suicidios anuales con la duración media del día en el mismo momento del año, las dos series de números que se obtienen de este modo varían exactamente igual (ver tabla XIII).

El paralelismo es completo. El máximo, por una y otra parte, se alcanza en el mismo momento y lo mismo sucede con el mínimo; en el intervalo, las dos clases de hechos se siguen *pari passu*. Cuando los días se alargan rápidamente, los suicidios aumentan mucho (enero y abril); cuando la duración de los unos se ralentiza, el crecimiento de los otros hace otro tanto (abril a junio). La misma correspondencia se encuentra en el periodo de decrecimiento. Incluso en meses diferentes en que el día tiene una duración similar encontramos más o menos el mismo número de suicidios (julio y mayo, agosto y abril).

Una correspondencia tan regular y tan precisa no puede ser casual. Debe haber por tanto alguna relación entre la evolución de los días y la del suicidio. Además de que esta hipótesis se deduce inmediatamente de la tabla XIII, permite también explicar un hecho que ya hemos señalado. Hemos visto que en las principales sociedades europeas, los suicidios se distribuyen rigurosamente de la misma manera entre las diferentes épocas del año, estaciones, o

Tabla XIII
Comparación de las variaciones mensuales de los suicidios con la duración media de los días en Francia

	Duración de los días[84]	Crecimiento y Disminución	Número de suicidios por mes de cada 1000 suicidios anuales	Crecimiento y Disminución
Enero	9 h 19'	Crecimiento	68	Crecimiento
Febrero	10 h 56'	De enero a	80	De enero
Marzo	12 h 47'	abril, 55%	86	a abril, 50%
Abril	14 h 29'		102	
Mayo	15 h 48'	De abril a	105	De abril a
Junio	16 h 3'	junio, 10%	107	junio, 5%
Julio	15 h 4'	Disminución De junio a	100	Disminución De junio a
Agosto	13 h 25'	agosto, 17%	82	agosto, 24%
Septiembre	11 h 39'	De agosto a	74	De agosto a
Octubre	9 h 51'	octubre, 27%	70	octubre, 27%
Noviembre	8 h 31'	De octubre a	66	De octubre a
Diciembre	8 h 11'	diciembre, 17%	61	diciembre, 13%

meses.[85] Las teorías de Ferri y de Lombroso no podrían explicar en absoluto esta curiosa uniformidad, ya que la temperatura es muy diferente en las distintas comarcas de Europa y evoluciona en ellas también de forma diferente. Por el contrario, la duración del día es prácticamente la misma en todos los países europeos que hemos comparado.

[84] La duración indicada es la del último día del mes.
[85] Esta uniformidad nos exime de complicar la tabla XIII. No es necesario comparar las variaciones mensuales del día y las del suicidio en otros países además de Francia, ya que unas y otras son prácticamente las mismas en todas partes, siempre y cuando no se compare países de latitudes muy diferentes.

Sin embargo, lo que acaba por demostrar la realidad de esta relación, es el hecho de que, en cualquier estación, la mayor parte de los suicidios tenga lugar de día. Brierre de Boismont ha revisado los informes de 4.595 suicidios ocurridos en París de 1834 a 1843. De 3.518 casos en los que el momento había podido ser determinado, 2.094 habían sido cometidos durante el día, 766 por la tarde y 658 por la noche. Los suicidios del día y de la tarde representan por tanto las cuatro quintas partes de la suma total, y los primeros por sí solos representan ya las tres quintas partes.

La estadística prusiana ha recogido sobre este punto documentos más numerosos todavía. Están referidos a 11.822 casos producidos durante los años 1869-72, y no hacen más que confir-

Tabla XIV

	Número de suicidios en cada momento del día Sobre 1000 suicidios diarios			
	1871		1872	
Primera hora de la mañana[86]	35,9		35,9	
Segunda	158,3	375	159,7	391,9
Mediodía	73,1		71,5	
Tarde	143,6		160,7	
Anochecer	53,5		61,0	
Noche	212,6		219,3	
Hora desconocida	322,0		291,9	
	1000		1000	

mar las conclusiones de Brierre de Boismont. Dado que las relaciones son prácticamente las mismas cada año, sólo damos para abreviar las de 1871 y 1872:

La preponderancia de los suicidios diurnos es evidente. Por tanto, si el día es más fecundo en suicidios que la noche, es natural que estos se hagan cada vez más numerosos a medida que el día se hace más largo.

[86] Parte del día que sigue inmediatamente a la salida del sol.

¿Pero cómo se explica esta influencia del día?

Evidentemente no vamos a recurrir para explicarla a los efectos del sol y de la temperatura. Los suicidios cometidos a mediodía, es decir en el momento de mayor calor, son mucho menos numerosos que los de la tarde o los de después del mediodía. Veremos más adelante que incluso en pleno mediodía se produce una disminución de estos apreciable. Descartada esta explicación, sólo queda otra explicación posible, y es que el día favorezca el suicidio porque es el momento de más actividad del hombre, el momento en que las relaciones humanas se cruzan y entrecruzan y la vida social es más intensa.

Los pocos datos de que disponemos sobre la manera en que el suicidio se reparte entre las diferentes horas del día o entre los diferentes días de la semana confirman esta interpretación. Entre 1.993 casos observados por Brierre de Boismont en París y 548 casos, referidos al conjunto de Francia, reunidos por Guerry, las principales oscilaciones del suicidio a lo largo de las 24 horas del día serían las siguientes:

París		Francia	
	Número de suicidios según la hora		Número de suicidios según la hora
De 0 a 6	55	De 0 a 6	30
De 6 a 11	*108*	De 6 a mediodía	*61*
De 11 a mediodía	81	De mediodía a 14	32
De mediodía a 16	*105*	De 14 a 18	47
De 16 a 20	81	De 18 a 0 horas.	38
De 20 a 0	61		

Vemos que hay dos momentos en que el suicidio está en su apogeo; son los dos momentos de mayor actividad humana, la mañana y el mediodía. Entre estos dos periodos, hay uno de reposo en que la actividad general está momentáneamente detenida; el suicidio también se detiene en ese mismo momento. En París es alrededor de las 11 de la mañana, y en las provincias sobre el mediodía, cuando se produce esta calma momentánea. Es más pronunciada y más larga en los departamentos que en la capital, por la única razón de que es el momento en que en estos se hace la comida principal; también el estacionamiento del suicidio es aquí más pronunciado y más largo. Los datos de la estadística prusiana que acabamos de dar pueden ser objeto de observaciones análogas.[87]

Por otra parte, Guerry, habiendo determinado de 6.587 casos el día de la semana en que habían sido cometidos, ha obtenido la escala que reproducimos en la tabla XV.

Tabla XV

	Parte proporcional Sobre 1000 suicidios semanales	Parte proporcional de cada sexo (en %)	
		Hombres	Mujeres
Lunes	15,20	69	31
Martes	15,71	68	32
Miércoles	14,90	68	32
Jueves	15,68	67	33
Viernes	13,74	67	33
Sábado	11,19	69	31
Domingo	13,57	64	36

Destaca la disminución del suicidio los fines de semana a partir del viernes. Como se sabe, los prejuicios relativos al viernes tienen como efecto ralentizar la vida pública. La circulación de trenes es en ese día mucho menor que en los demás. Se es reacio a establecer relaciones y emprender negocios en este día de mal agüero. El sábado, a partir del mediodía, empieza a producirse un principio de relajamiento; en determinados países, el descanso está bastante

---

[87] Hay otra prueba del ritmo de reposo y actividad por el que atraviesa la vida social en distintos momentos del día en la manera en que los accidentes varían según las horas. Según la oficina de estadística prusiana este sería el reparto:

De 6 a mediodía .... 1011 accidentes de media por hora
De mediodía a 14 686   "   "
De 14 a 18 1191   "   "
De 18 a 19 979   "   "

extendido; tal vez también la perspectiva del día siguiente ejerce por adelantado una influencia calmante en las mentes. En fin, el domingo, la actividad económica cesa por completo. Si actividades de otra clase no sustituyeran a las que desaparecen, si los lugares de diversión no se llenasen en el momento en que los talleres, las oficinas y los almacenes se vacían, posiblemente la disminución del suicidio el domingo sería todavía mayor. Hay que señalar también que ese mismo día la mujer adquiere más protagonismo; es ese día cuando sale más del hogar en el que está como recluida el resto de la semana y se mezcla en la vida pública.[88]

Todo hace suponer por tanto que si la mañana es el momento del día que favorece más al suicidio, es porque es también el momento en que la vida social está en plena efervescencia. Ahora ya tenemos una razón que explique por qué el número de los suicidios se eleva a medida que el sol permanece más tiempo sobre el horizonte. El alargamiento de los días abre, en cierto modo, un campo mayor a la vida colectiva. El tiempo de descanso comienza más tarde y acaba antes. Tiene por tanto más espacio para desarrollarse. Y en consecuencia los efectos que implica la vida colectiva se desarrollan al mismo tiempo, y puesto que el suicidio es uno de esos efectos, aumenta.

Sin embargo esta primera causa no es la única. Si la actividad pública es más intensa en verano que en primavera y en primavera que en otoño y que en invierno, no es únicamente porque el marco exterior, en el que se desarrolla, se alarga a medida que avanzamos en el año; sino que está directamente provocada por otras razones.

---

[88] Es curioso que este contraste entre la primera y la segunda mitad de la semana se encuentre también en el mes. Según Brierre de Boismont, *op. cit.*, p. 424, así es como se distribuyen 4595 suicidios parisinos:

Durante los diez primeros días del mes............	1727
Durante los diez días siguientes	1488
Durante los diez últimos días del mes.............	1380

La inferioridad numérica de la última década es todavía mayor de lo que indican las cifras, ya que a causa del día 31, a menudo son 11 días en lugar de 10. Se diría que el ritmo de la vida social reproduce las divisiones del calendario; que hay como una renovación de actividad cada vez que se entra en un periodo nuevo y una especie de languidez a medida que este se aproxima a su fin.

El invierno es para el campo una época de reposo que llega hasta el estancamiento. Toda la vida está como detenida; las relaciones son raras tanto a causa del estado de la atmósfera como porque el ritmo más lento de los negocios les priva de su razón de ser. Los habitantes están sumidos en un verdadero sueño. Sin embargo, en cuanto apunta la primavera, todo empieza a despertar: se retoman las ocupaciones, se establecen relaciones, se multiplican los intercambios, se produce un auténtico movimiento de población para satisfacer las necesidades del trabajo agrícola. Ahora bien, estas condiciones particulares de la vida rural no pueden dejar de tener una gran influencia sobre la distribución mensual de los suicidios, ya que el campo aporta más de la mitad de la cifra total de las muertes voluntarias; en Francia, de 1873 a 1878, tenía en su haber 18.470 casos sobre un total de 36.365. Es por lo tanto natural que sean más numerosos a medida que uno se aleja de la mala estación. Alcanzan su *máximo* en junio o en julio, es decir en la época en que el campo está en plena actividad. En agosto, todo comienza a sosegarse, los suicidios disminuyen. La disminución sólo se acelera a partir de octubre y sobre todo de noviembre; esto tal vez se deba a que algunas cosechas sólo se recogen en otoño.

Las mismas causas actúan por lo demás, aunque en menor grado, en el conjunto del territorio. La vida urbana también es más activa durante la estación templada. Como las comunicaciones son entonces más fáciles, la gente viaja más a menudo y las relaciones intersociales son más numerosas. Veamos cómo se reparten por estaciones las recaudaciones de nuestras grandes líneas de alta velocidad (año 1887):[89]

Invierno	71,9 millones de francos	
Primavera	86,7 "	"
Verano	105,1 "	"
Otoño	98,1 "	"

El tráfico interior de cada ciudad atraviesa por las mismas fases. Durante ese mismo año de 1887, el número de viajeros transportados de un punto de París a otro, creció regularmente de enero

---

[89] Según el *Bulletin du ministère des Travaux publics*.

(655.791 viajeros) a junio (848.831) para volver a disminuir a partir de esta época hasta diciembre (659.960) con la misma regularidad.[90]

Una última experiencia va a confirmar esta interpretación de los hechos. Si, por las razones que acaban de ser expuestas, la vida urbana debe ser más intensa en verano y en primavera que en el resto del año, no obstante, la desviación entre las diferentes estaciones debe estar menos marcada que en el campo. Porque los negocios comerciales e industriales, los trabajos artísticos y científicos, las relaciones públicas, no se suspenden en invierno en igual medida que la explotación agrícola. Las ocupaciones de los ciudadanos pueden continuar más o menos igual durante todo el año. La mayor o menor duración de los días debe tener por tanto poca influencia en las grandes urbes, dado que la iluminación artificial acorta mucho más que en el campo el periodo de oscuridad. Por tanto, si las variaciones mensuales o estacionales del suicidio dependen de la desigual intensidad de la vida colectiva, deben ser menos pronunciadas en las grandes ciudades que en el conjunto del país. Los hechos coinciden rigurosamente con nuestra deducción. La tabla XVI muestra, en efecto, que si en Francia, en Prusia, en Austria, en Dinamarca, hay entre el mínimo y el máximo un crecimiento de 52,45, e incluso 68%, en París, en Berlín, en Hamburgo, etc., esta desviación es por término medio de 20 a 25% y desciende incluso hasta el 12% (Francfort).

[90] *Ibid.* A todos estos hechos tendentes a demostrar el aumento de la actividad social durante el verano, puede añadirse el siguiente: los accidentes son más numerosos durante la estación cálida que durante las otras. En Italia se reparten del siguiente modo:

	1886	1887	1888
Primavera	1370	2582	2457
Verano	1823	3290	3085
Otoño	1474	2560	2780
Invierno	1190	2748	3032

Si, desde este punto de vista, el invierno a veces aparece a continuación del verano, se debe únicamente a que las caídas son más numerosas a causa del hielo y a que el frío, por sí mismo, produce algunos accidentes concretos. Si se prescinde de aquellos que tienen este origen, las estaciones se alinean en el mismo orden que los suicidios.

Tabla XVI
Variaciones estacionarias del suicidio en algunas grandes ciudades comparadas con las del país entero.

	Cifras proporcionales por cada 1000 suicidios anuales								
	París (1888-92)	Berlín (1882-85-87-89-90)	Hamburgo (1887-91)	Viena (1871-72)	Francfort (1867-75)	Génova (1838-47)(1852-54)	Francia (1835-43)	Prusia (1869-72)	Austria (1858-59)
Invierno	218	231	239	234	239	232	201	199	185
Primavera	262	287	289	302	245	288	283	284	281
Verano	277	248	232	211	278	253	306	290	315
Otoño	241	232	258	253	238	227	210	227	219

	Cifras proporcionales de cada estación Expresadas en función de las del invierno referidas a 100								
	París	Berlín	Hamburgo	Viena	Francfort	Génova	Francia	Prusia	Austria
Invierno	100	100	100	100	100	100	100	100	100
Primavera	120	*124*	*120*	*129*	102	*124*	140	142	151
Verano	*127*	107	107	90	*112*	109	*152*	*145*	*168*
Otoño	100	100,3	103	108	99	97	104	114	118

Se ve además que, en las grandes ciudades, contrariamente a lo que ocurre en el resto de la sociedad, es generalmente en la primavera cuando tiene lugar el máximo. Incluso cuando la primavera es sobrepasada por el verano (París y Francfort), la ventaja de esta última estación es ligera. Lo que sucede es que, es las ciudades importantes, se produce durante la estación cálida un auténtico éxodo de los principales protagonistas de la vida pública que, como consecuencia, manifiesta una ligera tendencia al ralentizamiento.[91]

---

[91] Se observará además que las cantidades proporcionales de las diferentes estaciones son prácticamente las mismas en las grandes ciudades comparadas, difiriendo completamente de las referidas a los países a los que estas ciudades pertenecen. Encontramos siempre esta constancia de las tasas de suicidios en

En resumen, hemos empezado por demostrar que la acción directa de los factores cósmicos no podía explicar las variaciones mensuales o estacionales del suicidio. Vemos ahora de qué naturaleza son las verdaderas causas, en qué dirección deben ser buscadas, y el resultado positivo confirma las conclusiones de nuestro examen crítico. Si las muertes voluntarias son más numerosas de enero a julio, no es porque el calor ejerza una influencia perturbadora sobre los organismos, es porque la vida social es más intensa. Sin duda, si adquiere esta intensidad, es porque la posición del sol respecto a la elíptica, el estado de la atmósfera, etc., le permiten desarrollarse más fácilmente que durante el invierno. Pero no es el medio físico lo que lo estimula directamente; y sobre todo no es él el que afecta a la evolución de los suicidios. Ésta depende de las condiciones sociales.

Es verdad que ignoramos todavía la forma en que la vida colectiva puede ejercer esta influencia. Pero ahora ya sabemos que, si contiene las causas que hacen variar la tasa de los suicidios, ésta debe aumentar o disminuir según sea más o menos activa. Y por lo que respecta a determinar con mayor precisión cuáles son esas causas, ese será el objeto del libro próximo.

---

medios sociales idénticos. La corriente suicidógena varía de la misma manera en los diferentes momentos del año en Berlín, Viena, Génova, París, etc. Cosa que nos permite por tanto sacar conclusiones.

Capítulo IV

La imitación[92]

Pero antes de buscar las causas sociales del suicidio, hay un último factor psicológico del que debemos determinar su influencia a causa de la extremada importancia que le ha sido atribuida en la génesis de los hechos sociales en general y del suicidio en particular. Se trata de la imitación.

Que la imitación sea un fenómeno puramente psicológico, es lo que se deduce del hecho de que puede tener lugar entre individuos a los que no une ningún lazo social. Un hombre puede imitar a otro sin que tengan nada que ver el uno con el otro, y ni siquiera con el grupo del que dependen, y tampoco la imitación tiene, por sí sola, el poder de identificarlos. Un estornudo, un abucheo, un impulso homicida pueden transferirse de un individuo a otro sin que exista entre ellos otra cosa que una proximidad fortuita y pasajera. No es necesario que haya entre ellos ningún parecido intelectual o moral, ni que se intercambien servicios, ni siquiera que hablen el mismo idioma, y no se encuentran más próximos el uno al otro después de la transferencia que antes. En suma, el procedimiento por el que imitamos a nuestros semejantes es también el que nos sirve para reproducir los ruidos de la naturaleza, las formas de las cosas, los movimientos de los seres vivos. Puesto que no hay nada de social en el segundo caso, tampoco lo hay en el primero. Tiene su origen en determinadas propiedades

---

[92] *Bibliografía.* – Lucas, *De l'imitation contagieuse*, París, 1833. – Despine, *De la contagion morale*, 1870; *De l'imitation*, 1871. – Moreau de Tours (Paul), *De la contagion du suicide*, París, 1875. – Aubry, *Contagion du meurtre*, París, 1888. – Tarde, *Les lois de l'imitation* (passim). *Philosophie pénale*, p. 319 y sig., París, F. Alcan. – Corre, *Crime et suicide*, p. 207 y sig.

de nuestra vida representativa, que no son en absoluto el producto de ninguna influencia colectiva. Por tanto, si se demostrara que contribuye a determinar la tasa de suicidios, habría que aceptar también que ésta última depende directamente, bien en su totalidad o bien en parte, de causas individuales.

I

Pero antes de examinar los hechos, conviene establecer el sentido de las palabras. Los sociólogos están tan habituados a emplear los términos sin definirlos, es decir, a no determinar ni circunscribir metódicamente el orden de las cosas de las que hablan, que sucede continuamente que una misma expresión se extiende, a sus espaldas, desde el concepto al que apuntaba originariamente o parecía apuntar, a otras nociones más o menos vecinas. En estas condiciones, la idea termina por convertirse en algo tan ambiguo que hace imposible la discusión. Porque, al no tener un contorno definido, puede transformarse casi a voluntad según las necesidades de la causa y sin que le sea posible a la crítica prever por adelantado todos los diversos aspectos que es susceptible de adquirir. Y este es precisamente el caso de lo que se ha venido en llamar el instinto de imitación.

Esta palabra se emplea habitualmente para designar a la vez los tres grupos de hechos siguientes:

1° Sucede que, en el seno de un mismo grupo social en el que todos sus miembros están sometidos a la acción de una misma causa o de un abanico de causas parecidas, se produce entre las diferentes conciencias una especie de nivelamiento, en virtud del cual todo el mundo piensa o siente al unísono. A menudo se le ha dado el nombre de imitación al conjunto de operaciones de las que resulta este acuerdo. La palabra designa entonces la propiedad que tienen los estados de conciencia, experimentados simultáneamente por un determinado número de individuos diferentes, de actuar los unos sobre los otros y de combinarse entre ellos de manera que dan origen a un estado nuevo. Al emplear la palabra en este sentido, queremos decir que esta combinación es debida a una imitación recíproca de cada uno por todos y de todos por cada uno.[93] Se ha dicho que es "en las concentraciones tumultuosas de nuestras ciudades, en las grandes escenas de nuestras revoluciones",[94] donde la imitación así concebida manifestaría mejor su naturaleza. Es en esas ocasiones donde mejor se puede apreciar cómo los hombres reunidos pueden, mediante la influencia que ejercen unos sobre otros, transformarse mutuamente.

2º Se ha dado el mismo nombre a la necesidad que nos empuja a ponernos en armonía con la sociedad de la que formamos parte y, con esa finalidad, a adoptar las maneras de pensar o de actuar que son habituales en nuestro entorno. Por eso seguimos las modas, las costumbres, y, dado que las prácticas jurídicas y morales no son más que costumbres concretas y particularmente inveteradas, así es como actuamos lo más a menudo cuando actuamos moralmente. Siempre que no distinguimos las razones de la máxima moral a la que obedecemos, nos conformamos con ella únicamente porque tiene reconocida autoridad social. En este sentido se ha distinguido la imitación de las modas de la imitación de las costumbres, según tomemos como modelos a nuestros antepasados o a nuestros contemporáneos.

3º En fin, pudiera suceder que reprodujéramos un hecho que ha ocurrido en nuestra presencia o que conocemos, únicamente porque ha tenido lugar delante de nosotros o porque hemos oído hablar de él. En sí mismo, no tiene ninguna característica intrínseca que signifique para nosotros un motivo para reproducirlo. No lo copiamos ni porque lo juzguemos útil, ni para ponernos de acuerdo con nuestro modelo, sino sencillamente por copiarlo. La representación que nos hacemos de él determina automáticamente los movimientos que lo realizan de nuevo. De este modo es como bostezamos, reímos, lloramos, porque vemos a alguien bostezar, reír, o llorar. De este modo también la idea homicida pasa de una conciencia a otra. Es la imitación por la imitación.

Ahora bien, estas tres clases de hechos son muy diferentes entre sí.

En primer lugar, *la primera no debe confundirse con las siguientes, pues no comprende ningún hecho propiamente dicho susceptible de repro-*

---

[93] Bordier, *Vie des sociétés*, París, 1887, p. 77. – Tarde, *Philosophie pénale*, p. 321.
[94] Tarde, *ibid.*, p. 319-320.

ducción, sino síntesis *sui generis* de estados diferentes o, al menos, de orígenes diferentes. La palabra imitación no puede por tanto servir para designarla a menos de que carezca de cualquier acepción precisa.

Analicemos el fenómeno. Un determinado número de hombres reunidos son afectados de la misma manera por una misma circunstancia y son conscientes de esta unanimidad, al menos parcial, por la semejanza de los signos por los que se manifiesta cada sentimiento particular. ¿Qué sucede entonces? Cada cual se representa confusamente el estado en el que se encuentran los demás alrededor de él. Se forman en la mente imágenes que representan las diferentes manifestaciones emanadas desde diversos puntos de la muchedumbre con sus diversos matices. Hasta aquí, no se ha producido todavía nada que pueda llamarse con el nombre de imitación; no ha habido más que impresiones sensibles, sensaciones, idénticas en todo a las que determinan en nosotros los cuerpos externos.[95] ¿Qué es lo que sucede a continuación? Una vez despiertas en mi conciencia, estas variadas representaciones empiezan a combinarse las unas con las otras y con la que constituye mi propio sentimiento. De este modo se forma un estado nuevo que ya no me es propio en el sentido en que lo era el precedente, que está menos contaminado de individualismo y que una serie de elaboraciones repetidas, aunque análogas a la precedente, va a desembarazar cada vez más de aquello que todavía pueda conservar de demasiado individual. Semejantes combinaciones no podrían ser calificadas como hechos de imitación, a menos que se convenga en llamar así a toda operación intelectual por la cual dos o varios estados de conciencia similares se interpelen unos a otros como consecuencia de sus similitudes, se fusionen y se confundan a continuación en un resultado que los absorba y

---

[95] Al atribuir estas imágenes a un *processus* de imitación, ¿se quiere decir con ello que son simples copias de los estados que expresan? Ante todo, esta sería una metáfora particularmente burda, prestada a la vieja e inadmisible teoría de las especies sensibles. Además, si se toma la palabra imitación en ese sentido, habría que extenderla a todas nuestras sensaciones y a todas nuestras ideas indistintamente; pues no hay ninguna de la que no pueda decirse, en virtud de la misma metáfora, que no reproduzcan el objeto al que están referidas. Desde este punto de vista, toda la vida intelectual se convierte en un producto de la imitación.

que difiera de los estados iniciales. Sin duda todas las definiciones de las palabras están permitidas. Pero hay que reconocer que ésta sería particularmente arbitraria y, en consecuencia, no podría ser más que una fuente de confusión, ya que no conserva en la palabra nada de su acepción habitual. En lugar de imitación, habría que hablar más bien de creación, ya que de esa confrontación de fuerzas resulta algo nuevo. Este procedimiento es además el único por el que la mente tiene el poder de crear.

Tal vez se alegue que esta creación se reduce a aumentar la intensidad del estado inicial. Sin embargo, un cambio cuantitativo no deja de ser una novedad. Además, la cantidad de las cosas no puede cambiar sin que la cualidad sea alterada; un sentimiento, cuando es dos o tres veces más violento, cambia completamente de naturaleza. De hecho, está comprobado que la manera en que los hombres reunidos se afectan mutuamente puede transformar una reunión de burgueses inofensivos en un monstruo temible. ¡Curiosa imitación es ésta que produce semejante metamorfosis! Si un término tan impropio ha podido servir para designar este fenómeno, sin duda es porque se ha imaginado vagamente a cada sentimiento individual modelándose sobre los demás. Pero en realidad aquí no hay modelo ni copias. Hay penetración, fusión de un determinado número de estados en otro diferente: el estado colectivo.

No habría, es cierto, ninguna impropiedad en llamar imitación a la causa de la que resulta este estado, si se admitiera que, en todos los casos, ha sido inspirada a la masa por un líder. Pero, además de que esta afirmación no ha sido corroborada jamás y sí en cambio contradicha por multitud de hechos en los que el líder es claramente producto de la masa, en lugar de ser la causa eficiente, en cualquier caso, en la medida en que esta acción directriz es real, no tiene ninguna relación con lo que se ha llamado imitación recíproca, ya que es unilateral; por consiguiente, no vamos a considerarla de momento. Ante todo es necesario evitar con cuidado las confusiones que han enturbiado tanto la cuestión. Por el mismo motivo, si se dijera que en una asamblea siempre hay individuos que se adhieren a la opinión común, no de forma espontánea, sino porque les convence, estaríamos enunciando una verdad incuestionable. Incluso pensamos, que en situaciones semejantes, ninguna conciencia individual deja de experimentar esta influencia. Sin embargo, ya que ésta tiene por origen la fuerza *sui generis* de la que están investidas las prácticas o las creencias comunes cuando están constituidas formalmente, ésta se desprende de la segunda de las categorías de hechos que hemos distinguido. Examinemos por tanto esta última y veamos en qué sentido merece ser llamada con el nombre de imitación.

Difiere al menos de las precedentes en que implica una reproducción. Cuando se sigue una moda o se observa una costumbre, se hace lo que otros han hecho y hacen todos los días. Únicamente, se desprende de la definición misma que esta repetición no es debida a lo que se denomina el instinto de imitación, sino, por una parte, a la simpatía que nos empuja a no herir la sensibilidad de nuestros semejantes para poder gozar mejor de su compañía, y por otra, al respeto que nos inspiran las formas de actuar o de pensar colectivas y a la presión directa o indirecta que la colectividad ejerce sobre nosotros para prevenir las disidencias y preservar en nosotros ese sentimiento de respeto. El acto no se reproduce porque tenga lugar en nuestra presencia o en nuestro conocimiento y que disfrutemos de la reproducción en sí misma y por sí misma, sino porque se nos aparece como obligatorio y, en cierta medida, como útil. Lo llevamos a cabo, no porque se haya levado a cabo pura y simplemente, sino porque lleva la marca social y tenemos por ella una deferencia a la que, por lo demás, no podemos fallar sin serios inconvenientes. En una palabra, *actuar por respeto o por temor a la opinión, no es actuar por imitación*. Semejantes actos no se distinguen esencialmente de los que premeditamos cada vez que innovamos. Tienen lugar, evidentemente, en virtud de una característica que les es inherente y que hace que los consideremos como actos que deben ser ejecutados. Sin embargo, cuando nos revelamos contra las costumbres en lugar de seguirlas, no estamos determinados de otra manera; si adoptamos una idea nueva, una práctica original, es porque tiene cualidades intrínsecas que nos la presentan como debiendo ser adoptada. Seguramente, los motivos que nos determinan a ello no son de la misma naturaleza en los dos casos; pero el mecanismo psicológico es idénticamente el mismo. En ambos casos, entre la representación del acto y su ejecución se intercala una operación intelectual que consiste en una aprehensión, clara o confusa, rápida o lenta, de la característica determinante, cualquiera que esta sea. La manera en que aceptamos las costumbres o las modas de nuestro país no tiene nada en común[96] con la imitación automática que hace que reproduzcamos el movimiento de que somos testigos. Entre estas dos formas de actuar hay toda la distancia que separa la conducta razonable y deliberada del reflejo automático. La primera tiene sus razones aunque no se expresen en forma de juicios explícitos. La segunda no las tiene; es el resultado inmediato de la contemplación del acto, sin ningún otro intermediario mental.

Comprendemos ahora a qué errores nos exponemos cuando reunimos bajo un solo y mismo nombre dos ordenes de hechos tan diferentes. Hay que tener cuidado; cuando se habla de imitación, se sobreentiende un fenómeno de contagio y se pasa, no sin razón por lo demás, de la primera de estas ideas a la segunda con la mayor facilidad. ¿Pero qué hay de contagioso en el hecho de cumplir con un precepto moral, o de aceptar la autoridad de la tradición o de la opinión pública? Así que, en el momento en que pensamos haber reducido dos realidades, una a la otra, no hemos hecho más que confundir nociones muy diferentes. En patología biológica se dice que una enfermedad es contagiosa, cuando es debida por completo o casi al desarrollo de un germen introducido desde el exterior en el organismo. Pero inversamente, en la medida en que ese germen sólo ha podido desarrollarse gracias a la colaboración activa del cuerpo en el que se ha introducido, la palabra contagio es inadecuada. Por la misma razón, para que un acto pueda atribuirse a un contagio moral, no es suficiente con que la idea nos haya sido inspirada por un acto similar. Es necesario además que una vez concebida sea ella misma automáticamente transformada en movimiento. Entonces hay realmente contagio, ya que es el acto exterior el que, penetrando en nosotros en forma de representación, se reproduce a sí mismo. Y hay también imitación, puesto que el acto nuevo es todo lo que es gracias al modelo del que él es la copia. Pero si la impresión que este último suscita en nosotros sólo puede producir sus efectos con nues-

---

[96] Sin duda puede suceder que en algunos casos particulares, una moda o una tradición se reproduzcan por pura imitación; pero entonces no se reproduce en calidad de moda o tradición.

tro consentimiento y nuestra participación, no puede hablarse de contagio más que de forma figurada, y la figura es inexacta. Porque son las razones que nos han hecho consentir las que constituyen las causas determinantes de nuestra acción, y no el ejemplo que tenemos ante la vista. Somos nosotros los autores, a pesar de que no la hayamos inventado.[97] Por consiguiente; todas estas expresiones, tantas veces repetidas, de propagación imitativa, de transmisión contagiosa, no son de recibo y deben ser rechazadas. Desnaturalizan los hechos en lugar de explicarlos; oscurecen la cuestión en lugar de aclararla.

En resumen, si queremos entendernos, no podemos designar con el mismo nombre el *processus* en virtud del cual, durante una reunión de hombres, se elabora un sentimiento colectivo del que deriva nuestra adhesión a las normas habituales y tradicionales de conducta, y, en fin, el que determina a los carneros de Panurgo a arrojarse al agua porque uno de ellos lo ha hecho. Cosa distinta es *sentir en común*, cosa distinta *inclinarse ante la autoridad de la opinión*, cosa distinta, en fin, *repetir automáticamente lo que han hecho otros*. Del primer orden de hechos, está ausente cualquier clase de reproducción; en el segundo, ésta no es más que la consecuencia de operaciones lógicas,[98] de juicios y de razonamientos, implícitos o formales, que son el elemento esencial del fenómeno; no puede por tanto servir para definirla. Sólo se convierte en lo importante en el tercer caso. Aquí, se encuentra en su elemento: el acto nuevo no es más que el eco del acto inicial. No solamente lo reedita, sino que esta reedición no tiene razón de ser fuera de sí misma, ni

---

[97] Es cierto que a veces se llama imitación a todo lo que no es invención original. En este caso, es evidente que casi todos los actos humanos son imitaciones; porque las invenciones propiamente dichas son muy raras. Sin embargo, precisamente porque la palabra imitación designa casi todo, no designa nada determinado. Semejante terminología no puede ser más que una fuente de confusiones.

[98] Es cierto que se ha hablado de imitación lógica (ver Tarde, *Lois de l'imitation*, 1ª ed., p. 158); es la que consiste en reproducir un acto porque sirve para un fin determinado. Pero semejante imitación no tiene evidentemente nada en común con el instinto imitativo; los hechos que derivan de la una deben ser rigurosamente distinguidos de los que son debidos al otro. No se explican en absoluto del mismo modo. Por otra parte, como acabamos de ver, la imitación-moda, la imitación-costumbre, son tan lógicas como las otras, a pesar de que tengan en ciertos aspectos su lógica particular.

otra causa que el conjunto de propiedades que hace de nosotros, en determinadas circunstancias, seres imitativos. Por tanto, para los hechos de esta categoría es para los que hay que reservar exclusivamente en nombre de imitación, si queremos que tenga un significado definido. Diremos entonces que: *hay imitación cuando un acto tiene por antecedente inmediato la representación de un acto similar, anteriormente realizado por otro, sin que entre esta representación y la ejecución se intercale ninguna operación intelectual, explícita o implícita, que recaiga sobre las características intrínsecas del acto reproducido.*

Por lo tanto, cuando nos preguntamos cuál es la influencia de la imitación sobre la tasa de los suicidios, estamos empleando la palabra en esta acepción.[99] Si no se determina así el sentido, nos exponemos a confundir una expresión puramente verbal con una explicación. Porque cuando se dice de una manera de actuar o de pensar que es un hecho de imitación, se sobreentiende que la imitación lo reproduce, y una vez pronunciada la solemne palabra parece que ya esté todo dicho. Sin embargo, sólo es así en los casos de reproducción automática. En esos casos puede constituir por sí misma una explicación satisfactoria,[100] porque todo lo que tiene lugar es un producto del contagio imitativo. Pero cuando seguimos una costumbre, cuando aceptamos una práctica moral, es en la naturaleza de esta práctica, en las características propias de la costumbre, en los sentimientos que nos inspiran, donde se encuentran las razones de nuestra docilidad. Por lo tanto, cuando a propósito de esta clase de actos se habla de imitación, no se nos está diciendo nada en realidad; se nos dice únicamente que el hecho que reproducimos no es nuevo, pero sin explicarnos para nada por qué se produce, ni por qué nosotros lo reproducimos. Con mayor razón aun, tampoco

---

[99] Los hechos imitados a causa del prestigio moral o intelectual del sujeto, individual o colectivo, que sirve de modelo, entran más bien en la segunda categoría. Porque esta imitación no tiene nada de automático. Implica un razonamiento: actuamos como la persona en que hemos depositado nuestra confianza, porque la superioridad que le reconocemos garantiza la honradez de sus actos. Tenemos para imitarla las mismas razones que para respetarla. Por eso, decir de estos actos simplemente que son imitaciones, es no decir nada. Lo que importa, es conocer las causas de la confianza o del respeto que han determinado esa sumisión.

[100] Y aun así, como veremos más adelante, la imitación, por ella sola, pocas veces es una explicación suficiente.

puede esta palabra sustituir el análisis del complejo *processus* del que derivan los sentimientos colectivos de los que hasta ahora sólo hemos podido dar una descripción hipotética y aproximativa.[101] Así es como el empleo impropio de este término puede hacernos creer que se ha resuelto o progresado en la solución de los problemas, cuando en realidad sólo se ha conseguido disimularlos.

A condición de definir así la imitación tendremos eventualmente derecho a considerarla como un factor psicológico del suicidio. Lo que se ha llamado imitación recíproca es un fenómeno eminentemente social: ya que es la elaboración en común de un sentimiento común. Así mismo, la reproducción de las costumbres y de las tradiciones es un efecto de las causas sociales, pues es debida a su carácter obligatorio, al prestigio social del que están investidas las creencias y las prácticas colectivas por el simple hecho de ser colectivas. Por consiguiente, en la medida en que pudiera admitirse que el suicidio se transmite por una u otra de estas vías, siempre dependería de causas sociales y no de condiciones individuales.

Definidos los términos del problema, examinemos los hechos.

II

No hay duda de que la idea del suicidio se comunica por contagio. Hemos hablado ya de aquel corredor en el que quince in-

---

[101] Porque hay que reconocer que sólo sabemos en qué consiste de una forma muy vaga. Cómo se producen exactamente las combinaciones de las que resulta el estado colectivo, qué elementos forman parte de él, cómo aparece el estado dominante, todas estas cuestiones son demasiado complejas como para poder ser resueltas sólo por introspección. Serían necesarias toda una serie de experiencias y de observacines que no se han tenido en cuenta. Sabemos todavía muy poco cómo y según qué leyes los estados mentales del individuo aislado se combinan entre ellos; con mayor motivo aun, estamos lejos de conocer el mecanismo de las combinaciones mucho más complejas que se producen en la vida en sociedad. Nuestras explicaciones a menudo no son más que metáforas. Por lo tanto, no pensamos en absoluto que lo que hemos dicho sea una expresión exacta del fenómeno; nuestra única intención era hacer ver que ahí había algo muy diferente a la imitación.

válidos se ahorcaron sucesivamente y de aquella famosa garita del cuartel de Boulogne que fue, en poco tiempo, escenario de varios suicidios. Hechos de este tipo se han observado con frecuencia en el ejército: en el 4º regimiento de zapadores en Provins en 1862, en el 15º de infanteria en 1864, en el 41º primero en Montpellier, y después en Nîmes, en 1868, etc. En 1813, en el pueblecito de Saint-Pierre-Monjau, una mujer se cuelga de un árbol, en poco tiempo fueron varias las mujeres que se colgaron. Pinel cuenta que un cura se colgó en los alrededores de Etampes; algunos días después otros dos más se mataban y varios laicos les imitaban.[102] Cuando Lord Castelreagh se arrojó al Vesubio, varios de sus compañeros siguieron su ejemplo. El árbol de Timón el Misántropo se ha convertido en histórico. La frecuencia de estos casos de contagio en establecimientos penitenciarios ha sido igualmente reconocida por numerosos observadores.[103]

Sin embargo, es frecuente al referirse a este asunto atribuir a la imitación un determinado número de hechos que creemos tienen un origen distinto. Este es particularmente el caso de lo que a veces se ha llamado suicidios obsidionales. En su *Historia de la guerra de los judíos contra los romanos*,[104] Josefo cuenta que, durante el sitio de Jerulalem, algunos sitiados se mataron con sus propias manos. En concreto, cuarenta judíos, refugiados en un sótano, decidieron matarse y se estrangularon. Los Jántipos, cuenta Montaigne, sitiados por Bruto, "fueron presa, hombres, mujeres y niños, de un deseo tan violento de morir, que nunca se ha hecho nada para escapar a la muerte que ellos no hicieran entonces para escapar a la vida, de tal forma que Bruto apenas pudo salvar a un pequeño número de ellos".[105] Es poco probable que estos *suicidios en masa* tengan como origen uno o dos casos individuales de los que no serían más que su repetición. Parecen más bien ser producto de una resolución colectiva, de un auténtico *consensus* social más que de una simple propagación contagiosa. La idea no surge en un sujeto en concreto para extenderse hacia otros; sino que es

---

[102] V. Los detalles de estos hechos en Legoyt, *op. cit.*, p. 227 y sig.
[103] V. Hechos parecidos en Ebrard, *op. cit.*, p. 376.
[104] III, 26.
[105] *Essais*, II, 3.

elaborada por el conjunto del grupo que, encontrándose todo él en una situación desesperada, se entrega colectivamente a la muerte. Las cosas no suceden de otro modo cada vez que un grupo social, cualquiera que este sea, reacciona en común bajo el efecto de una misma circunstancia. El entendimiento no cambia de naturaleza porque tenga lugar en un impulso de pasión: no sería esencialmente distinto si fuera más metódico y más reflexivo. No es exacto por tanto hablar de imitación.

Podríamos decir lo mismo de varios otros hechos del mismo género. Por ejemplo el que nos recuerda Esquirol: "Los historiadores, dice, aseguran que los peruanos y los mexicanos, desesperados por la destrucción de su culto..., se mataron en tan gran número que perecieron más por sus propias manos que por el hierro y el fuego de sus bárbaros conquistadores". Dicho de un modo más general, para poder incriminar a la imitación, no basta con comprobar que numerosos suicidios se producen en un mismo momento en un mismo lugar. Ya que pueden ser debidos a un estado general del medio social, del que se desprende una predisposición colectiva del grupo que se traduce en forma de suicidios múltiples. En definitiva, tal vez fuera interesante, para precisar la terminología, distinguir las epidemias morales de los contagios morales; estas dos palabras que se emplean indistintamente una por la otra, designan en realidad dos tipos de cosas muy diferentes. La epidemia es un hecho social, producto de causas sociales; el contagio consiste siempre en una repetición, más o menos frecuente, de hechos individuales.[106]

Esta distinción, una vez admitida, tendría indudablemente como efecto disminuir la lista de los suicidios atribuidos a la imitación; no obstante, es incuestionable que son muy numerosos. No existe tal vez otro fenómeno más fácilmente contagioso. El impulso homicida mismo, no es tan proclive a extenderse. Los ca-

---

[106] Más adelante veremos, que en cualquier sociedad ha habido siempre normalmente una disposición colectiva que se traduce en forma de suicidios. Esta disposición difiere de lo que nosotros llamamos epidemia, en que es crónica y constituye un elemento normal del temperamento moral de la sociedad. La epidemia también es una disposición colectiva, pero se produce excepcionalmente, como resultado de causas anormales y, lo más a menudo, pasajeras.

sos en que se propaga automáticamente son menos frecuentes y, sobre todo, el papel de la imitación es en él, en general, menos preponderante; se diría que, contrariamente a la opinión general, el instinto de conservación está menos arraigado en las conciencias que los sentimientos fundamentales de la moralidad, ya que resiste peor a la acción de las mismas causas. Sin embargo, una vez reconocidos estos hechos, la cuestión que nos hemos planteado al principio de este capítulo permanece intacta. Del hecho de que el suicidio pueda transmitirse de individuo a individuo, no se deduce *a priori* que esta contagiosidad produzca efectos sociales, es decir que afecte a la tasa social de los suicidios, que es el único fenómeno que estamos estudiando. Por incuestionable que sea, puede muy bien suceder que sólo tenga consecuencias individuales y esporádicas. Las observaciones que preceden no resuelven por tanto el problema; pero plantean mejor su alcance. Si, en efecto, la imitación es, como se ha dicho, una fuente original y particularmente fecunda de fenómenos sociales, es sobre todo a propósito del suicidio donde debe testimoniar su poder, ya que no hay otro hecho sobre el que ejerza más influencia. De modo que el suicidio va a ofrecernos un medio de comprobar mediante un experimento decisivo la realidad de esa maravillosa virtud que se le reconoce a la imitación.

III

Si esta influencia existe, va a ser sobre todo en la distribución geográfica de los suicidios donde pueda comprobarse. Debemos ver, en determinados casos, la tasa característica de un país o de una localidad transmitirse por decirlo así a las localidades vecinas. Lo que hay que consultar por tanto es el mapa. Pero conviene interpretarlo con método.

Algunos autores han recurrido a la influencia de la imitación cada vez que dos o más departamentos limítrofes manifiestan por el suicidio una inclinación de la misma intensidad. Sin embargo, esta difusión en el interior de una misma región puede muy bien deberse a que determinadas causas, favorables al desarrollo del suicidio, estén, ellas también, igualmente extendidas, o a que el medio social sea en todas partes el mismo. Para poder estar seguros de que una tendencia o una idea se extiende por imitación, es necesario que se la vea salir del medio en que ha surgido para invadir otros que, por sí mismos, son incapaces de suscitarla. Porque, como hemos demostrado, sólo hay propagación imitativa en la medida en que el hecho imitado y sólo él, sin la contribución de otros factores, determina automáticamente los hechos que le reproducen. Es necesario por tanto, para determinar la contribución de la imitación en el fenómeno que nos ocupa, un criterio menos simplista que el que se ha empleado hasta ahora.

Ante todo, no puede haber imitación si no existe un modelo a imitar; no hay contagio sin un foco de donde emane y donde alcance, por consiguiente, su máximo de intensidad. Así mismo, no habrá ningún fundamento para admitir que la inclinación al suicidio se comunica de una parte a otra de la sociedad a no ser que la observación descubra la existencia de determinados centros de propagación. ¿Pero cómo los reconocerá?

En primer lugar, deben distinguirse de todos los puntos que les rodean por una mayor aptitud al suicidio; debe vérseles destacar en el mapa con un color más intenso que las regiones del entorno. Como naturalmente la imitación también actúa en él, al mismo tiempo que las causas que realmente provocan el suicidio, los casos no pueden dejar de ser allí más numerosos. En segundo lugar, para que estos centros puedan jugar el papel que se les supone y, por consiguiente, para que con razón se atribuyan a su influencia los hechos que se producen a su alrededor, es necesario que cada uno de ellos sea en cierto modo el punto de mira de los países vecinos. Está claro que no puede ser imitado si no se lo tiene presente. Si las miradas se dirigen a otra parte, los suicidas por más que sean numerosos, será como si no existieran porque serían ignorados; por consiguiente, no se reproducirán. Ahora bien, las poblaciones no pueden tener la mirada así puesta más que en un punto que ocupe en la vida regional un lugar importante. Dicho de otro modo, es alrededor de las capitales y de las grandes ciudades donde los fenómenos de contagio deben ser más señalados. Además en estos lugares pueden observarse mucho mejor ya que aquí la acción propagadora de la imitación está ayudada y reforzada por otros factores, a saber, por la autoridad moral de los grandes centros que infunde a veces a sus formas de actuar un gran poder de expansión. Por tanto es aquí donde la imitación debe de tener efectos sociales; si es que los tiene en alguna parte. En fin, dado que, según la opinión común, la influencia del ejemplo, como todo lo demás, se debilita con la distancia, las regiones limítrofes estarán tanto más protegidas cuanto más distantes estén del foco principal, e inversamente. Estas son las tres condiciones que como mínimo debe cumplir el mapa de los suicidios para que pueda atribuirse, aunque sólo sea parcialmente, la forma que presenta a la imitación. Y siempre será posible preguntarse si esta disposición geográfica no es debida a la disposición paralela de las condiciones de existencia de las que depende el suicidio.

Establecidas las reglas, apliquémoslas.

Los mapas habituales en los que, en lo que concierne a Francia, la tasa de los suicidios no está indicada más que por departamentos, no nos sirven para este propósito. No permiten observar los posibles efectos de la imitación allí donde podrían ser más apreciables, a saber entre las diferentes partes de un mismo departamento. Además, la presencia de un distrito poco o muy poco productivo en suicidios puede aumentar o disminuir artificialmente la media departamental y crear así una discontinuidad aparente entre los otros distritos y los de los departamentos vecinos, o bien, por el contrario, enmascarar una discontinuidad real. En fin, el influjo de las grandes ciudades está demasiado diluido como para que pueda ser percibido fácilmente. Por tanto hemos confeccionado, especialmente para el estudio de esta cuestión, un mapa por distritos referido al periodo quinquenal 1887-1891. Su lectura nos ha proporcionado resultados por completo inesperados.[107]

Lo que en primer lugar llama la atención es la presencia de una gran mancha hacia el norte, cuya parte principal ocupa el emplazamiento de la antigua Isla de Francia, pero que penetra profundamente en la Champagne y se extiende hasta la Lorraine. Si estuviera debida a la imitación, el foco debería estar en París que es el único centro a la vista en toda esta región. De hecho, es a la influencia de París a la que se le atribuye generalmente; Guerry decía incluso que, si se parte de un punto cualquiera de la periferia

---

[107] V. Lámina II, pág. 126.

del país (exceptuando Marsella) en dirección a la capital, vemos como los suicidios se multiplican cada vez más a medida que nos aproximamos a ella. Pero si el mapa por departamentos podía dar una apariencia de razón a esta interpretación, el mapa por distritos le quita todo fundamento, pues resulta que el Sena tiene una tasa de suicidios menor que todos los distritos colindantes. Cuenta solamente 471 por millón de habitantes, mientras que Coulommiers tiene 500, Versalles 514, Melun 518, Meaux 525, Corbeil 559, Pontoise 561, Provins 562. Incluso los distritos de la Champagne rebasan con mucho a los más próximos al Sena: Reims tiene 501 suicidios, Epernay 537, Arcis-sur-Aube 548, Château-Thierry 623. En su estudio sobre *Le suicide en Seine-et-Marne*, el Dr. Leroy señalaba ya con asombro el hecho de que el distrito de Meaux contara relativamente con más suicidios que el Sena.[108] Estas son las cantidades que nos da:

	Periodo 1851-63	Periodo 1865-66
Distrito de Meaux....	1 suicidio cada 2418 hab.	1 suicidio cada 2547 hab.
Sena.................	1 suicidio cada 2750 hab.	1 suicidio cada 2822 hab.

Además, el distrito de Meaux no era el único en ese caso. *El mismo autor nos da el nombre de 166 municipios del mismo departamento donde en aquella época se mataban más que en París.* ¡Curioso foco, inferior a los focos secundarios que se supone alimenta! Sin embargo, si dejamos de lado el Sena, es imposible percibir otro centro de difusión, pues todavía resulta más difícil hacer depender París de Corbeil o de Pontoise.

Un poco más al norte, percibimos otra mancha, menos uniforme, pero de un tono todavía bastante oscuro, que corresponde a Normandía. Por lo tanto, si estuviera debida a un movimiento contagioso de expansión, debería partir de Rouen, capital de la provincia y ciudad bastante importante. Ahora bien, los dos puntos de esta región en que el suicidio es más severo son el distrito

---

[108] *Op. cit.*, p. 213. – Según el mismo autor, incluso los departamentos enteros de Marne y de Seine-et-Marne habrían, en 1865-66, superado al del Sena. El de Marne contaba entonces con 1 suicidio por 2.791 habitantes; el de Seine-et-Marne, 1 por 2.768; el del Sena, 1 por 2.822.

Lámina II
Suicidios en Francia, por Distrito Municipal (1887-1891)

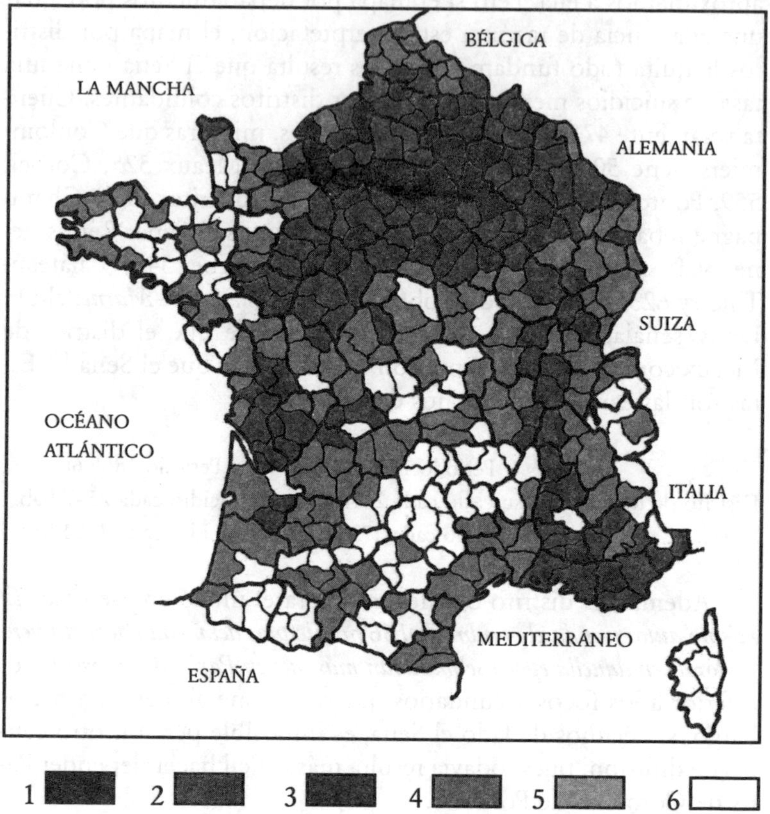

Gama de tintas

    1   de 0 a 10 para 100.000 habitantes
    2   de 10 a 20
    3   de 20 a 30
    4   de 30 a 40
    5   de 40 a 50
    6   más de 50

de Neufchâtel (509 suicidios) y el de Pont-Audemer (537 por millón de habitantes); y ni siquiera son colindantes. (Por lo tanto, no es evidentemente a su influencia a lo que se debe la constitución moral de la provincia.)

Totalmente al sudeste, a lo largo de las costas del Mediterráneo, encontramos una franja de territorio que se extiende desde los límites de las Bocas del Ródano hasta la frontera italiana, donde los suicidios son igualmente numerosos. Ahí se encuentra una auténtica metrópoli, Marsella, y en el otro extremo un gran centro de vida mundana, Niza. Ahora bien, los distritos más afectados son los de Toulon y de Forcalquier. Nadie diría sin embargo que Marsella les fuera a remolque. Así mismo, en la costa oeste, Rochefort es el único en destacar con un color bastante oscuro de la masa uniforme que forman las dos Charentes, donde se encuentra no obstante una ciudad bastante más grande, Angoulême. En definitiva, hay un gran número de departamentos en los que no es el distrito principal el que está en cabeza. En los Vosgos, es Remiremont y no Epinal; en Haute-Saône es Gray, ciudad muerta o en trance de morir, y no Vesoul; en Doubs, es Dôle y Poligny, no Besançon; en la Gironde, no es Bordeaux, sino la Réole y Bazas; en Maine-et-Loire, es Saumur en lugar de Angers; en la Sarthe, Saint-Calais en lugar de Le Mans; en el Norte, Avesnes, en lugar de Lille, etc. Sin embargo, en todos estos casos, el distrito que toma la delantera sobre la cabeza de distrito, contiene la ciudad más importante del departamento.

Nos gustaría poder continuar con esta comparación, no sólo de distrito en distrito, sino de municipio en municipio. Desgraciadamente es imposible confeccionar un mapa municipal de los suicidios para todo el país. No obstante, el Dr. Leroy, en su interesante monografía, ha hecho este trabajo referido al departamento de Seine-et-Marne. Después de haber clasificado todos los municipios de este departamento por su tasa de suicidios, empezando por aquellos donde estos son más numerosos, ha llegado a los siguientes resultados: "Ferté-sous-Jouane (4.482 h.), la primera ciudad importante de la lista, está en el número 124; Meaux (10.762 h.), ocupa el nº 130; Provins (7.547 h.), el nº 135; Coulommiers (4.628 h.), el nº 138. La aproximación de los números de orden de estas ciudades es incluso curiosa porque deja suponer que una misma influencia pesa sobre todas ellas.[109] Lagny (3.468 h.), y tan cercano a París, aparece en el nº 219; Montereau-Faut-Yonne (6.217 h.), en el nº 245; Fontainebleau (11.939 h.), en el nº 247... En fin, Melun (11.170 h.), cabeza de distrito de departamento, sólo aparece en el puesto 279. Por el contrario, si examinamos los 25 municipios que ocupan la cabeza de la lista, veremos que con excepción del 2, son municipios con una población escasa".[110]

Si salimos de Francia, podremos hacer comprobaciones idénticas. La parte de Europa donde uno se mata más es la que comprende Dinamarca y Alemania central. Ahora bien, en esta vasta zona, el país que con mucho aventaja a todos los demás, es la Sajonia-Real, que cuenta con 311 suicidios por millón de habitantes. El ducado de Sajonia-Altenbourg viene inmediatamente después (303 suicidios) mientras que Brandeburgo sólo tiene 204. Sería necesario por tanto que Alemania tuviese los ojos puestos so-

---

[109] Por supuesto, no se trata de una influencia contagiosa. Son tres cabezas de distrito de importancia más o menos igual, y separadas por una multitud de municipios con tasas muy diferentes. Lo que demuestra, por el contrario, esta proximidad, es que los grupos sociales de la misma dimensión con condiciones de vida parecidas, tienen una misma tasa de suicidios, sin que de esto se desprenda necesariamente que influyan los unos sobre los otros.

[110] *Op. cit.*, p. 193-194. El pequeño municipio que está en cabeza (Lesche) cuenta con 1 suicidio por cada 630 habitantes, o sea 1587 suicidios por millón, cuatro o cinco veces más que en París. Y no son casos que sólo tengan lugar en Seine-et-Marne. Debemos a la cortesía del Dr. Legoupils, de Trouville, informaciones sobre tres municipios minúsculos del distrito de Pont-l'Evêque, Villerville (978 h.), Cricqueboeuf (150 h.) y Pennedepie (333 h.). La tasa de los suicidios calculada por periodos que varían entre 14 y 25 años es respectivamente de 429, de 800 y de 1081 por 1 millón de habitantes.

Sin duda, sigue siendo cierto en general, que las grandes ciudades cuentan con más suicidios que las pequeñas o que el campo. Pero esta afirmación sólo es verdadera en líneas generales y con bastantes excepciones. Por lo demás, hay una manera de ponerla de acuerdo con los hechos que preceden y que parecen contradecirla. Basta con admitir que las grandes ciudades se forman y se desarrollan bajo la influencia de las mismas causas que determinan el desarrollo del suicidio, más todavía que lo que contribuyen a determinarlo ellas mismas. En estas condiciones, es natural que sean numerosas las regiones fecundas en suicidios, pero sin que tengan el monopolio de las muertes voluntarias; raras, por el contrario, allí donde uno se mata menos, sin que el pequeño número de suicidios se deba a su ausencia. De modo que su tasa media sería en general superior a la del campo, pudiendo siempre ser inferior en determinados casos.

bre estos dos pequeños estados. No son ni Dresde ni Altenbourg los que marcan la pauta a Hamburgo y a Berlín. Así mismo, de todas las provincias italianas, son Boloña y Livurna las que tienen proporcionalmente un mayor número de suicidios (88 y 84); Milán, Génova, Turín y Roma, según las medias establecidas por Morselli para los años 1864-1876, sólo aparecen mucho más lejos.

En definitiva, lo que demuestran todos estos mapas, es que el suicidio, lejos de disponerse más o menos concéntricamente alrededor de determinados focos a partir de los cuales iría disminuyendo progresivamente, se presenta, por el contrario, en grandes masas casi homogéneas (pero casi solamente) carentes de cualquier núcleo central. Semejante configuración no tiene nada que revele la influencia de la imitación. Indica únicamente que el suicidio no depende de las circunstancias locales, variables de una ciudad a otra, sino que las condiciones que lo determinan son siempre muy generales. Aquí no hay ni imitadores ni imitados, sino identidad relativa en los efectos debida a una identidad relativa en las causas. Y fácilmente se explica que así sea si, como todo lo que precede hace suponer, el suicidio depende esencialmente de determinados estados del medio social. Dado que este último conserva generalmente la misma constitución sobre grandes extensiones de territorio, es natural que, en todas partes donde sea el mismo, tenga las mismas consecuencias, sin que el contagio tenga nada que ver en ello. Por eso sucede a menudo que, en una misma región, la tasa de suicidios se mantiene poco más o menos al mismo nivel. Por otra parte, sin embargo, como las causas que lo provocan no pueden estar distribuidas homogéneamente, es inevitable que, de un punto a otro, de un distrito a otro, presente variaciones más o menos importantes, como las que acabamos de ver.

Lo que demuestra que esta explicación tiene fundamento, es que vemos cómo se modifica bruscamente y por completo cada vez que el medio social cambia bruscamente. Jamás éste extiende su influencia más allá de sus límites naturales. Jamás un país cuyas condiciones particulares predisponen especialmente al suicidio impone, por el sólo prestigio de su ejemplo, su inclinación a los países vecinos, si esas mismas condiciones u otras parecidas no se dan en él en el mismo grado. El suicidio se encuentra en estado endémico en Alemania y hemos podido ver ya con qué violencia la castiga. Más adelante demostraremos que la causa principal de esta excepcional aptitud es el protestantismo. Sin embargo, hay tres regiones que se exceptúan de la regla general: las provincias renanas de Westfalia, Baviera y sobre todo la Suavia bávara, y por último Posnania. Estas son las únicas de toda Alemania que cuentan con menos de 100 suicidios por millón de habitantes. En el mapa[111] aparecen como tres islas perdidas y las manchas claras que las representan contrastan con los tonos oscuros de alrededor. La razón es que son las tres católicas. La corriente suicidógena tan intensa que circula a su alrededor no consigue arrastrarlas; se detiene en sus fronteras porque no encuentra más allá las condiciones favorables para su desarrollo. Lo mismo ocurre en Suiza, donde el sur es completamente católico y todos los elementos protestantes están en el norte. Así pues, viendo como estos dos países se oponen uno al otro en el mapa de los suicidios,[112] podría pensarse que pertenecen a sociedades diferentes. A pesar de que se toquen por todos sus lados, a pesar de que mantengan relaciones constantes, cada uno de ellos conserva, desde el punto de vista del suicidio, su individualidad propia. La media es tan baja en un lado como alta en el otro. Por esta misma razón, en el interior de Suiza septentrional, Lucerna, Uri, Unterwald, Schwyz y Zug, cantones católicos, cuentan como mucho con 100 suicidios por millón, a pesar de estar rodeados por cantones protestantes donde estos son mucho más numerosos.

Podría intentarse otro experimento que confirmaría a nuestro juicio las pruebas que preceden. Un fenómeno de contagio moral sólo puede producirse de dos maneras: o el hecho que sirve de modelo se extiende de boca en boca por medio de eso que llaman la opinión pública, o son los periódicos los que lo propagan. Generalmente se echa la culpa sobre todo a estos últimos, pues no hay duda de que constituyen un poderoso instrumento de difusión. Por tanto, si la imitación tiene algo que ver en el desarrollo de los suicidios, estos deberían variar según la importancia que el público conceda a los periódicos. Desgraciadamente esto es bas-

---

[111] Ver lámina III, p. 131.
[112] Ver la lámina anterior y, para los detalles de las cifras por cantón, libro II, cap. V, tabla XXVI.

Lámina III
Suicidios en Europa Central según Morselli

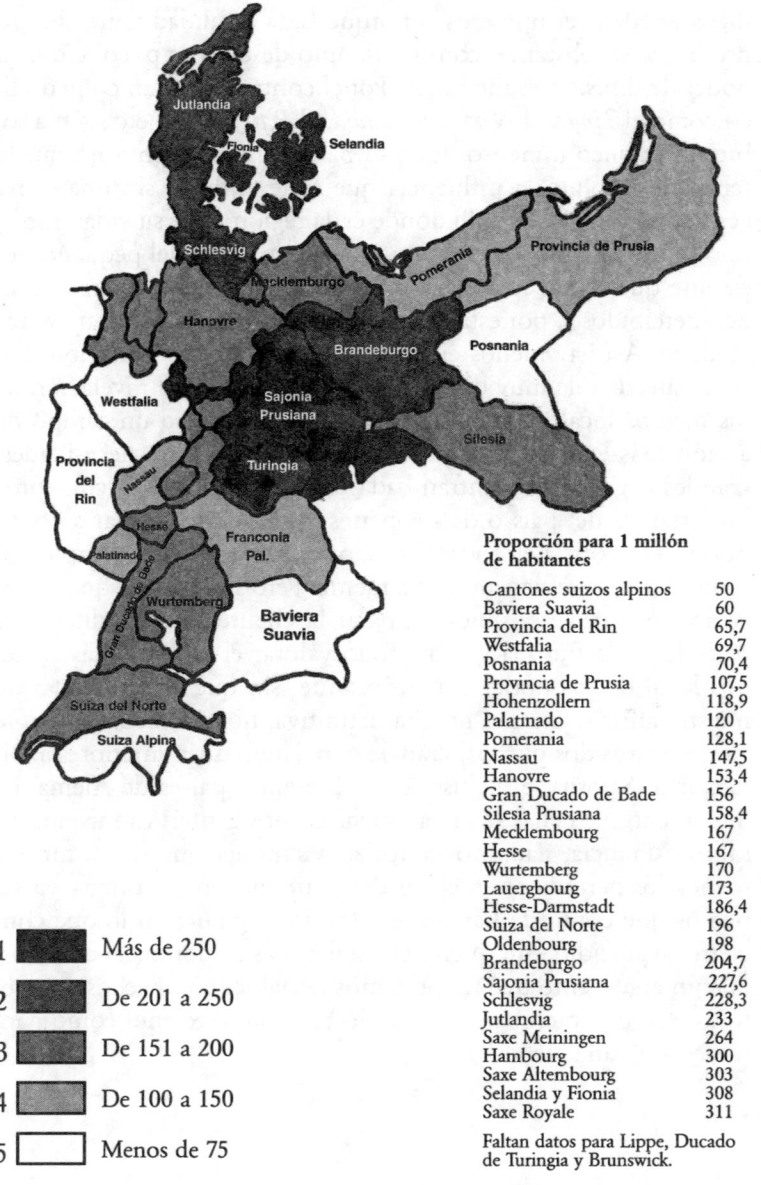

Proporción para 1 millón de habitantes

Cantones suizos alpinos	50
Baviera Suavia	60
Provincia del Rin	65,7
Westfalia	69,7
Posnania	70,4
Provincia de Prusia	107,5
Hohenzollern	118,9
Palatinado	120
Pomerania	128,1
Nassau	147,5
Hanovre	153,4
Gran Ducado de Bade	156
Silesia Prusiana	158,4
Mecklembourg	167
Hesse	167
Wurtemberg	170
Lauergbourg	173
Hesse-Darmstadt	186,4
Suiza del Norte	196
Oldenbourg	198
Brandeburgo	204,7
Sajonia Prusiana	227,6
Schlesvig	228,3
Jutlandia	233
Saxe Meiningen	264
Hambourg	300
Saxe Altembourg	303
Selandia y Fionia	308
Saxe Royale	311

Faltan datos para Lippe, Ducado de Turingia y Brunswick.

1 — Más de 250
2 — De 201 a 250
3 — De 151 a 200
4 — De 100 a 150
5 — Menos de 75

tante difícil de determinar. No es el número de periódicos, sino el de sus lectores, el que podría darnos una medida del alcance de su influencia. En un país poco centralizado, como Suiza, los periódicos pueden ser numerosos porque cada localidad tiene el suyo propio, y no obstante, como cada uno de ellos es poco leído, su poder de difusión es mediocre. Por el contrario, un único periódico como el *Times*, el *New York Herald*, el *Petit Journal*, etc., actúa sobre un público inmenso. Incluso parece que la prensa no pueda tener en absoluto la influencia que se le atribuye sin una cierta centralización. Porque allí donde cada región tiene su vida propia, uno se interesa menos en lo que sucede más allá del pequeño horizonte que limita su vista; los hechos lejanos pasan mucho más desapercibidos y, por esta misma razón, son recogidos con menos cuidado. Así hay menos ejemplos que inciten a la imitación. Las cosas suceden de muy distinta manera allí donde la nivelación de los medios locales abre al interés y a la curiosidad un campo de acción más extenso, y donde, respondiendo a estas necesidades, grandes órganos concentran cada día todos los acontecimientos importantes del país o de los países vecinos para enviar a continuación la noticia en todas direcciones. Entonces los ejemplos, al acumularse, se refuerzan mutuamente. Pero se entiende que es poco menos que imposible comparar la clientela de los diferentes periódicos de Europa y sobre todo valorar el carácter más o menos local de sus noticias. No obstante, sin que podamos dar de nuestra afirmación una prueba definitiva, nos parece improbable que, en estos dos puntos, Francia e Inglaterra sean inferiores a Dinamarca, Sajonia, e incluso a los diferentes países de Alemania. Sin embargo en ellas se mata mucha menos gente. Así mismo, sin salir de Francia, nada nos autoriza a suponer que se lea mucho menos los periódicos en el sur del Loire que en el norte; y ya sabemos qué contraste hay entre estas dos regiones en lo que concierne al suicidio. Sin querer conceder más importancia de la justa a un argumento que no podemos respaldar con hechos concretos, creemos sin embargo que es lo bastante verosímil como para merecer alguna atención.

IV

En resumen, si es cierto que el suicidio se contagia de un individuo a otro individuo, jamás se ve a la imitación propagarle de manera que afecte a la tasa social de los suicidios. Puede dar origen sin duda a casos individuales más o menos numerosos, pero no contribuye a determinar la desigual inclinación que arrastra a diferentes sociedades, y en el seno de cada sociedad a grupos sociales más concretos, al asesinato de sí mismo. La difusión que provoca es siempre muy limitada; y además es intermitente. Cuando ha alcanzado un determinado grado de intensidad, siempre es por un tiempo muy corto.

Pero hay una razón más general que explica por qué los efectos de la imitación no son apreciables mediante los datos de la estadística. Y es que, reducida a sus propias fuerzas, la imitación no tiene ningún predicamento sobre el suicidio. En el adulto, salvo casos muy raros de monoideísmo más o menos absoluto, la idea de un acto no basta para engendrar un acto similar, a menos que recaiga en un individuo que estuviera particularmente inclinado a ello. "Siempre he observado, escribe Morel, que por poderosa que sea la influencia de la imitación, la impresión causada por el relato o la lectura de un crimen excepcional no bastaba para provocar actos similares en individuos que hubieran estado perfectamente sanos de mente".[113] Así mismo, el Dr. Paul Moreau de Tours ha creído poder demostrar, basándose en observaciones personales, que el suicidio contagioso no se encuentra nunca más que entre individuos muy predispuestos.[114]

Es cierto que como pensaba que esta predisposición dependía esencialmente de causas orgánicas, le era bastante difícil explicar determinados casos que no pueden atribuirse a este origen, a menos de admitir combinaciones de causas totalmente improbables y verdaderamente milagrosas. ¿Podría pensarse que los 15 inválidos de los que hemos hablado estuviesen todos afectados de degeneración nerviosa? Y otro tanto puede decirse de los hechos de contagio observados con tanta frecuencia en el ejército o en las

---

[113] *Traité des maladies mentales*, p. 243.
[114] *De la contagion du suicide*, p. 42.

cárceles. Sin embargo, estos hechos son fácilmente explicables una vez que se ha reconocido que la inclinación al suicidio puede ser producto del medio social. Porque entonces ya no es necesario atribuirlos a un incomprensible azar que hubiera reunido en una garita o en un mismo establecimiento penitenciario a un número relativamente considerable de individuos con la misma tara mental, sino a la influencia de un medio común en cuyo seno viven. Es un hecho comprobado que en las cárceles y en los regimientos, existe un estado de ánimo colectivo que inclina a los soldados y a los presos al suicidio tan directamente como podría hacerlo la neurosis más profunda. El ejemplo es la causa ocasional que hace estallar el impulso; pero no es él quien lo produce y, si éste no existiera, sería inofensivo.

Por lo tanto, podemos decir que salvo raras excepciones, la imitación no es un factor originario del suicidio. No hace más que volver más aparente un estado que es la auténtica causa generadora del acto y que, probablemente, hubiera encontrado siempre los medios para producir su efecto natural, incluso cuando estos no hubieran intervenido; porque es necesario que la predisposición sea particularmente intensa para que baste con tan poco para hacerla pasar a la acción. No es por lo tanto extraño que los hechos no lleven la marca de la imitación, puesto que ésta no tiene una influencia propia, y la que ejerce es muy limitada.

Una observación de interés práctico pude servir de corolario a esta conclusión.

Algunos autores, atribuyendo a la imitación un poder que no tiene, han pedido que la información sobre los suicidios y los crímenes fuese prohibida en los periódicos.[115] Es posible que esta prohibición consiguiese reducir algunas unidades del total anual de esos distintos actos. Pero es muy dudoso que pudiese modificar su tasa social. La intensidad de la inclinación colectiva seguiría siendo la misma, porque el estado moral de los grupos no cambiaría por eso. Por tanto, si se comparan las problemáticas y pequeñas ventajas que podría producir esta medida, con los grandes inconvenientes que supondría la supresión de toda información judicial, se comprende que el legislador tenga sus dudas para se-

---

[115] V. Particularmente Aubry, *Contagion du meurtre*, 1ª ed., p. 87.

guir el consejo de los especialistas. En realidad, lo que puede contribuir al desarrollo del suicidio o del crimen, no es el hecho de hablar de ello, sino la manera en que se habla de ello. Allí donde estas prácticas son aborrecidas, los sentimientos que despiertan se traducen a través de los relatos que se hacen de ellas y, como consecuencia, neutralizan más de lo que excitan las predisposiciones individuales. E inversamente, cuando la sociedad está moralmente desamparada, el estado de incertidumbre en que se encuentra le inspira hacia los actos inmorales una especie de indulgencia que se expresa involuntariamente cada vez que se habla de ellos y que hace que su inmoralidad sea menos visible. Entonces el ejemplo se convierte realmente en temible, no porque sea el ejemplo, sino porque la tolerancia o la indiferencia social disminuyen la distancia que debía inspirar.

Este capítulo, lo que demuestra sobre todo, es lo poco fundada que está la teoría que hace de la imitación la fuente principal de toda vida colectiva. No hay hecho tan fácilmente transmisible por vía de contagio como el suicidio, y sin embargo acabamos de ver que esta contagiosidad no produce efectos sociales. Si en este caso la imitación está hasta ese punto desprovista de influencia social, en los demás casos no la tendrá mayor; las virtudes que se le atribuyen son por tanto imaginarias. Puede, por supuesto, en un círculo restringido, determinar algunas repeticiones de un mismo pensamiento o de una misma acción, pero nunca tiene repercusiones lo suficientemente extensas ni lo suficientemente profundas como para conmover y modificar el alma de la sociedad. Los estados colectivos, gracias a la adhesión casi unánime y generalmente secular de la que son objeto, son demasiado resistentes como para que una innovación privada pueda afectarlos. ¿Cómo iba a poder un individuo, que sólo es un individuo,[116] tener la fuerza suficiente para conformar la sociedad a su imagen y semejanza? Si

---

[116] Hablamos del individuo con abstracción hecha de todo aquello que la confianza o la admiración colectiva pueden añadir a su poder. Es evidente que un funcionario o un hombre popular, además del poder individual que tienen de nacimiento, encarnan poderes sociales que deben a los sentimientos colectivos de los que son objeto y que les permiten ejercer una influencia sobre el funcionamiento de la sociedad. Pero si ejercen esta influencia no es sólo como individuos.

no fuéramos tan propensos a representarnos el mundo social de una forma casi tan grosera como se representaba el hombre primitivo el mundo físico, si, contrariamente a todas las inducciones de la ciencia, no fuéramos tan propensos a admitir, al menos tácitamente y sin darnos cuenta, que los fenómenos sociales no son proporcionales a sus causas, no nos aferraríamos a una concepción que, además de ser de una simplicidad bíblica, está al mismo tiempo en flagrante contradicción con los principios fundamentales del pensamiento. Hoy ya no se cree que las especies zoológicas no sean más que variaciones individuales propagadas por la herencia;[117] tampoco es admisible que el hecho social no sea más que un hecho individual generalizado. Pero lo que sobre todo es insostenible, es que esta generalización pueda ser debida a no sé qué ciego contagio. Es incluso asombroso que todavía sea necesario discutir una hipótesis que, además de las graves objeciones que suscita, jamás ha tenido un principio de demostración experimental. Pues nunca se ha demostrado a propósito de un orden concreto de hechos sociales que la imitación pudiera explicarlos, y menos todavía que fuera la única en poder explicarlos. Cuando se ha intentado, la explicación se ha enunciado solamente en forma de aforismo, apoyándola en consideraciones vagamente metafísicas. Sin embargo la sociología sólo podrá pretender ser considerada como ciencia cuando a los que la cultiven les esté prohibido dogmatizar así, prescindiendo tan manifiestamente de todas las reglas de la demostración.

---

[117] V. Delage, *La structure du protoplasme et les théories de l'hérédité*, París, 1895, p. 813 y sig.

Libro II
Causas sociales y tipos sociales

Capítulo I

Método para determinarlas

Los resultados del libro precedente no son completamente negativos. Hemos demostrado que existe, en cada grupo social, una tendencia específica al suicidio que no explican ni la constitución orgánico-psíquica de los individuos ni la naturaleza del medio social. Se deduce, por eliminación, que debe necesariamente depender de causas sociales y constituir por sí misma un fenómeno colectivo; algunos hechos que hemos examinado, particularmente las variaciones geográficas y estacionales del suicidio, nos conducían expresamente a esta conclusión. Ahora vamos a estudiar esta tendencia más detalladamente.

I

Para hacerlo, parece que lo mejor sería investigar antes si es una tendencia simple e indivisible, o si no consistirá más bien en una pluralidad de tendencias diferentes que el análisis puede aislar y que convendría estudiar por separado. En este caso, deberíamos proceder del siguiente modo. Dado que, única o no, sólo es observable a través de los suicidios individuales que la manifiestan, habría que partir de estos últimos. Analizaremos por tanto el mayor número posible de ellos, prescindiendo, naturalmente, de aquellos atribuibles a la alienación mental, y los describiremos. Si se descubre que todos presentan las mismas características esenciales, los reuniremos en una sola y misma clase; en la hipótesis contraria, que es con mucho la más verosímil –pues son demasiado diversos como para no pertenecer a varias clases– estableceremos unas cuantas clases según sus similitudes y sus diferencias. Cuantos más tipos distintos reconociéramos, más corrientes suicidógenas admitiríamos, de las que trataríamos a continuación de determinar las causas y su importancia respectiva. Este es aproximadamente el mismo método que seguimos en nuestro superficial examen del suicidio vesánico.

Desgraciadamente, una clasificación de los suicidios razonables según sus formas o características morfológicas es impracticable, porque nos faltan casi todos los documentos necesarios. Para poder intentarlo, tendríamos que disponer de buenas descripciones de un gran número de casos particulares. Sería necesario saber en qué estado psíquico se encontraba el suicidado en el momento en que tomó la resolución, cómo preparó la realización, cómo la ejecutó finalmente, si estaba nervioso o deprimido, tranquilo o animado, ansioso o irritado, etc. Ahora bien, sólo tenemos alguna información de este tipo en el caso de algunos suicidios vesánicos, y precisamente gracias a las observaciones y a las descripciones de este tipo recogidas por los alienistas, ha sido posible establecer los principales tipos de suicidio cuya causa determinante es la locura. De todos los demás carecemos casi por completo de cualquier información. Únicamente Brierre de Boismont ha tratado de hacer este trabajo descriptivo con 1.328 casos en que el suicidado había dejado cartas o escritos que el autor ha resumido en su libro. Pero, en primer lugar, ese resumen es muchas veces demasiado breve. Además, las confidencias que el mismo sujeto nos hace sobre su estado suelen ser a menudo insuficientes, cuando no sospechosas. Está demasiado expuesto a equivocarse sobre sí mismo y sobre la naturaleza de sus decisiones; por ejemplo, se imagina actuar con sangre fría, mientras se encuentra en el colmo de la sobreexcitación. En fin, además de que no son suficientemente objetivas, estas observaciones están referidas a un número muy pequeño de hechos como para que se puedan sacar conclusiones concretas. A pesar de que se distinguen algunas vagas líneas de demarcación y de que podemos sacar provecho de las informaciones que se desprenden de ellas, están muy poco definidas para servir de base a una clasificación coherente. Por lo demás, dado el modo en que se llevan a cabo la mayoría de los suicidios, los datos que harían falta son poco menos que imposibles.

Pero podemos conseguir nuestro fin por otra vía. Bastará con invertir el orden de nuestras investigaciones. Está claro que sólo puede haber tipos diferentes de suicidios si las causas de las que dependen son ellas mismas diferentes. Para que cada uno de ellos tenga una naturaleza propia, son necesarias también condiciones de vida que les sean propias. Un mismo antecedente o un mismo conjunto de antecedentes no puede producir una veces una consecuencia y otras veces otra, porque entonces la diferencia que distingue al segundo del primero no tendría causa, lo que significaría la negación del principio de causalidad. Cualquier distinción específica comprobada entre las causas implica una distinción parecida entre los efectos. Así pues, podemos constituir los tipos sociales del suicidio, no ya clasificándolos directamente según sus características previamente descritas, sino clasificando las causas que los producen. Sin preocuparnos de saber por qué se diferencian los unos de los otros, trataremos de descubrir cuáles son las condiciones sociales de las que dependen; a continuación agruparemos esas condiciones según sus semejanzas y sus diferencias en un determinado número de clases distintas, y podremos estar seguros de que a cada una de esas clases corresponderá un tipo determinado de suicidio. En una palabra, nuestra clasificación, en lugar de ser morfológica, será, en principio, etiológica. Por lo demás, esto no significa una limitación, porque se penetra mucho mejor en la naturaleza de un fenómeno cuando se conoce la causa que cuando se conocen únicamente sus características, aunque sean esenciales.

Es cierto que este método tiene el defecto de postular la diversidad de los tipos sin describirlos directamente. Puede demostrar su existencia, su número, pero no sus características distintivas. Pero se puede obviar este inconveniente, al menos en cierta medida. Una vez que haya sido conocida la naturaleza de las causas, podemos intentar deducir de ellas la naturaleza de los efectos, que se encontrarán de este modo caracterizados y clasificados al mismo tiempo, al haber sido remitidos a sus orígenes respectivos. Naturalmente, si esta deducción no es respaldada por los hechos, corre el riesgo de perderse en fantasiosas combinaciones. Pero podremos aclararla con ayuda de algunos datos que disponemos sobre la morfología de los suicidios. Estos datos, por sí solos, son demasiado incompletos y demasiado inciertos como para poder deducir de ellos un principio de clasificación; pero podrán utilizarse una vez que se haya establecido el plan de esta clasificación. Nos indicarán la dirección en que deberá dirigirse la deducción y, con los ejemplos que nos aportarán, tendremos la seguridad de que las clases formadas a partir de esta deducción no son imaginarias. Así, de las causas nos remontaremos a los efectos y nuestra clasificación etiológica se completará con una clasificación morfológica que podrá utilizarse para verificar la primera, y recíprocamente.

Desde todos los puntos de vista, este método invertido es el único que se adapta al especial problema que nos hemos planteado, pues no tenemos que perder de vista que lo que estamos estudiando es la tasa social de los suicidios. Los únicos tipos que deben interesarnos son por lo tanto aquellos que contribuyen a formarla y en función de los cuales varía. Ahora bien, no está demostrado que todas las modalidades individuales de la muerte voluntaria tengan esta propiedad. Las hay que, a pesar de tener un cierto grado de generalidad, no están, o no están suficientemente ligadas al temperamento moral de la sociedad para entrar, en calidad de elemento característico, en la fisonomía particular que cada pueblo presenta en relación al suicidio. Hemos visto como el alcoholismo no es un factor del que dependa la aptitud personal de cada sociedad; y sin embargo hay evidentemente suicidios alcohólicos y bastante numerosos. No es una descripción de casos particulares, por muy bien hecha que esté, la que nos descubrirá cuáles son los que tienen un carácter sociológico. Si queremos saber de qué diversas confluencias resulta el suicidio considerado como fenómeno colectivo, habrá que examinarlo ante todo en su forma colectiva, es decir mediante los datos estadísticos. Como objeto de análisis habrá que tomar directamente la tasa social, partiendo del todo para llegar a las partes. Es evidente que sólo puede ser analizado en relación con las diferentes causas de las que depende; porque, en sí mismas, las unidades de cuya suma es el resultado, son homogéneas y no se diferencian cualitativamente. Por lo tanto nos debemos dedicar sin más tardanza a la determinación de las causas, sin perjuicio de que busquemos a continuación cómo influyen en los individuos.

II

¿Pero cómo llegar a las causas?

En las actas judiciales que se levantan cada vez que se comete un suicidio, se anota el móvil (problema familiar, sufrimiento físico o de cualquier otro tipo, remordimientos, embriaguez, etc.), que parece haber sido la causa determinante y, en las informaciones estadísticas de casi todos los países, hay una tabla donde se consignan estos datos bajo el epígrafe: *Motivos supuestos de los suicidios*. Parece por tanto natural aprovechar todo este trabajo y comenzar nuestra investigación por la comparación de estos documentos, que nos indican, a lo que parece, los antecedentes inmediatos de los diferentes suicidios. Ahora bien, no es un buen método para comprender el fenómeno que estudiamos limitarse a las causas más próximas, a no ser que, siempre que sea necesario, nos remontemos a continuación más atrás en la serie de los fenómenos.

Pero como ya decía Wagner hace tiempo, lo que se llama estadística de los motivos del suicidio es en realidad una estadística de las opiniones que se forman de esos motivos los agentes, a menudo subalternos, encargados de consignar este tipo de informaciones. Desgraciadamente sabemos que las comprobaciones oficiales son demasiado a menudo defectuosas, incluso cuando se refieren a hechos materiales y ostensibles que cualquier observador objetivo puede apreciar y que no dejan lugar a ninguna interpretación. ¡Pero cómo no dudar de ellas cuando su objeto no es registrar simplemente un acontecimiento, sino interpretarlo y explicarlo! Siempre es un problema difícil precisar la causa de un fenómeno. El científico necesita toda clase de datos y de experimentos para resolver una sola de estas cuestiones. Ahora bien, de todos los fenómenos, las voliciones humanas son los más complejos. Podemos imaginarnos ya el valor que tienen estos juicios improvisados que, a partir de algunos datos recogidos precipitadamente, pretenden asignar un origen definido a cada caso concreto. Tan pronto como se cree haber descubierto entre los antecedentes de la víctima alguno de esos hechos que se supone llevan a la desesperación, se considera inútil buscar más y, dependiendo de que al sujeto se le repute haberse arruinado recientemente, o tener problemas familiares, o darse a la bebida, se acusa a su em-

Tabla XVII
Proporción de cada categoría de motivos sobre 100 suicidios anuales de cada sexo

	Hombres		Mujeres	
	1856-60	1874-78	1856-60	1874-78
Francia[1]				
Miseria y reveses económicos	13,30	11,79	5,38	5,77
Problemas familiares	11,68	12,53	12,79	16,00
Amor, celos, conducta licenciosa	15,48	16,98	13,16	12,20
Problemas diversos	23,70	23,43	17,16	20,22
Enfermedades mentales	25,67	27,09	45,75	41,81
Remordimientos, miedo al castigo	0,84		0,19	
Otras causas y causas desconocidas	9,33	8,18	5,51	4,00
Total	100,00	100,00	100,00	100,00

	Hombres		Mujeres	
	1854-78	1880	1854-78	1880
Sajonia[2]				
Sufrimiento físico	5,64	5,86	7,43	7,98
Problemas domésticos	2,39	3,30	3,18	1,72
Reveses de fortuna y miseria	9,52	11,28	2,80	4,42
Conducta licenciosa, juego	11,15	10,74	1,59	0,44
Remordimientos, miedo al castigo	10,41	8,51	10,44	6,21
Amores desgraciados	1,79	1,50	3,74	6,20
Enfermedades mentales, fanatismo	27,94	30,27	50,64	54,43
Violencia	2,00	3,29	3,04	3,09
Hastío vital	9,58	6,67	5,37	5,76
Causas desconocidas	19,58	18,58	11,77	9,75
Total	100,00	100,00	100,00	100,00

briaguez, a sus problemas familiares, o a su ruina. Informaciones tan dudosas no pueden evidentemente servir como base para una explicación de los suicidios.

Pero además, incluso cuando fueran más dignas de fe, no podrían sernos de gran ayuda, porque los móviles que, con razón o

[1] Tomado de Legoyt, p. 342.
[2] Tomado de Oettingen, *Moralstatistik*, tablas anexas, p. 110.

sin ella, se atribuyen a los suicidios no son las verdaderas causas. Como lo demuestra el hecho de que los números proporcionales de casos, atribuidos por las estadísticas a cada una de esas supuestas causas, permanecen casi idénticos, mientras que los números absolutos presentan, por el contrario, variaciones muy considerables. En Francia, de 1856 a 1878, el suicidio aumentó en un 40% aproximadamente, y más de un 100% en Sajonia durante el periodo 1854-1880 (1.171 casos en lugar de 547). Ahora bien, en los dos países, cada categoría de motivos conserva de una época a otra la misma importancia respectiva, como muestra la tabla XVII (ver pág. 144).

Si se considera que las cifras proporcionadas no son, y no pueden ser, más que groseras aproximaciones, y si, por consiguiente, no se concede demasiada importancia a ligeras diferencias, hay que reconocer que permanecen prácticamente constantes. Pero para que la parte contribuyente de cada supuesta razón continúe siendo proporcionalmente la misma mientras el suicidio se desarrolla dos veces más, hay que admitir que cada una de ellas ha adquirido una eficacia doble. No puede ser que la casualidad haya hecho que todas ellas se conviertan al mismo tiempo en dos veces más mortíferas. De donde forzosamente hay que concluir que todas dependen de un estado más general, del que son como mucho reflejos más o menos fieles. Es este estado el que hace que sean más o menos fecundas en suicidios, y el que es, por consiguiente, la verdadera causa determinante de estos últimos. Por lo tanto, es ese estado el que debemos describir, sin detenernos en las repercusiones lejanas que pueda tener en las conciencias particulares.

Pero hay otro hecho, que tomamos prestado a Legoyt,[3] que muestra mejor todavía a lo que se reduce la acción causal de esos diferentes móviles. No hay profesiones más diferentes una de la otra que la agricultura y las profesiones liberales. La vida de un artista, de un científico, de un abogado, de un militar, de un magistrado, no se parecen en nada a la de un agricultor. Podemos por tanto admitir sin reservas que las causas sociales del suicidio no son las mismas para unos que para otros. Ahora bien, no sólo se atribuyen a las mismas razones los suicidios de estas dos catego-

---

[3] *Op. cit.*, p. 358.

rías de sujetos, sino que además la importancia respectiva de esas diferentes razones sería casi exactamente la misma en una y otra. Podemos ver, en efecto, cuáles han sido en Francia, durante los años 1874-78, las diferencias centesimales de los principales móviles del suicidio en estas dos profesiones:

	Agricultura	Profesiones liberales
Pérdida del empleo, reveses de fortuna, miseria	8,15	8,87
Problemas familiares	14,45	13,14
Amor contrariado y celos	1,48	2,01
Embriaguez y alcoholismo	13,23	6,41
Suicidios de autores de crímenes y delitos	4,09	4,73
Sufrimientos físicos	15,91	19,89
Enfermedades mentales	35,80	34,04
Hastío de la vida y contrariedades diversas	2,93	4,94
Causas desconocidas	3,96	5,97
	100,00	100,00

Excepto para la embriaguez y para el alcoholismo, las cifras, sobre todo las que tienen mayor importancia numérica, difieren muy poco de una columna a otra. De modo que, ateniéndose exclusivamente a la consideración de los móviles, podría llegar a creerse que las causas suicidógenas no son evidentemente de la misma intensidad, pero sí de la misma naturaleza en los dos casos. Y sin embargo, en realidad son fuerzas muy diferentes las que empujan al suicidio al labrador y al ciudadano refinado. Lo que sucede es que esas razones que se dan del suicidio, o que el suicida se da a sí mismo para explicar su acto, no son, en la mayoría de los casos, más que las causas aparentes. No sólo no son más que las repercusiones individuales de un estado general, sino que además lo traducen muy infielmente, ya que ellas son las mismas mientras que él es completamente distinto. Podría decirse que ellas señalan los puntos débiles del individuo, aquellos por donde la corriente, que viene de fuera para incitarle a destruirse, penetra con más facilidad en él. Pero ellas no forman parte de esa corriente y no pueden, por consiguiente, ayudarnos a comprenderla.

No lamentamos por tanto que determinados países como Inglaterra y Austria hayan renunciado a consignar esas pretendidas causas del suicidio. Los esfuerzos de la estadística deben apuntar en otra dirección. En lugar de tratar de resolver esos problemas insolubles de casuística moral, debería aplicarse a anotar con más cuidado las concomitancias sociales del suicidio. En cualquier caso, por lo que a nosotros respecta, nos hemos impuesto como regla no contar en nuestras investigaciones con datos tan dudosos como poco instructivos; de hecho, los suicidógrafos jamás han conseguido extraer de ellos ninguna ley que valga la pena. No recurriremos a ellos por tanto más que excepcionalmente, cuando nos parezca que tienen un significado especial y que presentan algunas garantías concretas. Sin preocuparnos por descubrir las formas en que pueden traducirse en los sujetos concretos las causas generadoras del suicidio, vamos a tratar de determinar directamente estas últimas. Para ello, dejando de lado, por así decir, al individuo en tanto que individuo, sus móviles y sus ideas, nos preguntaremos inmediatamente cuáles son los estados de los diferentes medios sociales (confesiones religiosas, familia, ideas políticas, grupos profesionales, etc.), en función de los cuales varía el suicidio. Y únicamente a continuación, volviendo a los individuos, trataremos de descubrir cómo se individualizan las causas generales hasta producir los efectos homicidas que implican.

Capítulo II

El suicidio egoísta

Veamos en primer lugar la manera en que las diferentes confesiones religiosas actúan sobre el suicidio.

I

Si echamos una ojeada al mapa de suicidios europeos, salta a la vista que en los países puramente católicos, como España, Portugal, Italia, el suicidio está poco desarrollado, mientras que se encuentra en su grado máximo en los países protestantes, en Prusia, en Sajonia, en Dinamarca. Las medias siguientes, calculadas por Morselli, confirman este primer resultado:

	Media de suicidios por millón de habitantes
Estados protestantes	190
Estados mixtos (protestantes y católicos)	96
Estados católicos	58
Estados católicos ortodoxos	40

No obstante, la inferioridad de los católicos ortodoxos no debe atribuirse seguramente a la religión; puesto que, como su civilización es muy diferente de la de las demás naciones europeas, esta desigualdad de cultura podría ser la causa de su menor aptitud. Pero no sucede lo mismo con la mayoría de las sociedades católicas y protestantes. Sin duda, todas no se encuentran al mismo nivel cultural y moral; no obstante las semejanzas son bastante profundas como para que podamos atribuir con alguna razón a la diferencia de los cultos el contraste tan señalado que presentan desde el punto de vista del suicidio.

Sin embargo, esta primera comparación es todavía demasiado simplista. A pesar de las incuestionables similitudes, los medios sociales en los que viven los habitantes de estos diferentes países no son exactamente los mismos. La cultura en España y en Portugal se encuentra bastante por debajo de la de Alemania; puede por tanto suceder que esta inferioridad sea la razón de lo que acabamos de constatar en el desarrollo del suicidio. Si queremos evitar esta causa de error y determinar con mayor precisión la influencia del catolicismo y la del protestantismo sobre la tendencia al suicidio, hay que comparar las dos religiones en el seno de una misma sociedad.

De todos los grandes estados de Alemania, Baviera es el que cuenta, con diferencia, el menor número de suicidios. Desde 1874, apenas tiene 90 por millón de habitantes, mientras que Prusia tiene 133 (1871-75), el ducado de Baden 156, Württemberg 162, Sajonia 300. Y precisamente en esos lugares los católicos son más numerosos; 713,2 de cada 1000 habitantes. Si, por otra parte,

Provincias bávaras (1867-75)[4]

Provincias con minoría católica (menos del 50%)	Suicidios por millón de habitantes	Provincias mayoría católica (50 a 90%)	Suicidios por millón de habitantes	Provincias donde hay más de un 90% de católicos	Suicidios por millón de habitantes
Palatinado del Rhin	167	Baja Franconia	157	Alto palatinado	64
Franconia central	207	Suabia	118	Alta Baviera	114
Alta Franconia	204			Baja Baviera	49
Media	192	Media	135	Media	75

se comparan las diferentes provincias de este reino, encontramos que los suicidios están en razón directa con el número de protestantes y en razón inversa con el de católicos (ver tabla anterior).

[4] Se ha descontado la población por debajo de los 15 años.

No son sólo las relaciones entre las medias lo que confirma la ley; además todas las cantidades de la primera columna son superiores a las de la segunda, y las de la segunda a las de la tercera sin que se produzca ninguna irregularidad.

Y lo mismo sucede en Prusia.

Si nos fijamos pormenorizadamente, entre las 14 provincias comparadas, sólo hay dos ligeras irregularidades: Silesia que, por el número relativamente importante de sus suicidios debería pertenecer a la segunda categoría, se encuentra en la tercera, mientras que por el contrario Pomerania estaría mejor en la segunda columna que en la primera.

Desde este mismo punto de vista es interesante estudiar Suiza, pues al encontrarse en ella tanto población francesa como alemana, podemos observar por separado la influencia del culto en cada una de estas dos razas. La influencia es la misma sobre una que sobre la otra. Los cantones católicos producen cuatro y cinco veces menos suicidios que los cantones protestantes, cualquiera que sea su nacionalidad.

Provincia de Prusia (1883-90)

Provincias donde hay más de un 90% de protestantes	Suicid. por millón de habit.	Provincias donde hay de un 89 a un 68% de protestantes	Suicid. por millón de habit.	Provincias donde hay de un 40 a un 50% de protestantes	Suicid. por millón de habit.	Provincias donde hay de un 32 a un 28% de protestantes	Suicid. por millón de habit.
Sajonia	309,4	Hanovre	212,3	Prusia occidental	123,91	Posen	96,4
Schleswig	312,9	Hesse	200,3	Silesia	260,2	País del Rhin	100,3
Pomerania	171,5	Brandeburgo y Berlín	296,3	Westfalia	107,5	Hohenzolern	90,1
		Prusia Oriental	171,3				
Media	264,6	Media	220,0	Media	163,6	Media	95,6

La influencia del culto es por tanto tan poderosa que domina a todas las otras.

	Suicidios por millón de habitantes		
	Cantones franceses	Cantones alemanes	Cantones de todas Las nacionalidades
Católicos	83	87	86,7
Mixtos			212,0
Protestantes	453	293	326,3

Además ha sido posible, en un gran número de casos, determinar directamente el número de suicidios por millón de habitantes de cada población confesional. Estas son las cantidades que han encontrado distintos observadores:

Tabla XVIII
Suicidios, en los diferentes países
por cada millón de individuos de cada confesión

		Protestantes	Católicos	Judíos	Observadores
Austria	(1852-59)	79,5	51,3	20,7	Wagner
Prusia	(1849-55)	159,9	49,6	46,4	Id.
	(1869-72)	187	69	96	Morselli
	(1890	240	100	180	Prinzing
Baden	(1852-62)	139	117	87	Legoyt
	(1870-74)	171	136,7	124	Morselli
	(1878-88)	242	170	210	Prinzing
Baviera	(1844-56)	135,4	49,1	105,9	Morselli
	(1884-91)	224	94	193	Prinzing
Wurtemberg	(1846-60)	113,5	77,9	65,6	Wagner
	(1873-76)	190	120	60	Yo
	(1881-90)	170	119	142	Id.

De modo que, en todas partes, sin ninguna excepción,[5] los protestantes aportan muchos más suicidios que los fieles de los

---

[5] No disponemos de datos sobre la influencia de los cultos en Francia. Sin embargo, en su estudio sobre Seine-et-Marne, Leroy afirma lo siguiente: en los

demás cultos. La diferencia oscila entre un mínimo de 20 a 30% y un máximo de 300%. Ante una unanimidad tan total de los hechos, de poco sirve citar, como hace Mayr,[6] el caso único de Noruega y de Suecia que, a pesar de ser protestantes, tienen una cantidad moderada de suicidios. En primer lugar, como señalábamos al principio de este capítulo, estas comparaciones internacionales no son demostrativas, a menos que se refieran a un número importante de países, e incluso en este caso, no son concluyentes. Hay demasiadas diferencias entre las poblaciones de la península escandinava y las de Europa central, y es por tanto fácil comprender que el protestantismo no produzca exactamente los mismos efectos sobre unas que sobre otras. Pero además, si tomada en sí misma la tasa de suicidios no es muy considerable en estos dos países, es relativamente alta si se tiene en cuenta el modesto lugar que ocupan entre los pueblos civilizados de Europa. No hay ninguna razón para pensar que hayan alcanzado un nivel cultural superior al de Italia, ni mucho menos, y sin embargo allí se matan de dos a tres veces más (90 a 100 suicidios por millón de habitantes en lugar de 40). ¿Será el protestantismo la causa de esta agravación relativa? De modo que, no sólo este hecho no contradice la ley que acabamos de enunciar basándonos en un gran número de observaciones, sino que además tiende a confirmarla.[7]

Por lo que respecta a los judíos, su tendencia al suicidio es siempre menor que la de los protestantes; en líneas generales es tan pequeña como la de los católicos, aunque en menores proporciones. No obstante, en ocasiones esta relación se encuentra invertida; sobre todo recientemente nos encontramos con bastantes casos de inversión. Hasta mediados de siglo, los judíos se mataban menos que los católicos en todos los países, salvo en Baviera;[8]

---

municipios de Quincy, Nanteuil-les-Meaux, Mareuil, los protestantes producen un suicidio cada 310 habitantes, los católicos 1 cada 678. (*op. cit.*, p. 203).

[6] *Handwoerterbuch der Staatswissenschaften*, Suplemento, t. I, p. 702.

[7] Queda el caso de Inglaterra, país no católico en el que la gente no se mata demasiado. Más adelante nos ocuparemos de él. (V. también p. 15.)

[8] Baviera sigue siendo todavía la única excepción: los judíos se matan en ella **dos veces más que los católicos**. ¿Tiene algo de excepcional la situación del judaísmo en este país? No sabríamos contestar esta pregunta.

únicamente hacia 1870 empiezan a perder su viejo privilegio. A pesar de todo es muy raro que rebasen mucho la tasa de los católicos. Por lo demás, no hay que perder de vista que los judíos viven, en mayor grado que los otros grupos confesionales, en las ciudades y de profesiones intelectuales. Por esta razón están mucho más inclinados al suicidio que los fieles de otros cultos, pero por motivos ajenos a la religión que practican. Por lo tanto, si a pesar de esta influencia agravante, la tasa del judaísmo es tan débil, podría pensarse que, en iguales circunstancias, es de todas las religiones aquella en que la gente se mata menos.

Establecidos los hechos, ¿cómo explicarlos?

II

Si se piensa que en todas partes los judíos representan un número ínfimo, y que en la mayor parte de las sociedades en las que se han llevado a cabo las observaciones precedentes, los católicos están en minoría, se tenderá a ver en este hecho la causa que explica la rareza relativa de las muertes voluntarias en estos dos cultos.[9] Podemos imaginar, en efecto, que las confesiones menos numerosas, teniendo que luchar contra la hostilidad de las poblaciones que las rodean, se vean forzadas para mantenerse a ejercer sobre ellas mismas un férreo control y a imponerse una disciplina especialmente rigurosa. Para justificar la tolerancia, siempre precaria, que se les concede, se ven obligados a una moralidad más estricta. Aparte de estas consideraciones, determinados hechos parecen implicar realmente que este particular factor no es insignificante. En Prusia, la situación de minoría en que se encuentran los católicos es muy acusada, ya que sólo representan la tercera parte de la población total. También se matan tres veces menos que los protestantes. La diferencia disminuye en Baviera donde las dos terceras partes de los habitantes son católicos; las muertes voluntarias de estos últimos están con respecto a las de los protestantes en una relación de 100 a 275 o incluso de 100 a 238, según los periodos. En fin, en el Imperio austríaco, que es casi por completo

---

[9] Legoyt, *op. cit.*, p. 205; Oettingen, *Moralstatistik*, p. 154.

católico, no hay más que 155 suicidios protestantes por cada 100 católicos. Parece por tanto que cuando el protestantismo se convierte en minoría, su tendencia al suicidio disminuye.

No obstante, el suicidio es objeto de una gran indulgencia, como para que el temor a la censura, tan leve por lo demás, pueda tener tanta influencia, incluso sobre minorías que su situación obliga a preocuparse especialmente de la opinión pública. Como es un acto que no daña a nadie, no se hacen grandes reproches a los grupos que tienen hacia él una mayor inclinación ni aumentan las distancias respecto a ellos, como provocaría sin duda una frecuencia mayor de crímenes y delitos. Por lo demás, la intolerancia religiosa, cuando es muy fuerte, produce a menudo el efecto contrario. En lugar de animar a los disidentes a respetar más la opinión, les acostumbra a desinteresarse de ella. Cuando se está expuesto a una hostilidad irremediable, se renuncia a combatirla y uno se obstina más tenazmente por conservar las costumbres reprobadas. Esto es lo que ha sucedido con frecuencia con los judíos, y es poco probable que su excepcional inmunidad tenga otra causa.

Pero en cualquier caso, esta explicación no basta para comprender la situación respectiva de los protestantes y de los católicos. Porque a pesar de que en Austria y en Baviera, donde el catolicismo tiene la mayoría, la influencia preservadora que ejerce es menor, sigue siendo sin embargo muy considerable. Por lo tanto no se la debe únicamente a su situación de minoría. Dicho de modo más general, cualquiera que sea la parte proporcional de esos dos cultos en el conjunto de la población, en todas partes donde se los ha podido comparar desde el punto de vista del suicidio, se ha comprobado que los protestantes se matan mucho más que los católicos. Hay incluso países como el Alto Palatinado, o la Alta Baviera, donde la población es casi por completo católica (92 y 96%) y donde, sin embargo, hay 300 y 423 suicidios protestantes por cada 100 católicos. La proporción incluso se eleva hasta el 528% en la Baja Baviera donde la religión reformada no cuenta siquiera con un fiel por cada 100 habitantes. Así pues, incluso cuando la obligatoria prudencia de las minorías influyera algo en la diferencia tan considerable que presentan estas dos religiones, la mayor parte se debe sin duda a otras causas.

Estas causas las vamos a encontrar en la propia naturaleza de estos dos sistemas religiosos. No obstante ambos prohiben el suicidio con la misma claridad; no solamente lo condenan con penas morales de una extrema severidad, sino que además, tanto uno como otro, predican igualmente que más allá de la muerte comienza una vida nueva en la que los hombres serán castigados por sus malas acciones, y el protestantismo coloca al suicidio entre estas malas acciones lo mismo que el catolicismo. Además, tanto en uno como en otro culto estas prohibiciones tienen un carácter divino; no se presentan como la conclusión lógica de un razonamiento correcto, sino que su autoridad es la de Dios mismo. Por lo tanto, si el protestantismo favorece el desarrollo del suicidio, no es porque lo considere de un modo distinto a como lo hace el catolicismo. Así que si sobre este particular punto ambas religiones tienen los mismos preceptos, su desigual influencia sobre el suicidio deberá tener como causa alguna de las características más generales por las que se diferencian.

Ahora bien, la única diferencia esencial que hay entre el catolicismo y el protestantismo, es que el segundo admite el libre examen en una proporción mayor que el primero. Evidentemente el catolicismo, por el hecho de ser una religión idealista, concede al pensamiento y a la reflexión una importancia mayor que el politeísmo grecolatino o el monoteísmo judío. No se conforma con ceremonias mecánicas, sino que aspira a reinar en las conciencias. Por lo tanto es a ellas a las que se dirige y, a la vez que exige de la razón una sumisión ciega, lo hace en el lenguaje de la razón. Pero no es menos cierto que el católico encuentra su fe ya hecha, sin necesidad de examen. No puede siquiera someterla a un análisis histórico, ya que los textos originales sobre los que ésta se fundamenta le están prohibidos. Todo un sistema jerárquico de autoridades está organizado, con un maravilloso arte, para hacer la tradición inmutable. Todo lo que significa *cambio* produce horror al pensamiento católico. El protestante es más autor de su propia creencia. La Biblia está al alcance de sus manos y no se le impone ninguna interpretación. La misma estructura del culto reformado hace posible este individualismo religioso. En ninguna parte, salvo en Inglaterra, está jerarquizado el clero protestante; el pastor sólo responde de sí mismo y de su conciencia, lo mismo que el feligrés. Es un guía más instruido que la mayoría de los creyentes, pero sin autoridad especial para dictar el dogma. Pero lo que demuestra mejor que esta libertad de examen, proclamada por los fundadores de la reforma, no se ha quedado en una simple afirmación retórica, es esa multitud cada vez mayor de sectas de todo tipo que contrasta tan profundamente con la unidad indivisible de la Iglesia católica.

Ya tenemos por tanto un primer resultado, y es que la inclinación del protestantismo por el suicidio debe de estar relacionada con la mentalidad de libre examen que caracteriza a esta religión. Tratemos de comprender esta relación. El libre examen no es en sí mismo más que el efecto de otra causa. Cuando hace su aparición, cuando los hombres, después de haber estado recibiendo durante mucho tiempo su fe de la tradición, reclaman el derecho a forjarse esa fe ellos mismos, no es por el intrínseco atractivo de la libre interpretación, ya que esta conlleva tantas tristezas como alegrías. Es sencillamente porque necesitan esa libertad. Y esta necesidad sólo puede tener una causa: el quebrantamiento de las creencias tradicionales. Si su autoridad hubiera seguido siendo indiscutible, nadie habría pensado en criticarla. Si esta autoridad no hubiese decaído, nadie habría exigido verificar su fuente. La reflexión sólo se desarrolla cuando necesita desarrollarse, es decir, cuando un cierto número de ideas y de sentimientos irreflexivos que hasta ese momento bastaban para dirigir la conducta, han perdido de pronto su eficacia. Entonces la reflexión interviene para llenar el vacío que se ha hecho, pero no ha sido ella quien lo ha hecho. Lo mismo que se apaga a medida que el pensamiento y la acción se van convirtiendo en hábitos mecánicos, sólo se despierta cuando esos hábitos inamovibles se pierden. No reivindica sus derechos contra la opinión pública más que cuando ésta ha perdido fuerza, es decir cuando ya no es tan pública. Por lo tanto, si estas reivindicaciones no se producen únicamente durante un tiempo y en forma de crisis pasajera, si se convierten en crónicas, si las conciencias individuales afirman de una manera constante su autonomía, es porque continúan siendo reclamadas por distintas fracciones, es porque una nueva opinión no se ha formado todavía para reemplazar a la que ya no existe. Si se hubiera constituido un nuevo sistema de creencias, que pareciese a todo el mundo tan indiscutible como el antiguo, no se pensaría ya en discutirlo. Ni siquiera estaría permitido dudar de él; porque las ideas que comparte toda una sociedad extraen de ese asentimiento una autoridad que las hace sacrosantas y las coloca por encima de cualquier discusión. Para que sean más tolerantes, es necesario que se hayan convertido ya en objeto de una adhesión menos general y menos completa, que hayan sido debilitadas por controversias previas.

De modo que si es cierto decir que el libre examen, una vez proclamado, multiplica los cismas, hay que añadir que los presupone y que se deriva de ellos, ya que si es exigido e instituido como un principio es precisamente para permitir a los cismas latentes o semideclarados desarrollarse con más libertad. Por consiguiente, si el protestantismo concede al pensamiento individual mayor importancia que el catolicismo, es porque tiene menos creencias y prácticas comunes. Ahora bien, una congregación religiosa no existe sin un *credo* colectivo, y cuanto más extendido esté ese *credo*, más fuerte y más unida estará. Porque no une a los hombres por el intercambio y la reciprocidad de los servicios, lazo temporal que comporta y supone incluso diferencias, pero que no tiene fuerza para anudar. Sólo los socializa ligándolos a un mismo cuerpo de doctrinas, y cuanto más vasto y más sólidamente constituido esté ese cuerpo, más completa será la socialización. Cuantas más maneras haya de actuar y de pensar, con un marcado carácter religioso, y sustraídas por consiguiente al libre examen, tanto más presente estará la idea de Dios en todos los momentos de la vida, haciendo que converjan hacia un único y mismo fin todas las voluntades individuales. Inversamente, cuanto más se abandone un grupo confesional al juicio de los particulares, más ausente estará de su vida, y menos cohesión y vitalidad tendrá. Llegamos por tanto a esta conclusión: la superioridad del protestantismo desde el punto de vista del suicidio proviene de que es una Iglesia con menos cohesión interna que la Iglesia católica.

De este modo también se explica la situación del judaísmo. En efecto, la condena con la que el cristianismo les ha perseguido durante tanto tiempo, ha provocado entre los judíos sentimientos de solidaridad particularmente fuertes. La necesidad de luchar contra una animosidad general, la imposibilidad misma de comunicarse libremente con el resto de la población, les ha obligado a mantenerse estrechamente unidos unos con otros. En consecuencia, cada comunidad se convirtió en una pequeña sociedad, compacta y coherente, que tenía de sí misma y de su unidad un sentimiento muy arraigado. Todo el mundo pensaba y vivía en ella de la misma manera; las divergencias individuales se volvían casi imposibles a causa de la convivencia y de la estrecha e incesante vigilancia ejercida por todos sobre todos. La Iglesia judía, replegada sobre sí misma por la intolerancia de la que era objeto, ha alcanzado así un grado de cohesión interna mayor que ninguna otra. Por consiguiente, por analogía con lo que acabamos de observar a propósito del protestantismo, es a esta misma causa a la que debe atribuirse la débil inclinación de los judíos por el suicidio, a despecho de circunstancias de toda índole que deberían, por el contrario, inclinarles a él. Sin duda, en cierto sentido, deben este privilegio a la hostilidad que les rodea. Pero si ejerce esta influencia no es porque les imponga una moralidad más alta; es porque les obliga a vivir estrechamente unidos. Porque la comunidad religiosa a la que pertenecen está sólidamente cimentada es por lo que están preservados hasta ese punto. Por lo demás, el ostracismo al que están sometidos no es más que una de las causas que producen ese efecto; la naturaleza misma de las creencias judías debe de contribuir a ello en gran medida. El judaísmo, efectivamente, como todas las religiones primitivas, consiste esencialmente en un cuerpo de prácticas que regulan minuciosamente todos los ámbitos de la vida y no dejan apenas espacio para la opinión individual.

III

Varios hechos vienen a corroborar esta explicación.
En primer lugar, de todos los grandes países protestantes, Inglaterra es aquel en que el suicidio está menos desarrollado. No se cuenta con más que 80 suicidios aproximadamente por millón de habitantes, mientras que las sociedades reformadas de Alemania tienen de 140 a 400; y sin embargo el movimiento general de las ideas y de los negocios no parece ser menos intenso que en cual-

quier otra parte.[10] Se da la circunstancia de que, al mismo tiempo, la Iglesia anglicana está mucho más cohesionada que las demás iglesias protestantes. Es cierto que se acostumbra a ver en Inglaterra el país de las libertades individuales; pero, en realidad, los hechos demuestran que el número de creencias o de prácticas comunes y obligatorias, excluidas por consiguiente al libre examen de los individuos, es más considerable allí que en Alemania. En primer lugar, la ley sanciona todavía muchas prescripciones religiosas: como la ley de santificar el domingo, o la que prohibe poner en escena a personajes de las Sagradas Escrituras, o la que, todavía recientemente, exigía de todo diputado un juramento de fe religiosa, etc. Además es sabido el gran respeto que se siente en Inglaterra por las tradiciones: sería imposible que este respeto no se hubiera extendido también a los asuntos religiosos. Y el tradicionalismo muy desarrollado excluye siempre más o menos las iniciativas individuales. En fin, de todos los cleros protestantes, el clero anglicano es el único que está jerarquizado. Esta organización exterior traduce evidentemente una unidad interna que no es compatible con un individualismo religioso muy pronunciado.

Por lo demás, Inglaterra es también el país protestante en que los miembros del clero son más abundantes. En 1876, por cada ministro de culto había 908 feligreses por término medio, en lugar de 932 en Hungría, 1.100 en Holanda, 1.300 en Dinamarca, 1.440 en Suiza y 1.600 en Alemania.[11] Ahora bien, el número de párrocos no es ningún detalle insignificante ni una característica superficial que no tenga relación con la naturaleza intrínseca de la religión. La prueba es que en todas partes el clero católico es mucho más considerable que el clero protestante. En Italia, hay un sacerdote por cada 267 católicos, cada 419 en España, cada 536 en Portugal, cada 540 en Suiza, cada 823 en Francia, cada 1.050 en Bélgica. Y es que el sacerdote es el órgano natural de la fe y de la

---

[10] Es cierto que la estadística de los suicidios ingleses no es de una gran exactitud. Muchos casos son considerados como muertes accidentales en consideración a los sufrimientos que conlleva el suicidio. Sin embargo estas inexactitudes no bastan para explicar la diferencia tan considerable entre este país y Alemania.

[11] Oettingen, *Moralstatistik*, p. 626.

tradición y, como sucede siempre, el órgano se desarrolla en la misma medida que la función. Cuanto más intensa es la vida religiosa, más hombres hacen falta para dirigirla. Cuantos más dogmas y preceptos hay cuya interpretación no compete a las conciencias particulares, más falta hacen autoridades competentes que interpreten su sentido; por otra parte, cuanto más numerosas son esas autoridades, más cerca están del individuos y mejor le vigilan. De modo que el caso de Inglaterra, lejos de invalidar nuestra teoría, la confirma. Si el protestantismo no produce en ella los mismos efectos que en el continente, es porque la comunidad religiosa está mucho más cohesionada, cosa que la acerca a la Iglesia católica.

Veamos ahora una prueba más general todavía que ratifica todo esto.

La afición al libre examen no puede despertarse sin ir acompañada de la afición por la educación. La ciencia es el único medio de que dispone la libre reflexión para conseguir sus fines. Cuando las creencias o las prácticas poco razonables han perdido su autoridad, es necesario, para sustituirlas, recurrir a la conciencia sin prejuicios de la que la ciencia no es más que la forma más alta. En el fondo, esas dos soluciones no constituyen más que una y son el resultado de la misma causa. En general, los hombres no aspiran a cultivarse más que en la medida en que se han librado del yugo de la tradición; porque mientras ésta subyugue a la mente, se basta a sí misma y no tolera fácilmente rivales. Inversamente, en el momento en que el hábito irracional deja de responder a las nuevas necesidades, se recurre a la razón. Por eso la filosofía, esa forma primera y sintética de la ciencia, aparece en cuanto la religión ha perdido su imperio, pero sólo en ese momento; y a continuación vemos como progresivamente hace surgir una multitud de ciencias particulares, a medida que la necesidad que la ha suscitado va ella misma desarrollándose. Por tanto, si no nos equivocamos, si el debilitamiento progresivo de los prejuicios colectivos habituales inclina al suicidio, y si es de ahí de donde viene la especial predisposición del protestantismo, podremos constatar los dos hechos siguientes: 1º la afición a la educación debe de ser mayor entre los protestantes que entre los católicos; 2º en tanto refleje un quebrantamiento de las creencias comunes, debe variar, de una manera general, tanto como el suicidio. ¿Confirman los hechos esta doble hipótesis?

Si se compara la Francia católica con la Alemania protestante por la cima únicamente, es decir, si se comparan únicamente las clases más altas de las dos naciones, parece posible sostener la comparación. En las grandes ciudades de nuestro país, la ciencia no es menos respetada ni está menos extendida que entre nuestros vecinos; incluso, desde este punto de vista, estamos por encima de varios países protestantes. Pero si en las clases prominentes de estas dos sociedades, la necesidad de cultivarse es similarmente sentida, no sucede los mismo en las clases bajas, y, si bien alcanza en los dos países aproximadamente la misma intensidad *máxima*, la intensidad media es menor entre nosotros. Y otro tanto puede decirse del conjunto de las naciones católicas comparadas con las naciones protestantes. Suponiendo que, por lo que respecta a la cultura superior, las primeras no desmerezcan de las segundas, las cosas son muy distintas cuando se trata de la educación básica. Mientras que entre los pueblos protestantes (Sajonia, Noruega, Suecia, Bade, Dinamarca y Prusia), de cada 1000 niños en edad escolar, es decir de 6 a 12 años, había, por término medio, 957 que frecuentaban la escuela durante los años 1877-1878, los pueblos católicos (Francia, Austria-Hungría, España e Italia), no contaban más que 667, o sea un 31% menos. Las diferencias son las mismas en los periodos 1874-75 y 1860-61.[12] El país protestante en que la cifra es la menos alta, Prusia, está todavía muy por encima de Francia, que se encuentra a la cabeza de los países católicos; el primero cuenta con 897 alumnos sobre 1000 niños, el segundo con 766 únicamente.[13] De toda Alemania, Baviera es la que tiene más católicos; y es también la que tiene más analfabetos. De todas las provincias de Baviera, el Alto Palatinado es una de las más profundamente católicas, es también ésta en la que se encuentran más reclutas que no saben leer ni escribir (15% en 1871). La misma coincidencia se da en Prusia en el ducado de Posen y la provincia de Prusia.[14] En fin,

---

[12] Oettingen, *Moralstatistik*, p. 586.

[13] En uno de estos periodos (1877-78) Baviera rebasa ligeramente a Prusia; pero el hecho sólo se produce esta única vez.

[14] Oettingen, *ibid.*, p. 582.

en el conjunto del reino, en 1871, había 66 analfabetos por cada 1000 protestantes y 152 por cada 1000 católicos. La relación es la misma entre las mujeres de ambos cultos.[15]

Se objetará tal vez que la educación primaria no puede servir para medir la situación de la educación general. Se ha dicho a menudo que no porque un pueblo cuente con más o menos analfabetos es más o menos culto. Aceptemos esta reserva, a pesar de que, a decir verdad, los diversos grados de educación sean más interdependientes de lo que parece y que sea difícil que uno de ellos se desarrolle sin que los otros no se desarrollen al mismo tiempo.[16] En cualquier caso, si el nivel de la enseñanza básica sólo refleja de una manera imperfecta el de la cultura científica, indica con bastante exactitud en qué medida un pueblo, tomado en su conjunto, siente la necesidad de conocer. Y es necesario que la sienta en su más alto grado para esforzarse por extenderla hasta las clases más inferiores. Para poner de este modo al alcance de todo el mundo los medios educativos, para llegar incluso a prohibir legalmente la ignorancia, es necesario que se sienta como algo indispensable para la propia vida la educación de las conciencias. De hecho, si las naciones protestantes han concedido tanta importancia a la educación primaria, es porque han juzgado necesario que cualquier persona fuera capaz de interpretar la Biblia. Ahora bien, lo que queremos comprobar aquí es la intensidad media de esta necesidad, el valor que cada pueblo concede a la ciencia, no el valor de sus científicos ni el de sus descubrimientos. Desde este concreto punto de vista, la situación de la enseñanza superior y la de la producción propiamente científica sería un mal criterio, ya que nos descubriría solamente lo que ocurre en una parte restringida de la sociedad. La enseñanza básica y general es un índice más seguro.

Una vez demostrada nuestra primera proposición, queda por demostrar la segunda. ¿Es cierto que la necesidad de educación, en la medida en que corresponde a un debilitamiento de la fe co-

---

[15] Morselli, *op. cit.*, p. 223.
[16] Por lo demás, veremos más adelante, p. 25, que las enseñanzas secundaria y superior están también más desarrolladas entre los protestantes que entre los católicos.

mún, se desarrolla lo mismo que el suicidio? El hecho de que los protestantes sean más cultos que los católicos y se maten más nos permite suponerlo. Sin embargo la ley no se verifica únicamente cuando se compara uno de estos cultos con el otro. Se comprueba también dentro de cada confesión religiosa.

Italia es completamente católica. La educación primaria y el suicidio se distribuyen en ella de forma similar (v. Tabla XIX).

Tabla XIX[17]
*Provincias italianas
comparadas según la relación del suicidio con la educación.*

1° grupo de provincias	Número de matrimonios (en %) con ambos esposos cultos	Suicidios por millón de habitantes	2° grupo de provincias	Esposos cultos	Suicidios	3° grupo de provincias	Esposos cultos	Suicidios
Piamonte	53,09	35,6	Venecia	19,56	32,0	Sicilia	8,98	18,5
Lombardía	44,29	40,4	Emilia	19,31	62,9	Abruzzos	6,35	15,7
Liguria	41,15	47,3	Umbría	15,46	30,7	Publia	6,81	16,3
Roma	32,61	41,7	Marcia	14,46	34,6	Calabria	4,67	8,1
Toscana	24,33	40,6	Campania	12,45	21,6	Basilicado	4,35	15,0
			Cerdeña	10,14	13,5			
Medias	39,09	41,1	Medias	15,23	32,5	Medias	6,23	14,7

No sólo las medias se corresponden exactamente, sino que la concordancia se encuentra en cada caso concreto. Sólo hay una excepción, Emilia, donde, por la influencia de causas locales, los suicidios no tienen ninguna relación con el grado de cultura. Las mismas observaciones pueden hacerse en Francia. Los departamentos con más matrimonios analfabetos (por encima del 20%) son Correfe, Córcega, las costas del Norte, Dordogne, Finisterre,

---

[17] Las cifras relativas a los matrimonios cultos han sido tomadas de Oettingen, *Moralstatistik*, anexos, tabla 85; están referidas a los años 1872-82, los suicidios al período 1864-76.

Las Landes, Morbihan, la Alta Viena; todas ellas relativamente indemnes al suicidio. Dicho de otro modo, entre los departamentos en que hay más de un 10% de matrimonios que no saben leer ni escribir, no hay uno solo que pertenezca a esa región del noreste que es la región clásica de los suicidios franceses.[18]

Si se comparan los países protestantes entre ellos, se encuentra el mismo paralelismo. La gente se mata más en Sajonia que en Prusia; Prusia tiene más analfabetos que Sajonia (5,52% en lugar de 1,3 en 1865). Sajonia presenta incluso la particularidad de que la población de sus escuelas es superior a la cifra legalmente obligatoria. Por cada 1.000 niños en edad escolar, se contaba en 1877-78 con 1.031 que frecuentaban las clases: es decir que muchos continuaban sus estudios después del tiempo obligatorio. Este hecho no se encuentra en ningún otro país.[19] En fin, de todos los países protestantes, Inglaterra es, como sabemos, aquel en que la gente se mata menos; es también el que, en cuanto a nivel de educación, está más cerca de los países católicos. En 1865 había todavía un 23% de soldados de la armada que no sabían leer y un 27% que no sabían escribir.

Y todavía podemos añadir otros hechos a los precedentes que no hacen más que confirmarlos.

Las profesiones liberales, y especialmente las clases acomodadas, son precisamente aquellas que sienten una mayor inclinación por la ciencia y llevan una vida intelectual más activa. Ahora bien, aunque la estadística del suicidio por profesiones y por clases no pueda ser siempre establecida con suficiente precisión, es incuestionable que es excepcionalmente frecuente entre las clases más altas de la sociedad. En Francia, de 1826 a 1880, fueron las profesiones liberales las que estuvieron en cabeza; 550 suicidios por millón de individuos de un mismo grupo profesional, mientras que los servicios, que vienen inmediatamente a continuación, sólo tuvieron 290.[20] En Italia, Morselli ha conseguido desagregar las carreras exclusivamente dedicadas al estudio y se ha encontrado con que sobrepasan con mucho a todas las otras en la importancia de

---

[18] V. *Annuaire statistique de la France*, 1892-94, p. 50 y 51.
[19] Oettingen, *Moralstatistik*, p. 586.
[20] Censo general de la justicia criminal de 1882, p. CXV.

su aportación. Durante el periodo 1868-76, calcula 482,6 por millón de habitantes de la misma profesión; el ejército viene a continuación con 404,1, mientras que la media del país no es más que de 32. En Prusia (años 1883-90), el cuerpo de funcionarios públicos, un cuerpo al que es difícil acceder y que constituye una elite profesional, se impone a todas las demás profesiones con 832 suicidios; los servicios sanitarios y la enseñanza, en puestos mucho más bajos, ostentan todavía cifras muy altas (439 y 301). Lo mismo sucede en Baviera. Si se deja de lado al ejército, cuya situación desde el punto de vista del suicidio es excepcional por razones que serán expuestas más adelante, los funcionarios públicos ocupan el segundo lugar con 454 suicidios, y rozan casi el primero; pues sólo son superados por poco por el comercio cuya tasa es de 465; las artes, la literatura y la prensa le siguen de cerca con 416.[21] Es cierto que en Bélgica y en Wurtemberg las clases instruidas parecen estar menos especialmente afectadas; pero la definición profesional es aquí muy poco precisa para que pueda atribuirse demasiada importancia a estas dos irregularidades.

En segundo lugar, hemos visto que, en todos los países del mundo, la mujer se suicida mucho menos que el hombre. Ahora bien, también está mucho menos instruida. Esencialmente tradicionalista, dirige su conducta mediante creencias establecidas y no tiene grandes necesidades intelectuales. En Italia, durante los años 1878-79, de 10.000 maridos había 4808 que no podían firmar su contrato matrimonial; de 10.000 esposas había 7.029.[22] En Francia, la proporción era en 1879 de 199 maridos y 310 esposas por 1000 matrimonios. En Prusia, encontramos la misma diferencia entre los dos sexos, tanto entre los protestantes como entre los católicos.[23] En Inglaterra, es bastante menor que en los demás países de Europa. En 1879, había 138 maridos analfabetos por mil frente a 185 esposas y, desde 1851, la proporción es prácticamente la misma.[24] Pero Inglaterra también es el país donde la mujer se aproxima más al

---

[21] V. Prinzing, *op. cit.*, p. 28-31. – Es curioso que en Prusia la prensa y las artes arrojen una cifra bastante anodina (279 suicidios).
[22] Oettingen, *Moralstatistik*, anexos, tabla 83.
[23] Morselli, p. 223.
[24] Oettingen, *ibid.*, p. 577.

hombre en lo que respecta al suicidio. Por cada 1.000 suicidios femeninos, se contaban 2.546 suicidios masculinos en 1858-60, 2.745 en 1863-67, 2.861 en 1872-76, mientras que en todas partes,[25] la mujer se mata cuatro, cinco o seis veces menos que el hombre. En fin, en los Estados Unidos, las condiciones del experimento están casi invertidas; cosa que lo hace particularmente instructivo. Las mujeres negras parece que tienen una formación igual o incluso superior a la de sus maridos. Ahora bien, varios observadores señalan[26] que tienen también una gran predisposición al suicidio, que llegaría incluso en ocasiones a superar a la de las mujeres blancas. En algunos lugares, la proporción sería de un 350%.

No obstante hay un caso en el que podría parecer que nuestra ley no se cumple.

De todas las confesiones religiosas, el judaísmo es aquella en que la gente se mata menos; y sin embargo no existe otra en que esté tan extendida la educación. Si nos atenemos sólo a la formación elemental, los judíos están al menos al mismo nivel que los protestantes. Efectivamente, en Prusia (1871), de cada 1000 judíos de cada sexo, había 66 hombres analfabetos y 125 mujeres; entre los protestantes las cantidades eran casi idénticamente iguales, 66 por una parte y 114 por la otra. Pero es sobre todo en la enseñanza secundaria y superior donde los judíos participan proporcionalmente más que los fieles de otros cultos; esto es lo que demuestran las cifras siguientes que tomamos prestadas a la estadística prusiana (años 1875-76).[27]

	Católicos	Protestantes	Judíos
Proporción de cada culto por cada 100 habitantes en general	33,8	64,9	1,3
Proporción de cada culto por cada 100 alumnos de enseñanza secundaria	17,3	73,1	9,6

[25] Con excepción de España. Pero, además de que la exactitud de la estadística española es poco fiable, España no es comparable a las grandes naciones de Europa central y septentrional.

[26] Baly y Boudin. Citamos a partir de Morselli, p. 225.

[27] Según Alwin Petersilie, Zur Statistik der höheren Lehranstalten in Preussen, en *Zeitschr. d. preus. stat. Bureau*, 1877, p. 109 y sig.

Teniendo en cuenta las diferencias de población, los judíos frecuentan los *Gymnases, Realschulen*, etc., alrededor de 14 veces más que los católicos y 7 veces más que los protestantes. Lo mismo sucede con la enseñanza superior. De cada 1000 jóvenes católicos que acuden a los establecimientos escolares de cualquier nivel, hay solamente un 1,3 en la Universidad; de cada 1000 protestantes, hay un 2,5; entre los judíos la proporción sube a un 16.[28]

Pero si el judío encuentra el medio de ser a la vez muy culto y tener una muy débil inclinación hacia el suicidio, es porque la curiosidad que demuestra tiene un origen muy especial. Es una ley general que las minorías religiosas, para defenderse mejor de los odios que suscitan, o sencillamente como consecuencia de una especie de emulación, se esfuerzan por ser superiores en cultura a las poblaciones que las rodean. Los protestantes demuestran tanta mayor afición a la ciencia cuanto más en minoría están en la población general.[29] El judío trata por tanto de instruirse, no para sustituir por razonamientos sus prejuicios colectivos, sino sencillamente para estar mejor armado en la lucha. Para él es un

[28] *Zeitschr. d. pr. stat. Bureau*, 1889, p. XX.

[29] En esta tabla podemos comprobar en efecto de qué desigual manera los protestantes frecuentan los establecimientos de enseñanza secundaria en las diferentes provincias de Prusia:

	Proporción de la población protestante respecto de la población total		Proporción media de alumnos protestantes respecto del total de alumnos	Diferencia entre la segunda proporción y la primera
1° grupo	De 98,7 a 87,2 %	Media 94,6	90,8	- 3,8
2° grupo	De 80 a 50 %	Media 70,3	75,3	+ 5
3° grupo	De 50 a 40 %	Media 46,4	56,0	+10,4
4° grupo	Por debajo	Media 29,2	61,0	+31,8

De modo que allí donde el protestantismo está en gran mayoría, su población escolar no está en proporción con su población general. En cuanto la minoría católica aumenta, la diferencia entre las dos poblaciones pasa de ser negativa a ser positiva, y esta diferencia positiva se hace cada vez mayor a medida que los protestantes se vuelven menos numerosos. El culto católico también muestra mayor curiosidad intelectual allí donde está en minoría. (V. Oettingen, *Moralstatistik*, p. 650.)

medio de compensar la desventajosa situación en que le sitúa la opinión pública y, en ocasiones, incluso la ley. Y como la ciencia, por sí misma, no tiene ningún predicamento sobre la tradición que ha conservado toda su fuerza, superpone esta vida intelectual a su actividad acostumbrada sin que la primera haga mella en la segunda. De aquí es de donde proviene la complejidad de su fisonomía. Primitivo en algunos asuntos, es en otros cerebral y refinado. Reúne así las ventajas de la estricta disciplina que caracterizaba a las pequeñas comunidades en otro tiempo con las ventajas de una amplia cultura, privilegio de nuestras grandes sociedades actuales. Tiene toda la inteligencia de los modernos sin compartir su desesperación.

Por lo tanto, si en este caso el desarrollo intelectual no tiene relación alguna con el número de muertes voluntarias, es porque no tiene el mismo origen ni el mismo significado que de costumbre. De modo que la excepción no es más que aparente; de hecho no hace más que confirmar la ley. Demuestra que si en los medios cultos la inclinación al suicidio se agrava, este agravamiento es debido, como ya hemos dicho, al debilitamiento de las creencias tradicionales y a la situación de individualismo moral que resulta de ello; porque cuando la cultura tiene una causa distinta y responde a otras necesidades, desaparece.

IV

De este capítulo se desprenden dos conclusiones importantes.

En primer lugar, ya veremos por qué, en general el suicidio progresa con la ciencia. No es ella la que determina este progreso. Ella es inocente y nada es más injusto que acusarla; el ejemplo de los judíos es en este punto concluyente. Pero estos dos hechos son productos simultáneos de una misma situación general que traducen de formas diferentes. El hombre trata de cultivarse y se mata porque la sociedad religiosa de la que forma parte ha perdido su cohesión; pero no se mata porque se cultive. Ni siquiera es la cultura que adquiere la que destruye la religión; sino que es porque la religión se destruye por lo que la necesidad de cultivarse se despierta. Ésta no se persigue como un medio para destruir las ideas heredadas, sino porque su destrucción ha comenzado. Sin duda, una vez adquirida la ciencia, puede combatir en su nombre y por su cuenta contra las ideas tradicionales. Pero estos ataques no tendrían efecto si esas ideas estuviesen todavía vivas; mejor aún, no podrían siquiera producirse. No es con demostraciones dialécticas con lo que se desarraiga la fe; es necesario que esté ya profundamente quebrantada por otras causas para que no pueda resistir el choque de los argumentos.

Lejos de que la ciencia sea la fuente del mal, es el único remedio de que disponemos. Una vez que las creencias admitidas han sido arrastradas por el curso de los acontecimientos, no se las puede reponer artificialmente; y sólo la reflexión puede ayudarnos a comportarnos en la vida. Una vez que el instinto social se ha embotado, la inteligencia es la única guía que nos queda y ella es también la única que puede fortalecer nuestra conciencia. Por peligrosa que sea la empresa, la duda no está permitida, pues no tenemos elección. ¡Todos aquellos que no asisten sin inquietud y sin tristeza a la ruina de las viejas creencias, que son conscientes de todas las dificultades de esos periodos críticos, no acusen a la ciencia de un mal del que ella no es la causa, sino todo lo contrario, el remedio! ¡Que eviten el considerarla una enemiga! No tiene el efecto disolvente que se le supone, sino que es más bien el único arma que permite luchar contra la disolución de la que ella procede. Prohibirla no es una solución. No es imponiéndoles silencio como se devolverá su autoridad a las tradiciones desaparecidas; no conseguiremos más que sentirnos más impotentes todavía para reemplazarlas. Es cierto que hay que evitar con el mismo cuidado ver en la cultura un fin que se basta a sí mismo, cuando no es más que un medio. Si no es encadenando artificialmente a las mentes como se las hace renunciar a su independencia, tampoco basta con liberarlas para devolverles su equilibrio. Es necesario que empleen esta libertad de un modo conveniente.

En segundo lugar, generalmente, y ya veremos por qué, la religión ejerce sobre el suicidio un efecto profiláctico. No es, como se ha dicho a veces, porque lo condena más duramente que la moral laica, ni porque la idea de Dios transmite a sus preceptos una autoridad excepcional que sojuzga a las voluntades, ni porque la perspectiva de una vida futura y de los terribles castigos que esperan a los culpables sancionen sus prohibiciones más eficazmente que las leyes humanas. El protestante no cree menos en Dios y en la inmortalidad del alma que el católico. Más aún, la religión que menos inclinada está al suicidio, a saber el judaísmo, es precisamente la única que no lo prohibe formalmente, y es también aquella en la que la idea de inmortalidad juega un menor papel. La Biblia, en efecto, no contiene ninguna disposición que prohiba al hombre matarse,[30] y, por otra parte, las creencias relativas a la otra vida son en ella muy imprecisas. Sin duda, tanto sobre uno como sobre otro punto, la doctrina rabínica ha ido llenando poco a poco las lagunas del libro sagrado; pero la doctrina no es la ley. No es por tanto a la especial naturaleza de las ideas religiosas a las que se debe la bienhechora influencia de la religión. Si protege al hombre contra el deseo de destruirse, no es porque le predique, con argumentos *sui generis*, el respeto a su persona; es porque es una sociedad. Lo que constituye esta sociedad es la existencia de un determinado número de creencias y prácticas comunes a todos los fieles, tradicionales y, por consiguiente, obligatorias. Cuanto más numerosos y fuertes son esos estados colectivos más cohesionada está la comunidad religiosa; y mayor es también su virtud protectora. Los pormenores de los dogmas y de los ritos son secundarios. Lo esencial es que estén dirigidos a alimentar una vida colectiva de suficiente intensidad. Y precisamente porque la Iglesia protestante no tiene el mismo grado de consistencia que las otras, es por lo que no ejerce sobre el suicidio la misma influencia moderadora.

---

[30] La única prescripción penal que conocemos es aquella de la que nos habla Flavio Josefo, en su *Historia de la guerra de los judíos contra los romanos* (III, 25), donde únicamente se dice que "los cuerpos de aquellos que se dan voluntariamente la muerte permanecen sin sepultura hasta después de ponerse el sol, mientras que a aquellos que han muerto en la guerra puede enterrárseles antes". ¿Es esto una medida penal?

Capítulo III

El suicida egoísta
(continuación)

Si la religión sólo preserva del suicidio porque es una sociedad, y en la medida en que es una sociedad, es probable que otras sociedades produzcan el mismo efecto. Analicemos por tanto desde este punto de vista la familia y la sociedad política.

I

Si sólo se consultan las cifras absolutas, los solteros parecen matarse menos que los casados. Por ejemplo, en Francia, durante el período 1873-78, hubo 16.264 suicidios de personas casadas, mientras que entre los solteros sólo hubo 11.709. La primera de estas cantidades está en relación a la segunda en una proporción de 100 a 132. Dado que se observa la misma proporción en otros periodos y en otros países, algunos autores llegaron a la conclusión de que el matrimonio y la vida familiar multiplicaban las posibilidades de suicidio. Es cierto que si, según la opinión corriente, se ve ante todo en el suicidio un acto de desesperación determinado por las dificultades de la vida, esta conclusión contará con bastantes partidarios. El soltero tiene en efecto una vida más fácil que el hombre casado. ¿Acaso el matrimonio no supone toda suerte de cargas y responsabilidades? ¿No es acaso necesario, para asegurar el presente y el futuro de una familia, imponerse más privaciones y penalidades que para satisfacer las necesidades de un hombre solo?[31] Sin embargo, por obvio que parezca este razonamiento, *a priori* es completamente falso y los hechos sólo le

---

[31] V. Wagner, *Die Gesetzmässigkeit*, etc., p. 177.

dan una apariencia de razón porque han sido mal interpretados. Bertillon padre fue el primero en darse cuenta, gracias al ingenioso cálculo que reproducimos a continuación.[32]

Para comprender bien las cifras citadas precedentemente, hay que tener en cuenta que un gran número de solteros tiene menos de 16 años, mientras que todas las personas casadas son más mayores. Ahora bien, hasta los 16 años la tendencia al suicidio es muy débil por el único motivo de la edad. En Francia sólo se cuenta en este periodo de la vida con uno o dos suicidios por millón de habitantes; en el periodo siguiente encontramos ya veinte veces más. La presencia de un gran número de niños por debajo de los 16 años entre los solteros, disminuye por tanto falsamente la aptitud media de estos últimos, ya que esta atenuación es debida a la edad y no al celibato. Si contribuyen, aparentemente, con un menor contingente al suicidio, no es porque no estén casados, sino porque muchos de ellos no han salido todavía de la infancia. Por lo tanto, si queremos comparar estas dos poblaciones de manera que podamos deducir únicamente cuál es la influencia del estado civil, hay que prescindir de este elemento de confusión y no comparar con las personas casadas más que a los solteros por encima de los 16 años eliminando a los otros. Una vez hecha esta operación, comprobamos que, durante los años 1863-68, hubo, por término medio, por un millón de solteros por encima de los 16 años, 173 suicidios, y por un millón de casados 154,5. La primera de estas cantidades está con respecto a la segunda en una proporción de 112 a 100.

Hay por tanto un agravamiento entre los solteros. Pero ese agravamiento es mucho más considerable de lo que indican las cantidades precedentes. Porque hemos dado por supuesto que todos los solteros por encima de los 16 años y todos los casados tuvieran la misma media de edad. Sin embargo esto no es así. En

---

[32] V. Artículo "Matrimonio", en *Dictionnaire encyclopédique des sciences médicales*, 2ª serie, v. p. 50 y sig. – Cf., sobre esta cuestión, J. Bertillon hijo, les célibataires, les veufs et les divorcés au point de vue du marriage, en *Revue scientifique*, febrero 1879. – De este mismo autor, un artículo aparecido en el *Bulletin de la Société d'Anthropologie*, 1880, p. 280 y sig. – Durkheim, suicide et natalité, en *Revue philosophique*, noviembre 1888.

Francia, la mayoría de los solteros, exactamente el 58%, tienen edades comprendidas entre los 15 y los 20 años, la mayoría de las solteras, exactamente el 57%, tienen menos de 25 años. La edad media de los primeros es de 26,8, la de las segundas de 28,4. Por el contrario, la edad media de los casados se encuentra entre los 40 y los 45 años. Por otra parte, vemos como el suicidio progresa con la edad en ambos sexos:

De 16 a 21 años	45,9	suicidios por millón de habitantes
De 21 a 30 años	97,9	" " "
De 31 a 40 años	114,5	" " "
De 41 a 50 años	164,4	" " "

Estas cantidades están referidas a los años 1848-57. Por lo tanto, si sólo interviniese la edad, la aptitud de los solteros al suicidio no podría ser superior a 97,9 y la de las personas casadas estaría comprendida entre 114,5 y 164,4, es decir, alrededor de 140. Los suicidios de los casados estarían en una proporción de 100 a 69 con relación a los de los solteros. Los segundos sólo representarían las dos terceras partes de los primeros; ahora bien, sabemos que, de hecho, los superan. La vida familiar por tanto invierte la relación. Mientras que si la asociación familiar no dejara sentir su influencia, las personas casadas deberían, en razón de su edad, matarse una mitad más que las solteras, y se matan en cambio mucho menos. Por consiguiente, puede decirse que el matrimonio disminuye aproximadamente a la mitad el peligro de suicidio; o, para hablar con mayor precisión, la soltería produce un agravamiento equivalente a $112/69 = 1,6$. Si la unidad representa la tendencia de los casados al suicidio, la de los solteros de la misma media de edad estaría representada por 1,6.

Las proporciones son prácticamente las mismas en Italia. Como consecuencia de su edad, los casados (años 1873-77) deberían producir 102 suicidios por millón y los solteros por encima de los 16 años 77 únicamente; la primera cantidad es a la segunda como 100 es a 75.[33] De hecho, son las personas casadas las que se matan

---

[33] Damos por supuesto que la edad media de los grupos es la misma que en Francia. El error que podría resultar de esta suposición sería mínimo.

menos; no producen más que 71 casos frente a los 86 que producen los solteros, o sea 100 frente a 121. La aptitud de los solteros está por tanto en relación a la de los casados en una proporción de 121 a 75, o sea 1,6, lo mismo que en Francia. Podrían hacerse comparaciones similares en los diferentes países. En todas partes, la tasa de las personas casadas es más o menos inferior a la de los solteros,[34] mientras que, debido a su edad, debería ser más elevada. En Würtemberg, de 1846 a 1860, la proporción era de 100 a 143, en Prusia de 1873 a 1875, de 100 a 111.

Pero si en el estado actual de nuestros conocimientos, este método de cálculo es, en casi todos los casos, el único aplicable, si, por consiguiente, es necesario emplearlo para demostrar la universalidad del hecho, sus resultados en cambio no pueden ser más que aproximativos. Sin duda es suficiente para demostrar que la soltería agrava la tendencia al suicidio; pero de la importancia de este agravamiento no nos proporciona más que una idea aproximada. Para separar la influencia de la edad de la del estado civil, hemos tomado como punto de referencia la relación entre la tasa de los suicidios de 30 años y los de 45 años. Desgraciadamente, la influencia del estado civil ha marcado ya esa relación con su impronta; porque el contingente propio de cada una de estas edades ha sido calculado para los solteros y los casados conjuntamente. Sin duda, si la proporción de casados y solteros fuera la misma en los dos periodos, así como la de solteras y casadas, se compensarían y el efecto de la edad destacaría por sí solo. Pero las cosas son muy diferentes. Mientras que a los 30 años los solteros son un poco más numerosos que los casados (746.111 por un lado, 714.278 por el otro, según el empadronamiento de 1891), a los 45 años, por el contrario, no son más que una pequeña minoría (333.033 frente a 1.864.401 casados); y lo mismo ocurre con el otro sexo. Como consecuencia de esta desigual distribución, su aptitud al suicidio no produce los mismos efectos en los dos casos. Aumenta mucho más la primera tasa que la segunda. Esta es por tanto relativamente muy pequeña, y la cantidad con que debería rebasar a la otra, si sólo influyera la edad, está disminuida artificialmente. Di-

---

[34] Con la condición de considerar a los dos sexos juntos. Más adelante veremos la importancia de este detalle (Libro II, cap. V, 3).

cho de otro modo, la proporción que hay en relación al suicidio, *considerando únicamente la edad*, entre la población de 25 a 30 años y la de 40 a 45, es sin duda mayor de lo que aparece con esta forma de calcular. Y es precisamente en esta proporción en la que consiste casi toda la inmunidad de la que se benefician las personas casadas, que parece por tanto menor de lo que es en realidad.

Este método ha dado lugar incluso a errores más graves. Por ejemplo, para determinar la influencia de la viudedad en el suicidio, se ha comparado a veces únicamente la tasa concreta de los viudos con la de las personas de cualquier estado civil de la misma media de edad, o sea alrededor de los 65 años. Un millón de viudos, en 1863-68, producía 628 suicidios; un millón de hombres de 65 años (de cualquier estado civil) alrededor de 461. Podía por tanto concluirse de estas cifras que, incluso con la misma edad, los viudos se matan bastante más que ninguna otra clase de población. De este modo se ha acreditado el prejuicio que hace de la viudedad la más desgraciada de todas las condiciones desde el punto de vista del suicidio.[35] En realidad, si la población de 65 años no proporciona más suicidios, es porque está casi completamente compuesta de casados (997.198 frente a 134.238 solteros). Si esta comparación basta para demostrar que los viudos se matan más que los casados de la misma edad, no puede inferirse nada de ella en cambio en lo que concierne a su tendencia al suicidio comparada con la de los solteros.

En fin, cuando sólo se comparan medias, sólo se pueden percibir los hechos y sus relaciones a grandes rasgos. De modo que muy bien puede suceder que, en general, los casados se maten menos que los solteros y que, sin embargo, en determinadas edades, esta relación sea excepcionalmente invertida; veremos que efectivamente se producen estos casos. Ahora bien, estas excepciones, que pueden ser muy instructivas para la explicación del fenómeno, el método precedente es incapaz de ponerlas de manifiesto. Pueden producirse también, de una edad a otra, cambios que sin llegar a la inversión total, tienen sin embargo su importancia y que, por consiguiente, será útil señalar.

---

[35] V. Bertillon, art. "Matrimonio", en *Dict. encyclo.*, 2ª serie, v. P. 52. – Morselli, p. 348. – Corre, *Crime et suicide*, p. 472.

El único modo de escapar a estos inconvenientes consiste en determinar la tasa de cada grupo tomado aparte en cada edad de la vida. Con esta condición podrá compararse, por ejemplo, a los solteros de 25 a 30 años con los casados y los viudos de la misma edad, y lo mismo respecto a los otros periodos; la influencia del estado civil estará de este modo separada de cualquier otra, y cualquier tipo de variaciones que la afecten serán evidentes. Por lo demás, este es el método que Bertillon aplicó, por primera vez, a la mortalidad y a la nupcialidad. Desgraciadamente las publicaciones oficiales no nos proporcionan los elementos necesarios para esta comparación.[36] Nos dan a conocer la edad de los suicidas independientemente de su estado civil. La única estadística, que yo sepa, que ha seguido un método distinto, es la del gran ducado de Oldenbourg (incluidos los principados de Lubeck y de Birkenfeld).[37] Para los años 1871-85, nos da la distribución de los suici-

---

[36] Sin embargo el trabajo que habría que hacer para reunir estas informaciones, considerable para un particular, podría ser hecho fácilmente por las oficinas oficiales de estadística. Se nos dan toda clase de datos sin interés y se nos oculta lo único que nos permitiría valorar, como veremos más adelante, la situación en la que se encuentra la familia en las diferentes sociedades de Europa.

[37] Tenemos también una estadística sueca, reproducida en el *Bulletin de démographie internationale*, año 1878, p. 195, que ofrece los mismos datos. Pero es inservible. En primer lugar los viudos se encuentran mezclados con los solteros, cosa que hace la comparación poco significativa, pues condiciones tan diferentes exigen ser distinguidas. Pero además creemos que está equivocada. Estos son sus resultados:

	16 a 25 años	26 a 35 años	36 a 45 años	46 a 55 años	56 a 65 años	66 a 75 años	Más de 75 años
Suicidios por 100.000 habitantes de cada sexo, del mismo estado civil, y de la misma edad							
Hombres:							
Casados	10,51	10,58	18,77	24,08	26,29	20,76	9,48
No casados (viudos y solteros)	5,69	25,73	66,95	90,72	150,08	229,27	333,35
Mujeres:							
Casadas	2,63	2,76	4,15	5,55	7,09	4,67	7,64
No casadas	2,99	6,14	13,23	17,05	25,98	51,93	34,69
Número de veces que se matan más los no casados que los casados del mismo sexo y edad							
Hombres	0,5	2,4	3,5	3,7	5,7	11	37
Mujeres	1,13	2,22	3,18	3,04	3,66	11,12	4,5

dios por edad para cada categoría de estado civil considerada aisladamente. Pero este pequeño Estado sólo ha contado durante esos quince años con 1.369 suicidios. Dado que de un número tan pequeño de casos no puede concluirse nada con exactitud, hemos repetido ese trabajo en nuestro país con ayuda de documentos inéditos que posee el ministerio de Justicia. Nuestra investigación ha estado referida a los años 1889, 1890 y 1891. Hemos clasificado aproximadamente 25.000 suicidios. Además de que por sí misma una cantidad semejante es bastante importante para servir de base a una inducción, nos hemos asegurado de que no era necesario extender nuestras observaciones a un periodo más largo.

Estos resultados nos han parecido inmediatamente sospechosos en lo que concierne al enorme grado de preservación del que gozarían los casados de edades avanzadas, por cuanto que se apartan de todos los hechos que conocemos. Para proceder a una comprobación que estimamos indispensable, hemos extraído los números absolutos de los suicidios cometidos por cada grupo de edad en el mismo país y durante el mismo periodo. Para el sexo masculino estos son los resultados:

	16 a 25 años	26 a 35 años	36 a 45 años	46 a 55 años	56 a 65 años	66 a 75 años	Más de 75 años
Casados	16	220	567	640	383	140	15
No casados	283	519	410	269	217	156	56

Si comparamos estas cantidades con los números proporcionales dados más arriba salta a la vista que se ha cometido un error. De 66 a 75 años los casados y los no casados dan casi el mismo número absoluto de suicidios, mientras que por cada 100.000 habitantes, los primeros se matarían 11 veces menos que los segundos. Para ello sería necesario que a esta edad hubiera aproximadamente 10 veces (exactamente 9,2 veces) más casados que no casados, es decir que de viudos y solteros juntos. Por la misma razón, por encima de los 75 años la población casada debería ser exactamente 10 veces mayor que la otra. Ahora bien, esto es imposible. A estas avanzadas edades los viudos son muy numerosos y, sumados a los solteros, son iguales o incluso superiores en número a los casados. Lo que nos hace sospechar el error que probablemente se haya cometido. Se han debido de sumar juntos los suicidios de los solteros y de los viudos y no se ha dividido el total obtenido más que por la suma de la población soltera, mientras que los suicidios de los casados se han dividido por la suma de la población viuda y la población casada juntas. Lo que nos hace suponer que se ha procedido así, es que el grado de preservación del que gozarían los casados sólo es importante en las edades avanzadas, es decir cuando el número de viudos aumenta tanto que invalida los resultados del cálculo. La inverosimilitud de este cálculo llega a su grado máximo después de los 75 años, es decir cuando los viudos son muy numerosos.

De un año a otro el contingente de cada edad permanece, en cada grupo, prácticamente el mismo. No hay por tanto necesidad de establecer medias a partir de un mayor número de años.

Las siguientes tablas XX y XXI reflejan estos diferentes resultados. Para hacer su significación más precisa hemos dado para cada edad, junto a la cantidad que expresa la tasa de los viudos y la de los casados, lo que llamamos *coeficiente de preservación*, ya sea de

Tabla XX
GRAN DUCADO DE OLDENBOURG

Suicidios cometidos en cada sexo por 10.000 habitantes de cada grupo de edad y de estado civil durante el conjunto del periodo 1871-85[38]

Edades	Solteros	Casados	Viudos	Coeficiente de preservación		
				Casados		Viudos
				En relación con los solteros	En relación con los solteros	En relación con los solteros
Hombres						
De 0 a 20	7,2	769,2		0,09		
De 20 a 30	70,6	49,0	285,7	1,40	5,08	0,24
De 30 a 40	130,4	73,6	76,9	1,77	1,04	1,69
De 40 a 50	188,8	95,0	285,7	1,97	3,01	0,66
De 50 a 60	263,6	137,8	271,4	1,90	1,90	0,97
De 60 a 70	242,8	148,3	304,7	1,63	2,05	0,79
Más de 70	266,6	114,2	259,0	2,30	2,26	1,02
Mujeres						
De 0 a 20	3,9	95,2		0,04		
De 20 a 30	39,0	17,4		2,24		
De 30 a 40	32,3	16,8	30,0	1,92	1,78	1,07
De 40 a 50	52,9	18,6	68,1	2,85	3,66	0,77
De 50 a 60	66,6	31,1	50,0	2,14	1,60	1,33
De 60 a 70	62,5	37,2	55,8	1,68	1,50	1,12
Más de 70		120	91,4		1,31	

[38] Las cantidades se refieren por tanto, no a la media anual, sino al total de los suicidios cometidos durante esos quince años.

los segundos con relación a los primeros, ya de unos y otros con relación a los solteros. Con este término designamos el número que indica cuántas veces, dentro de un grupo determinado, se matan menos personas que en otro a una misma edad. Por tanto, cuando digamos que el coeficiente de los casados de 25 años en relación a los solteros es de 3, queremos decir que si representamos con un 1 la tendencia al suicidio de los casados en ese mo-

Tabla XXI
FRANCIA (1889-1891)
Suicidios cometidos por cada 1.000.000 de habitantes de cada grupo de edad y de estado civil media anual

Edades	Solteros	Casados	Viudos	Coeficiente de preservación		
				Casados		Viudos
				En relación con los solteros	En relación con los solteros	En relación con los solteros
Hombres						
15-20	113	500		0,22		
20-25	237	97	142	2,40	1,45	1,66
25-30	394	122	412	3,20	3,37	0,95
30-40	627	226	560	2,77	2,47	1,12
40-50	975	340	721	2,86	2,12	1,35
50-60	1434	520	979	2,75	1,88	1,46
60-70	1768	635	1166	2,78	1,83	1,51
70-80	1983	704	1288	2,81	1,82	1,54
Más de 80	1571	770	1154	2,04	1,49	1,36
Mujeres						
15-20	79,4	33	333	2,39	10	0,23
20-25	106	53	66	2,00	1,05	1,60
25-30	151	68	178	2,22	2,61	0,84
30-40	126	82	205	1,53	2,50	0,61
40-50	171	106	168	1,61	1,58	1,01
50-60	204	151	199	1,35	1,31	1,02
60-70	189	158	257	1,19	1,62	0,77
70-80	206	209	248	0,98	1,18	0,83
Más de 80	176	110	240	1,60	2,18	0,79

mento de su vida, habrá que representar con un 3 la de los solteros en el mismo periodo. Naturalmente cuando el coeficiente de preservación desciende por debajo de la unidad, se transforma en realidad en un coeficiente de agravación.

Las leyes que se desprenden de estas tablas pueden formularse del siguiente modo:

1º *Los matrimonios muy precoces ejercen una influencia agravante sobre el suicidio, sobre todo en lo que concierne a los hombres.* Aunque este resultado, calculado sobre un número muy pequeño de casos, necesitaría ser confirmado; en Francia, de los 15 a los 20 años no se comete de media anual más que un suicidio entre casados, exactamente 1,33. Sin embargo, como este hecho se observa igualmente en el gran ducado de Oldenbourg, incluso entre las mujeres, es poco probable que sea fortuito. Incluso la estadística sueca, que hemos dados más arriba,[39] pone de manifiesto la misma agravación, al menos para el sexo masculino. Ahora bien, si por las razones que hemos expuesto pensamos que esta estadística es inexacta para las edades avanzadas, no tenemos ningún motivo para ponerla en duda para los primeros periodos de la vida, cuando todavía no hay viudos. Sabemos, por lo demás, que la mortalidad de los maridos y las esposas muy jóvenes es sensiblemente superior a la de los solteros y solteras de la misma edad. Mil hombres solteros, entre los 15 y los 20 años, producen cada año 8,9 fallecimientos, mil hombres casados de la misma edad 51, o sea un 473% más. La diferencia es mínima en el otro sexo, 9,9 entre las casadas, 8,3 entre las solteras; la primera de estas cantidades está respecto a la segunda en una proporción de 119 a 100.[40] Esta mayor mortalidad de las pareja jóvenes se debe evidentemente a razones sociales; pues si tuviera como causa principal la insuficiente madurez del organismo, sería más acusada en el sexo femenino, debido a los peligros propios del parto. Todo hace suponer que los matrimonios prematuros de-

---

[39] V. más arriba p. 33. – Podría pensarse que esta situación desfavorable a los casados de 15 a 20 años proviene de que su media de edad es superior a la de los solteros del mismo periodo. Pero lo que demuestra que hay realmente agravación es que la tasa de los solteros de la edad siguiente (20 a 25 años) es cinco veces menor.

[40] V. Bertillon, art. "Matrimonio", p. 43 y sig.

terminan una conciencia moral cuya influencia es nociva, sobre todo en los hombres.

2º *A partir de los 20 años, los casados de ambos sexos se benefician de un coeficiente de preservación en relación con los solteros.* Este es superior al que había calculado Bertillon. La cifra de 1,6 que da este observador es más bien un mínimo que una media.[41]

Este coeficiente varía con la edad. Alcanza rápidamente un máximo que tiene lugar entre los 25 y los 30 años en Francia, y entre los 30 y los 40 en Oldenbourg; a partir de ese momento disminuye hasta el último periodo de la vida en el que se produce a veces un ligero aumento.

3º *El coeficiente de preservación de los casados en relación a los solteros varía según los sexos.* En Francia son los hombres los favorecidos y la diferencia entre los dos sexos es considerable; para los maridos la media es de 2,73, mientras que para las mujeres no es más que de 1,56, o sea un 43% menor. Aunque en Oldenbourg sucede al revés; la media es para las mujeres de 2,16 y para los hombres de 1,83 únicamente. Hay que señalar que, al mismo tiempo, la desproporción es menor; la segunda de estas cantidades sólo es inferior a la primera en un 16%. Diremos por tanto que *el sexo más favorecido por el matrimonio varía según las sociedades y que la magnitud de la diferencia entre la tasa de los dos sexos varía ella misma en función de la naturaleza del sexo más favorecido.* Más adelante volveremos a encontrarnos con hechos que confirman esta ley.

4º *La viudedad disminuye el coeficiente de los casados de ambos sexos, pero casi nunca lo suprime por completo.* Los viudos se matan más que las personas casadas, pero en general menos que los solteros. Su coeficiente se eleva incluso en ciertos casos hasta un 1,60 y un 1,66. Como el de los casados, varía con la edad, pero sigue una evolución irregular y no es posible por tanto extraer ninguna ley.

Del mismo modo que en los casados, *el coeficiente de preservación de los viudos con relación al de los solteros varía en función de los se-*

---

[41] Sólo hay una excepción; son las mujeres de 70 a 80 años cuyo coeficiente desciende ligeramente por debajo de la unidad. Lo que determina esta baja es la influencia del departamento del Sena. En los demás departamentos (v. tabla XXII, p. 199), el coeficiente de las mujeres de esta edad es superior a la unidad; sin embargo hay que señalar que, incluso en provincias, es inferior al de las demás edades.

xos. En Francia, son los hombres los más favorecidos; su coeficiente medio es de 1,32 mientras que, entre las viudas, desciende por debajo de la unidad, 0,84, o sea un 37% menos. Sin embargo en Oldenbourg, son las mujeres las que tienen ventaja, lo mismo que en el matrimonio; tienen un coeficiente medio de 1,07, mientras que el de los viudos está por debajo de la unidad, 0,89, o sea un 17% menor. Del mismo modo que en el matrimonio, cuando es la mujer la que está más preservada, la diferencia entre los sexos es menor que cuando es el hombre el que tiene ventaja. Podemos decir por tanto en los mismos términos que *el sexo más favorecido en el estado de viudedad varía según las sociedades, y que la magnitud de la diferencia entre la tasa de los dos sexos varía ella misma en función de la naturaleza del sexo más favorecido.*

Una vez establecidos los hechos, vamos a tratar de explicarlos.

II

La inmunidad de la que gozan las personas casadas sólo puede atribuirse a una de las causas siguientes:

O bien es debida a la influencia del medio familiar, y sería entonces la familia la que, mediante su influencia, neutralizaría la tendencia al suicidio o la impediría manifestarse.

O bien es debida a lo que podríamos llamar la selección matrimonial. El matrimonio, en efecto, practica mecánicamente en el conjunto de la población una especie de selección. No se casa quien quiere; se tienen pocas posibilidades de lograr fundar una familia si no se reúnen ciertas condiciones de salud, fortuna, y moralidad. Aquellos que no las reúnan, a menos de una coincidencia excepcional de circunstancias favorables, son, de grado o por fuerza, relegados a la clase de los solteros que reúne de este modo todo el deshecho humano de un país. En ella se encuentran los inválidos, los incurables, las personas demasiado pobres o claramente taradas. Así pues, si esta parte de la población es hasta ese punto inferior a la otra, es natural que manifieste su inferioridad mediante una mortalidad más elevada, una criminalidad mayor, y en fin una mayor aptitud al suicidio. En esta hipótesis no sería por tanto la familia la que preservaría del suicidio, del crimen, o de la enfermedad; el privilegio de los casados les vendría sencillamente de que los únicos admitidos a la vida de familia son aquellos que ofrecen ya considerables garantías de salud física y moral.

Bertillon parece haber dudado entre estas dos explicaciones y haberlas empleado simultáneamente. Más tarde, M. Letourneau, en su *Evolution du mariage et de la famille*,[42] optó decididamente por la segunda. Se niega a ver en la incuestionable superioridad de la población casada una consecuencia y una prueba de la superioridad del estado de matrimonio. Seguramente habría precipitado menos su opinión si no hubiera observado los hechos tan superficialmente.

Indudablemente, es bastante verosímil que las personas casadas tienen, en general, una constitución física y moral bastante mejor que la de los solteros. Es dudoso, sin embargo, que la selección matrimonial no permita llegar al matrimonio más que a la elite de la población. Sobre todo es dudoso que las personas sin fortuna y sin posición se casen menos que las demás. Como se ha señalado,[43] estas tienen generalmente más hijos que las clases acomodadas. Por lo tanto, si el instinto de conservación no pone ningún obstáculo a que aumente su familia más allá de lo prudente, ¿por qué iba a impedirles fundar una? Por lo demás, varios hechos demuestran continuamente que la miseria no es uno de los factores de los que dependa la tasa social de los suicidios. Por lo que respecta a los inválidos, además de que muchas razones hacen a menudo que pasemos por alto su invalidez, no está demostrado en absoluto que sea entre sus filas donde se reclutan preferentemente los suicidas. El temperamento orgánico-psíquico que predispone más al hombre a matarse es la neurastenia en cualquiera de sus manifestaciones. Ahora bien, hoy la neurastenia se toma a menudo más como una marca de distinción que como una tara. En nuestras refinadas sociedades, prendadas de las manifestaciones de la inteligencia, los nerviosos constituyen casi una nobleza. Sólo los locos diagnosticados están expuestos a que se les deniegue el acceso al matrimonio. Es-

---

[42] París, 1888, p. 436.
[43] J. Bertillon hijo, artículo citado de la *Revue scientifique*.

ta eliminación limitada no basta para explicar la gran inmunidad de las personas casadas.[44]

Aparte de estas consideraciones un poco *a priori*, numerosos hechos demuestran que la situación respectiva de los casados y los solteros se debe a otras causas.

Si fuese un efecto de la selección matrimonial, debería poder apreciársela a partir del momento en que la selección comienza a actuar, es decir a partir de la edad en que las muchachas y los muchachos empiezan a casarse. En ese momento debería apreciarse ya una primera diferencia, que iría creciendo a continuación poco a poco a medida que la selección se va haciendo efectiva, es decir a medida que las personas susceptibles de casarse se casan y dejan así de confundirse con la masa predestinada por su naturaleza a formar la clase de los solteros irreductibles. En fin, el grado máximo debería alcanzarse a la edad en que el grano está completamente separado de la paja, en que toda la población candidata al matrimonio ha sido realmente admitida, en que ya no quedan entre los solteros más que aquellos irremediablemente condenados a esta condición por su inferioridad física o moral. Este momento debe situarse entre los 30 y los 40 años; más allá de esa edad ya no se producen casi matrimonios.

Ahora bien, de hecho, el coeficiente de preservación evoluciona según una ley distinta. En sus inicios, frecuentemente es sustituido por un coeficiente de agravación. Los jóvenes esposos se sienten más inclinados al suicidio que los solteros; no sería así si se les presupusiera la inmunidad de nacimiento. En segundo lugar, el grado máximo se alcanza casi al principio. En el primer grupo de edad en que la condición privilegiada de las personas casadas comienza a afirmarse (entre los 20 y los 25 años), el coeficiente alcanza un cifra que ya no vuelve a rebasar nunca. Ahora bien, en este periodo no hay más[45] que 148.000 casados frente a 1.430.000

---

[44] Para rechazar la hipótesis según la cual la privilegiada situación de los casados se debería a la selección matrimonial, se ha alegado a veces la pretendida agravación consecuencia de la viudedad. Pero acabamos de ver que esta agravación no existe en relación con los solteros. Los viudos se matan bastante menos que los individuos no casados. El argumento no se sostiene por tanto.

[45] Estas cantidades están referidas a Francia y al empadronamiento de 1891.

solteros, y 626.000 casadas frente a 1.049.000 solteras (en números redondos). Los solteros tienen entonces entre ellos a la mayor parte de esa elite que se supone está llamada por sus cualidades congénitas a formar más tarde la aristocracia de los matrimonios; la diferencia entre las dos clases desde el punto de vista del suicidio debería por consiguiente ser pequeña, y en cambio es considerable. Del mismo modo, en el segundo grupo de edad (entre los 25 y los 30 años), de 2 millones de casados que deben aparecer entre los 30 y los 40 años, hay más de un millón que todavía no se ha casado; y sin embargo, lejos de que la soltería se beneficie de su presencia entre sus filas, es entonces cuando presenta su peor cara. Jamás, en lo que respecta al suicidio, estas dos partes de la población se encuentran tan distantes la una de la otra. Por el contrario, entre los 30 y 40 años, cuando la separación se ha cumplido y la clase de los casados tiene sus cuadros casi al completo, el coeficiente de preservación, en lugar de llegar a su apogeo y manifestar así que la selección conyugal ha llegado ella también a su término, sufre una caída brusca e importante. En los hombres pasa de un 3,20 a un 2,77; en las mujeres, la regresión es todavía más acentuada, 1,53 en lugar de 2,22, o sea una disminución de un 32%.

Por otra parte, esta selección, de cualquier modo que se efectúe, debe tener lugar igualmente entre las muchachas que entre los muchachos; porque las mujeres no se reclutan de forma distinta a los maridos. Por lo tanto, si la superioridad moral de las personas casadas es simplemente un producto de la selección, debería ser igual para los dos sexos y, por consiguiente, la inmunidad frente al suicidio debería ser la misma. Sin embargo, en Francia los maridos están sensiblemente más protegidos que las mujeres. Para los primeros, el coeficiente de preservación se eleva hasta un 3,20, no desciende más que una única vez por debajo de 2,04, y oscila generalmente alrededor de un 2,08, mientras que para las segundas, el máximo no rebasa el 2,22 (o como mucho el 2,39)[46] y el mínimo es inferior a la unidad (0,98). De modo que entre nosotros es

---

[46] Hacemos esta salvedad porque el coeficiente de 2,39 está referido al periodo de los 15 a los 20 años y, dado que los suicidios de mujeres casadas son muy raros a esa edad, el pequeño número de casos que ha servido de base para el cálculo nos hace dudar de su exactitud.

en el estado de matrimonio en el que la mujer se aproxima más al hombre en lo que respecta al suicidio. Veamos cuál era, durante los años 1887-91, la parte correspondiente de cada sexo en los suicidios de cada categoría de estado civil:

	Parte proporcional de cada sexo			
	Sobre 100 suicidios de solteros de cada edad		Sobre 100 suicidios de casados de cada edad	
De 20 a 25 años	70 hombres	30 mujeres	65 hombres	35 mujeres
De 25 a 30 años	73 —	27 —	65 —	35 —
De 30 a 40 años	84 —	16 —	74 —	26 —
De 40 a 50 años	86 —	14 —	77 —	23 —
De 50 a 60 años	88 —	12 —	78 —	22 —
De 60 a 70 años	91 —	9 —	81 —	19 —
De 70 a 80 años	91 —	9 —	78 —	22 —
Más de 80 años	90 —	10 —	88 —	12 —

De modo que en todas las edades[47] la parte correspondiente a las mujeres en los suicidios de los casados es con mucho superior a la parte de las solteras en los suicidios de los solteros. Sin duda

---

[47] Lo más a menudo, cuando se compara así la situación respectiva de los sexos en dos condiciones de estado civil diferentes, no se tiene cuidado en eliminar la influencia de la edad, y se obtienen entonces resultados inexactos. Así, siguiendo el método habitual, se encontrará que en 1887-91 hubo 21 suicidios de mujeres casadas frente a 79 maridos, y 19 suicidios de solteras sobre 100 suicidios de solteros de cualquier edad. Estas cifras darían una idea falsa de la situación. La tabla de arriba muestra que la diferencia entre la parte proporcional de la casada y la de la soltera es, a cualquier edad, mucho mayor. La razón estriba en que la diferencia entre los sexos varía con la edad en las dos condiciones. Entre los 70 y los 80 años, es aproximadamente el doble de la que era a los 20 años. Ahora bien, la población soltera está casi por completo compuesta de individuos por debajo de los 30 años. Por tanto, si no se tiene en cuanta la edad, la diferencia que se obtiene es, en realidad, la que separa a solteros y solteras sobre la treintena. Pero entonces, comparándola con la que separa a los casados sin distinción de edad, como estos últimos tienen una media de 50 años, la comparación se está haciendo en realidad con los casados de esta edad. De este modo se encuentra desvirtuada, y el error se agrava además por el hecho de que la distancia entre los sexos no varía del mismo modo en los dos grupos bajo la influencia de la edad. Aumenta más entre los solteros que entre las personas casadas.

esto no quiere decir que la mujer casada esté menos expuesta que la soltera; las tablas XX y XXI demuestran más bien lo contrario. Si no pierde cuando se casa, gana en cambio menos que el marido. Pero entonces, si la inmunidad es hasta ese punto desigual, es porque la vida familiar afecta de modo diferente a la constitución moral de los dos sexos. Lo que demuestra incluso perentoriamente que esta desigualdad no tiene otro origen, es que la vemos aumentar bajo la influencia del medio familiar. La tabla XXI muestra, en efecto, que en el punto de partida el coeficiente de preservación es prácticamente el mismo para los dos sexos (2,93 o 2 por un lado, 2,40 por el otro). Luego, poco a poco, la diferencia se acentúa, primero porque el coeficiente de las mujeres aumenta menos que el de los maridos hasta alcanzar su máximo exponente, y luego porque su decrecimiento es más rápido y más importante.[48] Por lo tanto, si evoluciona de este modo a medida que la influencia de la familia se prolonga, es porque depende de ella.

Lo que todavía resulta más demostrativo es que la situación relativa de los sexos respecto al grado de preservación del que gozan las personas casadas no es el mismo en todos los países. En el gran ducado de Oldenbourg, son las mujeres las que se encuentran favorecidas, y más adelante veremos otro caso con la misma inversión. Sin embargo, en general, la selección conyugal se hace en todas partes de la misma manera. Es por tanto imposible que éste sea el factor esencial de la inmunidad matrimonial; ya que entonces, ¿por qué iba a producir resultados opuestos en diferentes países? Al contrario, es muy posible que la familia, en sociedades diferentes, esté constituida de manera que actúe de un modo también diferente sobre los sexos. Por lo tanto es en la constitución del grupo familiar donde debe encontrarse la causa principal del fenómeno que estamos estudiando.

Pero por interesante que sea este resultado, necesita ser precisado más, ya que el medio familiar está formado por distintos ele-

---

[48] Así mismo, puede verse en la tabla precedente que la parte proporcional de las mujeres en los suicidios de las personas casadas, rebasa cada vez más la parte de las solteras en los suicidios de las personas solteras a medida que se avanza en edad.

mentos. Para cada cónyuge la familia comprende: 1º el otro cónyuge; 2º los hijos. ¿Es al primero o a los segundos a los que se debe la acción beneficiosa que ejerce sobre la inclinación al suicidio? En otros términos, la familia está compuesta de dos asociaciones diferentes: por una parte el grupo conyugal, y por la otra el grupo familiar propiamente dicho. Estas dos sociedades no tienen ni los mismos orígenes, ni la misma naturaleza, ni, por consiguiente, con toda probabilidad, los mismos efectos. Una procede de un contrato y de afinidades electivas, la otra de un fenómeno natural, la consanguinidad; la primera vincula entre ellos a los miembros de una misma generación, la segunda a una generación con la siguiente; ésta es tan vieja como la humanidad, aquella sólo se ha regulado en una época relativamente tardía. Puesto que difieren tanto, no es *a priori* seguro que ambas colaboren para producir el hecho que tratamos de comprender. En cualquier caso, si una y otra contribuyen, no podrá ser ni del mismo modo ni, probablemente, en la misma medida. Es necesario por tanto saber si una y otra tienen algo que ver y, en caso afirmativo, qué es lo que tiene que ver cada una.

Tenemos ya una prueba de la mediocre eficacia del matrimonio en el hecho de que la nupcialidad ha cambiado poco desde el principio del siglo, mientras que el suicidio se ha triplicado. De 1821 a 1830, se producían 7,8 matrimonios anuales por cada 1000 habitantes, 8 de 1831 a 1850, 7,9 en 1851-60, 7,8 de 1861 a 1870, 8 de 1871 a 1880. Durante este tiempo, la tasa de suicidios por millón de habitantes pasaba de 54 a 180. De 1880 a 1888, la nupcialidad descendió ligeramente (7,4 en lugar de 8), pero este descenso no tiene ninguna relación con el enorme crecimiento de los suicidios que, de 1880 a 1887, aumentaron en más de un 16%.[49]

---

[49] Legoyt (*op. cit.*, p. 175) y Corre (*Crime et suicide*, p. 475) han creído sin embargo poder establecer una relación entre la evolución de los suicidios y la de la nupcialidad. Su error proviene, primero de que han considerado un periodo de tiempo demasiado corto, y después de que han comparado los años más recientes con un año anómalo, 1872, en que la nupcialidad francesa alcanzó una cifra excepcional, nunca vista desde 1813, porque era necesario cubrir las bajas causadas por la guerra de 1870 en los cuadros de la población casada; y no se puede medir la evolución de la nupcialidad tomando un punto de referencia semejante. La misma observación se aplica a Alemania y a casi todos los países de Europa.

Por lo demás, durante el periodo 1865-88, la nupcialidad media de Francia (7,7) es casi igual a la de Dinamarca (7,8) y de Italia (7,6); sin embargo estos países no se parecen en nada en relación al suicidio.[50]

Pero disponemos de un medio mucho más concluyente para medir exactamente la influencia propia de la asociación conyugal sobre el suicidio; consiste en observarla allí donde se encuentra reducida a sus solas fuerzas, es decir, en los matrimonios sin hijos.

Durante los años 1887-1891, un millón de casados sin hijos produjo anualmente 644 suicidios.[51] Para saber en qué medida el estado matrimonial, por sí sólo y haciendo abstracción de la familia, preserva del suicidio, no hay más que comparar esa cifra con la que producen los solteros de la misma media de edad. Esta comparación es la que nos va a permitir confeccionar nuestra tabla XXI, que volverá a sernos más adelante de gran ayuda. La media de edad de los hombres casados era entonces, como hoy, de 46 años 8 meses 1/3. Un millón de solteros de esta edad produce alrededor de *975* suicidios. Ahora bien, 644 es a 975 como 100 es a 150, es decir que los matrimonios estériles tienen un coeficiente de preservación de un *1,5* únicamente; sólo se matan un tercio de veces menos que los solteros de la misma edad. Las cosas son muy diferentes cuando existen hijos. Un millón de matrimonios con hijos producía anualmente durante ese mismo periodo *336* suicidios únicamente. Esta cantidad es a *975* como 100 es a 290; es decir, que cuando el matrimonio es fecundo, el coeficiente de preservación prácticamente se dobla (*2,90* en lugar de *1,5*).

La sociedad conyugal por tanto tiene una influencia muy débil en la inmunidad de los hombres casados. Además, en el cálculo precedente, hemos presentado esa parte mayor de lo que en

---

Parece que en esa época la nupcialidad subió como un rayo. Observamos un alza importante y brusca, que se continúa a veces hasta 1873, en Italia, Suiza, Bélgica, Inglaterra, Holanda. Se diría que toda Europa ha contribuido para reparar las pérdidas que habían sufrido por la guerra los dos países. Naturalmente al cabo de un tiempo se produce una bajada enorme que no tiene la significación que se le atribuye (v. Oettingen, *Moralstatistik*, anexos, tablas 1, 2, y 3).

[50] Según Levasseur, *Population française*, t. II, p. 208.
[51] Según el censo de 1886, p. 123 del *Empadronamiento*.

realidad es. Hemos dado por supuesto que los cónyuges sin hijos tienen la misma media de edad que los cónyuges en general, cuando en realidad son más jóvenes. En sus filas están contabilizados todos los cónyuges más jóvenes que no tienen hijos, no porque sean irremediablemente estériles, sino porque, casados recientemente, no han tenido todavía tiempo de tenerlos. Por término medio suele ser a los 34 años cuando el hombre tiene su primer hijo,[52] y sin embargo es hacia los 28 o 29 años cuando se casa. La parte de la población casada que tiene de 28 a 34 años se encuentra por tanto casi por completo comprendida en la categoría de los cónyuges sin hijos, lo que rebaja la edad media de estos últimos; por consiguiente, estimándola en 46 años, la hemos evidentemente exagerado. Pero entonces, los solteros con los que hay que compararlos no son aquellos de 46 años, sino con más jóvenes, que por consiguiente se matan menos que los anteriores. El coeficiente de 1,5 debe de ser por lo tanto un poco elevado; si conociésemos con exactitud la edad media de los casados sin hijos, veríamos que su aptitud al suicidio se aproxima a la de los solteros todavía más de lo que indican las cifras precedentes.

Por otra parte, lo que demuestra claramente la limitada influencia del matrimonio, es que los viudos con hijos están todavía en mejor situación que los casados sin hijos. Los primeros, en efecto, producen *937* suicidios por millón: ahora bien, tienen una media de edad de 61 años 8 meses y 1/3. La tasa de los solteros de la misma edad (ver tabla XXI) está comprendida entre 1.434 y 1.768, o sea alrededor de *1.504*. Esta cantidad es a 937 como 160 es a 100. Los viudos, cuando tienen hijos, tienen por tanto un coeficiente de preservación de al menos un *1,6*, superior por consiguiente al de los casados sin hijos. Y todavía, calculándolo así, en vez de exagerarlo lo hemos atenuado. Porque los viudos con familia tienen evidentemente una edad mayor que los viudos en general. En efecto entre estos últimos están comprendidos todos aquellos cuyo matrimonio quedó estéril por haberse roto prematuramente, es decir los más jóvenes. Por tanto es con los solteros por encima de los 62 años (que, en razón de su edad, tienen una tendencia mayor al suicidio), con los que deberían compararse los

---

[52] V. *Annuaire statistique de la France*, 15° vol., p. 43.

viudos con hijos. Esta claro que de esta comparación su inmunidad resultará reforzada.[53]

Es cierto que el coeficiente de 1,6 es sensiblemente inferior al de los casados con hijos, 2,9; la diferencia en menos es de un 45%. Podría pensarse por tanto que, por sí sola, la sociedad matrimonial tiene más influencia de la que le hemos supuesto, puesto que, cuando finaliza, la inmunidad de los cónyuges supervivientes disminuye hasta ese punto. Pero esta pérdida sólo es imputable en una parte muy pequeña a la disolución del matrimonio. La prueba es que allí donde no hay hijos, la viudedad produce efectos mucho menores. Un millón de viudos sin hijos produce *1.258* suicidios, cantidad que es a 1.504, contingente de los solteros de 62 años, como 100 es 119. El coeficiente de preservación es por tanto todavía de un *1,2* aproximadamente, muy por debajo por consiguiente del 1,5 de los casados igualmente sin hijos. La primera de estas cantidades sólo es inferior a la segunda en un 20%. De manera que, cuando la muerte de un cónyuge no tiene otro resultado que el de romper el vínculo conyugal, no tiene grandes repercusiones sobre la tendencia al suicidio del viudo. Es obvio por lo tanto que el matrimonio, en tanto existe, sólo contribuye débilmente a contener esta tendencia, ya que cuando deja de existir no experimenta un crecimiento significativo.

En cuanto a la causa que hace a la viudedad relativamente más dañina cuando la pareja ha sido fecunda, hay que buscarla en la presencia de los hijos. Sin duda, en un sentido, los niños hacen que el viudo se aferre a la vida, pero al mismo tiempo vuelven más aguda la crisis por la que atraviesa. Porque las relaciones conyugales no son las únicas afectadas; y precisamente porque existe en esta ocasión una sociedad familiar, su funcionamiento se quiebra. Se ha perdido un engranaje esencial y todo el mecanismo está alterado. Para restablecer el equilibrio perdido, sería necesario que el hombre cumpliera un doble papel y desempeñara funciones para las que no está hecho. Esta es la razón por la que pierde tantas ventajas de las que gozaba durante el matrimonio. No es porque ya no está casado, es por-

---

[53] Por la misma razón, la edad de los casados con hijos es superior a la de los casados en general y, por consiguiente, el coeficiente de preservación 2,9 debe ser más bien visto como por debajo de la realidad.

que la familia de la que él es la cabeza se ha disuelto. No es la desaparición de la esposa, sino la de la madre la que causa este trastorno.

Pero sobre todo es a propósito de la mujer donde se manifiesta claramente la débil eficacia del matrimonio cuando no encuentra en los hijos su complemento natural. Un millón de casadas sin hijos produce *221* suicidios; un millón de solteras de la misma edad (entre los 42 y los 43 años) *150* únicamente. La primera de estas cantidades es a la segunda como 100 es a 67; el coeficiente de preservación cae por tanto por debajo de la unidad, es igual a *0,67*, es decir que en realidad hay agravación. *En Francia, las mujeres casadas sin hijos se matan la mitad más que las solteras de la misma edad.* Ya habíamos comprobado que, de una manera general, la mujer se beneficia menos de la vida familiar que el marido. Ahora vemos cuál es la causa; la sociedad conyugal, por sí misma, perjudica a la mujer y agrava su tendencia al suicidio.

Sin embargo, si la mayoría de las casadas nos ha parecido que gozaban de un coeficiente de preservación, es porque las parejas estériles son la excepción y, por consiguiente, en la mayoría de los casos, la presencia de los hijos corrige y atenúa el efecto nocivo del matrimonio. Aunque en realidad no hace más que atenuarlo. Un millón de mujeres con hijos produce *79* suicidios; si comparamos esta cifra con la que expresa la tasa de las solteras de 42 años, o sea *150*, comprobamos que la mujer casada, incluso cuando es madre, sólo se beneficia de un coeficiente de preservación de un *1,89*, inferior por consiguiente en un 35% al de los maridos que están en la misma situación.[54] Por tanto, no podemos suscribir, al menos respecto al suicidio, esta frase de Bertillon: "Cuando la mujer entra en una relación conyugal, gana más que el hombre con esta asociación; pero también pierde más cuando sale".[55]

---

[54] Una diferencia análoga se encuentra entre el coeficiente de los maridos sin hijos y el de las mujeres sin hijos; no obstante es mucho más considerable. El segundo (0,67) es inferior al primero (1,5) en un 66%. La presencia de los hijos hace por tanto recuperar a la mujer la mitad del terreno que pierde al casarse. Es decir, que si se beneficia menos que el hombre del matrimonio, se beneficia por el contrario más que él de la familia, o sea de los hijos. Ella es más sensible que él a su benéfica influencia.

[55] Artículo "Matrimonio", *Dict. encycl.*, 2ª serie, t. V, p. 36.

III

De modo que la inmunidad que presentan las personas casadas en general está debida, completamente por lo que respecta a un sexo y en una gran parte respecto al otro, a la influencia, no ya de la sociedad conyugal, sino de la sociedad familiar. No obstante, hemos visto que, incluso cuando no hay hijos, los hombres al menos están protegidos en una proporción de 1 a 1,5. Un ahorro de 50 suicidios sobre 150, o de un 33%, aunque está muy por debajo del que se produce cuando la familia está completa, no es sin embargo una cantidad despreciable y conviene determinar su causa. ¿Se debe a los beneficios especiales que el matrimonio aporta al sexo masculino, o es más bien un efecto de la selección matrimonial? Porque si hemos podido demostrar que esta última no desempeña el papel capital que se le ha atribuido, no está demostrado que no tenga ninguna influencia.

En primer lugar, hay un hecho que parece respaldar esta hipótesis. Sabemos que el coeficiente de preservación de los casados sin hijos sobrevive en parte al matrimonio; cae únicamente de un 1,5 a un 1,2. Aunque esta inmunidad de los viudos sin hijos no puede evidentemente ser atribuida a la viudedad que, en sí misma, no tiene ninguna propensión a disminuir la tendencia al suicidio, sino todo lo contrario. Es el resultado por tanto de una causa anterior que, sin embargo, no parece que sea el matrimonio, puesto que continúa ejerciendo su influencia incluso cuando ha sido disuelto por la muerte de la mujer. ¿No consistirá entonces en alguna cualidad innata de los casados que la selección conyugal despertaría, pero que no sería obra suya? Dado que ya existiría antes del matrimonio y no dependería de él, sería natural que durara más que él. Si la población de los casados forman una elite, lo mismo puede decirse de la de los viudos. Es cierto que esta superioridad congénita surte menos efecto en estos últimos, ya que están protegidos contra el suicidio en menor grado. Pero podría ser que la conmoción producida por la viudedad neutralizase en parte esta influencia preventiva, y la impidiese producir todos sus efectos.

Para que esta explicación pudiera ser aceptada, sería necesario que fuese aplicable a ambos sexos. Se deberían por tanto encontrar también en las mujeres casadas algunos indicios al menos de esta predisposición natural que, en las mismas condiciones, les preservaría del suicidio más que a las solteras. Ahora bien, el hecho de que ya cuando no hay hijos se maten más que las solteras de la misma edad, es poco compatible con la hipótesis que las supone dotadas, de nacimiento, de un coeficiente personal de preservación. Sin embargo, podría también admitirse que ese coeficiente existe tanto para la mujer como para el hombre, pero que se encuentra completamente anulado durante el matrimonio por la funesta influencia que ejerce este último sobre la constitución moral de la mujer. Aunque si los efectos no estuvieran más que ocultos y enmascarados por esa suerte de decadencia moral que experimenta la mujer al entrar en la sociedad conyugal, deberían de reaparecer cuando esta sociedad se disuelve, es decir en la viudedad. Se debería de ver entonces a la mujer, liberada del yugo conyugal que la oprimía, recobrar todas sus ventajas y afirmar su superioridad innata sobre aquellas de sus congéneres a las que se les ha negado el matrimonio. En otros términos, la viuda sin hijos debería de tener, en relación a las solteras, un coeficiente de preservación que se aproximara al menos al que goza el viudo sin hijos. Pero no sucede así ni mucho menos. Un millón de viudas sin hijos producen anualmente *322* suicidios; un millón de solteras de 60 años (edad media de las viudas) produce un número comprendido entre 189 y 204, o sea alrededor de 196. La primera de estas cantidades es a la segunda como 100 es a 60. Las viudas sin hijos tienen por tanto un coeficiente por debajo de la unidad, es decir un coeficiente de agravación; este es igual a *0,60*, inferior incluso ligeramente al de las casadas sin hijos (0,67). Por consiguiente, no es el matrimonio el que impide a estas últimas manifestar por el suicidio el distanciamiento natural que se les atribuye.

Se alegará tal vez que lo que impide el completo restablecimiento de aquellas felices cualidades que el matrimonio habría suspendido, es que la viudedad es para la mujer un estado todavía peor. Es de hecho una idea muy extendida que la viuda se encuentra en una situación más crítica que el viudo. Se insiste en las dificultades económicas y morales contra las que tiene que luchar cuando se ve obligada a satisfacer ella misma sus necesidades y, sobre todo, las necesidades de toda una familia. Se ha llegado a pensar incluso que esta opinión estaba respaldada por los hechos. Según Morselli,[56] la estadística demostraría que la mujer en la viudedad estaría menos lejos que el hombre en cuanto a su aptitud al suicidio que durante el matrimonio; y puesto que cuando está casada se encuentra ya, a este respecto, más cerca del sexo masculino que cuando está soltera, no nos queda más remedio que concluir que no existe para ella un estado más lamentable que ese. Para respaldar esta tesis, Morselli cita las cifras siguientes que sólo están referidas a Francia, pero que, con ligeras variaciones, pueden observarse en todos los países de Europa:

Años	Parte proporcional de cada sexo sobre 100 suicidios de casados (en %)		Parte proporcional de cada sexo sobre 100 suicidios de viudos (en %)	
	Hombres	Mujeres	Hombres	Mujeres
1871	79	21	71	29
1872	78	22	68	32
1873	79	21	69	31
1874	74	26	57	43
1875	81	19	77	23
1876	82	18	78	22

La parte de la mujer en los suicidios cometidos por los dos sexos en el estado de viudedad parece ser, efectivamente, mucho más considerable que en los suicidios de casados. ¿No es esta la prueba de que la viudedad le es mucho más dura de lo que le era el matrimonio? Si así fuera, no habría nada de extraño en que, incluso una vez viuda, la buena predisposición de su naturaleza continuase sin poder manifestarse. Todavía menos que antes.

Desgraciadamente, esta pretendida ley se basa en un error de bulto. Morselli no tuvo en cuenta que en todas partes hay dos veces más viudas que viudos. En Francia, en números redondos, hay dos millones de las primeras por un millón únicamente de los segundos. En Prusia, según el censo de 1890, encontramos 450.000 viudos y 1.319.000 viudas; en Italia, 571.000 por una parte y 1.322.000 por la otra. En estas condiciones, es completamente na-

[56] *Op. cit.*, p. 342.

tural que la contribución de las viudas sea más elevada que la de las casadas, cuyo número, evidentemente, es igual al de los casados. Si queremos que la comparación sirva de algo, habría que hacer coincidir las dos poblaciones. Y si se toma esta precaución, se obtienen resultados contrarios a los que encuentra Morselli. A la edad media de las viudas, es decir a los 60 años, un millón de casadas produce 154 suicidios y un millón de casados 577. La proporción de las mujeres es por tanto de un *21%*. Ésta disminuye sensiblemente en la viudedad. Un millón de viudas produce 210 casos, un millón de viudos 1.017; de donde se desprende que, de cada 100 suicidios de viudos de ambos sexos, las mujeres sólo aportan *17*. Por el contrario, la proporción de los hombres se eleva de un 79 a un 83%. De modo que, al pasar del matrimonio a la viudedad, el hombre pierde más que la mujer, puesto que no conserva ciertas ventajas que le proporcionaba el estado conyugal. No hay por tanto ninguna razón para suponer que este cambio de situación sea menos duro y menos perturbador para él que para ella; más bien es lo contrario. Sabemos, por lo demás, que la mortalidad de los viudos supera con mucho a la de las viudas; lo mismo pasa con su nupcialidad. La de los primeros es, en cada grupo de edad, tres o cuatro veces mayor que la de los solteros, mientras que la de las segundas sólo es ligeramente superior a la de las solteras. La mujer por tanto se muestra tan reacia a contraer segundas nupcias como propenso se muestra el hombre.[57] No sería así si la condición de viudo le fuera tan llevadera, y si a la mujer, por el contrario, le fuera tan duro soportarla.[58]

Pero si no hay nada en la viudedad que paralice especialmente los dones naturales de que gozaría la mujer por el solo hecho de haber sido elegida para el matrimonio, y si no se manifiestan

[57] V. Bertillon, Los solteros, los viudos, etc., *Rev. scient.*, 1879.

[58] Morselli alude igualmente en apoyo de su tesis que después de las guerras los suicidios de las viudas experimentan un alza mucho más considerable que el de las solteras o el de las casadas. Pero la razón estriba sencillamente en que en ese momento la población de viudas ha crecido en proporciones excepcionales; es por tanto natural que produzca más suicidios y que este alza persista hasta que se restablezca el equilibrio y las distintas categorías de estado civil vuelvan a su nivel normal.

por ningún signo apreciable, no tenemos ningún motivo para suponer que existan. La hipótesis de la selección matrimonial no se aplica por tanto en absoluto al sexo femenino. Nada nos autoriza a pensar que la mujer llamada al matrimonio posea una constitución privilegiada que la protege en cierta medida contra el suicidio. Por consiguiente, la misma suposición carece también de fundamento en lo que concierne al hombre. Este coeficiente de 1,5 del que gozan los casados sin hijos no proviene de que sean reclutados entre las partes más sanas de la población; sino que no puede ser efecto más que del matrimonio. Hay que reconocer que la sociedad conyugal, tan desastrosa para la mujer, es, por el contrario, incluso en ausencia de hijos, beneficiosa para el hombre. Los que la forman no constituyen ninguna aristocracia de nacimiento; no aportan al matrimonio ningún temperamento ya formado que les aleje del suicidio, sino que adquieren ese temperamento viviendo la vida conyugal. Al menos, si tienen algunas prerrogativas naturales, no pueden ser más que muy vagas e indeterminadas; ya que no surten efecto mientras no se dan determinadas condiciones. ¡Qué verdad es que el suicidio depende principalmente no de las cualidades congénitas de los individuos, sino de las causas externas que les dominan!

Sin embargo, queda todavía por resolver una última dificultad. Si ese coeficiente de 1,5, independientemente de la familia, se debe al matrimonio, ¿por qué sobrevive a éste y se sigue encontrando, al menos en una forma atenuada (1,2) entre los viudos sin hijos? Si rechazamos la teoría de la selección matrimonial que explicaba esta supervivencia, ¿por qué otra la sustituimos?

Basta con suponer que los hábitos, los gustos, las tendencias contraidas durante el matrimonio, no desaparecen una vez disuelto éste, y no hay nada más natural que esta hipótesis. Por tanto, si el hombre casado, incluso cuando no tiene hijos, experimenta hacia el suicidio un alejamiento relativo, es inevitable que conserve algo de ese sentimiento cuando se encuentra viudo. Aunque como la viudedad va acompañada de un cierto quebrantamiento moral, y toda ruptura de equilibrio, como demostraremos más adelante, empuja al suicidio, esos sentimientos están algo debilitados. Inversamente, y por la misma razón, puesto que la esposa estéril se mata más que si hubiese permanecido soltera, conserva, una vez viuda, esta inclinación, incluso reforzada por el trastorno y la desadaptación que suponen siempre la viudedad. Solo que como los efectos nocivos que el matrimonio ejercía sobre ella le hacen este cambio de estado más fácil, la agravación es también más leve. El coeficiente baja únicamente algunas centésimas (0,60 en lugar de 0,67).[59]

Esta explicación la confirma el hecho de que no es más que un caso particular de una proposición más general, que podría formularse así: *En una misma sociedad, la tendencia al suicidio, en el estado de viudedad, está en función, para cada sexo, de la tendencia al suicidio que tiene el mismo sexo en el estado matrimonial.* Si el casado está muy preservado, el viudo también lo está, aunque, por supuesto, en menor medida; si el primero sólo está débilmente alejado del suicidio, el segundo no lo está o lo está muy poco. Para garantizar la exactitud de este teorema, basta con remitirse a la tabla XX y XXI y a las conclusiones que se deducen de ellas. En ellas podemos ver que un sexo siempre aparece más favorecido que el otro tanto en el matrimonio como en la viudedad. Ahora bien, el sexo que aparece favorecido en relación al otro en la primera de esas condiciones conserva su privilegio en la segunda. En Francia, los maridos tienen un coeficiente de preservación mayor que las mujeres; el de los viudos también es más elevado que el de las viudas. En Oldenbourg, se produce la situación inversa entre las personas casadas: la mujer goza de una inmunidad mayor que el hombre. La misma inversión se reproduce entre viudos y viudas.

---

[59] Cuando hay hijos, la baja que experimentan ambos sexos por el hecho de la viudedad es casi idéntica. El coeficiente de maridos con hijos es de 2,9 y pasa a 1,6. El de mujeres en las mismas condiciones pasa de 1,89 a 1,06. La disminución es del 45% para los primeros, y del 44% para las segundas. Esto es así porque, como hemos dicho, la viudedad produce dos clases de efectos; perturba: 1° a la sociedad conyugal; 2° a la sociedad familiar. La primera perturbación es mucho menos sentida por la mujer que por el hombre, precisamente porque ella se beneficia menos del matrimonio. Pero, como contrapartida, la segunda lo es más; porque casi siempre es más difícil sustituir al marido en la dirección de la familia que reemplazarlo en sus funciones domésticas. Por lo tanto cuando hay hijos, se produce una especie de compensación que hace que la tendencia al suicidio de los dos sexos varíe, por efecto de la viudedad, en las mismas proporciones. De modo que es sobre todo cuando no hay hijos, cuando la mujer viuda recupera parte del terreno que había perdido con el matrimonio.

Tabla XXII
Comparación de las tasas de los suicidios por millón de habitantes de cada grupo de edad y estado civil en el Sena y en provincias (1889-1891)

Edad	Hombres			Coeficiente de preservación en relación a los solteros		Mujeres			Coeficiente de preservación en relación a las solteras	
	Solteros	Casados	Viudos	De los casados	De los viudos	Solteras	Casadas	Viudas	De las casadas	De las viudas
Provincias										
15-20	100	400		0,25		67	63	375	1,86	0,17
20-25	214	95	153	2,25	1,39	95	52	76	1,82	1,25
25-30	365	103	373	3,54	0,97	122	64	156	1,90	0,78
30-40	590	202	511	2,92	1,15	101	74	174	1,36	0,58
40-50	976	295	633	3,30	1,54	147	95	149	1,54	0,98
50-60	1445	470	852	3,07	1,69	178	136	174	1,30	1,02
60-70	1790	582	1047	3,07	1,70	163	142	221	1,14	0,73
70-80	2000	664	1252	3,01	1,59	200	191	233	1,04	0,85
Más	1458	762	1129	1,91	1,29	160	108	221	1,48	0,72
Media de los coeficientes				2,88	1,45				1,49	0,78
Sena										
15-20	280	2000		0,14		224				
20-25	487	128		3,80		196	64		3,06	
25-30	599	298	714	2,01	0,83	328	103	296	3,18	1,10
30-40	869	436	912	1,99	0,95	281	156	373	1,80	0,75
40-50	985	808	1459	1,21	0,67	357	217	289	1,64	1,23
50-60	1367	1152	2321	1,18	0,58	456	353	410	1,29	1,11
60-70	1500	1559	2902	0,96	0,51	515	471	637	1,09	0,80
70-80	1783	1741	2082	1,02	0,85	326	677	646	0,48	0,70
Más	1923	1111	2089	1,73	0,92	508	277	591	1,83	0,85
Media de los coeficientes				1,56	0,75				1,79	0,93

Pero como estos dos únicos casos podrían tomarse como una prueba insuficiente, y por otra parte las publicaciones estadísticas no nos facilitan los elementos necesarios para comprobar nuestra hipótesis en otros países, hemos recurrido al siguiente procedimiento con el fin de ampliar el campo de nuestras comparaciones: hemos calculado por separado la tasa de los suicidios, para cada grupo de edad y de estado civil, en el departamento del Sena por una parte, y en el resto de los departamentos juntos por la otra. Estos dos grupos sociales, aislados así uno del otro, son bastante diferentes como para que pueda esperarse que la comparación sea ilustrativa. Y en efecto, la vida familiar influye de forma diferente sobre el suicidio (v. tabla XXII).

En los departamentos, el marido está mucho más preservado que la mujer. El coeficiente del primero no desciende más que cuatro veces por debajo de 3,[60] mientras que el de la mujer no alcanza nunca 2; la media es, en un caso de 2,88, y en el otro de 1,49. En el Sena es a la inversa; la media del coeficiente es para los maridos de 1,56 únicamente, mientras que para las mujeres es de 1,79.[61] Ahora bien, encontramos exactamente la misma inversión entre viudos y viudas. En provincias el coeficiente medio de los viudos es elevado (1,45), mientras que el de las viudas es muy inferior (0,78). En el Sena, por el contrario, es el segundo el que lleva la delantera, se eleva a 0,93, muy cerca de la unidad, mientras que el otro cae a 0,75. *De modo que cualquiera que sea el sexo favorecido, la viudedad sigue habitualmente al matrimonio.*

Todavía hay más, si buscamos la proporción en la que varía el coeficiente de los casados de un grupo social a otro, y si a continuación hacemos lo mismo con los viudos, obtendremos los sorprendentes resultados siguientes:

---

[60] En la tabla XXII puede verse que tanto en París como en provincias, el coeficiente de los maridos por encima de los 20 años está por debajo de la unidad; es decir que para ellos hay una agravación. Esto confirma la ley enunciada anteriormente.

[61] Vemos que cuando el sexo femenino es el más favorecido por el matrimonio, la desproporción entre los sexos es mucho menor que cuando es el marido el favorecido; nueva confirmación de una observación hecha más arriba.

$$\frac{\text{Coeficiente de los casados de provincias}}{\text{Coeficiente de los casados del Sena}} = \frac{2,88}{1,56} = 1,84$$

$$\frac{\text{Coeficiente de los viudos de provincias}}{\text{Coeficiente de los viudos del Sena}} = \frac{1,45}{0,75} = 1,93$$

Y para las mujeres:

$$\frac{\text{Coeficiente de las casadas del Sena}}{\text{Coeficiente de las casadas de provincias}} = \frac{1,79}{1,49} = 1,20$$

$$\frac{\text{Coeficiente de las viudas del Sena}}{\text{Coeficiente de las viudas de provincias}} = \frac{0,93}{0,78} = 1,19$$

Las relaciones numéricas son iguales, para cada sexo, con apenas unas centésimas de diferencia; en las mujeres la igualdad es prácticamente absoluta. De modo que, no sólo cuando el coeficiente de los casados sube o baja, el de los viudos hace los mismo, sino que además aumenta y disminuye exactamente en la misma medida. Estas relaciones pueden expresarse también de una manera más elocuente todavía que la ley que acabamos de enunciar. Implican que en todas partes, y cualquiera que sea el sexo, la viudedad disminuye la inmunidad de los casados según una constante:

$$\frac{\text{Casados de provincias}}{\text{Viudos de provincias}} = \frac{2,88}{1,45} = 1,98 \quad \frac{\text{Casados del Sena}}{\text{Viudos del Sena}} = \frac{1,56}{0,75} = 2,0$$

$$\frac{\text{Casadas de provincias}}{\text{Viudas de provincias}} = \frac{1,49}{0,78} = 1,91 \quad \frac{\text{Casadas del Sena}}{\text{Viudas del Sena}} = \frac{1,79}{0,93} = 1,92$$

El coeficiente de los viudos es aproximadamente la mitad que el de los casados. No hay por tanto ninguna exageración en decir que la aptitud de los viudos hacia el suicidio está en función de la aptitud correspondiente de las personas casadas; en otros términos, la primera es, en parte, una consecuencia de la segunda. Así pues, puesto que el matrimonio, incluso en ausencia de hijos, preserva al marido, no es sorprendente que el viudo conserve algo de esta feliz disposición.

Al mismo tiempo que resuelve la cuestión que nos estamos planteando, este resultado arroja alguna luz sobre la naturaleza de la viudedad. Nos muestra en efecto que la viudedad no es por sí misma una condición irremediablemente mala. Muy a menudo es incluso preferible a la soltería. La verdad es que la constitución moral de los viudos y de las viudas no tiene nada de específico, sino que depende de la de las personas casadas del mismo sexo y del mismo país. No es más que su prolongación. Decidme cómo afectan el matrimonio y la vida de familia, en una sociedad determinada, a hombres y mujeres, y os diré lo que representa la viudedad para unos y para otros. Ocurre que, por una feliz compensación, allí donde el matrimonio y la sociedad familiar se encuentran en buen estado, la crisis que provoca la viudedad es más dolorosa pero a la vez se está mejor pertrechado para hacerle frente; inversamente, es menos grave cuando la constitución matrimonial y familiar deja bastante que desear, pero, como contrapartida, se tiene menos temple para resistirla. De modo que, en las sociedades en que el hombre se beneficia más de la familia que la mujer, sufre más que ella cuando se queda solo, pero, al mismo tiempo, está mejor preparado para soportar este sufrimiento, porque las saludables influencias que ha cosechado le han hecho más refractario a las resoluciones desesperadas.

IV

La tabla siguiente resume los hechos que acabamos de demostrar.[62]

De esta tabla y de las observaciones que preceden se deduce

---

[62] M. Bertillon (artículo citado de la *Revue scientifique*) había dado ya la tasa de los suicidios para las diferentes categorías de estado civil según hubiera hijos o no. Estos son los resultados (por millón):

Maridos con hijos	205 suicidios	Viudos con hijos	526 suicidios
Maridos sin hijos	478 suicidios	Viudos sin hijos	1004 suicidios
Mujeres con hijos	45 suicidios	Viudas con hijos	194 suicidios
Mujeres sin hijos	15 suicidios	Viudas sin hijos	238 suicidios

Influencia de la familia sobre el suicidio en cada sexo

Hombres			Mujeres		
	Tasa de suicidios	Coeficiente de preservación en relación con los solteros		Tasa de suicidios	Coeficiente de preservación en relación con las solteras
Solteros de 45 años	975		Solteras de 42 años	150	
Casados con hijos	336	2,9	Casadas con hijos	79	1,89
Casados sin hijos	644	1,5	Casadas sin hijos	221	0,67
Solteros de 60 años	1504		Solteras de 60 años	196	
Viudos con hijos	937	1,6	Viudas con hijos	186	1,06
Viudos sin hijos	1258	1,2	Viudas sin hijos	322	0,60

que el matrimonio ejerce sin duda sobre el suicidio una acción preservadora propia. Pero ésta es muy limitada, y además sólo se ejerce en beneficio de un único sexo. Por útil que haya sido demostrar su existencia – y se comprenderá mejor esta utilidad en un capítulo próximo[63] – queda claro que el principal factor de inmunidad de las personas casadas es la familia, es decir el grupo completo formado por los padres y los hijos. Sin duda, como los cónyuges son parte del grupo, contribuyen ellos también, por su parte, a producir este resultado, pero no como marido o mujer, sino como padre o madre, como miembros de la asociación familiar. Si la desaparición de uno de ellos aumenta las posibilidades del otro de matarse, no es porque los lazos que los unían personal-

---

Estas cifras están referidas a los años 1861-68. Dado el aumento general de los suicidios, confirman las que nosotros hemos encontrado. Pero como la ausencia de una tabla similar a nuestra tabla XXI no permitía comparar casados y viudos con solteros de la misma edad, no se podía sacar ninguna conclusión concreta relativa a los coeficientes de preservación. Por otra parte nos preguntamos si están referidas a todo el país. En el *Bureau de la Statistique* de Francia se nos ha asegurado que la distinción entre casados sin hijos y casados con hijos no se había hecho nunca en el padrón antes de 1886, excepto en 1855 en los departamentos, menos el Sena.

[63] V. libro II, cap. V. 3.

mente uno al otro se hayan roto, sino porque se produce un trastorno de la familia que repercute en el superviviente. Aunque la influencia concreta del matrimonio la estudiaremos más adelante, podemos afirmar ya que la sociedad familiar, lo mismo que la sociedad religiosa, es un poderoso preservativo contra el suicidio.

Esta preservación será todavía más completa cuanto más densa sea la familia, es decir cuantos más elementos comprenda.

Esta conclusión ya la habíamos adelantado y demostrado en un artículo de la *Revue philosophique* aparecido en noviembre de 1888. Pero la insuficiencia de los datos estadísticos que estaban entonces a nuestra disposición no nos permitió hacer la comprobación con todo el rigor que hubiésemos deseado. Ignorábamos cuál era el efectivo medio de las familias, tanto en Francia en general como en cada departamento en particular. Tuvimos por tanto que suponer que la densidad familiar dependía únicamente del número de hijos, y además, como ese número no constaba en el empadronamiento, tuvimos que estimarlo de una manera indirecta sirviéndonos de eso que en demografía se llama el crecimiento fisiológico, es decir el excedente anual de nacimientos sobre mil defunciones. Indudablemente esta sustitución no era irracional, ya que allí donde el crecimiento es elevado las familias, en general, no pueden dejar de ser densas. Sin embargo, esta consecuencia no siempre es necesaria, y a menudo no se produce. Allí donde los hijos tienen por costumbre dejar pronto a sus padres, bien sea para emigrar, bien sea para fundar su propia familia aparte, o por cualquier otra causa, la densidad de la familia no está en relación con el número de sus miembros. De hecho la casa puede estar desierta por fecunda que haya sido la pareja. Esto es lo que suele suceder tanto en los medios cultivados, en que los hijos son enviados muy jóvenes a estudia o a completar su educación fuera del hogar, como en las regiones miserables, en que una dispersión prematura se convierte en necesaria por las dificultades de subsistencia. Inversamente, a pesar de una natalidad pobre, la familia puede comprender un número suficiente y hasta elevado de elementos si los solteros adultos o incluso los hijos casados continúan viviendo con sus padres y formando una sola y misma sociedad familiar. Por todas estas razones, sólo se puede medir con alguna exactitud la densidad relativa de los grupos familiares si se conoce su composición efectiva.

El empadronamiento de 1886, cuyos resultados no fueron publicados hasta finales de 1888, nos proporcionó esta composición. Por lo tanto, si, según los datos que encontramos en él, queremos saber qué relación hay, en los diferentes departamentos franceses, entre el suicidio y el efectivo medio de las familias, nos encontramos con los siguientes resultados:

	Suicidios por millón de habitantes (1878-1887)	Efectivo medio de hogares con familia por cada 100 hogares (1886)
1° grupo (11 departamentos)	De 430 a 380	347
2° " (6 ")	De 300 a 240	360
3° " (15 ")	De 230 a 180	376
4° " (18 ")	De 170 a 130	393
5° " (26 ")	De 120 a 80	418
6° " (10 ")	De 70 a 30	434

A medida que los suicidios disminuyen, la densidad familiar aumenta progresivamente.

Si en lugar de comparar las medias, analizamos los contenidos de cada grupo, no encontramos nada que no confirme esta conclusión. En efecto, para Francia entera, el efectivo medio es de 39 personas por 10 familias. Por tanto, si buscamos cuántos departamentos hay por encima o por debajo de la media en cada uno de estos seis grupos, obtendremos los siguientes resultados:

	Número de departamentos en cada grupo	
	Por debajo del efectivo medio (en %)	Por encima del efectivo medio (en %)
1° grupo	180	0
2° grupo	84	16
3° grupo	60	30
4° grupo	33	63
5° grupo	10	81
6° grupo	0	100

El grupo que cuenta con más suicidios no comprende más que aquellos departamentos en los que el efectivo de la familia está por debajo de la media. Poco a poco, de forma regular, la relación se invierte hasta que la inversión se completa del todo. En el último grupo, en que los suicidios son raros, todos los departamentos presentan una densidad familiar superior a la media.

Los dos mapas siguientes reflejan por lo demás la misma configuración general. La región en que las familias tienen la menor densidad se corresponde prácticamente con la zona suicidógena. Ocupa, como ella, el Norte y el Este y se extiende hasta la Bretaña por un lado, y hasta la región del Loire por el otro. Por el contrario, en el Oeste y en el Sur, donde los suicidios son poco numerosos, la familia tiene generalmente un efectivo elevado. Esta relación se vuelve a encontrar incluso en detalles concretos. En la región septentrional observamos dos departamentos que destacan por su mediocre aptitud al suicidio, son el Norte y el Paso de Calais, y el hecho es tanto más sorprendente cuanto que el Norte es muy industrial y la gran industria favorece el suicidio. Esta misma particularidad la encontramos también en el otro mapa. En estos dos departamentos la densidad familiar es elevada, mientras que es muy baja en todos los departamentos vecinos. En el Sur volvemos a encontrar en los dos mapas la misma mancha oscura formada por las Bocas del Ródano, el Var y los Alpes Marítimos, y, al oeste, la misma mancha clara formada por la Bretaña. Las irregularidades son la excepción y nunca son demasiado apreciables; dada la cantidad de factores que pueden influir en un fenómeno de esta complejidad, una coincidencia tan general es significativa.

La misma relación inversa se vuelve a encontrar en la forma en que estos dos fenómenos han evolucionado en el tiempo. Desde 1826 el suicidio no deja de aumentar y la natalidad de disminuir. De 1821 a 1830, ésta era todavía de 308 nacimientos por 10.000 habitantes; durante el periodo 1881-88 ya no era más que de 240, y, en el intervalo entre ambos el decrecimiento permaneció estancado. Al mismo tiempo se constata una tendencia de la familia a fragmentarse y a dividirse cada vez más. De 1856 a 1886, el número de parejas creció en 2 millones en números redondos; con una progresión regular y continua ha pasado de 8.796.276 a 10.666.423. Y sin embargo, durante el mismo intervalo de tiem-

Lámina IV
Suicidios y densidad familiar en Francia
(a) Suicidios (1878-1887)

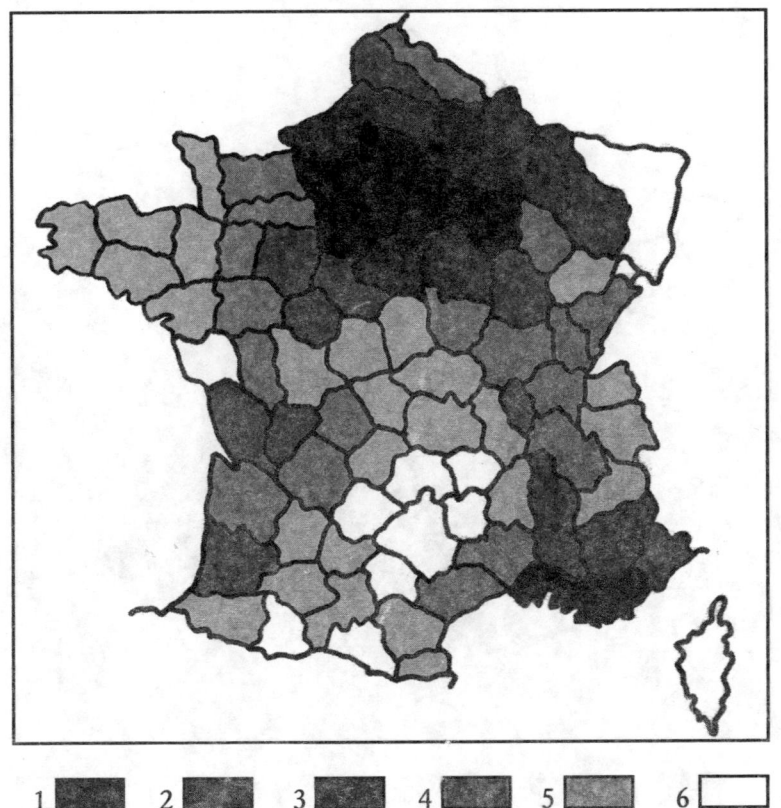

Proporción por cada 100.000 habitantes:

1 de 31 a 48
2 de 24 a 30
3 de 18 a 23
4 de 13 a 17
5 de 8 a 12
6 de 3 a 7

Lámina IV
Suicidios y densidad familiar en Francia
(a) Densidad media de familias

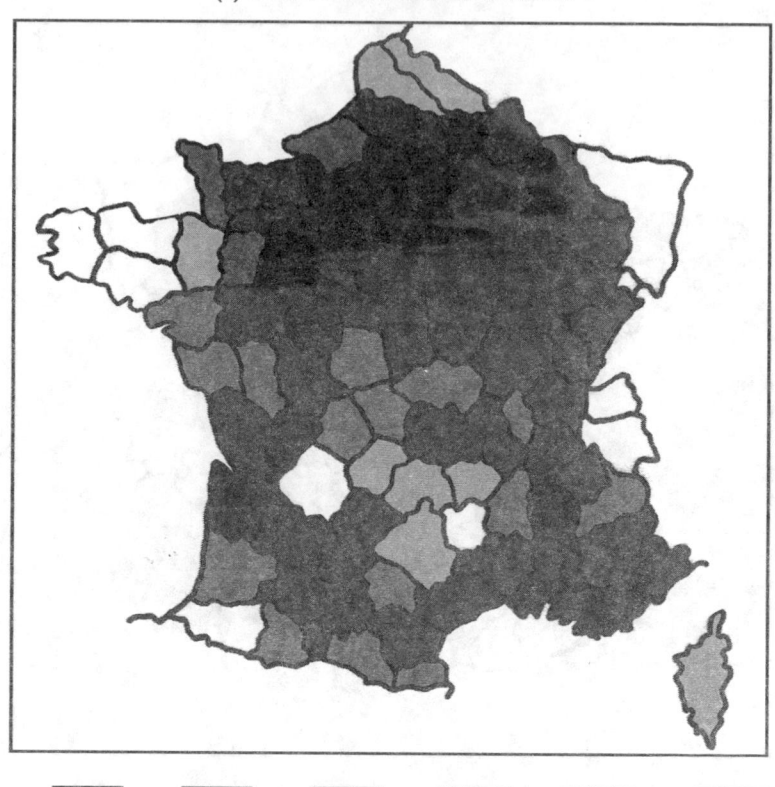

Número de personas para 10 familias:

1 de 33 a 35
2 de 36 a 38
3 de 39 a 40
4 de 41 a 40
5 de 44 a 45
6 de 46 a 49
Media: 39

po, la población sólo ha aumentado en dos millones de individuos. Lo que quiere decir por tanto que cada familia cuenta con un número menor de miembros.[64]

De manera que los hechos están lejos de confirmar la opinión corriente según la cual el suicidio se debería sobre todo a la carga de la vida, ya que disminuye por el contrario a medida que esas cargas aumentan. Aquí podemos ver una consecuencia del malthusianismo que no preveía su inventor. Cuando recomendaba limitar el tamaño de las familias, era porque se pensaba que esta limitación, al menos en algunos casos, era necesaria para el bienestar general. Ahora bien, en realidad es más bien una fuente de malestar, puesto que disminuye en el hombre el deseo de vivir. Lejos de que las familias densas sean una especie de lujo del que se puede prescindir y que sólo los ricos pueden permitirse, es por el contrario el pan nuestro de cada día sin el que no se puede subsistir. Por pobre que se sea, e incluso desde el punto de vista del interés personal, transformar en capital una parte de la descendencia es la peor de las inversiones.

Este resultado coincide con el nuestro. ¿De dónde proviene que la densidad de la familia tenga sobre el suicidio esta influencia? Para responder a esta pregunta no se debería de recurrir al factor orgánico; ya que si la esterilidad absoluta es sobre todo un producto de causas fisiológicas, no se puede decir lo mismo de la fecundidad insuficiente, que es lo más a menudo voluntaria y que depende de un determinado estado de opinión. Por lo demás, la densidad familiar, tal y como la hemos considerado, no depende exclusivamente de la natalidad; hemos visto que, allí donde los hijos son poco numerosos, pueden intervenir otras causas, e inversamente, que su número puede no tener consecuencias si no participan de forma efectiva y continuada en la vida del grupo. Y tampoco debe de atribuirse esta virtud preservadora a los sentimientos *sui generis* de los padres por sus descendientes inmediatos. Por lo demás, estos sentimientos, para ser eficaces, deben dar por sentado una determinada situación de la sociedad familiar. No pueden surtir ningún efecto si la familia está desintegrada. Por tanto, puesto que la manera como funciona varía según sea más o

---

[64] V. Empadronamiento de 1886, p. 106.

menos densa, el número de elementos de la que está compuesta afecta a la inclinación al suicidio.

Evidentemente la densidad de un grupo no puede disminuir sin que su vitalidad disminuya. Si los sentimientos colectivos tienen una particular energía, es porque la intensidad con la que cada conciencia individual los experimenta repercute en todos los demás y viceversa. La intensidad que alcanza depende por tanto del número de conciencias que los experimenten en común. Esta es la razón por la que cuanto mayor es la masa, más posibilidades hay de que las pasiones que se desencadenen en ella sean violentas. Por consiguiente, en el seno de una familia poco numerosa, los sentimientos y los recuerdos comunes no pueden ser muy intensos; porque no hay bastantes conciencias para representárselos y reforzarlos compartiéndolos. Aquí no pueden formarse esas sólidas tradiciones que vinculan entre sí a todos los miembros de un mismo grupo, que les sobreviven incluso y ligan entre sí a generaciones sucesivas. Por lo demás, las pequeñas familias son necesariamente efímeras; y sin duración, no hay sociedad consistente. No solamente los sentimientos colectivos tienen una débil manifestación en ellas, sino que además no pueden ser muy numerosos; porque su número depende de la frecuencia con que las opiniones y las impresiones se intercambian, circulan de un individuo a otro, y, por otra parte, este intercambio mismo es tanto más rápido cuanto menos gente participe en él. En una sociedad suficientemente densa, esta circulación es ininterrumpida; pues siempre hay unidades sociales en contacto, mientras que, si son escasas, sus relaciones no pueden ser más que intermitentes y hay momentos en que la vida en común se encuentra suspendida. Así mismo, cuando la familia es poco numerosa, nunca hay muchos parientes juntos; la vida familiar languidece y hay momentos en que el hogar está desierto.

Sin embargo, decir de un grupo que tiene una menor vida en común que otro, equivale a decir que tiene menor cohesión; porque la cohesión de un conjunto social no hace más que reflejar la intensidad de la vida colectiva que se produce en él. Estará más unido y será más resistente cuanto más activo y continuo sea el comercio entre sus miembros. La conclusión a la que estamos llegando puede completarse del siguiente modo: lo mismo que la familia es un poderoso preservativo del suicidio, preserva mejor cuanto más fuerte sea su constitución.[65]

V

Si las estadísticas no fueran tan recientes, sería fácil demostrar con ayuda del mismo método que esta ley se aplica también a las sociedades políticas. La historia nos enseña que el suicidio, que es generalmente raro en las sociedades jóvenes,[66] en vías de evolución y de concentración, se multiplica por el contrario a medida que estas se desintegran. En Grecia, en Roma, aparece en cuanto la vieja organización de la ciudad se resquebraja y los progresos que hace en ellas marcan las etapas sucesivas de la decadencia. El mismo hecho se observa en el imperio otomano. En Francia, en vísperas de la Revolución, el malestar que aquejaba a la sociedad como consecuencia de la descomposición del antiguo régimen social se tradujo en un brusco aumento de los suicidios de los que nos hablan los autores de aquella época.[67]

Pero, aparte de estos datos históricos, la estadística del suicidio, a pesar de no remontarse más allá de los setenta últimos años, nos proporciona sobre esta afirmación algunas pruebas que tienen sobre las precedentes la ventaja de una mayor precisión.

---

[65] Hemos empleado el término densidad en un sentido algo diferente al que habitualmente le damos en sociología. Generalmente, definimos la densidad de un grupo en función, no del número absoluto de los individuos asociados (esto es más bien lo que llamamos volumen), sino del número de los individuos que, a igual volumen, se relacionan efectivamente (v. *Règles de la Méth. sociol.*, p. 139). Pero en el caso de la familia, la distinción entre el volumen y la densidad no tiene ningún interés, ya que, debido a las pequeñas dimensiones del grupo, todos los individuos asociados mantienen relaciones efectivas.

[66] No hay que confundir las sociedades jóvenes, llamadas a desarrollarse, con las sociedades primitivas; en estas últimas, por el contrario, los suicidios son muy frecuentes, como veremos en el capítulo siguiente.

[67] En 1781 Helvétius escribía lo siguiente: "El desorden de las finanzas y el cambio de la constitución del Estado provocaron una consternación general. Numerosos suicidios en la capital fueron la triste prueba de ello." Citamos según Legoyt, p. 30. Mercier, en su *Tableau de Paris* (1782), dice que en 25 años se triplicó en París el número de suicidios.

Se ha escrito a veces que las grandes conmociones políticas multiplicaban los suicidios. Sin embargo, Morselli ha demostrado que los hechos contradicen esta opinión. Todas las revoluciones que han tenido lugar en Francia en el transcurso de este siglo, han disminuido el número de los suicidios en el momento en que se producían. En 1830, el total de casos cae de 1.904, en 1829, a 1.756, o sea una brusca disminución de casi un 10%. En 1848, la regresión no es menos importante; el total anual pasa de 3.647 a 3.301. Luego, durante los años 1848-49, la crisis que acababa de agitar a Francia se extiende a toda Europa; en todas partes los suicidios bajan, y la baja es tanto más sensible cuanto más grave y más larga es la crisis, como demuestra la tabla siguiente:

	Dinamarca	Prusia	Baviera	Sajonia real	Austria
1847	345	1852	217		611(en 1846)
1848	305	1649	215	398	
1849	337	1527	189	328	452

En Alemania, la agitación fue más viva que en Dinamarca y la lucha más larga incluso que en Francia, donde se constituyó en el acto un nuevo gobierno; también la disminución, en los Estados alemanes, se prolonga hasta 1849. En relación a este último año es de un 13% en Baviera, y de un 18% en Prusia; en Sajonia, en un único año, de 1848 a 1849, es igualmente de un 18%.

En 1851, el mismo fenómeno no se reproduce ya en Francia, como tampoco en 1852. Los suicidios permanecen estacionarios. Sin embargo, en París, el golpe de Estado produce su efecto acostumbrado; aunque tuvo lugar en diciembre, la cifra de los suicidios cayó de 483 en 1851 a 446 en 1852 (-8%) y, en 1853, seguía siendo todavía de 463.[68] Este hecho tendería a demostrar que esta revolución gubernamental afectó mucho más en París que en las provincias, a las que pareció dejar casi indiferentes. Por lo demás, de una manera general, la influencia de estas crisis es siempre más sensible en la capital que en los departamentos. En 1830, en París, la disminución fue de un 13% (269 casos en lugar de los

---

[68] Según Legoyt, p. 252.

307 del año anterior y de los 359 del siguiente); en 1848, del 32% (481 casos en lugar de 698).[69]

Las simples crisis electorales, por poca intensidad que tengan, tienen a veces el mismo resultado. Así, en Francia, el calendario de los suicidios lleva la marca visible del golpe de Estado parlamentario del 16 de mayo de 1877 y de la agitación que provocó, hasta que las elecciones de 1889 pusieron fin al movimiento boulangista. Para comprobarlo, no tenemos más que comparar la distribución mensual de los suicidios durante estos dos años con la de los años colindantes.

	1876	1877	1878	1888	1889	1890
Mayo	604	649	717	924	919	819
Junio	662	692	682	851	829	822
Julio	625	540	693	825	818	888
Agosto	482	496	547	786	694	734
Septiembre	394	378	512	673	597	720
Octubre	464	423	468	603	648	675
Noviembre	400	413	415	589	618	571
Diciembre	389	386	335	574	482	475

Durante los primeros meses de 1877, los suicidios son superiores a los de 1876 (1.945 casos de enero a abril en lugar de 1.784) y la alza persiste en mayo y junio. A finales de este último mes las Cámaras fueron disueltas, y el periodo electoral abierto de hecho, incluso de derecho; verosímilmente este es también el momento en que las pasiones políticas están más excitadas, ya que el efecto del tiempo y del cansancio hace que se vayan calmando poco a poco. Por eso, en julio, los suicidios en vez de continuar superando a los del año anterior, son inferiores en un 14%. Salvo una ligera retención en agosto, la baja continúa, aunque menos pronunciada, hasta octubre, que es cuando finaliza la crisis. Nada más finalizada, el movimiento ascendente, que había quedado suspendido por un momento, recomienza. En 1889 el fenómeno es todavía más evidente. A comienzos de agosto la Cámara se disuelve; la agitación electoral comienza inmediatamente y dura hasta finales de septiembre; entonces tuvieron lu-

[69] Según Masaryck, *Der Selbstmord*, p. 137.

gar las elecciones. Ahora bien, en agosto se produjo, con relación al mes correspondiente de 1888, una brusca disminución de un 12%, que se mantuvo en septiembre, y cesa no menos repentinamente en octubre, es decir, en el momento en que termina la campaña.

Las grandes guerras nacionales tienen la misma influencia que los disturbios políticos. En 1866 estalla la guerra entre Austria e Italia, y los suicidios disminuyen en un 14% en uno y otro país.

	1865	1866	1867
Italia	678	588	657
Austria	1464	1265	1407

En 1864, fue el turno de Dinamarca y Sajonia. En este último Estado, los suicidios de 643 en 1863, bajan a 545 en 1864 (-16%) para volver a subir a 619 en 1865. Por lo que respecta a Dinamarca, dado que no disponemos del número de suicidios de 1863, no podemos compararlo al de 1864; pero sabemos que el total de este último año (411) es el más bajo que se ha alcanzado desde 1852. Puesto que en 1865 se eleva a 451, es bastante probable que la cantidad de 411 suponga una baja considerable.

La guerra de 1870-71 tuvo las mismas consecuencias en Francia y en Alemania:

	1869	1870	1871	1872
Prusia	3186	2963	2723	2950
Sajonia	710	657	653	687
Francia	5114	4157	4490	5275

Podría llegar a pensarse que esta disminución es debida a que, en tiempo de guerra, una parte de la población civil está movilizada y que, en un ejército en campaña, no es fácil llevar el cómputo de los suicidios. Sin embargo las mujeres contribuyen tanto como los hombres a esta disminución. En Italia, los suicidios femeninos pasan de 130 en 1864 a 117 en 1866; en Sajonia, de 133 en 1863 a 120 en 1864 y 114 en 1865 (-15%). En el mismo país, en 1870, la disminución no es menos sensible; de 130 en 1869, descienden a 114 en 1870 y siguen en ese mismo nivel en 1871, la disminución es de un 13%, superior a la que experimentaron los suicidios masculinos en el mismo periodo. En Prusia, mientras que 616 mujeres se habían matado en 1869, no lo hicieron más que 540 en 1871 (–13%). Se sabe, por lo demás, que los jóvenes en condiciones de llevar armas no aportan más que un débil contingente al suicidio. La guerra abarcó únicamente seis meses de 1870; en ese periodo y en tiempo de paz, un millón de franceses de 25 a 30 años hubiera producido como mucho un centenar de suicidios,[70] mientras que entre 1870 y 1869 la diferencia en menos es de 1.057 casos.

También se ha pensado si ese retroceso momentáneo en tiempo de crisis no se deberá a que, al estar paralizada entonces la actividad administrativa, los suicidios se comprueben con menos exactitud. Sin embargo, numerosos hechos demuestran que esta causa circunstancial no basta para explicar el fenómeno. En primer lugar, hay que tener en cuenta su gran generalidad. Se produce tanto entre los vencedores como entre los vencidos, tanto entre los invasores como entre los invadidos. Además, cuando la conmoción ha sido muy violenta, los efectos se dejan sentir todavía mucho tiempo después de que haya pasado. Los suicidios vuelven a producirse lentamente; y hasta que alcanzan otra vez su punto de partida tienen que transcurrir varios años. Sucede de este modo incluso en aquellos países en que, en tiempos normales, aumentan regularmente cada año. Aunque las omisiones parciales sean por lo demás posibles e incluso probables en esos momentos de confusión, la disminución percibida por las estadísticas es demasiado constante como para que se pueda atribuir su causa principal a una distracción pasajera de la administración.

Pero la mejor prueba de que no nos hayamos ante un error de contabilidad, sino ante un fenómeno de psicología social, es que no todas las crisis políticas o nacionales tienen esta influencia. Sólo influyen así las que encienden las pasiones. Hemos señalado ya que nuestras revoluciones han afectado siempre más a los suicidios de París que a los de los departamentos; y sin embargo, la confusión administrativa era la misma en los departamentos que en la capital. Sólo que esta clase de acontecimientos siempre han

---

[70] En efecto, en 1889-91, la tasa anual, a esta edad, era únicamente de 396; la tasa semestral de aproximadamente 200. Ahora bien, de 1870 a 1890, el número de suicidios de cada edad se duplicó.

interesado menos a los habitantes de las provincias que a los parisinos, que eran quienes las provocaban y asistían a ellas de más cerca. Así mismo, mientras que las grandes guerras nacionales, como la de 1870-71, tuvieron, tanto en Francia como en Alemania, una gran influencia sobre el desarrollo de los suicidios, las guerras puramente dinásticas como la de Crimea o la de Italia, que no agitaron demasiado a las masas, no tuvieron efectos apreciables. Incluso, en 1854, se produjo un aumento importante (3.700 casos en lugar de los 3.451 de 1853). Se observa el mismo hecho en Prusia durante las guerras de 1864 y de 1866. Las cantidades permanecen estacionarias en 1864 y suben un poco en 1866. La razón es que esas guerras habían estado provocadas por los políticos y no habían soliviantado las pasiones populares como la de 1870.

Desde este mismo punto de vista, es interesante señalar que en Baviera, el año 1870 no produjo los mismos efectos que en los demás países de Alemania, sobre todo de la Alemania del norte. Se han contabilizado más suicidios en 1870 que en 1869 (452 en lugar de 425). Solo en 1871 se produjo una ligera disminución; se acentúa un poco en 1872 en que no hubo más que 412 casos, lo que no supone, por lo demás, más que una baja de un 9% en relación a 1869 y de un 4% en relación a 1870. No obstante, Baviera participó en los acontecimientos militares tanto como Prusia; como ella movilizó todo su ejército y no hay razón para que el desconcierto administrativo haya sido menor. Sólo que para ella los acontecimientos no tenían el mismo significado moral. Se sabe, en efecto, que la católica Baviera es, de toda Alemania, el país más independiente y más celoso de su autonomía. Participó en la guerra por voluntad de su rey, pero sin entusiasmo. Resistió por tanto mucho más que los demás pueblos aliados al gran movimiento social que agitaba entonces Alemania; esta es la razón por la que las consecuencias sólo se dejaron sentir más tarde y más débilmente. El entusiasmo sólo apareció hacia el final y fue moderado. Fue necesario el viento de gloria que se levantó en Alemania después de los éxitos de 1870 para calentar un poco a Baviera, hasta ese momento fría y recalcitrante.[71]

---

[71] Y ni siquiera es del todo seguro que esta disminución de 1872 tuviera por causa los acontecimientos de 1870. En efecto, con excepción de Prusia, la dismi-

Con este hecho podemos relacionar el siguiente, que tiene el mismo significado. En Francia, durante los años 1870-71, el suicidio solo disminuyó en las ciudades:

	Suicidios por millón de habitantes	
	Población urbana	Población rural
1866-69	202	104
1870-72	161	110

Las comprobaciones debían de ser sin embargo más difíciles en el campo que en las ciudades. La verdadera razón de esta diferencia tiene por tanto otra causa. Y es que la guerra donde surtió todo su efecto moral fue en la población urbana, más sensible, más impresionable, y, también, más al corriente de los acontecimientos que la población rural.

Estos hechos sólo tienen una explicación. Las grandes conmociones sociales tanto como las grandes guerras populares avivan los sentimientos colectivos, estimulan el espíritu de equipo tanto como el patriotismo, la fe política tanto como la fe nacional y, dirigiendo todas las actividades hacia un mismo fin, determinan, al menos por un tiempo, una integración mayor de la sociedad. No es a la crisis a lo que se debe la saludable influencia que acabamos de constatar, sino a las luchas de las que esta crisis es la causa. Puesto que obligan a los hombres a unirse para hacer frente a un peligro común, el individuo piensa menos en sí mismo y más en el bien común. Es fácil comprender, por lo demás, que esta integración pueda no ser puramente momentánea y sobreviva en ocasiones a las causas que la han suscitado, sobre todo cuando es profunda.

---

nución de los suicidios no se aprecia más allá del periodo mismo de la guerra. En Sajonia, la bajada de 1870, que no es por lo demás más que de un 8%, no se acentúa en 1871 y cesa en 1872 casi completamente. En el ducado de Bade la disminución se limita a 1870; 1871, con 244 casos, supera a 1869 en un 10%. Parece por tanto que Prusia fue la única en que prendió una especie de euforia colectiva después de la victoria. Los demás Estados fueron menos sensibles al aura de gloria y de poder que trae consigo la victoria en una guerra y, una vez pasada la ansiedad nacional, las pasiones sociales se calmaron.

VI

Hemos formulado por tanto, de forma sucesiva, las tres proposiciones siguientes:

El suicidio varía en razón inversa al grado de cohesión de la sociedad religiosa.
El suicidio varía en razón inversa al grado de cohesión de la sociedad familiar.
El suicidio varía en razón inversa al grado de cohesión de la sociedad política.

Esta similitud demuestra que, si estas diferentes sociedades ejercen sobre el suicidio una influencia moderadora, no es como consecuencia de las características particulares de cada una de ellas, sino en virtud de una causa que es común a todas. La religión no debe su eficacia a la especial naturaleza de los sentimientos religiosos, puesto que las sociedades familiares y las sociedades políticas, cuando están profundamente cohesionadas, producen los mismos efectos; por otra parte, esto mismo es lo que hemos demostrado cuando estudiábamos directamente la forma en que las diferentes religiones actúan sobre el suicidio.[72] Inversamente, no es lo que tienen de específico el vínculo familiar o el vínculo político lo que puede explicar la inmunidad que confieren; puesto que la sociedad religiosa tiene el mismo privilegio. La causa sólo puede encontrarse en una misma propiedad que poseen todos estos grupos sociales, aunque, tal vez, en grados diferentes. Ahora bien, la única causa que cumple esta condición, es que todos son grupos sociales profundamente cohesionados. Llegamos por tanto a esta conclusión general: El suicidio varía en razón inversa al grado de cohesión de los grupos sociales de los que forma parte el individuo.

La sociedad no puede desintegrarse sin que, en la misma medida, el individuo no sea apartado de la vida social, sin que los fines propios no se impongan a los fines comunes, sin que la personalidad, en una palabra, no tienda a ponerse por encima de la

---

[72] V. más arriba, p. 148.

personalidad colectiva. Cuanto más debilitados estén los grupos a los que pertenece y menos dependa de ellos, más, por consiguiente, depende de sí mismo para no reconocer otras normas de conducta que aquellas que están basadas en sus intereses privados. Por tanto, si convenimos en llamar egoísmo a este estado en el que el yo individual se afirma excesivamente frente al yo social y a sus expensas, podremos llamar egoísta a un tipo particular de suicidio que resulte de una individuación desmedida.

¿Pero cómo puede el suicidio tener un origen semejante?

En primer lugar, podríamos señalar que al ser la fuerza colectiva uno de los obstáculos que mejor pueden contenerlo, no puede debilitarse sin que él no se desarrolle. Cuando la sociedad está profundamente cohesionada, mantiene a los individuos dependientes de ella, consideran que están a su servicio y, por consiguiente, no les permite disponer de sí mismos a su antojo. Se opone por tanto a que se sustraigan, recurriendo a la muerte, a los deberes que tienen para con ella. Sin embargo, cuando rehusan aceptar la legitimidad de esta subordinación, ¿cómo podrá ella imponer su supremacía? Ya no tiene la autoridad necesaria para retenerlos en su lugar si quieren abandonarlo, y, consciente de su debilidad, llega incluso a reconocerles el derecho a hacer libremente aquello que no puede impedirles. En la medida en que se admite que ellos son los dueños de su destino, es cosa suya poner los límites. Por un lado ya no hay motivo para soportar con paciencia las miserias de la existencia. Porque cuando son solidarios del grupo al que aman, para no traicionar los intereses a los que están acostumbrados a supeditar los suyos propios, ponen más obstinación en vivir. El lazo que les liga a la causa común les liga también a la vida y, además, el elevado fin que se han impuesto a sí mismos impide que las contrariedades privadas se manifiesten con demasiada intensidad. En fin, en una sociedad coherente y dinámica, se da entre todos y cada uno un continuo intercambio de ideas y de sentimientos y algo así como una mutua asistencia moral, que hace que el individuo, en lugar de estar reducido a sus solas fuerzas, participe de la energía colectiva y venga a reconfortar la suya cuando le falte.

Sin embargo estas razones no son más que secundarias. El individualismo excesivo no tiene únicamente como resultado favorecer la acción de las causas suicidógenas, sino que él mismo es una causa de ese género. No sólo retira un útil obstáculo de la pendiente que empuja a los hombres a matarse, sino que crea esa pendiente de la nada y produce así un suicidio especial que lleva su marca. Es necesario entender esto, pues en esto es en lo que consiste la naturaleza propia del tipo de suicidio que acabamos de distinguir y eso es lo que justifica también el nombre que le hemos dado. ¿Qué hay en el individualismo que pueda explicar este resultado?

Se ha dicho a veces que en virtud de su constitución psicológica, el hombre no puede vivir si no se vincula a algo que le sobrepase y que le sobreviva, y se ha dado como razón de este impulso la necesidad que tendríamos de no perecer del todo. La vida, se dice, sólo es tolerable si se le encuentra algún sentido, si tiene algún fin, que valgan la pena. Ahora bien, el individuo, por sí solo, no es un fin suficiente para su actividad. Es demasiado poca cosa. No solamente está limitado en el espacio, sino que está estrechamente limitado en el tiempo. Por tanto, cuando no tenemos otro objetivo que nosotros mismos, no podemos escapar a la idea de que nuestros esfuerzos están finalmente destinados a perderse en la nada a la que estamos abocados. Y el aniquilamiento nos produce horror. En estas condiciones, nos falta el coraje de vivir, es decir de actuar y de luchar, puesto que de todos esos esfuerzos no va a quedar nada. En una palabra, el estado de egoísmo estaría en contradicción con la naturaleza humana, un estado demasiado precario, por consiguiente, para tener oportunidades de durar.

Sin embargo, en estos términos absolutos, este razonamiento es muy discutible. Si realmente la idea de que nuestra persona deba tener un fin nos fuera tan odiosa, no podríamos consentir en vivir más que con la condición de no querer ver nada y tener una idea preconcebida sobre el valor de la vida. Porque si es posible, en cierta medida, ocultarnos la visión de la nada, no podemos impedirla ser; hagamos lo que hagamos, es inevitable. Podemos retrasar el límite en algunas generaciones, hacer de manera que nuestro nombre dure algunos años o algunos siglos más que nuestro cuerpo; siempre llega el momento, muy pronto para el común de los mortales, en el que no quedará nada. Porque los grupos a los que nos aferramos a fin de poder, por su mediación, prolongar nuestra existencia, son ellos mismos mortales; están, ellos también, destinados a disolverse, llevándose con ellos todo lo que hayamos puesto de nosotros mismos. Son infinitamente raros aquellos cuyo recuerdo está tan estrechamente ligado a la historia de la humanidad como para estar seguros de durar tanto como ella. Por tanto, si tuviéramos realmente tanta sed de inmortalidad, no son estas perspectivas tan limitadas las que la saciarían. Por lo demás, ¿qué es lo que así subsiste de nosotros? Una palabra, un sonido, una huella imperceptible y, lo más a menudo, anónima,[73] nada, por consiguiente que tenga relación con la intensidad de nuestros esfuerzos y que pueda justificarlos a nuestros ojos. De hecho, aunque el niño sea por naturaleza egoísta, y no experimente la menor necesidad de sobrevivirse, y el anciano, a este respecto como a tantos otros, sea a menudo un niño, uno y otro no dejan de tener por la vida tanto apego e incluso más que el adulto; hemos visto, en efecto, como el suicidio es muy raro durante los quince primeros años y como tiende a disminuir hacia el final de la vida. Lo mismo sucede con el animal cuya constitución psicológica sólo difiere en grado de la del hombre. Por lo tanto, es falso que la vida sólo sea posible a condición de que tenga una razón de ser fuera de sí misma.

Efectivamente, hay todo un orden de funciones que sólo interesan al individuo; son aquellas que son necesarias para el mantenimiento de la vida física. Puesto que están hechas únicamente para este fin, cuando éste ha sido conseguido no persiguen otra cosa. Por consiguiente, en todo aquello que las conciernen, el hombre puede obrar razonablemente sin que tenga que proponerse fines que le superen. Si sirven para algo es para lo que sirven. Por eso, en la medida en que no tenga otras necesidades, se basta a sí mismo y puede vivir feliz sin tener otro objetivo que el de vivir. Sólo que éste no es el caso del hombre civilizado que ha alcanzado la edad adulta. En él, hay una multitud de ideas, de sentimien-

---

[73] No hablamos de la prolongación ideal de la vida que trae consigo la creencia en la inmortalidad del alma, porque: 1° no es eso lo que puede explicar por qué la familia o el apego a la sociedad política nos preservan del suicidio; 2° ni siquiera es esta creencia la que explica la influencia profiláctica de la religión; como hemos demostrado más ariba.

tos, de prácticas, que no tienen ninguna relación con las necesidades orgánicas. El arte, la moral, la religión, las ideas políticas, la ciencia misma, no tienen como finalidad reparar el desgaste de los órganos ni mantener su buen funcionamiento. Toda esta vida suprafísica no se despierta y se desarrolla a requerimiento del medio cósmico, sino a requerimiento del medio social. Es la influencia de la sociedad la que ha suscitado en nosotros esos sentimientos de simpatía y de solidaridad que nos unen al prójimo; es ella la que, haciéndonos a su imagen, nos ha imbuido de esas creencias religiosas, políticas, morales, que gobiernan nuestra conducta; ha sido para poder jugar nuestro papel social por lo que nos hemos empeñado en ampliar nuestra inteligencia, y es también la sociedad la que, transmitiéndonos la ciencia depositada en ella, nos ha provisto de los instrumentos necesarios para ese desarrollo.

Por la misma razón que estas formas superiores de la actividad humana tienen un origen colectivo, tienen un fin de la misma naturaleza. Como de donde proceden es de la sociedad, es también a ella a la que tienden; o mejor aún, ellas son la sociedad misma encarnada e individualizada en cada uno de nosotros. Ahora bien, para que tengan una razón de ser a nuestros ojos, es necesario que el objetivo al que tienden no nos sea indiferente. No podemos atenernos a unas más que en la medida en que nos atenemos a la otra, es decir a la sociedad. Por el contrario, cuanto más ajenos nos sintamos a ésta última, más ajenos también nos sentiremos a la vida de la que ella es principio y fin. ¿Qué sentido tienen esas normas morales, esos preceptos de derecho que nos obligan a toda suerte de sacrificios, esos dogmas que nos oprimen, si no hay fuera de nosotros ningún ser al que sirvan del que nos sintamos solidarios? ¿Qué sentido tiene la ciencia misma? Si no tiene otra utilidad que prolongar nuestras esperanzas de vida, no vale los esfuerzos que cuesta. El instinto cumple mejor este papel; los animales son la prueba. ¿Qué necesidad hay de sustituirlo por una reflexión más dudosa y más sujeta a error? Pero sobre todo, ¿qué sentido tiene el sufrimiento? Mal positivo para el hombre, si el valor de todas las cosas debe estimarse en relación consigo mismo, no tiene ninguna compensación y se vuelve ininteligible. Para el fiel firmemente apegado a su fe, para el hombre obligado por los vínculos de una sociedad familiar o política, el problema no existe. Espontáneamente y sin reflexionar, dirigen lo que son y lo que hacen el uno a su Iglesia o a su Dios, símbolo viviente de esa misma Iglesia, el otro a su familia, o a su patria, o a su partido. Incluso en sus sufrimientos mismos, no ven más que medios para servir a la glorificación del grupo al que pertenecen y al que se lo dedican. Así es como el cristiano llega a amar y a buscar el dolor para testimoniar mejor su desprecio de la carne y acercarse todavía más a su divino modelo. Pero, en la medida en que el creyente duda, es decir se siente menos solidario de la confesión religiosa de la que forma parte y se emancipa de ella, en la medida en que familia y ciudad se convierten en extrañas para el individuo, él se convierte para sí mismo en un misterio, y entonces no puede escapar ya a la molesta y angustiosa pregunta: ¿para qué todo esto?

En otros términos, si, como se ha dicho a menudo, el hombre es doble, es porque al hombre físico se le ha añadido el hombre social. Ahora bien éste último supone necesariamente una sociedad que él pone de manifiesto y a la que sirve. Que, por el contrario, llega a descomponerse, que no la sentimos ya viva y activa alrededor y por encima de nosotros, entonces todo lo que hay de social en nosotros se encuentra desprovisto de cualquier fundamento objetivo. No es más que una combinación artificial de imágenes ilusorias, una fantasmagoría que un poco de reflexión basta para hacer que se desvanezca; nada, por consiguiente, que pueda servir de finalidad a nuestros actos. Y sin embargo este hombre social es la máxima expresión del hombre civilizado; es él quien pone precio a la vida. De aquí se deduce que nos faltan razones para vivir; porque la única vida a la que podemos aspirar no responde a nada real, y la única que tiene todavía algún fundamento en la realidad no responde ya a nuestras necesidades. Porque hemos sido iniciados en una vida más alta, aquella con la que se contentan el niño y el animal no puede ya satisfacernos, mientras la primera se nos escapa y nos deja desamparados. No hay por tanto nada a lo que puedan aferrarse nuestros esfuerzos y tenemos la sensación de que se pierden en el vacío. En este sentido es en el que decimos que nuestra actividad necesita un objetivo que esté por encima de ella. No es porque éste nos sea necesario para conservar la ilusión de una inmortalidad imposible; es porque está implícito en nuestra constitución moral y no puede eludirse, ni siquiera en parte, sin que, en la misma medida, ésta pierda sus razones de ser. No es necesario señalar que, en un estado tal de quebrantamiento, las menores causas de desaliento pueden fácilmente hacer surgir resoluciones desesperadas. Si la vida no vale la pena vivirse, cualquier cosa puede ser un pretexto para desembarazarse de ella.

Pero esto no es todo. Este desapego no se produce únicamente entre los individuos aislados. Uno de los elementos constitutivos de todo temperamento nacional consiste en una cierta manera de valorar la existencia. Hay un carácter colectivo, como hay un carácter individual, que inclina a los pueblos a la tristeza o a la alegría, que les hace ver las cosas de color de rosa o bien negras. Además, la sociedad es la única que está en condiciones de emitir un juicio de conjunto sobre el valor de la vida humana, cosa que el individuo no puede hacer. Porque él sólo se conoce a sí mismo y su pequeño horizonte; su experiencia está por tanto muy limitada como para poder servir de base a una apreciación general. Puede perfectamente juzgar que su vida no tiene ninguna finalidad; pero no puede decir nada que se aplique a los demás. La sociedad puede, por el contrario, sin filosofar, generalizar la idea que tiene de sí misma, de su estado de salud y enfermedad. Porque los individuos participan demasiado estrechamente en su vida como para que ésta pueda estar enferma sin que ellos no se sientan afectados. Su sufrimiento se convierte necesariamente en el sufrimiento de todos. Dado que ella es el todo, el mal que experimenta se comunica a las partes de que está compuesta. Y entonces no puede desintegrarse sin ser consciente de que las condiciones habituales de la vida en general están siendo afectadas en la misma medida. Dado que ella es la finalidad a la que tiende la mejor parte de nosotros mismos, no puede sentir que le escapamos sin darse cuenta al mismo tiempo de que nuestra actividad se ha quedado sin finalidad. Y puesto que somos su obra, no puede ser consciente de su decadencia sin ser consciente a la vez de que, a partir de ahora, esta obra no servirá para nada. Así es como se forman las corrientes de depresión y de decepción que no proceden de ningún individuo en particular, pero que expresan el estado de descomposición en el que se encuentra la sociedad. Traducen el relajamiento de los lazos sociales, una especie de astenia colectiva, de malestar social, del mismo modo que la tristeza individual, cuando es crónica, traduce a su manera algún desarreglo orgánico del individuo. Entonces aparecen esos síntomas metafísicos y religiosos que, reduciendo a fórmulas estos oscuros sentimientos, intentan demostrar a los hombres que la vida no tiene sentido y que atribuirle alguno no es más que engañarse a sí mismo. Entonces aparecen morales nuevas, que erigiendo el hecho en derecho recomiendan el suicidio, o cuanto menos lo favorecen recomendando vivir lo menos posible. En el momento en que aparecen, es como si sus autores las hubieran hecho surgir de la nada, y se les hace responsables en ocasiones del desaliento que predican. En realidad son un efecto más que una causa; no hacen más que simbolizar, en un lenguaje abstracto y de una manera sistemática, la miseria fisiológica del cuerpo social.[74] Y puesto que estas corrientes son colectivas, tienen, en razón de este origen, una autoridad que hace que se impongan al individuo y le empujen con más fuerza todavía en la dirección en la que se inclina ya el estado de desamparo moral que ha suscitado directamente en él la desintegración de la sociedad. De modo que, en el momento mismo en que se libera del todo del medio social, sufre todavía su influencia. Por individualista que se sea, siempre queda algo colectivo, y lo que conlleva ese individualismo exagerado es la depresión y la melancolía. Se comulga en la tristeza cuando no se tiene otra cosa para compartir.

Este tipo de suicidio se merece por tanto el nombre que le hemos dado. El egoísmo no es un factor meramente auxiliar; es la causa generadora. Si, en este caso, el lazo que une al hombre a la vida se relaja, es porque el lazo que le une a la sociedad se ha desatado. En cuanto a los incidentes de la vida privada, que parecen inspirar directamente el suicidio y que pasan por ser las condiciones determinantes, no son en realidad más que causas ocasionales. Si el individuo cede al menor choque de las circunstancias, es porque el estado en que se encuentra la sociedad ha hecho de él una presa lista para el suicidio.

Varios hechos confirman esta explicación. Sabemos que el suicidio es excepcional entre los niños y que disminuye en los ancianos en las últimas etapas de la vida; la razón es que tanto en

---

[74] Esta es la razón por la cual es injusto acusar a estos teóricos de la tristeza de generalizar impresiones personales. No son más que el eco de un estado general.

uno como en otro el hombre físico tiende a convertirse en la totalidad del hombre. La sociedad está todavía ausente del primero al que no ha tenido aún tiempo de formar a su imagen, y comienza a retirarse del segundo o, lo que viene a ser lo mismo, él se retira de ella. Como consecuencia, se bastan a sí mismos. Teniendo menos necesidad de completarse con nada que no sean ellos mismos, están también menos expuestos a perder lo necesario para vivir. La inmunidad del animal no tiene otras causas. Así mismo, veremos en el próximo capítulo que si las sociedades primitivas practican un suicidio que les es propio, éste del que acabamos de hablar es poco menos que desconocido para ellas. La razón no es otra que al ser la vida social muy simple, las dimensiones sociales de los individuos también lo son, y por consiguiente necesitan poca cosa para satisfacerse. Encuentran fácilmente en el exterior un objeto al que puedan aferrarse. Allá donde vaya el primitivo, si puede llevar consigo sus dioses y su familia, eso es todo lo que necesita su naturaleza social.

En fin, esta es la razón por la que la mujer puede vivir aislada más fácilmente que el hombre. Cuando vemos a la viuda soportar su condición mucho mejor que el viudo y buscar el matrimonio con menos ansias, llegamos a pensar que esta aptitud para prescindir de la familia es una señal de superioridad; se dice que las facultades afectivas de la mujer, siendo muy intensas, encuentran fácilmente una ocupación fuera del círculo familiar, mientras que su abnegación nos es indispensable para ayudarnos a soportar la vida. En realidad, si ella tiene ese privilegio, es porque su sensibilidad es más bien rudimentaria y no está muy desarrollada. Como pasa más tiempo que el hombre fuera de la vida social, ésta le afecta menos: la sociedad le es menos necesaria porque está menos impregnada de sociabilidad. Tiene pocas necesidades por ese lado, y las satisface sin mucho esfuerzo. Con algunas obligaciones religiosas y algunos animales que cuidar, la solterona tiene su vida ocupada. Si permanece tan fielmente aferrada a las tradiciones religiosas y si, por consiguiente, encuentra en ellas una útil protección contra el suicidio, es porque esas formas sociales tan simples satisfacen todas sus exigencias. El hombre, por el contrario, las encuentra asfixiantes. Su pensamiento y su actividad, a medida que se desarrollan, desbordan cada vez más estos límites arcaicos. Así que necesita otros. Como es un ser social más complejo, no puede mantener su equilibrio más que si encuentra en el exterior otros puntos de apoyo, y precisamente porque su equilibrio moral depende de más condiciones es por lo que se trastorna también más fácilmente.

CAPÍTULO IV

El suicidio altruista[75]

En los asuntos de la vida, nada es bueno sin medida. Una característica biológica no puede cumplir con los fines a los que debe servir más que a condición de no rebasar ciertos límites. Y lo mismo sucede con los fenómenos sociales. Si, como acabamos de ver, un individualismo excesivo conduce al suicidio, un individualismo insuficiente produce los mismos efectos. Cuando el hombre se margina de la sociedad, se mata fácilmente, pero también cuando está demasiado integrado en ella.

I

Se ha dicho a veces[76] que el suicidio no era conocido en las sociedades primitivas. En estos términos, esta afirmación es inexacta. Es cierto que el suicidio egoísta, tal y como acabamos de explicarlo, no parece ser frecuente en ellas. Pero hay otro que se encuentra en cambio en estado endémico.

---

[75] *Bibliografía.* – Steinmetz, Suicide among primitive Peoples, en *American Anthropologist*, enero 1894. – Waitz, *Anthropologie der Naturvoelker, passim.* – Suicidios en los ejércitos, en *Journal de la societé de statistique*, 1874, p. 250. – Millar, Statistic of military suicide, en *Journal of the statistical society*, Londres, junio 1874. – Mesnier, *Du suicide dans l'armée*, París, 1881. – Bournet, *Criminalité en France et en Italie*, p. 83 y sig. – Roth, Die Selbstmorde in der K. u. K. Arme, in den Iahren 1873-80, en *Statistische Monatschrift*, 1892. – Rosenfeld, Die Selbstmorde in der Preussischen Armee, en *Militarwochenblatt*, 1894, 3° Beiheft. – Del mismo autor, Der Selbstmord in der K. u. K. oest erreischischen Heere, en *Deutsche Worte*, 1893. – Antony, Suicide dans l'armée allemande, en *Arch. de méd. et de phar. militaire*, París, 1895.

[76] Oettingen, *Moralstatistik*, p. 762.

Bartholin, en su libro *De causis contemptae mortis a Danis*, cuenta que para los guerreros daneses era una vergüenza morir en la cama, de viejo, o de enfermedad, y que se suicidaban para escapar a esta ignominia. Los Godos creían así mismo que aquellos que mueren de muerte natural están destinados a pudrirse eternamente en antros repletos de animales venenosos.[77] En las lindes de los territorios Visigodos había una enorme roca llamada *La Roca de los Antepasados* desde la que los ancianos se arrojaban cuando estaban cansados de vivir. La misma costumbre la podemos encontrar entre los Tracios, los Erulos, etc. Silvio Itálico dice de los Celtas españoles: "Es una nación pródiga de su sangre y muy dada a adelantar la muerte. En cuanto el celta ha dejado atrás los años de apogeo de su fuerza, soporta con impaciencia el paso del tiempo y desdeña conocer la vejez; poner término a su destino está en sus manos".[78] Por eso a los que se daban la muerte les esperaba un paraíso de placeres, y a los que morían de enfermedad o de decrepitud una espantosa cueva. Las mismas costumbres se mantuvieron durante mucho tiempo en la India. Tal vez esta afición por el suicidio no se encuentre entre los Vedas, pero sin duda era muy antigua. A propósito del suicidio del brahmán Calanus, Plutarco dice: "Se sacrificó a sí mismo como era costumbre de los sabios del país";[79] y Quinto Curcio: "Existe entre ellos una especie de hombres salvajes y toscos a los que se les da el nombre de sabios. A sus ojos, es una gloria prevenir el día de su muerte, y se hacen quemar vivos en cuanto la edad o la enfermedad empiezan a atormentarles. La muerte, cuando se la espera, es según ellos el deshonor de la vida; por eso no rinden ningún homenaje a los cuerpos que ha destruido la vejez. El fuego sería mancillado si no recibiera al hombre mientras todavía respira".[80] Hechos parecidos se han señalado en Fidji,[81] en las Nuevas Hébridas, en Manga, etc.[82] En Céos, los hombres que habían rebasado una cierta edad se reu-

---

[77] Cita tomada de Brierre de Boismont, p. 23.
[78] *Punica*, I, 225 y sig.
[79] *Vida de Alejandro*, CXIII.
[80] VIII, 9.
[81] V. Wyatt Gill, *Myths and songs of the South Pacific*, p. 163.
[82] Frazer, *Golden Bough*, t. I, p. 216 y sig.

nían en un festín solemne durante el cual, con la cabeza coronada de flores, bebían alegremente la cicuta.[83] Encontramos las misma prácticas entre los Trogloditas[84] y entre los Seros, famosos sin embargo por su moralidad.[85]

Aparte de los ancianos, se sabe que en esos mismos pueblos, las viudas eran a menudo obligadas a matarse cuando morían sus maridos. Esta práctica bárbara está tan arraigada en las costumbres hindúes que persiste todavía a pesar de los esfuerzos de los ingleses. En 1817, 706 viudas se suicidaban en la sola provincia de Bengala, y en 1821 se contaron 2.366 en toda la India. Además, cuando un príncipe o un caudillo mueren, sus sirvientes tienen la obligación de no sobrevivirles. Este era el caso en la Galia. Los funerales de los caudillos, dice Henri Martin, eran sangrientas hecatombes, se quemaban solemnemente sus vestidos, sus armas, sus caballos, sus esclavos favoritos, a los que se unían los fieles que no habían muerto en el último combate.[86] Nunca un fiel debía sobrevivir a su caudillo. Entre los Acantos, cuando el rey fallecía, sus oficiales tenían la obligación de morir.[87] Los investigadores han encontrado esta misma costumbre en Hawai.[88]

El suicidio es por tanto muy frecuente entre los pueblos primitivos. Pero presenta características muy particulares. Todos los hechos que acabamos de relatar entran en una de las tres categorías siguientes:

1º Suicidios de hombres llegados a la vejez o enfermos.

2º Suicidios de mujeres a la muerte de su esposo.

3ª Suicidios de servidores o de sirvientes a la muerte de sus caudillos.

Ahora bien, en todos estos casos, si el hombre se mata, no es porque se arrogue el derecho a hacerlo, sino, cosa que es muy diferente, *porque tiene la obligación de hacerlo*. Si no cumple con esta obligación, es castigado con el deshonor y lo más a menudo tam-

---

[83] Estrabon, 486. – Elio, V.H. 337.
[84] Diodoro de Sicilia, III, 33, 5 y 6.
[85] Pomponio Mela, III, 7.
[86] *Histoire de France*, I, 81. Cf. César, *De Bello Gallico*, VI, 19.
[87] V. Spencer, *Sociologie*, t. II, p. 146.
[88] V. Jarves, *History of the Sandwich Islands*, 1843, p. 108.

bién con penas religiosas. Sin duda, cuando se nos habla de ancianos que se dan la muerte, inmediatamente pensamos que la causa está en el cansancio y en los sufrimientos habituales de esta edad. Pero si realmente esos suicidios no tuviesen otro origen, si el individuo se matase únicamente para librarse de una vida insoportable, no habría por qué obligarle a hacerlo; jamás hay que obligar a nadie a gozar de un privilegio. Ahora bien, hemos visto que si persiste en vivir, se le retira la estima pública: aquí se le niegan los honores habituales de los funerales, allá le espera una vida espantosa más allá de la tumba. La sociedad influye por tanto sobre él para empujarle a destruirse. Sin duda también interviene en el suicidio egoísta; pero su intervención no se produce de la misma manera en los dos casos. En uno, se limita a rodear al hombre de un lenguaje que le margina de la existencia; en el otro le ordena formalmente abandonarla. Allí, sugiere o como mucho aconseja; aquí, obliga y es ella la que determina las condiciones y las circunstancias que hacen exigible esta obligación.

De modo que es con fines sociales por lo que se impone este sacrificio. Si el servidor no debe sobrevivir a su caudillo ni el sirviente a su príncipe, es porque la constitución de la sociedad implica entre los fieles y su señor, entre los oficiales y el rey, una dependencia tan estrecha que excluye cualquier idea de separación. Es necesario que el destino de uno sea también el de los otros. Los fieles deben seguir a su señor a todas partes, incluso a la tumba, lo mismo que sus vestidos y sus armas; si se pudiera concebir de otro modo, la subordinación social no sería como debe ser.[89] Y lo mismo por lo que respecta a la mujer en relación al esposo. En cuanto a los ancianos, si son obligados a no esperar a la muerte, seguramente es, al menos en un gran número de casos, por razones religiosas. Efectivamente es en el cabeza de familia donde se supone que reside el espíritu que la protege. Por otra parte, se piensa

---

[89] Es probable que en el fondo de estas prácticas se encuentre también la preocupación por impedir que el espíritu del muerto vuelva a la tierra a buscar las cosas y las personas que le pertenecían. Pero esta preocupación implica también que servidores y sirvientes están estrechamente subordinados a su señor, que son inseparables de él y que, además, para evitar las desgracias que resultarían de la persistencia del Espíritu sobre la tierra, deben sacrificarse en aras del interés común.

que un dios que habita un cuerpo extraño participa de la vida de este último, pasa por sus mismas fases de salud y enfermedad y envejece al mismo tiempo. La edad no puede por tanto disminuir las fuerzas de uno sin que el otro se debilite al mismo tiempo, sin que el grupo, por consiguiente, sienta su existencia amenazada puesto que ya no estaría protegido más que por una divinidad sin vigor. Esta es la razón por la cual el padre, en aras del interés común, está obligado a no esperar que su vida se agote para transmitir a sus sucesores el precioso depósito que tiene en custodia.[90]

Esta descripción basta para determinar de qué dependen estos suicidios. Para que la sociedad pueda obligar de este modo a algunos de sus miembros a matarse, es preciso que la personalidad individual tenga entonces muy poco peso. Ya que desde el momento en que ésta empieza a constituirse, el derecho a la vida es el primero que se le reconoce; o al menos sólo es conculcado en circunstancias muy excepcionales, como la guerra. Sin embargo, esta débil individualización, sólo puede tener una causa. Para que el individuo tenga tan poco peso en la vida colectiva, es necesario que esté casi totalmente absorbido por el grupo y, por consiguiente, que éste se encuentre fuertemente cohesionado. Para que las partes tengan tan poca existencia propia, es necesario que el todo forme una masa compacta y continua. Y efectivamente, como hemos demostrado en otro lugar, esta cohesión en masa es precisamente la que presentan las sociedades en que se observan las prácticas precedentes.[91] Dado que no comprenden más que un pequeño número de elementos, todo el mundo vive en ellas la misma vida; todo es común a todos, ideas, sentimientos, ocupaciones. Al mismo tiempo, precisamente porque el grupo es pequeño, está cerca de todos y nadie pierde de vista a nadie; como consecuencia la vigilancia colectiva es continua, se extiende a todos, y previene más fácilmente las divergencias. Al individuo le faltan por tanto medios para hacerse un ambiente especial, al abrigo del cual pueda desarrollar su naturaleza y crearse una fisonomía propia. Semejante a sus semejantes, por decirlo así, no es más que una parte *aliquot* del todo, sin valor en sí misma. Su persona tiene tan

---

[90] Frazer, *Golden Bough*, loc. cit. y *passim*.
[91] V. *Division du travail social*, *passim*.

poco valor que los atentados dirigidos contra ella por otras personas sólo son objeto de una represión relativamente indulgente. Es por tanto natural que todavía esté menos protegida contra las exigencias colectivas y que la sociedad, con el menor motivo, no vacile en pedirle que ponga fin a una vida que estima en tan poco.

Nos encontramos por tanto ante un tipo de suicidio que se distingue del anterior por características muy marcadas. Mientras que aquel era debido a un exceso de individualismo, éste tiene como causa un individualismo muy rudimentario. Uno es el resultado de que la sociedad, descompuesta en determinados aspectos, o incluso en su conjunto, deja que el individuo se le escape; el otro, de que lo mantiene demasiado estrechamente ligado bajo su dependencia. Ya que hemos llamado *egoísmo* al estado en que se encuentra el yo cuando sólo vive su vida personal y no obedece más que a sí mismo, la palabra *altruismo* expresa bastante bien el estado contrario, aquel en que el yo no se pertenece, en el que se confunde con algo distinto a sí mismo, en el que el norte de su conducta se encuentra fuera de su alcance, a saber en uno de los grupos de los que forma parte. Llamaremos por tanto *suicidio altruista* al que resulta de un profundo altruismo. Pero como presenta además las características de llevarse a cabo como un deber, conviene que la terminología adoptada exprese esta particularidad. Así que a este tipo de suicidio lo llamaremos *suicidio altruista obligatorio*.

La conjunción de esos dos adjetivos es necesaria para definirlo; ya que todo suicidio altruista no es necesariamente obligatorio. Los hay que no están impuestos por la sociedad de una manera tan explícita, sino que tienen un carácter más facultativo. Dicho de otro modo, el suicidio altruista es una especie que comprende varias clases. Acabamos de determinar una; veamos ahora las demás.

En estas mismas sociedades de las que acabamos de hablar o en otras del mismo género, se observan con frecuencia suicidios cuyo móvil inmediato y aparente es de lo más fútil. Tito Livio, César y Valerio Maximo nos hablan, no sin una extrañeza mezclada de admiración, de la tranquilidad con la que los bárbaros de la Galia y de Germania se daban la muerte.[92] Los Celtas eran capaces de

---

[92] César, *La Guerra de las Galias*, VI, 14. – Valerio Máximo, VI, 11 y 12. – Plinio, *Hist. nat.* IV, 12.

dejarse matar por vino o por dinero.[93] Otros pueblos tenían a gala no huir ni de las llamas de un incendio ni de las olas del mar.[94] Los viajeros modernos han observado prácticas similares en una multitud de sociedades primitivas. En Polinesia, una ligera ofensa es suficiente a menudo para determinar a un hombre al suicidio.[95] Lo mismo pasa con los Indios de América del Norte; basta una riña conyugal o un ataque de celos para que un hombre o una mujer se maten.[96] Entre los Dacotahs, entre los Griegos, la menor contrariedad ocasiona a menudo resoluciones desesperadas.[97] Es conocida la facilidad con la que los japoneses se abren el vientre por el motivo más insignificante. Cuentan incluso que se practica una especie de duelo extraño en el que los adversarios compiten, no en habilidad para herirse mutuamente, sino en destreza para abrirse el vientre con sus propias manos.[98] Se conocen hechos análogos en China, en Cochinchina, en el Tibet y en el reino de Siam.

En todos estos casos, el hombre se mata sin haber sido obligado expresamente a matarse. Sin embargo, estos suicidios no son de naturaleza distinta al suicidio obligatorio. Si la opinión no los impone formalmente, no deja sin embargo de serles favorable. Puesto que el no tener apego a la vida es una virtud, e incluso la virtud por excelencia, se elogia a aquel que renuncia a ella a la mínima ocasión o incluso por simple bravuconería. El suicidio se encuentra así alentado con una prima social, y el rechazo de esta recompensa tiene los mismos efectos que un castigo propiamente dicho, aunque en menor grado. Lo que en un caso se hace para escapara a una deshonra, en el otro se hace para conquistar la estima. Cuando uno está acostumbrado desde la infancia a no hacer caso de la vida y a despreciar a aquellos que le tienen demasiado apego, es inevitable que uno se deshaga de ella al menor pretexto. A un sacrificio que cuesta tan poco es fácil decidirse. Estas

---

[93] Posidonio, XXIII, ap. Athen. Deipno, IV, 154.
[94] Elio, XII, 23.
[95] Waitz, *Anthropologie der Naturvoelker*, t. VI, p. 115.
[96] *Ibid.*, t. III, 1º Hoelfte, p. 102.
[97] Mary Eastman, *Dacotah*, p. 89, 169. – Lombroso, *L'Uomo delinquente*, 1884, p. 51
[98] Lisle, *op. cit.*, p. 333.

prácticas se relacionan por tanto, lo mismo que el suicidio obligatorio, con aquello que hay de más fundamental en la moral de las sociedades primitivas. Dado que no se pueden mantener más que si el individuo no tiene intereses propios, es necesario que haya sido educado en el renunciamiento y en la abnegación sin límites; de ahí provienen esos suicidios, en parte espontáneos. Lo mismo que aquellos que la sociedad prescribe más explícitamente, se deben a ese estado de impersonalidad o, como hemos dicho, de altruismo, que puede considerarse la característica moral del primitivo. Por eso los llamaremos también altruistas, y si para hacer más manifiesto lo que tienen de especial debemos añadir que son *facultativos*, con esta palabra hay que entender sencillamente que la sociedad no los exige de una manera tan explícita como cuando son estrictamente obligatorios. Estas dos variedades están incluso tan estrechamente emparentadas que es imposible determinar el punto en que comienza una y termina otra.

En fin, hay otros casos en los que el altruismo arrastra al suicidio más directamente y con más violencia. En los ejemplos que preceden, no determina al hombre a matarse más que con la ayuda de las circunstancias. Era necesario que la muerte hubiese sido impuesta por la sociedad como un deber o que algún punto del honor estuviese en juego o, al menos, que algún acontecimiento desagradable hiciera la existencia despreciable a los ojos de la víctima. Pero puede suceder también que el individuo se sacrifique únicamente por el placer del sacrificio, porque el renunciamiento, en sí mismo y sin ningún motivo particular, se considere loable.

La India es la tierra clásica de esta clase de suicidios. Ya bajo la influencia del brahmanismo el hindú se mataba fácilmente. Aunque también es cierto que las leyes de Manou no recomiendan el suicidio más que con ciertas reservas. El hombre debe haber llegado a cierta edad, debe dejar al menos un hijo. Pero, una vez satisfechas estas condiciones, ya no tiene nada que hacer en la vida. "El Brahmán, que se ha desprendido de su cuerpo mediante alguna de las prácticas habituales de los grandes santones, libre de penas y de temor, es admitido con alegría en la residencia de Brahma".[99] A pesar de que a menudo se haya acusado al budismo de haber lleva-

---

[99] *Lois de Manou*, IV, 32 (trad. Loiseleur).

do este principio a sus últimas consecuencias y erigido el suicidio en práctica religiosa, en realidad más bien lo ha condenado. Indudablemente enseñaba que la máxima aspiración consistía en disolverse en el Nirvana; pero esta suspensión del ser puede y debe obtenerse en esta vida y no hacen falta maniobras violentas para alcanzarla. A pesar de todo, la idea de que el hombre debe huir de la vida está tan imbuida en el espíritu de la doctrina y es tan conforme a las aspiraciones del espíritu hindú, que se la encuentra bajo formas diferentes en las principales sectas surgidas del budismo o constituidas al mismo tiempo que él. Este es el caso del jainismo. A pesar de que uno de los libros canónicos de la religión jainista condene el suicidio, reprochándole acrecentar la vida, algunas inscripciones halladas en un gran número de santuarios demuestran que, sobre todo entre los Jainas del sur, el suicidio religioso fue una práctica muy frecuente.[100] El fiel se dejaba morir de hambre.[101] En el hinduismo, la costumbre de buscar la muerte en las aguas del Ganges u otros ríos sagrados estaba muy extendida. Los relieves nos muestran a reyes y a ministros que se preparan para acabar así sus días,[102] y se asegura que a principios de este siglo esas supersticiones no habían desaparecido todavía.[103] Entre los Bhils, había una roca desde la que los fieles se precipitaban para consagrarse a Siva;[104] en 1822, un oficial pudo asistir todavía a uno de estos sacrificios. Y en cuanto a la historia de los fanáticos que se dejan aplastar en masa por las ruedas del ídolo de Jagarnath, es una historia clásica.[105] Charlevoix había observado ya ritos parecidos en el Japón: "Nada es más frecuente, dice, que ver a lo largo de la orilla del mar barcas llenas de estos fanáticos que se arrojan al agua cargados de piedras, o que perforan las barcas y se hunden poco a poco cantando las alabanzas de sus ídolos. Un gran núme-

---

[100] Barth, *The religions of India*, Londres, 1891, p. 146.
[101] Bühler, *Über die Indische Secte der Jaïna*, Viena, 1887, p. 10, 19 y 37.
[102] Barth, *op. cit.*, p. 279.
[103] Heber, *Narrative of a Journey through the Upper Province of India*, 1824-25, cap. XII.
[104] Forsyth, *The Highlands of Central India*, Londres, 1871, p. 172-175.
[105] V. Burnell, *Glossary*, 1866, en la entrada *Jagarnath*. Esta práctica casi ha desaparecido; no obstante, todavía hoy se pueden encontrar casos aislados. V. Stirling, *Asiat. Resch.*, t. XV, p. 324.

ro de espectadores les contemplan alabando su valor y les piden, antes de que desaparezcan del todo, su bendición. Los seguidores de la secta de Amida se hacen encerrar y tapiar en cuevas en las que apenas tienen espacio para permanecer sentados y donde sólo pueden respirar a través de un tragaluz. Allí dentro se dejan tranquilamente morir de hambre. Otros suben a montículos elevados donde hay minas de azufre que dejan escapar llamas de cuando en cuando. Invocan a sus dioses, les ruegan que acepten el sacrificio de su vida y les piden que provoque algunas de esas llamas. En cuanto aparece una la ven como un indicio del consentimiento de los dioses y se arrojan de cabeza al abismo... La memoria de estos presuntos mártires es muy venerada".[106]

No hay suicidios cuyo carácter altruista esté más marcado. En todos estos casos, en efecto, vemos al individuo aspirar a despojarse de su ser propio para abismarse en esa otra cosa que ve como su verdadera esencia. Poco importa cómo la llame, él sólo cree poder vivir en ella y por eso pone todas sus energías en confundirse con ella. Porque está convencido de que él no tiene existencia propia. La impersonalidad se encuentra aquí elevada a la máxima potencia; el altruismo se encuentra exacerbado. Pero, podemos preguntarnos, ¿estos suicidios no provendrán sencillamente de que el hombre encuentra la vida triste? Es evidente que cuando uno se mata con esta espontaneidad, no se siente mucho apego por la existencia, de la que por consiguiente uno se forma una idea más o menos melancólica. Pero desde este punto de vista todos los suicidios se parecen. Sin embargo sería un grave error no hacer entre ellos ninguna distinción; porque esa idea no tiene siempre la misma causa y, por consiguiente, a pesar de las apariencias, no es la misma en todos los casos. Mientras que el egoísta está triste porque no encuentra nada real en el mundo más que al individuo, la tristeza del altruista intemperante proviene, al contrario, de que el individuo le parece carente de toda realidad. Uno se encuentra apartado de la vida porque no viendo ninguna finalidad en ella se siente inútil y sin razón de ser, el otro porque ve una finalidad, pero fuera de esta vida que se le presenta entonces como un obstáculo. La diferencia de las causas se encuentra tam-

[106] *Histoire du Japon*, t. II.

bién en los efectos, y la melancolía de uno es de una naturaleza distinta a la del otro. La del primero está hecha de un sentimiento de cansancio incurable y un estado de abatimiento taciturno; pone de manifiesto un decaimiento completo de la actividad que al no poder emplearse de una forma útil se repliega sobre sí misma. La del segundo, por el contrario, está hecha de esperanza, ya que piensa precisamente que más allá de esta vida se le abrirán las más bellas perspectivas. Implica incluso entusiasmo y los arrebatos de una fe impaciente por satisfacerse que se manifiesta mediante actos de una gran energía.

Por lo demás, por sí sola, la forma más o menos sombría en que un pueblo concibe la existencia no basta para explicar la intensidad de su tendencia al suicidio. El cristiano no se representa su paso por el mundo bajo un aspecto más amable que el seguidor de la secta de Jina. No ve en él más que un tiempo de pruebas dolorosas; él también piensa que su verdadero reino no es de este mundo, y sin embargo es conocida de sobra la aversión que el cristianismo profesa al suicidio. La razón es que las sociedades cristianas conceden al individuo mucha más importancia que las sociedades anteriores. Le asignan deberes personales que cumplir a los que tiene prohibido sustraerse, y sólo según la manera en que desempeñe el papel que le corresponde aquí abajo será admitido o no al goce eterno, un goce tan personal como las obras que dan derecho a él. De modo que el individualismo moderado que anida en el espíritu del cristianismo ha impedido que favorezca el suicidio a despecho de sus teorías sobre el hombre y su destino.

Los sistemas metafísicos y religiosos que sirven de marco lógico a estas prácticas morales terminan por demostrar que ese es sin duda su origen y su significado. Desde hace mucho tiempo se ha observado que coexisten generalmente con creencias panteístas. Sin duda el jainismo, lo mismo que el budismo, es ateo; pero el panteísmo no es necesariamente teísta. Lo que le caracteriza esencialmente es la idea de que lo que hay de real en el individuo es extraño a su naturaleza, que el alma que le anima no es su alma y que, por consiguiente, carece de existencia personal. Este dogma se encuentra también en la base de las doctrinas hinduístas. Se lo puede encontrar ya en el brahmanismo. Inversamente, allí donde el origen de los seres humanos no se confunde con ellos mismos, sino que es concebido bajo una forma individual, es decir entre los pueblos monoteístas como los judíos, los cristianos, los mahometanos, o politeístas como los griegos y los romanos, está forma de suicidio es excepcional. Jamás se la encuentra como práctica ritual. Por tanto entre ella y el panteísmo hay probablemente alguna relación. ¿Pero cuál es esta relación?

No es admisible que haya sido el panteísmo el que ha producido el suicidio. No son las ideas abstractas las que gobiernan a los hombres, y no podríamos explicar la evolución de la historia por la influencia de puros conceptos metafísicos. En los pueblos, como en los individuos, las ideas tienen ante todo la función de expresar una realidad que no depende de ellas; al contrario son ellas las que dependen de esa realidad, y si pueden servir luego para modificarla, siempre es en una medida limitada. Las ideas religiosas son producto del medio social y no al contrario, y si una vez formadas influyen sobre las causas que las han engendrado, esta influencia es poco profunda. Por tanto, si en lo que consiste el panteísmo es en una negación más o menos radical de cualquier individualismo, una religión semejante sólo puede surgir en el seno de una sociedad en la que de hecho el individuo tenga poco peso, es decir se encuentre disuelto en el grupo casi por completo. Porque los hombres no pueden representarse el mundo más que a imagen del pequeño mundo social en el que viven. El panteísmo religioso no es por tanto más que una consecuencia y una especie de reflejo de la organización panteísta de la sociedad. Por consiguiente, es también en esta última donde se encuentra la causa de ese particular suicidio que aparece en todas partes relacionado con el panteísmo.

Ya tenemos por tanto constituido un segundo tipo de suicidio que comprende él mismo tres variedades: el suicidio altruista obligatorio, el suicidio altruista facultativo, y el suicidio altruista agudo, del que el suicidio místico es su modelo más perfecto. Bajo estas diferentes formas se diferencian radicalmente del suicidio egoísta. Uno está ligado a esa estricta moral que no tiene en ninguna consideración aquello que sólo interesa al individuo; el otro es solidario de esa ética refinada que al poner tan alto a la personalidad humana es incapaz de subordinarse a nada. Por tanto, hay entre ellos toda la distancia que separa a los pueblos primitivos de las naciones más civilizadas.

Sin embargo, si las sociedades primitivas son por excelencia el terreno abonado del suicidio altruista, éste también se encuentra en las civilizaciones más recientes. Bajo esta misma rúbrica pueden clasificarse por ejemplo las muertes de algunos mártires cristianos. Porque en efecto, todos aquellos neófitos que no se mataban ellos mismos, pero que se hacían matar voluntariamente, son suicidas. Si no se daban ellos mismos la muerte, la buscaban con todas sus fuerzas y se comportaban de tal manera que la hacían inevitable. Y para que haya suicidio, basta con que el acto que tiene como consecuencia necesaria la muerte, haya sido realizado por la víctima con pleno conocimiento de causa. Por otra parte, la pasión entusiasta con que los fieles de la nueva religión iban al encuentro del suplicio demuestra que, en ese momento, tenían completamente alienada su personalidad en aras de la idea a la que servían. Es probable que las epidemias de suicidios que, en varias ocasiones, asolaron los monasterios durante la Edad Media y que parecen haber estado provocadas por excesos de fervor religioso, fueran de esta misma naturaleza.[107]

En nuestras sociedades contemporáneas, dado que la personalidad individual es cada vez más independiente de la personalidad colectiva, semejantes suicidios no pueden estar muy extendidos. Sin duda puede decirse, tanto de los soldados que prefieren la muerte a la humillación de la derrota, como del comandante Beaurepaire y el almirante Villeneuve, como de los desdichados que se matan para evitar la vergüenza a su familia, que ceden a móviles altruistas. Porque si unos y otros renuncian a la vida, es porque hay algo que aman más que a sí mismos. No obstante esto son casos aislados que sólo se producen excepcionalmente.[108] A pesar de todo, todavía hoy en día existe entre nosotros un me-

---

[107] Se ha llamado *acedía* al estado moral que determinaba estos suicidios. V. Bourquelot, *Recherches sur les opinions et la législation en matière de mort volontaire pendant le Moyen Age.*

[108] Es probable que los suicidios tan frecuentes entre los hombres de la Revolución se debieran, al menos en parte, a un estado de ánimo altruista. En aquellos tiempos de luchas intestinas, de entusiasmo colectivo, la personalidad individual había perdido su valor. Los intereses de la patria o del partido primaban por encima de todo. La gran cantidad de ejecuciones capitales tiene sin duda esta misma causa. Se mataba con tanta facilidad como uno se mataba.

dio especial donde el suicidio altruista se encuentra en estado crónico: el ejército.

II

Es un hecho comúnmente admitido en todos los países de Europa que la inclinación de los militares al suicidio es muy superior a la de la población civil de la misma edad. La diferencia a favor varía entre un 25 y un 900% (v. tabla XXIII).

Tabla XXIII
Comparación entre los suicidios militares y los suicidios civiles en los principales países de Europa

		Proporción de suicidios		Coeficiente de agravación de los soldados en relación a los civiles
		1 millón de soldados	1 millón de civiles de la misma edad	
Austria	(1876-90)	1253	122	10
Estados Unidos	(1870-84)	680	80	8,5
Italia	(1876-90)	407	77	5,2
Inglaterra	(1876-90)	209	79	2,6
Wurtemberg	(1846-58)	320	170	1,92
Sajonia	(1847-58)	640	369	1,77
Prusia	(1876-90)	607	394	1,50
Francia	(1876-90)	333	265	1,25

Dinamarca es el único país en el que el contingente de las dos poblaciones es prácticamente el mismo, 388 por un millón de civiles y 382 por un millón de soldados durante los años 1845-56. Aunque los suicidios de oficiales no están comprendidos en esta cifra.[109]

---

[109] Las cifras relativas a los suicidios militares están tomadas, o de documentos oficiales, o de Wagner (*op. cit.*, p. 299 y sig.); las cifras relativas a los suicidios civiles, de los documentos oficiales, de los datos de Wagner, y de los de Morselli. Hemos supuesto que en Estados Unidos la edad media de los soldados era, como en Europa, de 20 a 30 años.

Este hecho sorprende a primera vista tanto más cuanto que hay bastantes causas que deberían de proteger al ejército del suicidio. En primer lugar, los individuos que lo componen representan, desde el punto de vista físico, la flor y la nata del país. Elegidos cuidadosamente, no presentan taras orgánicas graves.[110] Además, el espíritu de camaradería y la vida en común deberían de tener aquí la influencia profiláctica que tienen en otras partes. ¿De dónde procede entonces una agravación tan considerable?

Al no estar casados los soldados rasos, se ha culpado al celibato. Pero el celibato no debería de tener en el ejército consecuencias tan funestas como en la vida civil; porque, como acabamos de decir, el soldado no se encuentra aislado. Es miembro de una comunidad fuertemente cohesionada que, por su naturaleza, tiende a reemplazar en parte a la familia. Pero sin entrar a considerar esta hipótesis, existe un medio para aislar este factor. Basta con comparar los suicidios de los soldados con los de los solteros de la misma edad; la tabla XXI, cuya importancia volvemos a encontrar aquí, nos permite hacer esta comparación. Durante los años 1888-91, se contabilizaron en Francia *380* suicidios por un millón de efectivos; durante la misma época, los hombres de 20 a 25 años no producían más que *237*. Por cada 100 suicidios de solteros civiles, había por tanto 160 suicidios militares; lo que nos da un coeficiente de agravación igual a 1,6, totalmente independiente del celibato.

Si se cuentan aparte los suicidios de los suboficiales, este coeficiente todavía es más elevado. Durante el periodo 1867-74, un millón de suboficiales producía una media anual de *993* suicidios. Según un censo hecho en 1866, tenían una media de edad algo por encima de los 31 años. Aunque ignoramos qué cifra alcanzaban entonces los suicidios de los solteros de 30 años. Las tablas que hemos confeccionado están referidas a una época mucho más reciente (1889-91) y son las únicas que existen: pero tomando como puntos de referencia las cifran que nos dan, el error que cometeremos no podrá tener más consecuencias que rebajar el coeficiente de agravación de los suboficiales por debajo de lo que estaba

---

[110] Una prueba más de la ineficacia del factor orgánico en general y de la selección matrimonial en particular.

realmente. En efecto, al haberse casi duplicado el número de suicidios de uno de estos periodos a otro, la tasa de los solteros de la misma edad ha aumentado evidentemente. De modo que comparando el número de suicidios de los suboficiales de 1867-74 con el de los solteros de 1889-91, podremos atenuar, pero no empeorar, la mala influencia de la profesión militar. Por lo tanto, si a pesar de este error encontramos no obstante un coeficiente de agravación, podremos estar seguros no sólo de que es real, sino de que es bastante más importante de lo que permite suponer el cálculo. Ahora bien, en 1889-91, un millón de solteros de 31 años daba una cifra de suicidios comprendida entre 394 y 627, o sea aproximadamente *510*. Esta cantidad es a 993 como 100 es a 194; lo que supone un coeficiente de agravación de 1,94, que podemos casi llevar a 4 sin miedo a exagerar la realidad.[111]

En fin, el cuerpo de oficiales ha dado por término medio, de 1862 a 1878, *430* suicidios por millón de individuos. Su media de edad, que no ha debido de variar mucho, era en 1866 de 37 años y 9 meses. Dado que muchos de ellos están casados, no es con los solteros de esta edad con quienes hay que compararlos, sino con la totalidad de la población masculina, solteros y casados juntos. Ahora bien, a los 37 años, en 1863-68, un millón de hombres de cualquier estado civil daba poco más de *200* suicidios. Esta cantidad es a 430 como 100 es a 215, lo que da un coeficiente de agravación de 2,15 que no depende para nada del matrimonio ni de la vida familiar.

Este coeficiente, que según los diferentes grados de la jerarquía varía de 1,6 a casi 4, no puede explicarse evidentemente más que por causas intrínsecas a la condición militar. Es cierto que sólo hemos podido comprobar su existencia en Francia, pues en los demás países nos faltan los datos necesarios para desagregar la in-

---

[111] Durante los años 1867-74 la tasa de los suicidios es de aproximadamente 140; en 1889-91, es de 210 a 220, o sea un aumento de casi un 60%. Si la tasa de los solteros ha aumentado en la misma proporción, y no hay motivo para que no sea así, habrá sido durante el primero de estos periodos de 319, lo que elevaría a 3,11 el coeficiente de agravación de los suboficiales. Si no hablamos de los suboficiales con posterioridad a 1874, es porque a partir de ese momento hubo cada vez menos suboficiales de carrera.

fluencia del celibato. Sin embargo, como el ejército francés es precisamente el menos afectado por el suicidio en toda Europa, con la única excepción de Dinamarca, podemos estar seguros de que el resultado anterior es general, e incluso todavía debe de estar más marcado en otros Estados europeos. ¿A qué debemos atribuirlo?

Se ha pensado en el alcoholismo que, según se dice, hace mayores estragos en el ejército que en la población civil. Pero en primer lugar, si como ya hemos demostrado el alcoholismo no tiene una influencia definida sobre la tasa de los suicidios en general, tampoco la tendrá sobre la tasa de los suicidios militares en particular. Además, los años que dura el servicio militar, tres años en Francia y dos años y medio en Prusia, no serían suficientes para provocar un número tan grande de alcohólicos empedernidos como para que el enorme contingente que el ejército aporta al suicidio pueda explicarse así. En fin, incluso según los observadores que atribuyen la mayor influencia al alcoholismo, sólo una décima parte de los casos podría serle imputada. Por consiguiente, incluso cuando los suicidios alcohólicos fueran dos y hasta tres veces más numerosos entre los soldados que entre los civiles de la misma edad, cosa que no está demostrada, quedaría siempre un excedente considerable de suicidios militares a los que habría que buscar otro origen.

La causa que se ha invocado más a menudo es el rechazo que provoca el servicio. Esta explicación concuerda con la opinión corriente que atribuye el suicidio a las dificultades de la existencia; ya que los rigores de la disciplina, la falta de libertad, la privación de comodidades, hace que se tienda a ver la vida de cuartel como algo especialmente insufrible. A decir verdad, hay con toda seguridad profesiones más duras y que, sin embargo, no refuerzan la inclinación al suicidio. Al menos el soldado tiene garantizados techo y comida suficiente. No obstante, cualquier valor que tengan estas observaciones, los siguientes hechos demuestran la insuficiencia de esta explicación simplista:

1º Es lógico pensar que el rechazo al oficio debe de ser mucho más agudo durante los primeros años de servicio e ir disminuyendo a medida que el soldados se habitúa a la vida de cuartel. Al cabo de cierto tiempo, debe de producirse una aclimatación, ya sea por efecto de la costumbre, o porque los sujetos más rebeldes hayan desertado o se hayan matado; y esta aclimatación será tanto más completa cuanto más se prolongue la estancia bajo la bandera. Por lo tanto, si fuera el cambio de costumbres y la imposibilidad de adaptarse a la nueva vida lo que determinase la especial inclinación de los soldados al suicidio, debería verse disminuir el coeficiente de agravación a medida que pasan más tiempo en el ejército. Pero no es así, como demuestra la tabla siguiente:

	Ejército francés	Ejército inglés		
Servicio	Suboficiales y soldados. Suicidios anuales por cada 100.000 individuos (1862-69)	Edad	Suicidios por cada 100.000 individuos	
			En la metrópoli	En la India
Menos de un año	28	20 a 25 años	20	13
De 1 a 3 años	27	25 a 30 años	39	39
De 3 a 5 años	40	30 a 35 años	51	84
De 5 a 7 años	48	35 a 40 años	71	103
De 7 a 10 años	76			

En Francia, en menos de 10 años de servicio, la tasa de suicidios casi se ha triplicado, mientras que, entre los solteros civiles, durante ese mismo periodo sólo ha pasado de 237 a 394. En el ejército inglés de la India, en 20 años se eleva ocho veces más. Nunca la tasa de los civiles progresa tan rápido. Esta es la prueba de que la particular agravación que experimenta el ejército no está localizada en los primeros años de servicio.

Parece que en Italia sucede lo mismo. Aunque no disponemos de cifras proporcionales referidas al efectivo de cada contingente. Sin embargo las cifras brutas son prácticamente las mismas en cada uno de los tres años de servicio, 15,1 en el primero, 14,8 en el segundo, 14,3 en el tercero. Ahora bien, es un hecho que el efectivo disminuye cada año como consecuencia de las muertes, de las reformas, de las licencias, etc. Las cifras absolutas no pueden por tanto mantenerse al mismo nivel más que si las cifras proporcionales aumentan considerablemente. Es posible por tanto que en algún país se produzcan al principio del servicio militar algunos suicidios que se deban realmente al cambio de vida. Se ha dicho que en Prusia los suicidios son excepcionalmente numerosos durante los seis primeros meses. Y lo mismo en Austria, de 1.000 suicidios, 156 se cometieron durante los tres primeros meses,[112] lo que supone evidentemente una cantidad muy considerable. Pero estas cantidades no son en absoluto incompatibles con las anteriores. Porque es muy posible que, aparte de la agravación temporal que se produce durante ese periodo de perturbación, haya otra que responda a causas muy distintas y que vaya aumentando a tenor de una ley parecida a la que hemos observado en Francia e Inglaterra. Por lo demás, incluso en Francia, la tasa del segundo y del tercer año es ligeramente inferior a la del primero; lo que, sin embargo, no impide la progresión siguiente.[113]

2° La vida militar es mucho menos penosa y la disciplina menos dura para los oficiales y suboficiales que para los soldados rasos. El coeficiente de agravación de las dos primeras categorías debería por tanto de ser inferior al de la tercera. Ahora bien, es todo lo contrario. Lo hemos visto ya para Francia, y el mismo hecho lo encontramos en otros países. En Italia, los oficiales presentaban durante los años 1871-75 una media anual de 565 casos por millón, mientras que la tropa sólo contaba con 230 (Morselli). Para los suboficiales, la tasa es todavía más enorme, sobrepasa 1.000 por millón. En Prusia, mientras que los soldados rasos sólo aportan 560 suicidios por millón, los suboficiales aportan 1.140. En Austria, hay un suicidio de oficial por cada nueve suicidios de soldados rasos, cuando evidentemente hay mucho más de nueve hombres de tropa por oficial. Así mismo, aunque no haya un suboficial por cada dos soldados, hay un suicidio de los primeros por cada 2,5 de los segundos.

---

[112] V. el artículo de Roth, en *Stat. Monatschrift*, 1892, p. 200.
[113] Para Prusia y para Austria no disponemos del efectivo por año de servicio, cosa que nos impide hacer cálculos proporcionales. En Francia, se ha supuesto que si nada más terminar la guerra los suicidios militares habían disminuido, era porque el servicio se había hecho menos largo (5 años en lugar de 7). Pero esta disminución no se ha mantenido y, a partir de 1882, las cantidades han aumentado sensiblemente. De 1882 a 1889, han vuelto a ser lo que eran antes de la guerra, oscilando entre 322 y 424 por millón, y eso a pesar de haber sufrido el servicio una nueva reducción, 3 años en lugar de 5.

3º El rechazo de la vida militar debería ser menor entre aquellos que la escogen libremente y por vocación. Los enrolados voluntarios y los reenganchados deberían de presentar por tanto una menor aptitud al suicidio. Sin embargo ocurre todo lo contrario, entre ellos es excepcionalmente fuerte.

Años 1875-78	Tasa de suicidios por millón	Edad media probable	Tasa de solteros civiles de la misma edad (1889-91)	Coeficiente de agravación
Voluntarios	670	25 años	Entre 237 y 394, o sea 315	2,12
Reenganchados	1300	30 años	Entre 394 y 627, o sea 510	2,54

Por las razones que hemos aludido, estos coeficientes, calculados en relación a los solteros de 1889-91, se encuentran evidentemente por debajo de la realidad. La intensidad de la inclinación que manifiestan los reenganchados es sobre todo notable, dado que se quedan en el ejército después de haber tenido la experiencia de la vida militar.

De modo que los miembros del ejército que se encuentran más afectados por el suicidio son aquellos que tienen también más vocación por esta carrera, los mejor preparados para sus exigencias, y los más protegidos de las molestias e inconvenientes que pueda tener la vida militar. Por tanto, el especial coeficiente de agravación de esta profesión no tiene como causa el rechazo que inspira, sino al contrario, el conjunto de situaciones, costumbres adquiridas o predisposiciones naturales que constituyen el espíritu militar. Ahora bien, la primera cualidad del soldado es una especie de impersonalidad que no se encuentra en ninguna parte, en el mismo grado, en la vida civil. Es necesario que esté entrenado a hacer poco caso de su persona, puesto que debe estar preparado para sacrificarla en cuanto se lo ordenen. Incluso sin tener en cuenta las circunstancias excepcionales, en tiempo de paz y en la práctica cotidiana del oficio, la disciplina exige que obedezca sin discutir, e incluso en ocasiones sin comprender. Pero para esto se necesita una abnegación intelectual incompatible con el individualismo. Hay que tener muy poco apego a la propia individualidad para adaptarse tan dócilmente a los estímulos exteriores. En una palabra, lo que rige la conducta del soldado está fuera de su alcance; cosa que es característica del estado de altruismo.

De todas las instituciones de que están compuestas nuestras sociedades modernas, el ejército es, por lo demás, la que más recuerda a las sociedades primitivas. También él consiste en un grupo tosco y compacto que somete fuertemente al individuo y le impide moverse con libertad. Y puesto que esta constitución moral es el terreno natural del suicidio altruista, hay razones para suponer que el suicidio militar tenga ese mismo carácter y provenga del mismo origen.

Así se explicaría que el coeficiente de agravación aumente con la duración del servicio; ya que esa aptitud al renunciamiento, esa voluntaria despersonalización, se desarrolla como consecuencia de un adiestramiento más prolongado. Y dado que el espíritu militar está necesariamente más arraigado entre los reenganchado y entre los mandos que entre los soldados rasos, es natural también que los primeros sean mucho más propensos al suicidio que los segundos. Esta hipótesis permite incluso comprender la singular superioridad que presentan los suboficiales a este respecto sobre los oficiales. Si se matan más, es porque sus respectivas funciones no exigen el mismo grado de sumisión y de pasividad. Por disciplinado que sea el oficial, debe ser, en cierta medida, capaz de iniciativa; tiene por consiguiente un campo de acción más vasto, una individualidad más desarrollada. Las condiciones que favorecen el suicidio altruista se cumplen por tanto en menor grado en él que en el suboficial. Al tener una idea más alta de lo que vale su vida, se siente menos inclinado a perderla.

Esta explicación no sólo da cuenta de los hechos anteriormente expuestos, sino que además la confirman los hechos que siguen.

1º De la tabla XXIII se deduce que el coeficiente de agravación militar es tanto más elevado cuanto el conjunto de la población civil tiene una menor inclinación hacia el suicidio, e inversamente. En Dinamarca, que es la tierra clásica del suicidio, los soldados no se matan más que el resto de los habitantes. Después de ella, los Estados más fecundos en suicidios son Sajonia, Prusia, y Francia. En estos países el suicidio no afecta especialmente al ejército, el coeficiente de agravación oscila entre 1,25 y 1,77. Por el contrario, es muy considerable en Austria, Italia, Estados Unidos, e Inglaterra, país en que los civiles se matan muy poco. Rosenfeld, en el artículo citado, después de haber procedido a clasificar a los principales países de Europa desde el punto de vista del suicidio militar, sin tener intención por lo demás de sacar de esa clasificación ninguna conclusión teórica, ha llegado a los mismos resultados. Veamos en qué orden coloca a los diferentes Estados según los coeficientes que ha calculado:

	Coeficiente de agravación de los soldados en relación a los civiles de 20-30 años	Tasa de la población civil por millón
Francia	1,3	150 (1871-75)
Prusia	1,8	133 (1871-75)
Inglaterra	2,2	73 (1876)
Italia	Entre 3 y 4	37 (1874-77)
Austria	8	72 (1864-72)

Salvo que Austria debería de venir antes que Italia, la inversión es completa.[114]

Esta inversión se observa de una manera todavía más llamativa dentro del mismo Imperio austro-húngaro. Los cuerpos del ejército que tienen el coeficiente de agravación más elevado son aquellos con guarnición en las regiones en que los civiles gozan de la mayor inmunidad, e inversamente:

Regiones militares	Coeficiente de agravación de los soldados con relación a los civiles de más de 20 años		Suicidios de civiles de más de 20 años por millón	
Viena (Austria inferior y superior, Salsburgo)	1,42		660	
Brunn (Moravia y Silesia)	2,41		580	
Praga (Bohemia)	2,58	Media 2,46	620	Media 480
Innsbruck (Tirol, Voralberg)	2,41		240	
Zara (Dalmacia)	3,48		250	
Graz (Steiermarck, Carintia, Carniola	3,58	Media 3,82	290	Media 283
Cracovia (Galizia y Bukovina)	4,41		310	

[114] Podemos preguntarnos si la enormidad del coeficiente de agravación militar en Austria no proviene de que los suicidios del ejército están censados con más exactitud que los de la población civil.

Sólo hay una excepción, la del territorio de Innsbruck en que la tasa de los civiles es débil y el coeficiente de agravación es moderado.

Así mismo, en Italia, Boloña es de todas las regiones militares aquella en que los soldados se matan menos (180 suicidios por 1.000.000); y es también aquella en que los civiles se matan más (89,5). Los Pouilles y los Abruzos, por el contrario, cuentan con muchos suicidios militares (370 y 400 por millón) y únicamente 15 o 16 suicidios civiles. En Francia se pueden hacer observaciones similares. El gobierno militar de París con 260 suicidios por millón está muy por debajo de la guarnición de Bretaña que tiene 440. Además, el coeficiente de agravación en París debe de ser insignificante, puesto que en el Sena un millón de solteros de 20 a 25 años da 214 suicidios.

Estos hechos demuestran que las causas del suicidio militar son, no solamente diferentes, sino que están en razón inversa a aquellas que más contribuyen a determinar los suicidios civiles. Ahora bien, en las grandes sociedades europeas, estos últimos están sobre todo debidos a ese individualismo excesivo que acompaña a la civilización. Los suicidios militares deben por tanto de depender de la disposición contraria, a saber de un individualismo débil o de eso que hemos llamado estado de altruismo. De hecho, los pueblos en que el ejército es más propenso al suicidio, son también aquellos que están menos desarrollados y cuyas costumbres se asemejan más a las que se observan en las sociedades primitivas. El tradicionalismo, ese enemigo por excelencia del espíritu individualista, está mucho más desarrollado en Italia, en Austria, e incluso en Inglaterra, que en Sajonia, en Prusia, y en Francia. Es más intenso en Zara y en Cracovia que en Graz y que en Viena, más en Los Pouilles que en Roma o en Boloña, más en Bretaña que en el Sena. Dado que protege del suicidio egoísta, se comprende fácilmente que allí donde todavía tiene fuerza, la población civil cuente con menos suicidios. Pero sólo ejerce esa influencia profiláctica cuando permanece moderado. Si rebasa cierto grado de intensidad, se convierte él mismo en una fuente originaria de suicidios. Y el ejército, como se sabe, tiende necesariamente a exagerar, y está tanto más expuesto a rebasar la medida cuanto más respaldada y reforzada esté su influencia propia por la del medio ambiente. La instrucción que el ejército imparte surtirá efectos tanto más violentos cuanto más coincida con las ideas y opiniones de la población civil; porque entonces no hay nada que la contenga. Al contrario, allí donde el espíritu militar está continua y enérgicamente puesto en entredicho por la moral pública, su influencia no podrá ser tan fuerte como allí donde todo concurre a empujar al joven soldado en una dirección única. Se explica por tanto que en los países en que el estado de altruismo es suficiente para proteger en cierta medida al conjunto de la población, el ejército llegue a exacerbarlo tanto que se convierta en la causa de una notable agravación.[115]

2º En todos los ejércitos, las tropas de elite son aquellas en que el coeficiente de agravación es más elevado.

	Media de edad real o probable	Suicidios por millón	Coeficiente de agravación	
Cuerpos especiales de París	De 30 a 35	570 (1862-78)	2,45	En relación a la población civil masculina de 35 años de cualquier estado civil[116]
Gendarmería	De 30 a 35	570 (1873)	2,45	
Veteranos (supr. en 1872)	De 45 a 55	2860	2,37	En relación a los solteros de la misma edad, años 1889-91

Esta última cifra, calculada con relación a los solteros de 1889-91, es mucho más pequeña, y sin embargo es muy superior a la de las tropas comunes. Así mismo, en el ejército de Argelia, que pasa por ser la escuela de las virtudes militares, el suicidio dio durante el periodo 1872-78 una mortalidad doble de la que dieron, durante el mismo periodo, las tropas destinadas en Francia (570 suicidios por 1 millón en lugar de 280). Al contrario, las armas menos afectadas son los pontoneros, ingenieros, enfermeros, oficinistas, es decir aquellas en que el carácter militar es menos

---

[115] Se observará que el estado de altruismo es inherente a la región. La guarnición militar de Bretaña no está compuesta exclusivamente de bretones, pero sufre la influencia de la moral ambiental.

[116] Porque los gendarmes y los guardias municipales están a menudo casados.

acusado. Así mismo, en Italia, mientras que el ejército, en general, durante los años 1878-81 daba solamente 430 casos por un millón, los bersaglieros tenían 580, los carabineros 800, las escuelas militares y los batallones de instrucción 1.010.

Ahora bien, lo que distingue a las tropas de elite es el grado de intensidad que alcanza su espíritu de abnegación y renuncia militar. El suicidio en el ejército varía por tanto en la misma medida que varía este estado moral.

3° Una última prueba de esta ley es que le suicidio militar está en todas partes en decadencia. En Francia, en 1862, había 630 casos por un millón; en 1890 ya no había más que 280. Se ha pretendido que esta disminución se debía a las leyes que han reducido la duración del servicio. Sin embargo este movimiento de regresión es muy anterior a la nueva ley sobre reclutamiento. Es continuo desde 1862, exceptuando una subida bastante importante de 1882 a 1888.[117] Por lo demás, se lo encuentra en todas partes. Los suicidios militares han pasado en Prusia de 716 por millón, en 1877, a 457 en 1893; en el conjunto de Alemania de 707 en 1877, a 550 en 1890; en Bélgica de 391 en 1885, a 185 en 1891; en Italia de 431 en 1876, a 389 en 1892. En Austria y en Inglaterra la disminución es poco sensible, pero no hay crecimiento (1.209 en 1892, en el primero de estos países, y 210 en el segundo en 1890, en lugar de 1.277 y 217 en 1876).

Ahora bien, si nuestra explicación tiene fundamento, así es como las cosas debían ocurrir. En efecto, se ha comprobado que durante el mismo tiempo se ha producido en todos los países un retroceso del viejo espíritu militar. Con razón o sin ella, aquellas costumbres de obediencia pasiva, de sumisión absoluta, en una palabra de impersonalismo, si se nos permite este barbarismo, se han encontrado cada vez más en contradicción con las exigencias de la opinión pública. Por consiguiente, han perdido terreno. Para satisfacer las nuevas aspiraciones, la disciplina se ha hecho menos rígida, menos opresiva para el indivi-

---

[117] Esta subida es demasiado importante como para ser accidental. Si se observa que se ha producido exactamente en el momento en que empezaba el período de expansión colonial, es lógico preguntarse si las guerras a que ésta dio lugar no provocaron un despertar del espíritu militar.

duo.[118] Es por lo demás significativo que, en esas mismas sociedades y durante la misma época, los suicidios civiles no han hecho más que aumentar. Esta es una prueba más de que la causa de la que dependen es de una naturaleza contraria a la que provoca generalmente la aptitud específica de los soldados.

Todo demuestra por tanto que el suicidio militar no es más que una forma del suicidio altruista. Evidentemente no queremos decir con ello que todos los casos particulares que se producen en los regimientos tienen esta característica y este origen. El soldados, al vestirse de uniforme, no se convierte en un hombre completamente nuevo; los efectos de la educación que ha recibido, de la vida que ha llevado hasta ese momento, no desaparecen como por encantamiento; y por lo demás, no está tan separado del resto de la sociedad como para que no participe en la vida común. Puede por tanto ocurrir que el suicidio que comete sea en ocasiones civil tanto por sus causas como por su naturaleza. Pero una vez eliminados esos casos dispersos, sin relación entre sí, queda un grupo compacto y homogéneo que comprende a la mayoría de los suicidios de los que el ejército es el escenario y que dependen de ese estado de altruismo sin el cual no hay espíritu militar. El suicidio de las sociedades primitivas sobrevive por tanto entre nosotros, porque la moral militar es ella misma, en ciertos aspectos, una supervivencia de la moral primitiva.[119] Bajo la influencia de esta predisposición, el soldado se mata a la menor contrariedad, por las razones más fútiles, por la negación de un permiso, por una amonestación, por un castigo injusto, porque el avance de las tropas se ha detenido, por pundonor, por un ataque de celos pasajero o incluso, sencillamente, porque otros suicidios han tenido lugar en su presencia o en su conocimiento. De aquí es de donde provienen esos fenómenos de contagio que se han observado tan a menudo en los ejércitos y de los que hemos dado más arriba algunos ejemplos. Serían

---

[118] No queremos decir que los individuos sufrían por esta opresión y se mataban por eso. Se mataban más porque estaban menos individualizados.

[119] Lo que no quiere decir que deba desaparecer. Estas supervivencias tienen su razón de ser y es natural que una parte del pasado subsista en el seno del presente. La vida está hecha de estas contradicciones.

inexplicables si el suicidio dependiese exclusivamente de causas individuales. No se puede admitir que el azar haya reunido precisamente en un regimiento determinado, en un punto determinado del país, un número tan enorme de individuos predispuestos al homicidio de sí mismos por su constitución orgánica. Por otra parte, es todavía más inadmisible que semejante propagación imitativa pueda tener lugar sin ninguna predisposición. Pero todo se explica fácilmente cuando se ha visto que la carrera de las armas desarrolla una constitución moral que inclina poderosamente al hombre a deshacerse de la vida. Porque es natural que esta constitución se encuentre, en distintos grados, entre la mayoría de aquellos que están, o que han estado, bajo la bandera, y como éste es para los suicidios un terreno favorable, hace falta muy poco para que la inclinación a matarse que entraña se convierta en un hecho; basta con el ejemplo. Por eso se propaga como un reguero de pólvora entre los sujetos que ya están preparados para seguirlo.

III

Ahora podemos comprender mejor la conveniencia de dar una definición objetiva del suicidio y permanecer fieles a ella.

Puesto que el suicidio altruista, presentando como presenta los rasgos característicos del suicidio, se acerca, sobre todo en sus manifestaciones más sorprendentes, a determinadas categorías de actos que estamos acostumbrado a honrar con nuestra estima e incluso con nuestra admiración, a menudo no se lo ha querido considerar como un homicidio de sí mismo. Recordemos que para Esquirol y Falret la muerte de Catón y la de los Girondinos no eran suicidios. Pero entonces, si los suicidios que tienen como causa visible e inmediata el espíritu de renuncia y de abnegación no merecen esta calificación, tampoco podrá convenir a los que proceden de la misma disposición moral, aunque de una manera menos aparente; porque los segundos no se diferencian de los primeros más que en algunos matices. Si el habitante de las islas Canarias que se arroja a un abismo para honrar a su Dios no es un suicida, ¿cómo llamaremos entonces al seguidor de la secta de Jina que se mata para volver a la nada; al primitivo que, bajo la influencia del mismo estado mental, renuncia a la existencia por una ligera ofensa que ha sufrido o simplemente para manifestar su desprecio por la vida, al arruinado que prefiere no sobrevivir a su deshonra, en fin a todos esos soldados que vienen todos los años a engrosar el contingente de las muertes voluntarias? Porque todos estos casos tienen como raíz el mismo estado de altruismo, que es así mismo la causa de lo que podríamos llamar el suicidio heroico. ¿Los calificaremos a todos de suicidios y excluiremos sólo aquellos cuyo móvil es particularmente puro? Pero ante todo, ¿con qué criterio haremos el reparto? ¿Cuándo un motivo deja de ser suficientemente loable como para que el acto que determina pueda ser calificado de suicidio? Además al separar radicalmente una de otra estas dos categorías de hechos, nos exponemos a ignorar su naturaleza. Ya que es en el suicidio altruista obligatorio en el que las características esenciales del tipo están más marcadas. Las otras variedades no son más que formas derivadas. De modo que, o bien tendremos por nulos un grupo considerable de fenómenos significativos, o bien, si no se los rechaza todos, puesto que no se podrá hacer entre ellos más que una selección arbitraria, nos encontraremos en la imposibilidad de distinguir la raíz común de la que proceden aquellos que hayamos seleccionado. Estos son los peligros a los que nos exponemos cuando se hace depender la definición del suicidio de los sentimientos subjetivos que inspira.

Por lo demás, ni siquiera las razones sentimentales con las que se cree poder justificar esta exclusión están fundadas. Se basan en el hecho de que los móviles de los que proceden determinados suicidios altruistas se encuentran también, bajo una forma apenas diferente, en el origen de actos que todo el mundo considera morales. ¿Pero acaso no pasa lo mismo con el suicidio egoísta? ¿El sentimiento de la autonomía individual no tiene también su moralidad, como el sentimiento contrario? Si éste es la condición de cierto valor, si fortalece los corazones y llega incluso a endurecerlos, el otro los enternece y les hace sentir compasión. Si allí donde reina el suicidio altruista el hombre está siempre dispuesto a entregar su vida, en revancha no hace más caso de la vida de los demás. Y al contrario, allí donde pone tan alto la personalidad individual que no ve ningún otro fin por encima de ella, la respeta también en los demás. La tiene en tan alta estima que no soporta nada que pueda disminuirla, ni siquiera entre sus semejantes. Una mayor comprensión del sufrimiento humano ocupa el lugar de la fanática abnegación de épocas primitivas. Cada clase de suicidio no es por tanto más que la forma exagerada o derivada de una virtud. De manera que la forma en que afectan a la conciencia moral no los diferencia lo suficiente como para que esté justificado establecer entre ellos tantos géneros distintos.

Capítulo V

El suicidio anómico

La sociedad no es únicamente un objeto que atrae hacia sí, con una intensidad desigual, los sentimientos y la actividad de los individuos. La sociedad es también un poder que los regula. Entre la manera en que se ejerce esta acción reguladora y la tasa social de los suicidios hay una relación.

I

Es un hecho conocido que las crisis económicas tienen sobre la tendencia al suicidio una influencia agravante.

En Viena, en 1873, estalló una crisis financiera que alcanzó su grado máximo en 1874; rápidamente el número de suicidios creció. De 141 en 1872, subieron a 153 en 1873 y a 216 en 1874, con un aumento de un 51% con relación a 1872 y de un 41% con relación a 1873. Lo que demuestra que esta catástrofe es la única causa de este aumento, es que se aprecia más en el momento en que la crisis está en su punto álgido, es decir durante los cuatro primeros meses de 1874. Desde el 1º de enero al 30 de abril se habían contabilizado 48 suicidios en 1871, 44 en 1872, 43 en 1873; en 1874 hubo 73. El aumento es de un 70%. La misma crisis, que estalla al mismo tiempo en Francfort-sur-le-Main produjo allí los mismos efectos. En los años que precedieron a 1874, se cometían allí por término medio 22 suicidios al año; en 1874, hubo 32, o sea un 45% más.

Todavía no ha podido olvidarse el famoso crac de la Bolsa de París durante el invierno de 1882. Sus consecuencias se hicieron sentir no sólo en París, sino en toda Francia. De 1874 a 1886, el crecimiento medio anual no era más que de un 2%; en 1882 es de un 7%. Además, no se encuentra repartido por igual entre los distintos momentos del año, sino que tiene lugar sobre todo durante los tres primeros meses, es decir en el momento preciso en que se produjo el crac. En ese único trimestre tuvo lugar el 59% del aumento total. Este aumento se debe de una forma tan clara a circunstancias excepcionales que no sólo no se lo encuentra en 1881, sino que ha desaparecido en 1883, aunque este último año tenga, en conjunto, algunos suicidios más que el precedente:

	1881	1882	1883
Todo el año	6.741	7.213 (+7%)	7.267
Primer trimestre	1.589	1.770 (+11%)	1.604

Esta relación no se constata únicamente en algunos casos excepcionales; sino que constituye su ley. La cifra de las quiebras es un barómetro que refleja con suficiente sensibilidad las variaciones por las que atraviesa la vida económica. Cuando, de una año a otro, se hacen repentinamente más numerosas, podemos estar seguros de que se ha producido alguna grave perturbación. De 1845 a 1869, se produjeron en tres ocasiones estas elevaciones repentinas, síntomas de crisis. Mientras que, durante este periodo, el crecimiento anual del número de quiebras es de 3,2%, es de 26% en 1847, de 37% en 1854, y de 20% en 1861. En esos tres momento se constata igualmente un ascenso excepcionalmente rápido en la cifra de los suicidios. Mientras que, durante esos 24 años, el aumento medio anual es únicamente de 2%, es de 17% en 1847, de 8% en 1854, de 9% en 1861.

¿Pero a qué deben su influencia estas crisis? ¿Se trata de que, al hacer descender el gasto público, aumenta la miseria? ¿Es porque la vida se hace más difícil por lo que se renuncia a ella más fácilmente? Esta explicación seduce por su simplicidad; además está de acuerdo con la concepción habitual del suicidio. Pero los hechos la contradicen.

Efectivamente, si las muertes voluntarias aumentaran porque la vida se hace más difícil, deberían disminuir sensiblemente en épocas de desahogo. Ahora bien, si cuando el precio de los alimentos de primera necesidad sube excesivamente, los suicidios suben también, no se constata que bajen de la media en el caso contrario. En Prusia, en 1850, la cotización del trigo desciende al punto más bajo alcanzado durante el periodo 1848-81; era de 6 marcos con 91 los 50 kilogramos; entretanto, en ese mismo periodo, los suicidios pasan de 1.527 en 1849, a 1.736, o sea un aumento de un 13%, y continúan creciendo durante los años 1851, 1852, 1853, a pesar de que la bajada de los precios persista. En 1858-59, se produce una nueva depreciación; sin embargo los suicidios pasan de 2.038 en 1857 a 2.126 en 1858, y 2.146 en 1859. De 1863 a 1866, los precios que habían alcanzado 11 marcos con 04 en 1881 caen progresivamente hasta 7 marcos con 95 en 1864 y siguen siendo muy moderados durante todo el periodo; los suicidios, durante ese mismo periodo, aumentan en un 17% (2.112 en 1862, 2.485 en 1866).[120] En Baviera se observan hechos análogos. Según una curva confeccionada por Mayr[121] para el periodo 1835-61, fue durante los años 1857-58 y 1858-59 cuando el precio del centeno estuvo más bajo; ahora bien, los suicidios que en 1857 no eran más que 286 suben a 329 en 1858, y a continuación a 387 en 1859. El mismo fenómeno se había producido ya durante los años 1848-50: el trigo, en ese momento, estaba muy barato en toda Europa. Y sin embargo, a pesar de una disminución ligera y temporal, debida a los acontecimientos políticos, de la que ya hemos hablado, los suicidios se mantuvieron al mismo nivel. En 1847 se contaban 217, en 1848 hubo todavía 215, y si en 1849 descendieron momentáneamente a 189, a partir de 1850 remontaron y se elevaron hasta 250.

Que el aumento de la miseria influye tan poco en el aumento de los suicidios lo demuestra que incluso las crisis de prosperidad, cuyo efecto consiste en aumentar bruscamente la riqueza de un país, influyen sobre el suicidio del mismo modo que los desastres económicos.

La conquista de Roma por Víctor Emmanuel en 1870, consolidando definitivamente la unidad de Italia, fue para ese país el punto de partida de un movimiento de renovación que está en camino de hacer de él una de las grandes potencias de Europa. El co-

---

[120] V. Starck, *Verbrechen und Verg. in Preussen*, Berlín, 1884, p. 55.
[121] *Die Gesetzmässigkeit in Gesellschaftsleben*, p. 345.

mercio y la industria recibieron un gran impulso y se produjeron transformaciones en ambos con una extraordinaria rapidez. Mientras que en 1876, 4.459 calderas a vapor, con una potencia total de 54.000 caballos, bastaban para las necesidades industriales, en 1887 en número de máquinas era de 9.983 y su potencia, elevada a 167.000 caballos de vapor, había sido triplicada. Naturalmente, la cantidad de los productos aumentó en el mismo periodo en la misma proporción.[122] Los intercambios siguieron la misma progresión; no sólo se desarrolló la marina mercante, las vías de comunicación y de transporte, sino que las mercancías y las personas transportadas se duplicó.[123] Dado que esta sobreactividad general supuso también un aumento de los salarios (se estima en un 35% el aumento de 1873 a 1889), la situación material de los trabajadores mejoró, tanto más cuanto que al mismo tiempo el precio del pan iba bajando.[124] En fin, según los cálculos de Bodio, la riqueza privada habría pasado de 45 mil millones y medio, por término medio, durante el periodo 1875-80, a 51 mil millones durante los años 1880-85, y 54 mil millones y medio en 1885-90.[125]

Ahora bien, paralelamente a este renacimiento colectivo, se constata un aumento excepcional en el número de los suicidios. De 1866 a 1870 habían permanecido más o menos constantes; de 1871 a 1877 aumentan de un 36%:

1864-70	29 suicidios por 1 millón			1874	37 suicidios por 1 millón		
1871.	31	"	"	1875	34	"	"
1872	33	"	"	1876	36,5	"	"
1873	36	"	"	1877	40,6	"	"

Y la progresión continuó en los años siguientes. La cifra total que era de 1.139 en 1877 pasó a 1.463 en 1889, o sea un nuevo aumento de un 28%.

---

[122] V. Fornasari di Verce, *La criminalita e le ricende economische d'Italia*, Turín, 1894, p. 77-83.
[123] Ibid., p. 108-117.
[124] Ibid., p. 86-104.
[125] El crecimiento es menor en el periodo 1885-90 como consecuencia de una crisis financiera.

En Prusia, el mismo fenómeno se produjo en dos ocasiones. En 1866, este país experimentó un primer crecimiento. Se anexionó varias provincias importantes al mismo tiempo que se convertía en la cabeza de la confederación del Norte. Este aumento de gloria y de poder se vio acompañado inmediatamente por un brusco rebrote de los suicidios. Durante el periodo 1856-60 hubo, de media anual, 123 suicidios por 1 millón, y 122 únicamente durante los años 1861-65. En el quinquenio de 1866-70, a pesar de la bajada que se produjo en 1870, la media se elevó a 133. El año 1867, o sea el que siguió inmediatamente a la victoria, fue en el que el suicidio alcanzó el punto más alto al que había llegado desde 1816 (1 suicidio por 5.432 habitantes, mientras que en 1864 sólo había un caso por cada 8.739).

Al terminar la guerra de 1870, tuvo lugar una nueva transformación favorable. Alemania se unificó y se puso por completo bajo la hegemonía de Prusia. Las enormes indemnizaciones por la guerra vinieron a engrosar el tesoro público, mientras el comercio y la industria progresaban. Nunca el desarrollo del suicidio había sido tan rápido como entonces. De 1875 a 1886 aumentó un 90%, pasando de 3.278 casos a 6.212.

Las Exposiciones universales, cuando tienen éxito, están consideradas como un acontecimiento beneficioso en la vida de una sociedad. Estimulan los negocios, atraen más dinero al país y aumentan la prosperidad pública, sobre todo en la ciudad en la que tienen lugar. Y sin embargo, no es imposible que al final se salden con un aumento considerable de la cifra de los suicidios. Esto es lo que parece haber tenido lugar durante la Exposición de 1878. El aumento fue, este año, el mayor producido de 1874 a 1886. Fue de un 8%, por consiguiente superior al que produjo el crac de 1882. Y lo que no nos permite dudar de que este recrudecimiento tenga otra causa que la Exposición, es que las 86 centésimas partes de este crecimiento tuvieron lugar precisamente durante los seis meses que duró.

En 1889 el mismo hecho no se reprodujo en el conjunto de Francia. Pero es posible que la crisis del boulangismo, gracias a la influencia depresiva que ejerció en el desarrollo de los suicidios, haya neutralizado los efectos contrarios de la Exposición. De lo que no hay duda es que en París, y a pesar de que las pasiones políticas desencadenadas debieron surtir el mismo efecto que en el resto del país, las cosas transcurrieron como en 1878. Durante los 7 meses de la Exposición, los suicidios aumentaron casi un 10%, exactamente 9,66, mientras que durante el resto del año permanecieron por debajo de cómo habían estado en 1888 y de cómo estarían a continuación en 1890.

	1888	1889	1890
Los siete meses que corresponden a la Exposición	517	567	540
Los cinco meses restantes	319	311	356

Podemos preguntarnos si, sin la crisis del boulangismo, el aumento no habría sido más pronunciado.

Pero si hay algo que demuestra todavía mejor que la miseria no tiene la influencia agravante que se le ha atribuido a menudo, es que más bien produce el efecto contrario. En Irlanda, donde los campesinos llevan una vida miserable, la gente se mata muy poco. En la paupérrima Calabria no se dan, por decirlo de algún modo, los suicidios; en España hay diez veces menos que en Francia. Podría decirse incluso que la miseria protege. En los distintos departamentos franceses, los suicidios son tanto más numerosos cuanto más personas hay en ellos que viven de rentas.

Departamentos en los que se comete Por 100.000 habitantes (1878-1887)		Número medio de personas que viven de rentas, por 1.000 habitantes en cada grupo de departamentos (1886)
De 48 a 43 suicidios	(5 departamentos)	127
De 38 a 31 "	(6 ")	73
De 30 a 24 "	(6 ")	69
De 23 a 18 "	(15 ")	59
De 17 a 13 "	(18 ")	49
De 12 a 8 "	(26 ")	49
De 7 a 3 "	(10 ")	42

Lámina V
Suicidios y riqueza en Francia
(a) Suicidios (1878-1887)

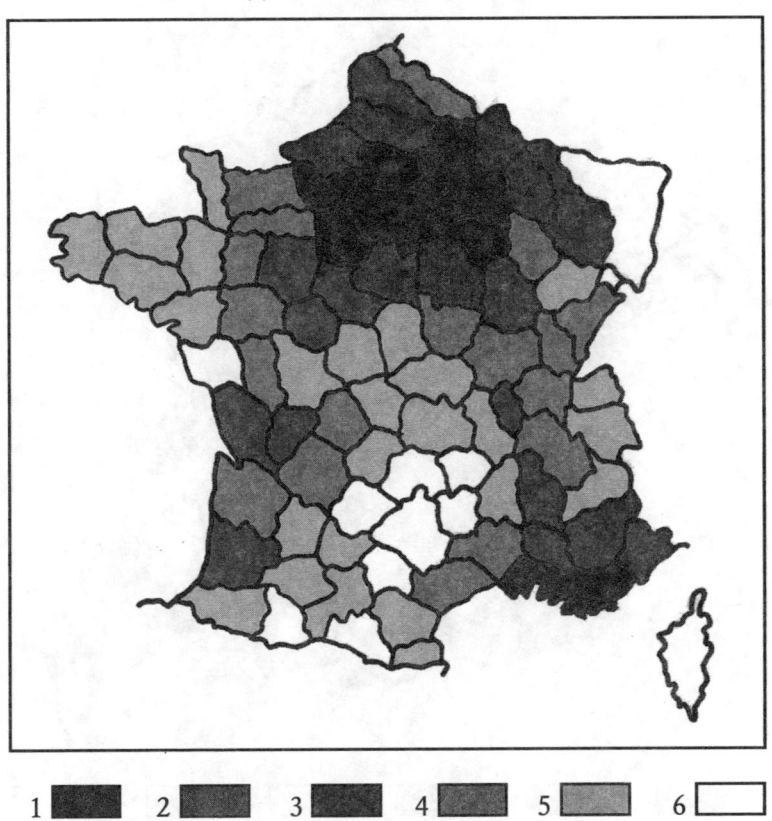

Proporción por cada 100.000 habitantes:

1 de 31 a 48
2 de 24 a 30
3 de 18 a 23
4 de 13 a 17
5 de 8 a 12
6 de 3 a 7

Lámina V
Suicidios y densidad familiar en Francia
(b) Personas que viven de sus recursos

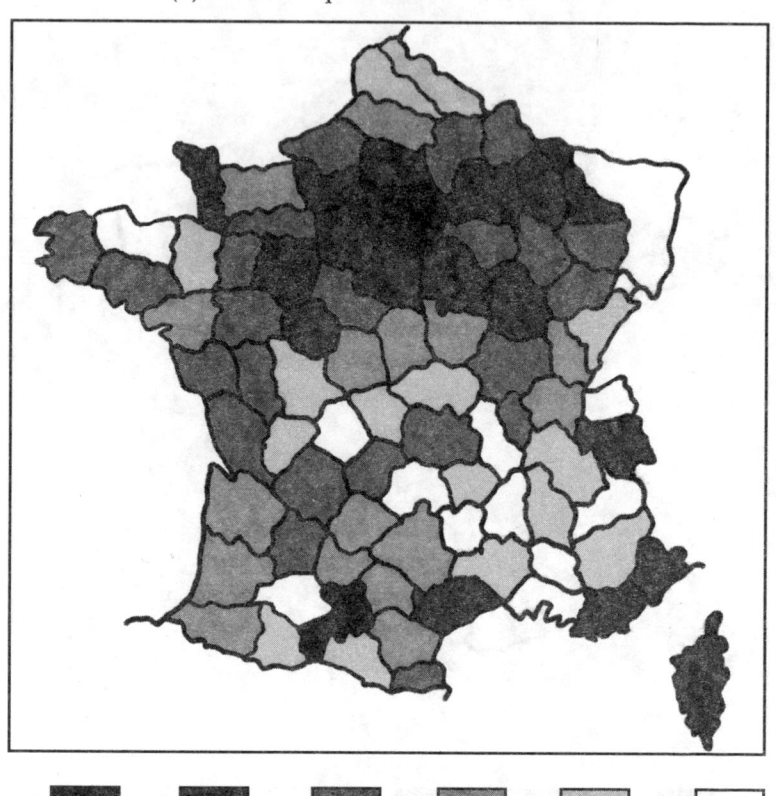

Número de personas que viven de sus recursos, sobre 1.000 habitantes:

1 más de 100
2 de 71 a 100
3 de 51 a 70
4 de 41 a 50
5 de 31 a 40
6 de 10 a 30
Media: 62

La comparación de los mapas confirma la de las medias (ver lámina V, págs. 263 y 264)

Por lo tanto, si las crisis industriales o financieras aumentan los suicidios no es porque empobrezcan, ya que las crisis de prosperidad tienen los mismos resultados; es porque son crisis, es decir perturbaciones del orden colectivo.[126] Toda ruptura de equilibrio, incluso cuando resulta de ella un mayor desahogo y una revitalización general, empuja a la muerte voluntaria. Siempre que se producen graves reajustes en el cuerpo social, ya sean debidos a un súbito movimiento de crecimiento o a un cataclismo inesperado, el hombre se mata más fácilmente. ¿Cómo es posible esto? ¿Cómo lo que se supone que mejora la vida puede hacer que se pierda el apego por ella?

Para responder a esta pregunta, son necesarias algunas consideraciones previas.

II

Una persona cualquiera no puede ser feliz y ni siquiera puede vivir más que si sus necesidades pueden ser satisfechas con sus medios. Dicho de otro modo, si le exigen más de lo que él puede dar, o sencillamente algo distinto, estarán siempre insatisfechas y serán un motivo permanente de sufrimiento. Ahora bien, un movimiento que no puede producirse sin que cause dolor, tiende a no reproducirse. Las tendencias que no son satisfechas se atrofian y, como la tendencia a vivir no es más que la resultante de todas las demás, no puede dejar de debilitarse si las otras se relajan.

Entre los animales, al menos en su estado natural, este equilibrio se establece con una espontaneidad automática porque de-

---

[126] Para probar que la mejoría del bienestar disminuye los suicidios, se ha intentado demostrar que cuando la emigración, esa válvula de seguridad de la miseria, se practica a gran escala, los suicidios disminuyen (v. Legoyt, p. 257-259). Pero los casos en que en lugar de una inversión se constata un paralelismo entre estos dos fenómenos son numerosos. En Italia, de 1876 a 1890, el número de emigrantes pasó de 76 por 100.000 habitantes a 335, cifra que llegó incluso a ser rebasada de 1887 a 1889. Al mismo tiempo los suicidios no dejaron de crecer.

pende de condiciones puramente materiales. Todo lo que reclama el organismo es que las cantidades de proteínas y de energía, empleadas continuamente para poder vivir, sean periódicamente reemplazadas por cantidades equivalentes; es decir que la reposición sea igual al desgaste. Cuando se llena el vacío que el desgaste vital ha provocado, el animal está satisfecho y no necesita nada más. Su mente no está suficientemente desarrollada para imaginar otros fines que no sean aquellos que están implícitos en su naturaleza física. Por otra parte, como el trabajo exigido a cada órgano depende él mismo del estado general de las fuerzas vitales y de las necesidades del equilibrio orgánico, el desgaste, a su vez, se regula sobre la reposición y el equilibrio se produce de forma natural. Los límites de uno son también los de la otra; ambos están implícitos en la constitución misma del ser vivo que no dispone de medios para rebasarlos.

Pero con el hombre no pasa lo mismo, porque la mayoría de sus necesidades no están, o no lo están en el mismo grado, bajo la dependencia del cuerpo. Como mucho, se puede todavía considerar determinable la cantidad de alimentos materiales necesarios para el mantenimiento físico de una vida humana, aunque la determinación sea menos estricta que en el caso precedente y se dé un margen más amplio a las libres combinaciones del deseo; ya que, más allá del mínimo indispensable con el que la naturaleza está dispuesta a contentarse cuando procede instintivamente, la mente, mucho más desarrollada, adivina condiciones mejores que aparecen como fines deseables e incita a que se actúe para conseguirlos. Sin embargo, hay que reconocer que los apetitos de este género tarde o temprano tropiezan con un límite que no pueden franquear. ¿Pero cómo determinar la cantidad de bienestar, de comodidad, de lujo, a que puede legítimamente aspirar un ser humano? Ni en la constitución orgánica, ni en la constitución psicológica del hombre se encuentra nada que ponga un límite a semejantes inclinaciones. El desarrollo de la vida individual no exige que se detengan en un punto mejor que en otro; la prueba es que no han hecho más que desarrollarse desde el comienzo de la historia, que se logran satisfacciones cada vez más completas y que, sin embargo, la salud media no se ha debilitado. Pero sobre todo, ¿cómo establecer el modo en que deben variar según las condiciones, las profesiones, la importancia relativa de los servicios, etc.? No hay sociedad en la que estén igualmente satisfechas en los distintos grados de la jerarquía social. No obstante, en sus rasgos esenciales, la naturaleza humana es prácticamente la misma en todos los ciudadanos. Por lo tanto no es ella la que puede asignar a las necesidades ese límite variable que les sería necesario. Por consiguiente, en tanto que dependen del individuo solo, son ilimitadas. Nuestra sensibilidad, excepción hecha de cualquier fuerza exterior que la regule, es un pozo sin fondo que nada puede llenar.

Pero entonces, si no hay nada que pueda contenerla desde el exterior no puede ser en sí misma más que una fuente de tormentos. Porque los deseos ilimitados son insaciables por definición, y no sin motivo la insaciabilidad está considerada como un síntoma de morbilidad. Puesto que nada los limita, rebasan siempre infinitamente los medios de los que disponen; nada por tanto podrá calmarlos. Una sed inextinguible es un suplicio continuamente renovado. Pero también es cierto, como se ha dicho, que lo propio de la actividad humana es desarrollarse sin ningún límite fijo y proponerse fines que no puede alcanzar. Aunque es imposible saber cómo semejante estado de indeterminación se aviene mejor a las condiciones de la vida mental que a las exigencias de la vida física. Por mucho placer que el hombre experimente al actuar, al moverse, al esforzarse, es necesario además que sienta que sus esfuerzos no son vanos y que al moverse avanza. Ahora bien, no se avanza cuando uno no se dirige hacia ningún fin, o lo que es lo mismo cuando el fin hacia el que se dirige está en el infinito. Al ser la distancia que nos aleja de él la misma sin importar el camino que tomemos, es como si diésemos vueltas inútilmente sin movernos del sitio. Incluso las miradas hacia atrás y el orgullo que puede experimentarse al contemplar el espacio ya recorrido no provocará más que una satisfacción ilusoria, ya que el espacio que queda por recorrer no ha disminuido sin embargo. Perseguir un fin inaccesible por definición, es condenarse a un perpetuo estado de insatisfacción. Sin duda, sucede que el hombre espera sin ninguna razón, e incluso de forma irracional, que se cumplan sus deseos. Puede por tanto ocurrir que se mantenga durante un tiempo ilusionado; pero no sobrevivirá indefinidamente a las decepciones repetidas de la experiencia. Ahora bien, ¿qué es lo que puede ofrecer el futuro más que el pasado, puesto que es imposible alcanzar un estado en el que mantenerse y ni siquiera puede uno aproximarse al ideal imaginado? De modo que, cuanto más se posea y más se quiera poseer, las satisfacciones no hacen más que estimular las necesidades en vez de calmarlas. ¿Diremos entonces que la acción es agradable por sí misma? Siempre y cuando primero cerremos los ojos para no ver su inutilidad. Y además, para que podamos experimentar alguna satisfacción que venga a calmar y a velar a medias la dolorosa inquietud que la acompaña, es necesario al menos que ese movimiento sin ninguna finalidad se realice siempre fácilmente y sin que nada lo estorbe. Si llega a ser molestado por algo, vuelve a aparecer la inquietud y el malestar que trae consigo. Ahora bien, sería un milagro que no surgiera nunca algún obstáculo infranqueable. En estas condiciones, se ve la vida como un tenso hilo que puede ser roto en cualquier momento.

Para que esto no sea así, es necesario ante todo que las pasiones se vean limitadas. Solamente entonces podrán armonizarse con las facultades y, por consiguiente, podrán ser satisfechas. Pero puesto que no hay nada en el individuo que pueda fijarles un límite, éste debe venir necesariamente de alguna fuerza externa a él mismo. Es preciso que una fuerza reguladora juegue el mismo papel en las necesidades morales que el organismo juega en las físicas. Lo que significa que esta fuerza solo puede ser moral. Lo que rompe el equilibrio en el que dormitaba el animal no es otra cosa que el despertar de la conciencia; y sólo la conciencia puede aportar los medios para restablecer ese equilibrio. La coacción material no surtiría aquí efecto; no es con fuerzas físico-químicas como se pueden modificar los corazones. En la medida en que los apetitos no están automáticamente contenidos por mecanismos fisiológicos, no pueden detenerse más que ante un límite que ellos reconozcan justo. Los hombres no consentirían limitar sus deseos si pensasen que podían superar el límite que les ha sido impuesto. Pero esta ley de justicia no pueden dictársela a sí mismos por las razones que hemos visto. Deben por tanto recibirla de una autoridad que respeten y ante la cual se sometan espontáneamente. Y la única autoridad que puede jugar este papel moderador, bien directamente y en su conjunto, o bien por mediación de alguno de sus órganos, es la sociedad; ya que ella es la única fuerza moral que está por encima del individuo y cuya superioridad éste acepta. Solo ella tiene la autoridad necesaria para dictar las leyes y poner límites a las pasiones. Solo ella también puede determinar qué premio debe ofrecerse en perspectiva a cada clase de funcionarios en beneficio del bien común.

Y en efecto, en cada momento de la historia, hay en la conciencia moral de las sociedades un sentimiento oscuro de lo que valen respectivamente los diferentes servicios sociales, de la remuneración relativa debida a cada uno de ellos y, por consiguiente, del grado de comodidad que conviene a la media de los trabajadores de cada profesión. Las diferentes funciones están como jerarquizadas en la opinión, y un determinado coeficiente de bienestar se les atribuye a cada una según el lugar que ocupen en la jerarquía. De acuerdo con algunos prejuicios, hay por ejemplo una determinada manera de vivir que se considera el grado máximo al que puede aspirar un obrero para mejorar su vida, y el grado mínimo por debajo del cual se tolera difícilmente descender, a no ser que se haya merecido. Uno y otro son diferentes según se trate de un obrero de la ciudad o del campo, de un criado, de un jornalero, de un empleado de comercio, de un funcionario, etc. Así mismo, se censura al rico que vive pobremente, pero también se le censura si se excede en los refinamientos del lujo. Los economistas protestan en vano; siempre será un escándalo para la opinión pública que un particular pueda dedicar a gastos absolutamente superfluos una excesiva cantidad de dinero, y parece ser que esta intolerancia sólo se relaja en épocas de degeneración moral.[127] Hay por lo tanto una auténtica reglamentación que, a pesar de que no siempre adopta una forma jurídica, no deja de determinar con una relativa precisión el máximo de bienestar a que cada clase de la sociedad puede legítimamente aspirar. Por lo demás, esta escala no es en absoluto inamovible. Cambia a medida que los recursos colectivos aumentan o disminuyen, y según las transformaciones que se producen en las ideas morales de la sociedad. De modo que aquello que para una época es un lujo, para otra no lo

---

[127] Esta reprobación es, actualmente, exclusivamente moral y no parece en absoluto susceptible de ser sancionada jurídicamente. No creemos que un restablecimiento de las leyes suntuarias sea deseable, o simplemente posible.

es; y el bienestar, que durante mucho tiempo fue privilegio de una clase a título excepcional y subrogatorio, acabó por ser considerado algo rigurosamente necesario y de estricta equidad.

Sometido a esta presión, cada cual en su esfera es vagamente consciente del punto al que pueden llegar sus ambiciones y no aspira a nada más. Si además es respetuoso con la regla y dócil a la autoridad colectiva, es decir si posee una sana constitución moral, se da cuenta de que no está bien exigir más. Una finalidad y un límite se imponen así a sus pasiones. Indudablemente esta imposición no tiene nada de rígido ni de absoluto. El ideal económico asignado a cada categoría de ciudadanos está comprendido él mismo entre determinados límites en cuyo interior los deseos pueden moverse con libertad. Pero no es ilimitado. Es esta limitación relativa y la moderación que resulta de ella lo que hace que los hombres se den por satisfechos con su suerte a la vez que les estimula prudentemente a mejorarla; y este grado medio de satisfacción es el que provoca ese sentimiento de tranquila felicidad; ese placer de sentirse vivos que, tanto en las sociedades como en los individuos, es un síntoma de buena salud. Cada cual, al menos en general, está en armonía con su condición y no desea más que aquello que puede legítimamente esperar como pago normal a su trabajo. Por lo demás esto no significa que el hombre esté condenado a permanecer siempre en la misma condición. Puede tratar de mejorarla, pero las tentativas que haga en ese sentido pueden fracasar sin que por eso desespere. Porque como ama lo que tiene y no se obsesiona en conseguir lo que no tiene, lo nuevo a que llega a aspirar puede decepcionar sus deseos y sus esperanzas sin que la decepción sea por tanto completa, ya que conserva lo esencial para él. El equilibrio de su felicidad es estable porque es concreto, y algunos desengaños no bastan para desestabilizarlo.

No obstante no serviría de nada que cada cual considerara justa la jerarquía de las funciones tal y como las ha establecido la opinión si, al mismo tiempo, no se considerara igualmente justa la manera en que esas funciones se contratan. El trabajador no está en armonía con su posición social si no está convencido de que tiene la que debe tener. Si se cree con derecho a ocupar otra, la que tiene no podrá satisfacerle. No es suficiente por tanto con que el nivel medio de las necesidades esté, en cada grupo social, regulado por la opinión pública, es necesario además que otra reglamentación, más concreta, establezca el modo en que las diferentes condiciones sociales deben ser accesibles a los particulares. Y efectivamente, no hay sociedad donde esta reglamentación no exista. Varía según las épocas y los lugares. Antiguamente hacía del nacimiento el principio casi exclusivo de clasificación social; hoy en día no se conserva ninguna desigualdad de nacimiento más que la que se desprende de la fortuna hereditaria y del mérito. Esta reglamentación tiene en todas partes el mismo objeto, y en todas partes también sólo es posible si es impuesta a los individuos por una autoridad que esté por encima de ellos, es decir por la autoridad colectiva. Porque no puede asentarse sin pedir a unos o a otros, y casi siempre a unos y a otros, sacrificios y concesiones en nombre del interés común.

Algunas personas piensan que esta presión moral no servirá de nada el día en que la situación económica deje de transmitirse hereditariamente. Si, una vez abolida la herencia, cada cual entra en la vida con los mismos recursos, si la lucha entre los competidores se entabla en condiciones de perfecta igualdad, nadie podrá encontrar los resultados injustos. Todo el mundo sentirá espontáneamente que las cosas son como deben ser.

No cabe duda de que cuanto más nos acerquemos a esta igualdad ideal, menos necesaria será la coacción moral. Pero esto no es más que una cuestión de grado. Porque siempre habrá una herencia que subsistirá: la de los dones naturales. La inteligencia, el gusto, la valía científica, artística, literaria, industrial, el valor, la habilidad manual, son dotes que cada cual recibe al nacer, como el heredero recibe su herencia, como el noble antiguamente recibía su título y su privilegio. Sería necesario por tanto una disciplina moral para que aquellos a los que la naturaleza ha favorecido menos acepten la precaria situación que deben al azar de su nacimiento. ¿Se llegará al extremo de reclamar que el reparto sea igual para todos y que los más útiles y con más méritos no tengan ventaja alguna? En ese caso la disciplina tendría que ser mucho más enérgica para que estos últimos aceptasen un tratamiento igual al de los mediocres y los inútiles.

Pero esta disciplina, como la precedente, no puede ser útil más que si es considerada justa por los pueblos que se someten a ella. Cuando sólo se mantiene por la costumbre y la fuerza, la paz y la armonía no existen más que en apariencia; la insatisfacción y el descontento están latentes; las pasiones, apenas contenidas, no tardan en desencadenarse. Esto es lo que sucedió en Roma y en Grecia cuando las creencias sobre las que se basaba la vieja organización del patriciado y de la plebe se vinieron abajo, o en nuestras sociedades modernas cuando los prejuicios aristocráticos empezaron a perder su antiguo ascendente. Pero este estado de conmoción social es excepcional; sólo se produce cuando la sociedad atraviesa alguna crisis. Normalmente el orden colectivo es reconocido como equitativo por la gran mayoría de los individuos. Por tanto, cuando decimos que es necesaria una autoridad para imponérselo, no queremos decir que la violencia sea el único medio de conseguirlo. Dado que la reglamentación está destinada a refrenar las pasiones individuales, es necesario que emane de un poder que someta a los individuos; pero es necesario también que ese poder sea obedecido por convicción y no por miedo.

De modo que no es cierto que la actividad humana pueda prescindir de todo freno. No hay nadie en el mundo que pueda gozar de semejante privilegio. Porque cualquier ser vivo, al formar parte del universo, tiene que ver con el resto del universo; su naturaleza y la manera en que la manifiesta no dependen por tanto únicamente de él mismo, sino de los demás seres vivos que, a consecuencia de ello, le refrenan y le moderan. Desde este punto de vista, no hay más que diferencias de grado y de forma entre el mineral y el sujeto pensante. Lo que el hombre tiene de particular es que el freno al que está sometido no es físico, sino moral, es decir social. Su ley emana, no de un medio material que se le impone brutalmente, sino de una conciencia superior a la suya, de cuya superioridad él es consciente. Dado que la mayor y la mejor parte de la vida no tiene que ver con el cuerpo, escapa al yugo del cuerpo, pero no al de la sociedad.

Solamente cuando la sociedad está agitada, ya sea por una crisis dolorosa o por felices pero demasiado repentinas transformaciones, es provisionalmente incapaz de ejercer esa acción; y de aquí es de donde provienen esas bruscas subidas de la curva de los suicidios de las que hemos hablado más arriba.

En efecto, en los casos de desastres económicos, se produce

como un desclasamiento que arroja bruscamente a algunos individuos a una situación inferior a la que ocupaban hasta ese momento. Se ven obligados entonces a rebajar sus exigencias, a reducir sus necesidades, y a aprender a contenerse más. Todas las conquistas sociales han desaparecido en lo que a ellos concierne; tienen que rehacer su educación moral. Ahora bien, la sociedad no puede someterlos automáticamente a esta nueva vida y enseñarles a practicar esa contención todavía mayor a la que no están acostumbrados. No están adaptados a las nuevas condiciones y además las perspectivas les resultan intolerables; de donde resultan sufrimientos que les hacen perder apego a una existencia precaria antes incluso de llegar a conocerla.

Pero sucede lo mismo cuando la crisis tiene como origen un brusco aumento de poder y de fortuna. Entonces, como las condiciones de vida han cambiado, la escala con la que regulaban sus necesidades no puede seguir siendo la misma; varía con los recursos sociales, ya que determina en términos generales la parte que debe corresponder a cada categoría de productores. El orden se encuentra alterado; pero por otra parte, un orden nuevo no puede improvisarse. Se necesita tiempo para que la opinión pública vuelva a clasificar de nuevo hombres y cosas. Mientras que las fuerzas sociales, liberadas de este modo, no hayan vuelto a encontrar el equilibrio, su valor respectivo permanece indeterminado y, por consiguiente, se carece de cualquier orden durante un tiempo. Ya no se sabe lo que es posible y lo que no lo es, lo que es justo y lo que es injusto, cuáles son las reivindicaciones y las esperanzas legítimas, cuáles son las que rebasan la medida. Por consiguiente, no hay nada que no pueda pretenderse. Por poco profunda que sea la crisis, alcanza incluso a los principios que presiden el reparto de los ciudadanos entre las diferentes profesiones. Dado que las relaciones entre las diversas partes de la sociedad se modifican necesariamente, las ideas que expresan esas relaciones no pueden seguir siendo las mismas. Tal o cual clase, que la crisis ha favorecido más especialmente, ya no está dispuesta a la misma resignación, pero, como contrapartida, el espectáculo de su mayor fortuna despierta a su alrededor toda clase de envidias. De modo que las pasiones, al no estar refrenadas por una opinión desorientada, no saben ya dónde están los límites ante los que deben detenerse. Por otra parte, al mismo tiempo, se encuentran en un estado de exaltación natural, por el mero hecho de que la vitalidad general es más intensa. Puesto que la prosperidad ha aumentado, los deseos se han exaltado. El botín que se les ofrece los estimula, los vuelve más exigentes, más estrictos con las normas, precisamente cuando las normas tradicionales han perdido su autoridad. La situación de confusión o de *anomia* se encuentra todavía más reforzada por el hecho de que las pasiones están menos disciplinadas precisamente cuando necesitarían una mayor disciplina.

Sus mismas exigencias hacen que sea imposible satisfacerlas. Las ambiciones desbordadas van siempre por delante de los resultados obtenidos, cualesquiera que estos sean; porque no han sido advertidas de que no deben ir más lejos. Nada por tanto las satisface y toda esta agitación se alimenta continuamente a sí misma sin llegar a aplacarse en ningún momento. Sobre todo, como esta carrera por un botín al alcance de las manos no puede procurar otro placer que el de la carrera misma, suponiendo que ésta tenga alguno, en cuanto se tropieza con algún obstáculo se acaba con las manos vacías. Al mismo tiempo la lucha se va haciendo más violenta y más dolorosa, tanto porque está menos sujeta a normas como porque las competiciones son más apasionadas. Todas las clases están enfrentadas porque no hay ninguna clasificación establecida. El esfuerzo es por tanto mayor precisamente cuando es más improductivo. En estas condiciones, ¿cómo no iba a debilitarse la voluntad de vivir?

La particular inmunidad de la que gozan los países pobres viene a confirmar esta explicación. Si la pobreza protege contra el suicidio, es porque en sí misma es un freno. No importa lo que se haga, los deseos, en cierta medida, no tienen más remedio que contar con los medios; lo que se tiene sirve en parte de punto de referencia para determinar lo que se querría tener. Por consiguiente, cuanto menos se posee, menos tendencia se tiene a ampliar ilimitadamente el círculo de las necesidades. La impotencia, constriñéndonos a la moderación, nos habitúa a ella, además de que allí donde la pobreza es general, nada viene a provocar la envidia. La riqueza, por el contrario, por los poderes que confiere, nos da la ilusión de que no dependemos más que de nosotros mismos. Al disminuir la resistencia que nos oponen las cosas, nos induce a creer que pueden ser vencidas indefinidamente. Ahora bien, cuanto menos limitado se siente uno, más insoportable parece cualquier limitación. No sin motivo tantas religiones han elogiado las ventajas y el valor moral de la pobreza. Porque efectivamente la pobreza es la mejor escuela para enseñar al hombre contención. Obligándonos a ejercer sobre nosotros mismos una constante disciplina, nos prepara para aceptar dócilmente la disciplina colectiva, mientras que la riqueza, exaltando al individuo, siempre corre el riesgo de despertar ese espíritu de rebelión que es la fuente misma de la inmoralidad. Sin duda esta no es una razón para impedir a la humanidad mejorar su condición material. Pero si el peligro moral que entraña cualquier aumento de bienestar no puede remediarse, tampoco hay que perderlo de vista.

III

Si la anomia no se produjera, como en los casos precedentes, más que por ataques intermitentes y en forma de crisis agudas, sin duda podría hacer variar, de cuando en cuando, la tasa social de los suicidios, y no sería entonces un factor regular y constante. Pero hay una esfera de la vida social donde actualmente se encuentra en estado crónico, y es en el mundo del comercio y de la industria.

Desde hace un siglo el progreso económico ha consistido principalmente en liberar a las relaciones industriales de cualquier reglamentación. Hasta épocas recientes, todo un sistema de fuerzas morales tenía por función imponerles una disciplina. En primer lugar estaba la religión cuya influencia se hacía sentir tanto sobre los obreros como sobre los empresarios, sobre los pobres como sobre los ricos. Consolaba a los primeros y les enseñaba a resignarse con su suerte inculcándoles que el orden social es providencial, que el reparto de clases ha sido establecido por Dios mismo, y prometiéndoles un mundo futuro de justas compensaciones a las desigualdades de éste. A los segundos los moderaba recordándoles que los intereses terrenales no lo son todo para el hombre, que deben de estar subordinados a otros, más elevados, y, por consiguiente, que no merecen ser perseguidos a toda costa. El poder temporal, por su lado, mediante el control que ejercía sobre las actividades económicas, relegándolas a un plano relativamente secundario, contenía su impetu. En fin, en el seno mismo del mundo de los negocios, los gremios, reglamentando los salarios, el precio de los productos y la producción misma, fijaban indirectamente el nivel medio de los ingresos que, de forma natural, determinan en buena parte las necesidades. Al describir esta organización, no estamos proponiéndola como modelo. Está claro que sin profundas transformaciones no puede convenir a las sociedades actuales. Lo único que estamos diciendo es que existía, que tenía efectos benéficos, y que hoy en día no hay nada perecido.

En efecto, la religión ha perdido la mayor parte de su imperio. El Estado, en lugar de ser el regulador de la vida económica, se ha convertido en su instrumento y su esclavo. Las escuelas más opuestas, economistas ortodoxos y socialistas radicales, están de acuerdo para reducirlo al papel de intermediario, más o menos pasivo, entre las diferentes funciones sociales. Los unos quieren hacer de él simplemente el garante de los contratos privados; los otros le asignan la tarea de llevar la contabilidad pública, es decir registrar las demandas de los consumidores y transmitirlas a los productores, inventariar la renta total y repartirla de acuerdo a una fórmula establecida de antemano. Pero tanto unos como otros le niegan cualquier autoridad para mantener bajo control al resto de los órganos sociales, y hacerlos converger hacia un fin por encima de ellos. De una parte y de otra, se afirma que las naciones deben tener como único y principal objetivo prosperar industrialmente; esto es lo que implica el dogma del materialismo económico que sirve igualmente de base a todos estos sistemas aparentemente opuestos. Y como estas teorías no hacen más que expresar el estado de la opinión pública, la industria, en lugar de continuar siendo considerada como un medio para conseguir un fin por encima de ella, se ha convertido en el fin último de los individuos y de las sociedades. Sucede entonces que las pasiones que despierta se encuentran libres de cualquier autoridad que las limitaba. Esta apoteosis del bienestar, al santificarlas por decirlo así, las ha colocado por encima de cualquier ley humana. Parece que sea una especie de sacrilegio ponerles freno. Por eso, incluso la reglamentación puramente utilitaria que el mundo industrial ejercía sobre ellas, por medio de las corporaciones, no ha logrado sobrevivir. En fin, este desenfreno de los deseos se ha agravado todavía más por el desarrollo mismo de la industria y la extensión casi infinita del mercado. Mientras el productor no podía vender sus productos más que en sus inmediaciones, la modicidad de las ganancias no podía acicatear demasiado la ambición. Pero ahora que casi puede pretender tener como cliente al mundo entero, ¿cómo iban a aceptar las pasiones, ante estas perspectivas ilimitadas, que se las limitara como antiguamente?

De aquí es de donde proviene la efervescencia que reina en esta parte de la sociedad y que a partir de ella se ha extendido a todo el resto. El estado de crisis y de anomia en continuo en ella, y por decirlo de algún modo, normal. De arriba abajo de la escala la codicia se desata de una manera indiscriminada. Nada puede calmarla, puesto que el fin al que tiende está infinitamente más allá de todo lo que pueda alcanzar. La realidad parece no tener valor comparada con el precio de aquello que adivinan como posible las imaginaciones enfebrecidas; se pierde el apego a ella, pero para perdérselo a continuación a lo posible cuando, a su vez, se haya convertido en realidad. Se tiene sed de lo nuevo, de placeres ignorados, de sensaciones innominadas, pero que pierden todo su sabor en cuanto son conocidas. En cuanto se presenta el menor revés, se encuentran sin fuerzas para soportarlo. Toda esta fiebre se apaga y entonces vemos lo estéril que era todo ese tumulto y como esas nuevas sensaciones, indefinidamente acumuladas, no han conseguido constituir un sólido capital de felicidad con el que poder contar los días difíciles. El prudente, que sabe disfrutar de los beneficios adquiridos sin necesidad de estar sustituyéndolos continuamente por otros, encuentra donde aferrarse cuando suena la hora de las adversidades. Pero el hombre que siempre lo ha esperado todo del porvenir, que ha vivido con la mirada puesta en el futuro, no encuentra nada en su pasado que le reconforte de las amarguras del presente; ya que el pasado no ha consistido para él más que en una serie de etapas atravesadas con impaciencia. No podía verse como era porque contaba siempre con encontrar más adelante la felicidad que no había conocido hasta entonces. Pero de pronto se encuentra detenido en el camino; ahora ya no hay nada ni detrás ni delante de él donde pueda posar su mirada. El cansancio, por lo demás, basta por sí solo para producir el desencanto, pues es difícil no darse cuenta a la larga de la inutilidad de una búsqueda sin finalidad alguna.

Podríamos preguntarnos incluso si no es precisamente este estado moral el que hace hoy en día tan fecundas en suicidios a las catástrofes económicas. En las sociedades en las que el hombre está sometido a una sana disciplina, aguanta también más fácilmente los golpes del destino. Habituado a las incomodidades y a la moderación, el esfuerzo necesario para imponerse alguna molestia más le cuesta relativamente poco. Pero cuando cualquier límite resulta odioso, ¿cómo no va a parecer insoportable una limitación mayor? La impaciencia febril en la que se vive no predispone precisamente a la resignación. Cuando no se tiene otro objetivo que rebasar continuamente el punto al que se ha llegado, ¡qué doloroso resulta ser empujado hacia atrás! Ahora bien, esta misma falta de organización que caracteriza a nuestra situación económica, abre la puerta a toda clase de aventuras. Dado que las imaginaciones están siempre ávidas de novedades y que nada las controla, van tanteando al azar. Necesariamente los fracasos aumen-

Tabla XXIV
Suicidios por 1 millón de individuos de cada profesión

		Comercio	Transporte	Industria	Agricultura	Profesiones liberales[128]
Francia[129]	(1878-87)	440		340	240	300
Suiza	(1876)	664	1514	577	304	558
Italia	(1866-76)	277	152,6	80,4	26,7	618[130]
Prusia	(1883-90)	754		456	315	832
Baviera	(1884-91)	465		369	153	454
Bélgica	(1876-90)	421		160	160	100
Wurtember	(1873-78)	273		190	206	
Sajonia	(1878)		341,59		71,17	

[128] Cuando la estadística distingue varias clases de profesiones liberales, tomamos como punto de referencia aquella en que la tasa de suicidios es más elevada.

[129] De 1826 a 1880, las profesiones financieras parecen menos afectadas (v. *Informe* de 1880); ¿pero era exacta la estadística de las profesiones?

[130] Esta cifra sólo la alcanzan las personas de letras.

tan con los riesgos, y de este modo las crisis se multiplican precisamente cuando se hacen más peligrosas.

Y sin embargo estas predisposiciones son tan inveteradas que la sociedad se ha hecho a ellas y se ha acostumbrado a considerarlas normales. Continuamente se repite que está en la naturaleza del hombre ser un eterno descontento y perseguir siempre, sin tregua y sin reposo, un fin indeterminado. La pasión por el infinito se nos presenta continuamente como un signo de distinción moral, cuando en realidad sólo puede producirse en las conciencias alteradas que erigen en norma la alteración que ellas sufren. La doctrina del progreso por encima de todo y lo más rápido posible se ha convertido en un artículo de fe. Pero también, paralelamente a esas teorías que celebran los beneficios de la inestabilidad, vemos aparecer otras que generalizando la situación de la que derivan, declaran la vida mala, la acusan de ser más fecunda en sufrimientos que en placeres, y de seducir al hombre con falsos atractivos. Y como es en el mundo financiero donde el desconcierto es mayor, también es en él donde se reclutan más víctimas.

Las profesiones industriales y comerciales se encuentran en efecto entre las que más contribuyen al suicidio (ver tabla XXIV, p. 278). Están casi al mismo nivel que las profesiones liberales, y a veces incluso las sobrepasan; sobre todo se encuentran más expuestas que la agricultura. Y es que en la industria agrícola las viejas fuerzas reguladoras dejan todavía sentir su influencia y la fiebre de los negocios ha penetrado menos. Es ella la que nos da una idea más aproximada de cómo era antiguamente el orden económico. Y todavía la diferencia sería más marcada si entre los suicidios de la industria se distinguiese a los patronos de los obreros, pues son probablemente los primeros los más afectados por el estado de *anomia*. La enorme tasa de la población rentista (720 por millón) demuestra a las claras que son los más ricos los que están más expuestos. La razón es que todo lo que obliga a la subordinación atenúa los efectos de este estado. Las clases inferiores tienen al menos su horizonte limitado por las que están por encima de ellas, y por eso mismo sus deseos son más concretos. Pero aquellos que no tienen más que el vacío por debajo de ellos, se ven impelidos casi por necesidad a arrojarse a él, a no ser que alguna fuerza los retenga.

La anomia es por tanto en nuestras sociedades modernas un

factor constante y específico de suicidios; es una de las fuentes de las que se alimenta el contingente anual. Por consiguiente, estamos en presencia de un nuevo tipo que debe de ser distinguido de los otros. Difiere de ellos en que depende, no ya de la manera en que los individuos están vinculados a la sociedad, sino de la manera en que ésta los somete. El suicidio egoísta proviene de que los hombres no encuentran ningún sentido a la vida; el suicidio altruista de que este sentido les parece encontrarse más allá de la vida misma; la tercera clase de suicidio, cuya existencia acabamos de constatar, de que su vida ha sido alterada y sufren sus consecuencias. En razón de su origen, daremos a esta última especie el nombre de *suicidio anómico*.

Seguramente este suicidio y el suicidio egoísta tienen muchas cosas en común. Uno y otro proceden de que la sociedad no está suficientemente presente en las vidas de los individuos. Pero la esfera de la que está ausente no es la misma en los dos casos. En el suicidio egoísta, está ausente de la actividad propiamente colectiva, despojándola de cualquier objetivo y significado. En el suicidio anómico, está ausente de las pasiones específicamente individuales, dejándolas sin el freno que las regulaba. De donde resulta que a pesar de sus puntos en común, estos dos tipos son independientes el uno del otro. Podemos restituir a la sociedad todo lo que de social hay en nosotros, y no saber limitar nuestros deseos; sin ser un egoísta se puede vivir en un estado de anomia, e inversamente. Por lo demás, estas dos clases de suicidios no reclutan su principal clientela en los mismos medios sociales; uno tiene preferencia por las profesiones intelectuales y el mundo del pensamiento, el otro por el mundo industrial y comercial.

IV

Pero la anomia económica no es la única que puede provocar el suicidio.

Los suicidios que tienen lugar durante la crisis de la viudedad, de los que ya hemos hablado,[131] se deben, en efecto, a la anomia

---

[131] Ver más arriba, p. 193.

Tabla XXV
Comparación de los Estados europeos desde el doble punto de vista del divorcio y del suicidio

	Divorcios anuales por cada 1.000 matrimonios	Suicidios por millón de habitantes
I. – *Países donde los divorcios y las separaciones son raras*		
Noruega	0,54 (1875-80)	73
Rusia	1,6 (1871-77)	30
Inglaterra y Gales	1,3 (1871-79)	68
Escocia	2,1 (1871-81)	
Italia	3,05 (1871-73)	31
Finlandia	3,9 (1875-79)	30,08
Medias	2,07	46,5
II. – *Países donde los divorcios y las separaciones tienen una frecuencia media*		
Baviera	5,0 (1881)	90,5
Bélgica	5,1 (1871-80)	68,5
Países Bajos	6,0 (1871-80)	35,5
Suecia	6,4 (1871-80)	81
Baden	6,5 (1874-79)	156,6
Francia	7,5 (1871-79)	150
Wurtemberg	8,4 (1876-78)	162,4
Prusia		133
Medias	6,4	109,6
III. – *Países donde los divorcios y las separaciones son frecuentes*		
Sajonia Real	26,6 (1876-80)	299
Dinamarca	38 (1871-80)	258
Suiza	47 (1876-80)	216
Medias	37,3	257

doméstica que resulta de la muerte de uno de los cónyuges. Se produce entonces una conmoción familiar cuyos efectos acusa el superviviente. No se adapta a la nueva situación y por eso se mata más fácilmente.

Pero hay otra variedad del suicidio anómico a la que debemos dedicar algo más de espacio, a la vez porque es una variedad más crónica y porque va a servirnos para analizar la naturaleza y el funcionamiento del matrimonio.

Tabla XXVI
Comparación entre los cantones suizos desde el punto de vista de los divorcios y de los suicidios

	Divorcios y separaciones sobre 1.000 matrimonios	Suicidios por millón		Divorcios y separaciones sobre 1.000 matrimonios	Suicidios por millón
I. – Cantones católicos					
Franceses e italianos					
Tessin	7,6	57	Friburgo	15,9	119
Valais	4,0	47			
Medias	5,8	50	Medias	15,9	119
Alemanes					
Uri		60	Soleure	37,7	205
Unterwalden-le-Haut	4,9	20	Appenzell int	18,9	158
Unterwalden-le-Bas	5,2	1	Zug	14,8	87
Schwytz	5,6	70	Lucerna	13,0	100
Medias	3,9	37,7	Medias	21,1	137,5
II. – Cantones protestantes					
Franceses					
Neuchâtel	42,4	560	Vaud	43,5	352
Alemanes					
Berna	47,2	229	Schaffhouse	106,0	602
Bâle capital	34,5	323	Appenzellext	100,7	213
Bâle región	33,0	288	Glaris	83,1	127
			Zurich	80,0	288
Medias	38,2	280	Medias	92,4	307
III. – Cantones mixtos en cuanto a la religión					
Argovia	40,0	195	Ginebra	70,5	360
Grisons	30,9	116	Saint-Gall	57,6	179
Medias	36,9	155	Medias	64,0	269

En los *Annales de démographie internationale* (septiembre 1882), M. Bertillon publicó un notable trabajo sobre el divorcio, en el que se encuentra la siguiente afirmación: en toda Europa, en el número de los suicidios se observan las mismas variaciones que en el de los divorcios y las separaciones.

Si se comparan los distintos países desde este doble punto de vista, se puede comprobar ese paralelismo (ver tabla XXV, p. 281). No solamente la relación entre las medias es evidente, sino que la única irregularidad un poco apreciable es la de los Países Bajos donde los suicidios no están a la altura de los divorcios.

Esta ley se constata todavía con más exactitud si se comparan, no ya países diferentes, sino provincias diferentes de un mismo país. En Suiza particularmente, la coincidencia entre estos dos órdenes de fenómenos es sorprendente (ver tabla XXVI, p. 282). Son los cantones protestantes los que cuentan con más divorcios, y son ellos también los que cuentan con más suicidios. Los cantones mixtos vienen a continuación, tanto desde uno como desde otro punto de vista, y a continuación de ellos los cantones católicos. En el interior de cada grupo, se observan las mismas concordancias. Entre los cantones católicos, Soleure y Appenzell interior se distinguen por el elevado número de sus divorcios; también se distinguen por la cifra de sus suicidios. Friburgo, a pesar de ser católico y francés, cuenta con un buen número de divorcios, y lo mismo de suicidios. Entre los cantones protestantes alemanes, no hay ninguno que tenga tantos divorcios como Schaffhouse; Schaffhouse está también a la cabeza de los suicidios. En fin, los cantones mixtos, con la única excepción de Argovie, se clasifican exactamente de la misma manera desde un punto de vista y desde el otro.

La misma comparación hecha entre los departamentos franceses da el mismo resultado. Clasificándolos en ocho categorías según la importancia de su mortalidad-suicidio, hemos comprobado que los grupos así formados se alineaban en el mismo orden que los divorcios y las separaciones:

Una vez establecida esta relación, intentemos explicarla.

Mencionaremos sólo a título de información la explicación que ha propuesto sumariamente M. Bertillon. Según este autor, el número de los suicidios y el de los divorcios varía paralelamente porque dependen tanto el uno como el otro de un mismo factor: la frecuencia más o menos grande de personas desequilibradas. En efecto, nos dice, hay tantos más divorcios en un país cuantos más cónyuges insoportables hay. Y puesto que es-

	Suicidios por 1 millón	Media de divorcios y separaciones por 1.000 matrimonios
1º grupo (5 departamentos)	Por debajo de 50	2,6
2º " (18 ")	De 51 a 75	2,9
3º " (15 ")	De 76 a 100	5,0
4º " (19 ")	De 101 a 150	5,4
5º " (10 ")	De 151 a 200	7,5
6º " (9 ")	De 201 a 250	8,2
7º " (4 ")	De 251 a 300	10,0
8º " (5 ")	Por encima	12,4

tos últimos se reclutan entre los desequilibrados, entre los individuos con el carácter poco formado y poco ponderado, este mismo temperamento es el que predispone al suicidio. El paralelismo no significa entonces que la institución del divorcio ejerza por si misma alguna influencia sobre el suicidio, sino que estas dos clases de hechos derivan de una misma causa que manifiestan de forma diferente. Sin embargo, relacionar el divorcio con determinadas taras psicopáticas es una arbitrariedad, de la que además no hay pruebas. No hay ninguna razón para suponer que en Suiza haya 15 veces más desequilibrados que en Italia y de 6 a 7 veces más que en Francia, y sin embargo los divorcios son, en el primero de estos países, 15 veces más frecuentes que en el segundo y aproximadamente 7 veces más que en el tercero. Además, por lo que respecta al suicidio, sabemos lo lejos que están de poder explicarlo las condiciones puramente individuales. Lo que sigue acabará, por lo demás, de demostrar la insuficiencia de esta teoría.

No es en las predisposiciones orgánicas de los individuos, sino en la naturaleza intrínseca del divorcio donde debemos buscar la causa de esta sorprendente relación. Sobre este punto, puede establecerse ya un primer enunciado: en todos los países de los que disponemos de informaciones suficientes, los suicidios de divorciados son incomparablemente superiores en número a los que aporta el resto de la población.

De modo que los divorciados de ambos sexos se matan entre tres y cuatro veces más que las personas casadas, a pesar de que

		Suicidios por millón							
		Solteros de más de 15 años		Casados		Viudos		Divorciados	
		Hombres	Mujeres	Hombres	Mujeres	Hombres	Mujeres	Hombres	Mujeres
Prusia	(1887-89)	360	120	430	90	1471	215	1875	290
Prusia	(1883-90)	388	129	498	100	1552	194	1952	328
Bade	(1885-93)	458	93	460	85	1172	171	1328	
Sajonia	(1847-58)			481	120	1242	240	3102	312
Sajonia	(1876)	555,18		821	146			3252	389
Wurtemberg	(1846-60)			226	52	530	97	1298	281
Wurtemberg	(1873-92)	251		218		405		796	

sean más jóvenes (40 años, en Francia, en lugar de 46 años), y sensiblemente más que los viudos a pesar de la agravación que supone la edad en estos últimos. ¿Cómo puede ocurrir esto?

Es muy probable que el cambio de régimen moral y material, que es la consecuencia del divorcio, tenga algo que ver en este resultado. Pero no es suficiente para explicarlo. Porque la viudedad es un problema no menos grave de la existencia; incluso tiene consecuencias más dolorosas puesto que no era deseada por los cónyuges, mientras que el divorcio es con frecuencia una liberación para ellos. Y sin embargo los divorciados, que en razón de su edad deberían matarse dos veces menos que los viudos, se matan más en todas partes, e incluso el doble en algunos países. Esta agravación, que puede ser representada por un coeficiente comprendido entre 2,5 y 4, no depende en absoluto de su cambio de estado.

Para encontrar las causas, tenemos que volver a referirnos a uno de nuestros argumentos anteriores. Hemos visto en el capítulo tercero de este mismo libro que, en una misma sociedad, la tendencia de los viudos hacia el suicidio dependía de la tendencia correspondiente de las personas casadas. Si los segundos están fuertemente protegidos, los primeros gozan sin duda de una inmunidad menor, pero todavía importante, y el sexo que el matrimonio preserva mejor es también el mejor preservado en el estado de viudedad. En una palabra, cuando la sociedad conyugal se disuelve por el fallecimiento de uno de los cónyuges, los efectos que tenía en relación al suicidio continúan en parte haciéndose sentir en el superviviente.[132] Pero entonces, ¿no es lógico suponer que el mismo fenómeno se produce cuando se

Tabla XXVII
Influencia del divorcio sobre la inmunidad de los cónyuges

Países	Suicidios por millón de individuos		Coeficiente de preservación de los casados en relación a los solteros
	Solteros por encima de 15 años	Casados	
Donde el divorcio no existe			
Italia (1884-88)	145	88	1,64
Francia (1863-68)[133]	273	245,7	1,11
Donde el divorcio es frecuente			
Bade (1885-93)	458	460	0,99
Prusia (1883-90)	388	498	0,77
Prusia (1887-89)	364	431	0,83
Donde el divorcio es muy frecuente[134]			
Sajonia (1879-80):			
Sobre 100 suicidios de cualquier estado civil	27,5	52,5	
Sobre 100 habitantes de cualquier estado civil	42,10	52,47	0,63

[132] Ver más arriba, p. 193.

[133] Tomamos este periodo remoto porque el divorcio no existía entonces. La ley de 1884 que lo estableció no parece por lo demás haber producido de momento efectos apreciables sobre los suicidios de los cónyuges; su coeficiente de preservación no había variado apenas en 1888-92; una institución no produce efectos en tan poco tiempo.

[134] Para Sajonia sólo disponemos de estos números relativos, tomados de Oettingen; pero bastan para nuestro propósito. En Legoyt (p. 171) se pueden encontrar otros documentos que demuestran igualmente que, en Sajonia, los casados tienen una tasa más elevada que los solteros. Legoyt mismo se sorprende de este hecho.

rompe el matrimonio, no por la muerte, sino por un acto jurídico y que la agravación que sufren los divorciados es una consecuencia, no del divorcio, sino del matrimonio al que éste ha puesto fin?

Debe provenir de alguna característica del matrimonio que sigue dejando sentir su influencia en los cónyuges a pesar de haberse separado. Si tienen una inclinación tan fuerte hacia el suicidio, es porque ya la tenían cuando vivían juntos por el hecho mismo de su vida en común.

Una vez admitida esta proposición, la correspondencia de los divorcios y de los suicidios se explica por sí sola. En efecto, entre los pueblos en los que el divorcio es frecuente, esta constitución *sui generis* del matrimonio de la que es solidario debe de estar necesariamente muy extendida; porque no es exclusiva de las parejas que están predestinadas a una disolución legal. Si entre ellas alcanza el máximo de intensidad, debe de encontrarse también entre las demás o en la mayoría de las demás, aunque en menor grado. Porque lo mismo que allí donde hay muchos suicidios hay también muchas tentativas de suicidio, y que la mortalidad no puede aumentar sin que la morbilidad no aumente al mismo tiempo, debe de haber también muchas parejas más o menos cercanas al divorcio allí donde hay muchos divorcios efectivos. El número de estos últimos no puede por tanto aumentar, sin que se desarrolle y se generalice en la misma medida el estado de la familia que predispone al suicidio y, por consiguiente, es natural que los dos fenómenos varíen en el mismo sentido.

Esta hipótesis, que concuerda con todo lo que se ha demostrado anteriormente, es susceptible además de una comprobación directa. Si ésta tiene fundamento, las personas casadas deben de tener, en los países en que los divorcios son numerosos, una menor inmunidad contra el suicidio que allí donde el matrimonio es indisoluble. Y esto es lo que efectivamente se desprende de los hechos, al menos *en lo que concierne a los maridos*, como muestra la tabla XXVII (p. 286). Italia, país católico donde no se conoce el divorcio, es también el país donde el coeficiente de preservación de los cónyuges es más elevado; éste es menor en Francia, donde las separaciones han sido siempre más frecuentes, y se lo ve disminuir a medida que pasamos a sociedades donde el divorcio es una práctica más habitual.[135]

No hemos podido obtener la cifra de los divorcios del gran ducado de Oldenburg. Sin embargo, puesto que es un país protestante, podemos suponer que son frecuentes, aunque seguramente no excesivos, ya que la minoría católica es también bastante importante. Desde este punto de vista debe de estar aproximadamente al mismo nivel que Bade y que Prusia. Pero también se encuentra al mismo nivel desde el punto de vista de la inmunidad de que gozan los casados; 100.000 solteros por encima de 15 años dan anualmente 52 suicidios, 100.000 casados cometen 66. El coeficiente de preservación para estos últimos es por tanto de 0,79, muy diferente, por consiguiente, del que se observa en los países católicos donde el divorcio es raro o no se conoce.

---

[135] Si comparamos desde este punto de vista sólo esos pocos países, es porque en los demás las estadísticas mezclan los suicidios de los maridos con los de las mujeres y, como veremos más adelante, es necesario distinguirlos.

Sin embargo no se debe concluir de esta tabla que en Prusia, en Bade y en Sajonia, los hombres casados se maten realmente más que los solteros. No hay que perder de vista que estos coeficientes han sido calculados independientemente de la edad y de su influencia en el suicidio. Ahora bien, puesto que los hombres de 25 a 30 años, edad media de los solteros, se matan dos veces menos aproximadamente que los hombres de 40 a 45 años, edad media de los casados, estos gozan de una inmunidad incluso en los países donde el divorcio es frecuente; pero ésta es más débil que en otros lugares. Para que pudiera decirse que era nula, sería necesario que la tasa de los casados, abstracción hecha de la edad, fuera dos veces superior a la de los solteros; lo que no es el caso. Por lo demás, esta omisión no afecta en absoluto a la conclusión a la que hemos llegado. Porque la edad media de los casados varía poco de un país a otro, en dos o tres años solamente, y, por otra parte, la ley según la cual la edad influye en el suicidio es en todas partes la misma. Por consiguiente, al prescindir del efecto de este valor, hemos disminuido bastante el valor absoluto de los coeficientes de preservación, pero, puesto que los hemos disminuido en todas partes en la misma proporción, no hemos alterado su valor relativo que es lo único que nos importa. Porque no estamos tratando de estimar el valor absoluto de la inmunidad de los casados en cada país, sino de clasificar los diferentes países desde el punto de vista de esta inmunidad. Por lo que respecta a las razones que nos han decidido a esta simplificación, en primer lugar ha sido para no complicar el problema inútilmente, pero también porque no disponemos en todos los casos de los datos necesarios para calcular exactamente la influencia de la edad.

Francia nos proporciona la ocasión de hacer una observación que confirma más aún las precedentes, puesto que es más rigurosa. Los divorcios son mucho más frecuentes en el Sena que en el resto del país. En 1885, el número de divorcios concedidos era de 23,99 por cada 10.000 parejas, mientras que en toda Francia la media no era más que de 5,65. Ahora bien, basta con remitirse a la tabla XXII para constatar que el coeficiente de preservación de los casados es sensiblemente menor en el Sena que en provincias. En efecto, no alcanza a 3 más que una sola vez, y es en el periodo comprendido entre los 20 y los 25 años; y además la exactitud de esta cifra es dudosa, porque está calculada a partir de un número muy pequeño de casos, teniendo en cuenta que apenas se da anualmente un suicidio de casados a esta edad. A partir de los 30 años, el coeficiente no pasa de 2, está lo más a menudo por debajo y llega incluso a ser inferior a la unidad entre los 60 y los 70 años. Por término medio es de 1,73. En los departamentos, por el contrario, es 5 de cada 8 veces superior a 3; en término medio es de 2,88, es decir 1,66 veces superior que en el Sena.

Esta es una prueba más de que el elevado número de suicidios en los países donde el divorcio está extendido no depende de ninguna predisposición orgánica, y todavía menos de la frecuencia de individuos desequilibrados. Porque si esa fuera la verdadera causa, debería hacer sentir sus efectos tanto sobre los solteros como sobre los casados. Pero, de hecho, son estos últimos los más afectados. Lo que quiere decir por tanto que el origen del mal se encuentra, como habíamos supuesto, en alguna particularidad bien del matrimonio, o bien de la familia. Sólo nos queda escoger entre estas dos últimas hipótesis. Esta menor inmunidad de los cónyuges, ¿se debe al estado de la sociedad doméstica, o al estado de la sociedad matrimonial? ¿Es el espíritu familiar el que no es tan bueno, o el vínculo conyugal que no es todo lo que debiera ser?

Un primer hecho que hace improbable la primera explicación es que en los pueblos donde el divorcio es más frecuente la natalidad es muy alta, y por consiguiente la densidad del grupo doméstico muy elevada. Ahora bien, sabemos que allí donde la familia es densa, el espíritu de familia es generalmente fuerte. Por tanto todo parece indicar que es en la naturaleza del matrimonio donde se encuentra la causa del fenómeno.

Tabla XXVIII
Influencia del divorcio sobre la inmunidad de las mujeres casadas[136]

	Suicidios por millón		Coeficiente de preservación		Número de veces que el coeficiente de las mujeres rebasa al de los maridos	Número de veces que el coeficiente de los maridos rebasa al de las mujeres
	Solteras por encima de 16 años	Mujeres	Mujeres	Maridos		
Italia	21	22	0,95	1,64	1,72	
Francia	59	62,5	0,96	1,11	1,15	
Bade	93	85	1,09	0,99		1,10
Prusia	129	100	1,29	0,77		1,67
" (1887-89)	120	90	1,33	0,83		1,60
Sajonia: Sobre 100 suicidios de cualquier estado civil	35,3	42,6				
Sobre 100 habit. de cualquier estado civil	37,97	49,74	1,19	0,63		1,73

Y en efecto, si fuera imputable a la constitución de la familia, también las mujeres casadas deberían de estar menos preservadas del suicidio en los países donde el divorcio es algo corriente que en los que es poco practicado; porque a ellas las afecta tanto como a los hombres el mal estado de las relaciones domésticas. Ahora bien, ocurre exactamente lo contrario. El coeficiente de preservación de las mujeres casadas aumenta a medida que el de los maridos baja, es decir a medida que los divorcios son más frecuentes, e inversamente. Cuanto más y más fácilmente se rompe el vínculo conyugal, más favorecida está la mujer en relación al marido (ver tabla XXVIII).

[136] Los periodos son los mismos que en la tabla XXVII.

La inversión entre las dos series de coeficientes es notable. En los países en que el divorcio no existe, la mujer está menos preservada que el marido; pero su inferioridad es mayor en Italia que en Francia, donde el vínculo matrimonial siempre ha sido más frágil. Por el contrario, en cuanto el divorcio aparece (Bade), el marido está menos preservado que la mujer y la ventaja de ésta aumenta regularmente a medida que los divorcios se desarrollan.

Lo mismo que antes, el gran ducado de Oldenburg se comporta desde este punto de vista como los demás países de Alemania donde el divorcio se da con una frecuencia media. Un millón de solteras dan 203 suicidios, un millón de mujeres casadas 156; estas tienen por tanto un coeficiente de preservación igual a 1,3, muy superior al de los maridos que no era más que de 0,79. El primero es 1,64 veces superior al segundo, poco más o menos como en Prusia.

La comparación del Sena con los otros departamentos franceses confirma esta ley de forma sorprendente. En provincias, donde los divorcios son menos numerosos, el coeficiente medio de las mujeres casadas no es más que de 1,49; no representa por tanto más que la mitad del coeficiente medio de los maridos, que es de 2,88. En el Sena, la relación está invertida. La inmunidad de los hombres no es más que de 1,56, e incluso de 1,44, si se dejan de lado las dudosas cifras que se refieren al periodo comprendido entre los 20 a los 25 años; la inmunidad de las mujeres es de 1,79. La situación de la mujer con relación al marido es por tanto más de dos veces mejor que en los departamentos.

La misma constatación puede hacerse si se comparan las diferentes provincias de Prusia:

Todos los coeficientes del primer grupo son sensiblemente superiores a los del segundo, y es en el tercero donde se encuentran los más bajos. La única anomalía es la de Hesse donde, por razones desconocidas, las mujeres casadas gozan de una inmunidad bastante importante, aunque los divorcios sean en ella poco numerosos.[137]

A pesar de esta concordancia de las pruebas, sometamos esta ley a una última verificación. En lugar de comparar la inmunidad

---

[137] Hemos tenido que clasificar estas provincias según el número de los divorcios censados, al no haber podido disponer del número de divorcios anuales.

Provincias con divorcios por 100.000 mujeres casadas					
De 810 a 405 divorciadas	Coeficiente de preservación de las mujeres casadas	De 371 a 324 divorciadas	Coeficiente de preservación de las mujeres casadas	De 229 a 116 divorciadas	Coeficiente de preservación de las mujeres casadas
Berlín	1,72	Pomerania	1	Posen	1
Brandeburgo	1,75			Hesse	1,44
		Silesia	1,18	Hanovre	0,90
Prusia orient.	1,50	Prusia occ.	1	País Renano	1,25
Sajonia	2,08	Schleswig	1,20	Westphalia	0,80

de los maridos con la de las mujeres, busquemos de qué manera, diferente según los países, el matrimonio modifica la situación respectiva de los sexos en relación al suicidio. Esta comparación es la que refleja la tabla XXIX. En ella vemos que, en los países en los que el divorcio no existe o sólo se ha reconocido desde hace poco, la mujer participa en una mayor proporción en los suicidios de casadas que en los suicidios de solteras. Es decir que el matrimonio favorece más al marido que a la mujer, y la desfavorable situación de esta última es más acusada en Italia que en Francia. El excedente medio de la parte proporcional de las mujeres casadas sobre el de las solteras es, en efecto, dos veces mayor en el primero de estos dos países que en el segundo. En cuanto nos trasladamos a los países donde la institución del divorcio funciona ampliamente, se produce el fenómeno inverso. Es la mujer la que gana terreno con el matrimonio mientras que el hombre lo pierde; y el provecho que saca es más considerable en Prusia que en Bade, y en Sajonia que en Prusia. Alcanza su grado máximo en el país en que los divorcios, por su lado, tienen su frecuencia *máxima*.

Podemos enunciar por lo tanto por encima de toda refutación la siguiente ley: *El matrimonio favorece tanto más a la mujer desde el punto de vista del suicidio cuanto más extendido está el divorcio, e inversamente.*

De este enunciado se deducen dos consecuencias.

La primera es que sólo los maridos contribuyen a este aumento de la tasa de los suicidios que se observa en las sociedades donde los divorcios son frecuentes, las mujeres, por el contrario, se

Tabla XXIX
Parte proporcional de cada sexo en los suicidios de cada categoría de estado civil en los diferentes países de Europa

	Sobre 100 suicidios de solteros		Sobre 100 suicidios de casados		Excedente medio por país	
					Casadas sobre las solteras	Solteras sobre las casadas
Italia:						
1871	87 solteros	13 solteras	79 maridos	21 mujeres	6,2	
1872	82 "	18 "	78 "	22 "		
1873	86 "	14 "	79 "	21 "		
1884-88	85 "	15 "	79 "	21 "		
Francia:						
1863-66	84 "	16 "	78 "	22 "	3,6	
1867-71	84 "	16 "	79 "	21 "		
1888-91	81 "	19 "	81 "	19 "		
Bade:						
1869-73	84 "	16 "	85 "	15 "		1
1885-93	84 "	16 "	85 "	15 "		
Prusia:						
1873-75	78 "	22 "	83 "	17 "		5
1887-89	77 "	23 "	83 "	17 "		
Sajonia:						
1866-70	77 "	23 "	84 "	16 "		7
1879-90	80 "	22 "	86 "	14 "		

matan en ellas menos que en otros lugares. Por lo tanto, si el divorcio no puede desarrollarse sin que la situación moral de la mujer mejore, no podemos admitir que esté ligado a un mal endémico de la sociedad doméstica que agrava la inclinación al suicidio; ya que esta agravación debería de producirse tanto en la mujer como en el marido. Un debilitamiento del espíritu familiar no puede tener efectos tan opuestos en los dos sexos: no puede favorecer a la madre y perjudicar tan gravemente al padre. Por consiguiente, es en el estado del matrimonio y no en la constitución de la familia donde se encuentra la causa del fenómeno que estamos estudiando. Y en efecto, es muy posible que el matrimonio actúe en sentido inverso sobre el marido y sobre la mujer. Porque si, en cuanto padres, tienen el mismo objetivo, en cuanto cónyuges sus intereses son diferentes y a menudo contrapuestos. Por tanto, puede muy bien suceder que, en determinadas sociedades, tal particularidad de la institución matrimonial aproveche a uno y perjudique al otro. Todo lo que precede nos lleva a suponer que este es precisamente el caso del divorcio.

En segundo lugar, la misma razón nos obliga a rechazar la hipótesis según la cual este mal estado del matrimonio, con el que se relacionan tanto divorcios como suicidios, consistiría simplemente en una mayor frecuencia de las discusiones domésticas; porque, no más que el relajamiento del vínculo familiar, semejante causa no podría tener como resultado fortalecer la inmunidad de la mujer. Si la cifra de los suicidios, allí donde existe el divorcio, estuviera realmente relacionada con el número de disputas conyugales, la mujer debería acusarlo tanto como el marido. No hay nada aquí que pueda preservarla a ella especialmente. Semejante hipótesis es tanto menos sostenible cuanto que la mayor parte de las veces el divorcio lo piden las mujeres (en Francia el 60% de las veces los divorcios y el 83% las separaciones).[138] Esto significa que los problemas de pareja son, en la mayoría de los casos, imputables al hombre. Pero entonces, sería incomprensible que, en los países donde el divorcio es frecuente, el hombre se matara más porque hacía sufrir más a su mujer, y que la mujer, por el contrario, se matara menos porque su marido la hacía sufrir más. Por lo demás, no está demostrado que el número de desavenencias conyugales crezca como el de los divorcios.[139]

Descartada esta hipótesis, sólo nos queda una posible. Y es que la institución misma del divorcio, a través de la influencia que ejerce en el matrimonio, incite al suicidio.

Porque, ¿qué es el matrimonio? Una reglamentación de las relaciones entre los sexos, que se extiende no solamente a los instin-

---

[138] Levasseur, *Population française*, t. II, p. 92. Cf. Bertillon, *Annales de Dem. inter.*, 1880, p. 460. – En Sajonia las demandas entabladas por los hombres son casi tan numerosas como las que provienen de las mujeres.

[139] Bertillon, *Annales*, etc., 1882, p. 175 y sig.

tos físicos implícitos en ella, sino también a los sentimientos de toda clase que la civilización ha ido incorporando poco a poco sobre la base de los deseos materiales. Porque el amor es, entre nosotros, un hecho más mental que orgánico. Lo que el hombre busca en la mujer no es simplemente la satisfacción del deseo genésico. Si esta inclinación natural ha sido el germen de toda la evolución sexual, se ha ido complicando progresivamente con sentimientos estéticos y morales, numerosos y variados, y hoy día no es más que un pequeño elemento del *processus* total y farragoso al que ha dado origen. En contacto con estos elementos intelectuales, se ha liberado parcialmente del cuerpo y como intelectualizado. Depende tanto de razones morales como de atractivos físicos. Por eso no tiene la periodicidad regular y mecánica que presenta en el animal. Una excitación psíquica puede despertarse en cualquier momento: cualquier estación es buena. Pero precisamente porque estas diversas inclinaciones, transformadas de este modo, no dependen directamente de necesidades orgánicas, les es indispensable una reglamentación social. Puesto que no hay nada en el organismo que las contenga, es necesario que lo haga la sociedad. Tal es la función del matrimonio. Regula toda esta vida pasional, y el matrimonio monogámico más estrechamente que cualquier otro. Porque al obligar al hombre a no atarse más que a una única mujer, siempre la misma, asigna a la necesidad de amar un objeto rigurosamente definido, y cierra las puertas.

Esta determinación es la que proporciona el estado de equilibrio moral del que se beneficia el hombre. Ya que no puede, sin faltar a sus deberes, buscar otras satisfacciones que aquellas que le están permitidas, limita a ellas sus deseos. La saludable disciplina a la que está sometido convierte en un deber el buscar la felicidad en su condición y, por eso mismo, le proporciona los medios. Por lo demás, si su pasión está obligada a no variar, el objeto de la misma está obligado a no faltar: puesto que la obligación es recíproca. Si sus placeres son concretos, están en cambio garantizados, y esta seguridad consolida su equilibrio mental. Muy distinta es la situación del soltero. Dado que puede legítimamente unirse a quien le plazca, aspira a todo y nada le satisface. Esta enfermedad de lo infinito, que la anomia lleva a todas partes con ella, puede también afectar a esta parte de nuestra conciencia como a cualquier otra; y a menudo adopta una forma sexual como ha descrito Musset.[140] Desde el momento en que nada nos detiene, no podemos detenernos nosotros mismos. Más allá de los placeres que se han conocido, se imaginan y se desean otros; y si llegara el caso de que se hubiera recorrido todo el círculo de lo posible, entonces se sueña con lo imposible; se ansía lo que no existe.[141] ¿Cómo no iba a exasperarse la sensibilidad en esta carrera sin fin? Para llegar a este punto, no es ni siquiera necesario que se hayan multiplicado al infinito las experiencias amorosas y vivido como un Don Juan. La mediocre existencia del vulgar soltero es suficiente para ello. Son las continuas esperanzas nuevas que se conciben y son decepcionadas, dejando tras ellas una sensación de fatiga y desencanto. Por lo demás, cómo iba el deseo a poder asentarse si ni siquiera está seguro de poder conservar lo que le atrae. Porque la anomia es doble. Del mismo modo que el sujeto no se entrega definitivamente, no posee nada a título definitivo. La incertidumbre del futuro, unida a su propia indecisión, le condena a una perpetua búsqueda. De todo ello resulta un estado de perturbación, de agitación y de descontento que aumenta necesariamente las posibilidades de suicidio.

Ahora bien, el divorcio implica un debilitamiento de la reglamentación matrimonial. Allí donde está establecido, allí sobre todo donde el derecho y la costumbre facilitan excesivamente su práctica, el matrimonio no es más que una forma debilitada de sí mismo; es un matrimonio menor. No podrá, por lo tanto, producir sus efectos benéficos en la misma medida. El límite que ponía al deseo no tiene la misma solidez; al poder ser más fácilmente quebrantado y traspasado, contiene con menor fuerza la pasión y ésta, por consiguiente, tiende a desbordarse. Se resigna menos fácilmente a la condición que se le ha impuesto. La serenidad, la tranquilidad moral que daba fuerza a los cónyuges es por lo tanto menor; provoca, en cierta medida, un estado de desasosiego que impide al hombre contentarse con lo que tiene. Por lo demás, está tan poco predispuesto a conformarse con el presente cuanto que el goce no lo tiene asegurado por completo: el futuro está menos garantizado. Poca fuerza puede tener un lazo que en cualquier momento puede ser roto por

---

[140] V. *Rolla* y en *Namouna* el retrato de Don Juan.
[141] V. el monólogo de Fausto en la obra de Goethe.

un lado o por el otro. Imposible no mirar más allá del punto en el que uno se encuentra, cuando no se siente el suelo firme bajo los pies. Por todas estas razones, en los países en que el matrimonio está muy debilitado por el divorcio, es inevitable que la inmunidad del hombre casado sea menor. Dado que, bajo un régimen semejante, se acerca al soltero, no puede dejar de perder algunas de sus ventajas. Por consiguiente, el número total de los suicidios aumenta.[142]

Sin embargo esta consecuencia del divorcio afecta exclusivamente al hombre; no afecta a la mujer. De hecho, las necesidades sexuales de la mujer tienen un carácter menos mental, porque de una manera general su vida mental está menos desarrollada. Tienen una relación más inmediata con las exigencias del organismo, las satisfacen más que provocarlas, y encuentran en ellas por consiguiente un eficaz freno. Dado que la mujer es un ser más instintivo que el hombre, para encontrar la serenidad y la paz no tiene más que seguir sus instintos. Una reglamentación social tan estrecha como la del matrimonio y, sobre todo, la del matrimonio monogámico, no le es, por tanto, necesaria. Ahora bien, semejante disciplina, a un tiempo que es eficaz tiene sus inconvenientes. Estableciendo para siempre la condición conyugal, impide deshacerla pase lo que pase. Al limitar el horizonte, cierra todas las salidas y prohibe todas las esperanzas, incluso las legítimas. Esta inmutabilidad también perjudica al hombre; aunque en su caso el malestar está ampliamente compensado por el bienestar que obtiene por otra parte. Por lo demás, las costumbres le conceden ciertos privilegios que le permiten atenuar, en cierta medida, el rigor del régimen. Para la mujer, por el contrario, no hay ni compensación ni atenuación. Para ella la monogamia es de estricta obligación, sin moderación de ninguna clase, y, por otro lado, el matrimonio no le es útil, al menos en el mismo grado, para limitar sus deseos

---

[142] Sin embargo, se dirá, ¿es que allí donde el divorcio no debilita al matrimonio, la obligación de una monogamia tan estricta no corre el riesgo de provocar hastío? Sí, sin duda, este resultado se producirá necesariamente si no se siente el carácter moral de la obligación. Lo que importa, en efecto, no es solamente que la reglamentación exista, sino que sea aceptada por las conciencias. De otro modo, si ya no tiene autoridad moral y sólo se mantiene por la fuerza de la inercia, no puede jugar ningún papel útil. Molesta sin servir para mucho.

que ya están limitados de una forma natural y enseñarle a resignarse a su suerte; además de que le impide cambiar en el caso de llegar a ser intolerable. La regla es por tanto para ella un inconveniente sin grandes ventajas. Como consecuencia, todo aquello que la suavice y que la aligere no puede más que mejorar la situación de la mujer casada. Esta es la razón por la que el divorcio la protege, y por lo que ella recurre a él de buena gana.

Por lo tanto, es el estado de anomia conyugal, producido por la institución del divorcio, lo que explica el desarrollo paralelo de los divorcios y de los suicidios. Y por consiguiente estos suicidios de cónyuges que en los países donde hay muchos divorcios elevan el número de las muertes voluntarias, constituyen una variedad del suicidio anómico. No provienen de que en esas sociedades haya peores maridos o peores mujeres, y por lo tanto más parejas desgraciadas. Son el resultado de una constitución moral *sui generis* que tiene como causa un debilitamiento de la reglamentación matrimonial; es esta constitución, adquirida durante el matrimonio, la que, sobreviviéndole, produce la excepcional tendencia al suicidio que manifiestan los divorciados. Por lo demás, no queremos decir que este debilitamiento de la norma se deba exclusivamente a la institución legal del divorcio. El divorcio sólo se instituye para reconocer un estado de las costumbres anterior a él. Si la opinión pública no hubiera llegado poco a poco a considerar que la indisolubilidad del vínculo conyugal no tenía razón de ser, el legislador no habría pensado nunca en aumentar su fragilidad. La anomia matrimonial puede por tanto existir en la opinión sin estar todavía inscrita en la ley. Pero, por otro lado, únicamente cuando ha adquirido una forma legal puede producir todas sus consecuencias. Mientras el derecho matrimonial no haya sido modificado, sirve al menos para contener materialmente las pasiones; y con sólo condenarlas, se opone ya a que la anomia gane terreno. Por eso sólo surte efectos concretos fácilmente observables allí donde se ha convertido en una institución jurídica.

Al mismo tiempo que esta explicación da cuenta tanto del paralelismo observado entre los divorcios y los suicidios[143] como de

---

[143] Puesto que allí donde la inmunidad del marido es menor la de la mujer es mayor, uno se preguntará tal vez cómo no se producen compensaciones. Lo que

las variaciones inversas que presenta la inmunidad de los maridos y de las mujeres, otros hechos vienen a confirmarla:

1º Únicamente bajo el régimen del divorcio puede haber una verdadera inestabilidad matrimonial; porque sólo él rompe completamente el matrimonio mientras que la separación no hace más que suspender parcialmente algunos efectos, sin devolver a los cónyuges su libertad. Por tanto, si esta especial anomia agrava realmente la inclinación al suicidio, los divorciados deben de tener una aptitud muy superior a la de los separados. Y esto es, en efecto, lo que se desprende del único documento que conocemos sobre este extremo. Según un cálculo de Legoyt,[144] en Sajonia, durante el periodo 1847-1856, un millón de divorciados habría producido por término medio 1.400 suicidios al año, mientras que un millón de separados sólo habría producido 176. Esta última tasa es incluso inferior a la de los maridos (318).

2º Si la tendencia tan fuerte de los solteros se debe en parte a la anomia sexual en la que viven de una manera crónica, sería sobre todo en el momento en que el deseo sexual está más en efervescencia cuando la agravación que padecen debiera ser más sensible. Y en efecto, entre los 20 y los 45 años la tasa de los suicidios de los solteros aumenta mucho más rápido que con posterioridad a esa edad; en el transcurso de ese periodo se multiplica por cuatro, mientras que a partir de los 45 años hasta el máximo de edad (pasados los 80) no hace más que duplicarse. Sin embargo esta misma aceleración no se produce entre las mujeres; de los 20 a los 45 años la tasa de las solteras ni siquiera se duplica, pasa únicamente de 106 a 171 (ver tabla XXI). El periodo sexual no afecta por tanto a la evolución de los suicidios femeninos. Lo que es lógico que pase si, como hemos reconocido, la mujer no es muy sensible a esta forma de anomia.

3º En fin, varios de los hechos demostrados en el capítulo

---

ocurre es que al ser la parte de la mujer tan pequeña en el número total de los suicidios, la disminución de los suicidios femeninos no se aprecia suficiente en el conjunto y no compensa el aumento de los suicidios masculinos. Esta es la razón por la que el divorcio viene acompañado finalmente de un aumento de la cifra total de los suicidios.

[144] *Op., cit.*, p. 171.

III de este mismo libro encuentran una explicación en la teoría que acaba de ser expuesta y, por eso mismo, pueden servir para verificarla.

Hemos visto entonces que, por sí mismo e independientemente de la familia, el matrimonio, en Francia, confería al hombre un coeficiente de preservación igual a 1,5. Ahora ya sabemos a qué se debe ese coeficiente. Representa las ventajas que el hombre obtiene de la influencia reguladora que ejerce sobre él el matrimonio, de la moderación que impone a sus inclinaciones y del bienestar moral que resulta de todo ello. Pero al mismo tiempo hemos comprobado que en este mismo país la condición de la mujer casada aparecía, por el contrario, agravada, mientras la presencia de hijos no viniera a corregir los efectos nocivos que tiene el matrimonio sobre ella. Acabamos de decir por qué. No es que el hombre sea, por naturaleza, un ser egoísta y malo cuyo papel en la pareja sería hacer sufrir a su compañera. Es que en Francia, donde hasta épocas recientes el matrimonio no estaba debilitado por el divorcio, la inflexible norma que éste imponía a la mujer era para ella un pesado yugo sin provecho. Dicho de un modo más general, la causa a la que se debe ese antagonismo de los sexos que hace que el matrimonio no pueda favorecerlos en igual medida,[145] es que sus intereses están contrapuestos; uno tiene necesidad de freno y el otro de libertad.

Por lo demás, da la impresión de que el hombre, en un determinado momento de su vida, se vea afectado por el matrimonio de la misma manera que la mujer, aunque por otras razones. Si, como hemos señalado, los cónyuges muy jóvenes se matan mucho más que los solteros de la misma edad, es sin duda porque sus pasiones son entonces demasiado tumultuosas y confían demasiado en sí mismas, como para poder someterse a una norma tan severa. Ésta se les presenta por tanto como un obstáculo insuperable contra el que sus deseos chocan y se hacen añicos. Por eso es probable que el matrimonio no produzca todos sus bienhechores efectos más que cuando la edad ha calmado ya un poco al hombre y le hace sentir la necesidad de una disciplina.[146]

---

[145] V. más arriba, p. 171.

[146] Es incluso probable que el matrimonio, por sí solo, no empiece a produ-

En fin, hemos visto en ese mismo capítulo III que allí donde el matrimonio favorece a la mujer más que al marido, la diferencia entre los dos sexos es siempre menor que allí donde sucede a la inversa.[147] Esta es la prueba de que incluso en las sociedades en las que el estado matrimonial favorece plenamente a la mujer, le presta menos servicios de los que presta al hombre cuando es éste último el más favorecido. Si el matrimonio contraría sus intereses, la mujer puede sufrir más de lo que se beneficia cuando los respalda. Lo que significa que tiene una menor necesidad de él. Ahora bien, esto mismo es lo que supone la teoría que acabamos de exponer. Los resultados que hemos obtenido antes y los que se desprenden del presente capítulo coinciden y se confirman mutuamente.

Llegamos así a una conclusión bastante alejada de la idea que uno se hace habitualmente del matrimonio y su papel. Pasa por haber sido instituido con miras a la mujer y para proteger su debilidad contra los caprichos masculinos. La monogamia, en particular, se presenta muy a menudo como un sacrificio que el hombre habría hecho de sus instintos polígamos para aliviar y mejorar la condición de la mujer en el matrimonio. En realidad, cualesquiera que sean las causas históricas que le han determinado a im-

---

cir efectos profilácticos hasta más tarde, después de los treinta años. En efecto, hasta entonces, los casados sin hijos producen anualmente, en cifras absolutas, tantos suicidios como los casados con hijos, a saber 6,6 de los 20 a los 25 años tanto en un caso como en el otro, y 33 por un lado y 34 por el otro de los 25 a los 30 años. Está claro sin embargo que las parejas fecundas son, incluso en este periodo, mucho más numerosas que las parejas estériles. La tendencia al suicidio de estas últimas debe ser por tanto varias veces mayor que la de las parejas con hijos; por consiguiente, debe de tener una intensidad similar a la de los solteros. Desgraciadamente sobre este punto no podemos más que hacer conjeturas; puesto que como el padrón no refleja para cada grupo de edad la población de parejas sin hijos, distinguiéndola de la que tienen hijos, nos es imposible calcular separadamente la tasa de los unos y la de los otros para cada periodo de la vida. No podemos más que dar cifras absolutas, tal y como las hemos obtenido del Ministerio de Justicia referidas a los años 1889-91. Las reproduciremos en una tabla especial que se encontrará al final de la obra. Esta laguna del padrón es de las más lamentables.

[147] Ver más arriba p. 182.

ponerse esta restricción, es a él a quien más beneficia. La libertad a la que renuncia de este modo no podía ser para él más que una fuente de angustia. La mujer no tenía las mismas razones para renunciar, y desde este punto de vista puede decirse que, al someterse a la misma norma, es ella la que hace un sacrificio.[148]

---

[148] Vemos, por las consideraciones que preceden, que existe un tipo de suicidio que se opone al suicidio anómico, del mismo modo que el suicidio egoísta y el suicidio altruista se oponen entre ellos. Es el que resulta de un exceso de reglamentación; el que cometen los sujetos cuyo futuro no tiene ninguna salida, cuyas pasiones están violentamente sometidas por una disciplina opresiva. Es el suicidio de los cónyuges demasiado jóvenes, el de la mujer casada sin hijos. Para completarlo, deberíamos establecer un cuarto tipo de suicidio. Pero tiene tan poca importancia hoy en día, fuera de los casos que acabamos de citar, y es tan difícil encontrar ejemplos, que nos parece inútil dedicarle más tiempo. Sin embargo, pudiera ser que tuviese un interés histórico. ¿Acaso no es a este tipo al que hay que referir los suicidios de esclavos que parecen ser frecuentes en algunas circunstancias (v. Corre, *Le crime en pays créoles*, p. 48), y todos aquellos, en una palabra, que pueden ser atribuidos a los excesos del despotismo material o moral? Para apreciar este carácter ineluctable e inflexible de la norma contra la que no se puede luchar, y por oposición a la expresión de anomia que acabamos de emplear, podríamos llamarlo *suicidio fatalista*.

Capítulo VI

Formas individuales de los diferentes tipos de suicidios

De nuestra investigación podemos sacar ya una primera conclusión: no hay un suicidio, sino suicidios. Indudablemente, el suicidio es siempre el acto de un hombre que prefiere la muerte a la vida. Pero las causas que lo determinan no son de la misma naturaleza en todos los casos: a veces incluso son opuestas. Ahora bien, es imposible que la diferencia entre las causas no se encuentre en los efectos. Podemos estar seguros entonces de que hay varias clases de suicidios cualitativamente distintos los unos de los otros. Pero no basta con haber demostrado que estas diferencias deben de existir; nos gustaría poder captarlas directamente a través de la observación y saber en qué consisten. Nos gustaría ver las características de los suicidios particulares agruparse ellas mismas en clases distintas, correspondiendo a los tipos que acabamos de distinguir. De esta manera podremos seguir la diversidad de las corrientes suicidógenas desde sus orígenes sociales hasta sus manifestaciones individuales.

Esta clasificación morfológica, que no era en absoluto posible al principio de este estudio, puede ser intentada ahora que una clasificación etiológica nos proporciona la base. Sólo tenemos que tomar como puntos de referencia las tres clases de factores que acabamos de asignar al suicidio, y observar si las propiedades distintivas que presenta cuando se lleva a cabo en los individuos pueden ser abstraídas y de qué manera pueden serlo. Sin duda no se pueden deducir de este modo todas las particularidades que puede presentar; pues debe de haber algunas que dependan de la naturaleza propia del sujeto. Cada suicida pone en su acto un sello personal que expresa su temperamento y las condiciones especiales en las que se encuentra, y que, por consiguiente, no puede ser explicado por las causas sociales y generales del fenómeno. Pero estas, a su vez, deben de imprimir a los suicidios que determinan un matiz *sui generis*, una marca especial por la que se reconocen. Y esta marca colectiva es lo que se trata de encontrar.

Es indudable, por lo demás, que esta operación sólo puede llevarse a cabo con una exactitud aproximada. No estamos en condiciones de dar una descripción metódica de todos los suicidios que diariamente llevan a cabo los hombres o que han sido cometidos a lo largo de la historia. Sólo podemos dar cuenta de las características más generales y las más patentes, sin que dispongamos siquiera de un criterio objetivo para efectuar esta selección. Además, para relacionarlos con las respectivas causas de las que parecen derivar, sólo podremos proceder deductivamente. Todo lo más que podemos hacer es mostrar que están relacionadas lógicamente, sin que el razonamiento pueda ser confirmado siempre de un forma experimental. Ahora bien, no ignoramos que una deducción que no es confirmada por ninguna experiencia siempre resulta sospechosa. No obstante, incluso con estas limitaciones una investigación de este tipo está lejos de ser inútil. Aunque no se vea en ella más que un medio de ilustrar con ejemplos los resultados que preceden, relacionándolos más estrechamente con los datos de la observación directa y de la experiencia diaria, tendría ya la ventaja de darles un aspecto más concreto. Además nos va a permitir introducir algún rasgo distintivo en esta masa de hechos que confundimos habitualmente como si sólo se distinguieran por algunos matices, cuando la realidad es que existen entre ellos diferencias profundas. Con el suicidio sucede lo mismo que con la enajenación mental. Esta consiste para la mayoría en un estado único, siempre el mismo, sólo susceptible de diversificarse exteriormente según las circunstancias. Sin embargo para el alienista esa etiqueta designa una pluralidad de tipos nosológicos. De la misma manera, solemos imaginarnos a todo suicida como un melancólico al que le pesa la existencia. Pero en realidad, los actos por los cuales un hombre renuncia a la vida se clasifican en diferentes especies, cuyo significado moral y social no es en absoluto el mismo.

I

Hay una primera forma de suicidio que evidentemente ha sido conocida en la antigüedad, pero que sobre todo se ha desarrollado en nuestros días: en el *Rafael* de Lamartine está representado el tipo ideal. Lo que caracteriza a esta forma de suicidio es un estado de languidez melancólica que relaja los resortes de la acción. Los negocios, las funciones públicas, el trabajo útil, incluso las obligaciones domésticas no inspiran al sujeto más que indiferencia y desinterés. Le cuesta salir de su ensimismamiento. En cambio, su pensamiento y su vida interior ganan todo lo que pierde su vida activa. Al desentenderse de aquello que le rodea, la conciencia se repliega sobre sí misma, se toma a sí misma como objeto propio y único, y se dedica principalmente a observarse y analizarse. Sin embargo, con esta concentración excesiva, no hace más que ahondar el abismo que le separa del resto del mundo. Desde el momento en que el individuo se prenda hasta ese punto de sí mismo, no puede más que desprenderse de todo lo que no es él, y entregarse en cuerpo y alma al aislamiento en que vive. No es dedicándose exclusivamente uno a sí mismo como se pueden encontrar razones para dedicarse a otra cosa. Todo movimiento, en un sentido, es altruista, porque es centrífugo y hace que el ser vivo salga de sí mismo. La reflexión, por el contrario, tiene algo de personal y de egoísta; porque no es posible más que en la medida en que el sujeto se desprende del objeto y se aleja de él para volver sobre sí mismo, y es tanto más intensa cuanto más completa es esta vuelta sobre sí. No se puede actuar más que mezclándose con el mundo; para pensarle, por el contrario, hay que dejar de confundirse con él, de manera que se le pueda contemplar desde el exterior; con mayor razón todavía, es necesario esto para pensar en uno mismo. Por tanto, aquel cuya actividad es toda ella pensamiento interior, acaba por ser insensible a todo lo que le rodea. Si ama, no es para entregarse, para unirse en una unión fecunda a otro ser; es para meditar sobre su amor. Sus pasiones sólo son aparentes; pues son estériles. Se evaporan en vanos juegos de imágenes, sin producir nada fuera de ellas mismas.

Pero por otro lado, toda vida interior extrae del exterior su materia prima. Sólo podemos pensar en objetos o en la manera en que los pensamos. No podemos reflexionar sobre nuestra conciencia en un estado de indeterminación pura; bajo esa forma, es impensable. Ahora bien, nuestra conciencia sólo se decide a algo cuando algo que no sea ella misma la afecta. Por lo tanto, si se individualiza más allá de cierto punto, si se separa demasiado radicalmente de otros seres, hombres o cosas, se encuentra con que no puede comunicarse con las fuentes de las que debería normalmente alimentarse, y se ha quedado sin nada a lo que dedicarse. Al hacer el vacío a su alrededor, ha hecho el vacío en su interior y no le queda nada en lo que reflexionar más que en su propia miseria. Sólo le queda ya como objeto de meditación la nada en la que se ha convertido, y la tristeza que es su consecuencia. Se entrega a ella, se abandona a ella con una especie de placer enfermizo que Lamartine, que la conocía, ha descrito maravillosamente por boca de su héroe: "La languidez de todas las cosas que me rodeaban estaba, dice, en maravillosa consonancia con mi propia languidez. La aumentaba fascinándola. Yo me sumergía en abismos de tristeza. Pero esta tristeza estaba viva, tan llena de pensamientos, de impresiones, de relaciones con el infinito, de claroscuro en mi alma como para que yo no desease escapar a ella. Enfermedad del hombre, pero enfermedad cuya sensación misma es más deseable que dolorosa, y en la que la muerte se parece a un voluptuoso desvanecimiento en el infinito. Estaba decidido a entregarme a ella por entero, a alejarme de toda compañía que pudiera apartarme de ella, y a rodearme de silencio, de soledad y de frialdad, en medio del mundo en el que me iba a encontrar; mi aislamiento era un sudario a través del cual no quería volver a ver a los hombres, sino únicamente la naturaleza y Dios".[149]

Pero uno no puede permanecer mucho tiempo contemplando el vacío sin que éste le atraiga cada vez más. Por mucho que se le disfrace con el nombre de infinito, no por eso cambia de naturaleza. Cuando se experimenta tanto placer en no ser, no se puede satisfacer completamente la inclinación más que renunciando completamente a ser. El paralelismo que Hartmann cree observar entre el desarrollo de la conciencia y el debilitamiento del deseo de vivir no admite duda. Porque la idea y el movimiento son efec-

[149] *Rafael*, Edit. Hachette, p. 6.

tivamente dos fuerzas antagónicas que progresan en sentido inverso la una de la otra, y el movimiento es la vida. Pensar, se ha dicho, es renunciar a actuar; y por lo tanto, en la misma medida, es renunciar a vivir. Por eso no puede erigirse, y mucho menos mantenerse, el imperio absoluto de la idea: porque significaría la muerte. Lo que no quiere decir, como cree Hartmann, que la realidad sea, por sí misma, intolerable a menos de estar velada por la ilusión. La tristeza no es inherente a las cosas; no proviene del mundo ni del hecho de que pensemos en él. Es un producto de nuestro propio pensamiento. Es un invento exclusivamente nuestro; pero para ello es necesario que nuestro pensamiento esté enfermo. Si la conciencia hace en ocasiones desgraciado al hombre, es únicamente cuando su desarrollo ha sido patológico, cuando revelándose contra su propia naturaleza, se ha erigido como un absoluto y un fin en sí misma. Pero éste no es un descubrimiento tardío ni una conquista última de la ciencia, sino que podemos encontrar ya los principales elementos de nuestra descripción en el espíritu de los estoicos. El estoicismo también enseña que el hombre debe desprenderse de todo aquello que le es ajeno para vivir de sí mismo y por sí mismo. Pero como entonces la vida no encuentra una razón de ser, la doctrina concluye en el suicidio.

Estas mismas características se vuelven a encontrar en el acto final que es la consecuencia lógica de este estado moral. El desenlace no tiene nada de violento ni de precipitado. El paciente escoge su hora y medita su plan por adelantado. Ni siquiera los medios lentos le desagradan. Una tranquila melancolía, en ocasiones incluso agradable, preside sus últimos momentos. Se analiza hasta el final. Tal es el caso de aquel negociante del que habla Falret,[150] que se retira a un bosque poco frecuentado y se deja morir en él de hambre. Durante la agonía que duró casi tres semanas, anotó regularmente sus pensamientos en un diario que ha sido conservado. Otro se asfixia mientras sopla el carbón que le matará y anota entre tanto sus observaciones: "No pretendo, escribe, hacer ninguna demostración de valor ni de cobardía; sólo quiero emplear los pocos instantes que me quedan en describir las sensaciones que uno tiene cuando se asfixia y la duración del sufri-

---

[150] *Hypocondrie et suicide*, p. 316.

miento".[151] Otro más, antes de dejarse llevar por lo que él llama "la embriagadora perspectiva del reposo", construye un complicado aparato destinado a consumar su fin sin que la sangre ensucie el suelo.[152]

Se percibe fácilmente como estas diversas particularidades están relacionadas con el suicidio egoísta. No sería en absoluto extraño que fueran su consecuencia y su expresión individual. Esta pereza para la acción, esta melancólica indiferencia, resultan de ese estado de individualismo exagerado con el que hemos definido ese tipo de suicidio. Si el individuo se aísla, es porque los lazos que le unían a los demás se han distendido o se han roto, es porque la sociedad, en aquellos puntos en que está en contacto con ella, no se encuentra suficientemente cohesionada. Estos vacíos que separan las conciencias y las hacen ajenas las unas a las otras, provienen precisamente de la relajación de la estructura social. En fin, el carácter intelectual y reflexivo de esta clase de suicidios se explica sin problemas si recordamos que el suicidio egoísta viene acompañado necesariamente de un gran desarrollo de la ciencia y de la inteligencia. Es evidente, en efecto, que una sociedad donde la conciencia está normalmente necesitada de extender su campo de acción, está también mucho más expuesta a traspasar esos límites normales que no puede atravesar sin destruirse a sí misma. Un pensamiento que se cuestiona todo, si no es lo suficientemente sobrio como para soportar el peso de su ignorancia, corre el riesgo de cuestionarse a sí mismo y hundirse en la duda. Porque si no consigue descubrir los derechos que pueden tener a la existencia las cosas sobre las que se interroga –y sería un milagro que consiguiera explicarse tantos misterios– les negará toda realidad; incluso el mero hecho de que se plantee el problema, implica ya que está predispuesto a las soluciones negativas. Pero, al mismo tiempo, se vaciará de todo contenido positivo y, al no encontrar nada que se le oponga, estará abocado a perderse en el vacío de las ensoñaciones interiores.

No obstante, esta forma elevada del suicidio egoísta no es la única; hay otra más vulgar. El sujeto, en lugar de meditar triste-

---

[151] Brierre de Boismont, *Du suicide*, p. 198.
[152] *Ibid.*, p. 194.

mente sobre su situación, se resigna a ella alegremente. Es consciente de su egoísmo y de las consecuencias que derivan de él lógicamente; pero las acepta por adelantado y vive como un niño o como un animal, con la única diferencia de que él se da cuenta de lo que hace. Sólo se plantea satisfacer sus necesidades personales, simplificándolas incluso para que la satisfacción esté más asegurada. Sabiendo que no puede esperar nada más, no pide nada más, dispuesto, en el caso de que se le impida conseguir este único fin, a deshacerse de una existencia por lo demás inútil. Este es el suicidio epicúreo. Porque Epicuro no ordenaba a sus discípulos que se precipitaran a la muerte, sino que les aconsejaba, por el contrario, vivir mientras encontrasen placer en ello. Sólo que como él se daba perfecta cuenta de que si no se tiene otra finalidad en la vida, se está continuamente expuesto a no tener ninguna, y que el placer de los sentidos es un lazo muy frágil para sujetar al hombre a la vida, les exhortaba a estar siempre dispuestos a abandonarla en la primera ocasión que se presentara. Aquí, por tanto, la melancolía filosófica y soñadora es sustituida por una sangre fría escéptica y desengañada que es particularmente sensible a la hora del desenlace. El paciente se mata sin odio, sin rabia, pero también sin esa satisfacción mórbida con la que el intelectual saborea su suicidio. Lo hace de una forma más desapasionada incluso que este último. No le sorprende la situación a la que ha llegado; es un acontecimiento que él preveía más o menos próximo. Por eso él no se entretendrá en largos preparativos; en consonancia con su anterior vida, sólo trata de disminuir su dolor. Este es particularmente el caso de esos vividores que, cuando ha llegado el inevitable momento en el que ya no pueden continuar su cómoda existencia, se matan con una parsimonia irónica y con toda tranquilidad.[153]

Cuando hablamos del suicidio altruista, multiplicamos bastante los ejemplos para no tener necesidad de describir pormenorizadamente las manifestaciones psicológicas que lo caracterizan. Estas se oponen a las que reviste el suicidio egoísta, como el altruismo mismo se opone a su contrario. Lo que distingue al egoísta que se mata es una depresión general, que se manifiesta bien

---

[153] Se pueden encontrar ejemplos de esto en Brierre de Boismont, p. 494 y 506.

por una languidez melancólica, bien por una indiferencia epicúrea. Por el contrario, el suicidio altruista, puesto que tiene como origen una pasión violenta, suele ir acompañado de un cierto despliegue de energía. En el caso del suicidio obligatorio, esta energía está puesta al servicio de la razón y de la voluntad. El sujeto se mata porque su conciencia se lo ordena; se somete a un imperativo. De modo que su acto tiene como nota dominante esa entereza serena que proporciona el sentimiento del deber cumplido; la muerte de Catón, la del comandante Beaurepaire, son los prototipos históricos. En otros casos, cuando el altruismo se encuentra en su estado agudo, el acto es más pasional y más irreflexivo. Es un arrebato de fe y de entusiasmo que precipita al hombre a la muerte. Este mismo entusiasmo puede ser tanto alegre como triste, según se conciba la muerte como un medio de unirse a la divinidad bien amada o como un sacrificio expiatorio, destinado a aplacar alguna fuerza temible a la que se cree hostil. El fervor religioso del fanático que se deja aplastar devotamente por las ruedas del carro de su ídolo, no se parece en nada al del monje aquejado de *acedía* o a los remordimientos del criminal que pone fin a sus días para expiar su crimen. Pero, con estas distintas matizaciones, los rasgos esenciales del fenómeno siguen siendo los mismos. Se trata de un suicidio activo, que contrasta, por consiguiente, con el suicidio pasivo del que hemos hablado antes.

Esta característica se encuentra incluso en los suicidios más simples del primitivo o del soldado que se matan porque una insignificante ofensa ha ensuciado su honor, o para demostrar su valor. La facilidad con que se llevan a cabo no debe confundirse con la sangre fría desengañada del epicúreo. La disposición a sacrificar la vida no deja de ser una tendencia activa, además de que está tan profundamente arraigada como para actuar con la soltura y la espontaneidad del instinto. Leroy nos refiere un caso, que puede ser contemplado como modelo de este género. Se trata de un oficial que después de haber hecho un primer intento de colgarse sin éxito, se prepara para repetirlo, pero antes se preocupa de consignar por escrito sus últimas impresiones: "¡Extraño destino el mío!, escribe. Acabo de colgarme, había perdido el conocimiento, se ha roto la cuerda y he caído sobre el brazo izquierdo... Ya he terminado los nuevos preparativos, y voy a intentarlo otra vez, pero antes voy a fumarme una última pipa; será la última, espero. La primera vez no me costó ningún trabajo, todo ocurrió sin dificultad; espero que la segunda sea igual. Estoy tan tranquilo como cuando me tomo un aguardiente por la mañana. Es algo extraordinario, lo reconozco, pero es así. Es la verdad. Voy a morir por segunda vez con la conciencia tranquila".[154] No hay en esta tranquilidad ni ironía, ni escepticismo, ni esa especie de crispación involuntaria que el vividor que se mata no consigue nunca disimular completamente. La tranquilidad es perfecta; ningún signo de violencia, el acto se desarrolla de forma natural porque la predisposición activa del sujeto le ha allanado el camino.

En fin, hay una tercera clase de suicidios que se oponen a los primeros en que su acto es esencialmente pasional, y a los segundos en que la pasión que los inspira y que preside la escena final es de una naturaleza muy distinta. No es el entusiasmo, ni la fe religiosa, moral o política, ni ninguna de las virtudes militares; es la ira y todo lo que habitualmente acompaña a la decepción. Brierre de Boismont, que ha analizado los escritos dejados por 1.507 suicidas, ha constatado que un gran número de ellos denotaban ante todo un estado de irritación y de hastío violento. Blasfemias, recriminaciones violentas contra la vida en general, así como amenazas y quejas contra una persona en particular a la que el sujeto atribuye la responsabilidad de su desgracia. Con este mismo grupo se relacionan evidentemente los suicidios que son como el complemento de un homicidio previo: el hombre se mata después de haber matado a aquel a quien acusa de haber envenenado su vida. En ninguna otra parte la exasperación del suicida es más manifiesta, ya que no sólo se afirma con palabras, sino con actos. El egoísta que se mata no se entrega jamás a semejantes violencias. Sin duda, puede suceder que él también se queje de la vida, pero de un modo triste. La vida le oprime, pero no le exasperan sus problemas. La encuentra más bien vacía que dolorosa. La vida no le interesa, pero tampoco le inflige sufrimientos activos. El estado de depresión en el que se encuentra no le permite siquiera los arrebatos. Y en cuanto a los del altruista, tienen un sentido muy diferente. Por definición, en cierto modo, se sacrifica él

---

[154] Leroy, *op. cit.*, p. 241.

mismo, no a sus semejantes. Nos encontramos por tanto ante una forma psicológica distinta a las precedentes.

Sin embargo, ésta parece encontrarse implícita en la naturaleza del suicidio anómico. En efecto, los actos que no están sujetos a una norma, tampoco se amoldan ni entre sí, ni a las condiciones a las que deben responder; por tanto no pueden evitar chocar tristemente entre ellos. Ya sea progresiva o regresiva, la anomia, al liberar a las necesidades de todo freno, abre la puerta a las ilusiones y, por consiguiente, a las decepciones. Un hombre que se ve bruscamente arrojado por debajo de la condición a la que estaba habituado, no puede evitar el irritarse al sentir que se le escapa una situación de la que se creía dueño, y su irritación se vuelve de forma natural contra la causa, cualquiera que ésta sea, real o imaginaria, a la que él atribuye su ruina. Si se reconoce a sí mismo como el autor responsable de la catástrofe, se volverá contra él mismo; si no, será contra algún otro. En el primer caso, no habrá más que suicidio; en el segundo, el suicidio podrá ir precedido de un homicidio o de cualquier otra manifestación violenta. Pero el sentimiento es el mismo en los dos casos; sólo varía el punto de aplicación. El sujeto atenta siempre contra sí mismo en un acceso de ira, haya o no atentado anteriormente contra alguno de sus semejantes. Ese trastorno de todos sus hábitos produce en él un estado de sobreexcitación aguda que tiende necesariamente a aliviarse mediante actos destructivos. El objeto sobre el que se descargan las fuerzas pasionales que se han desatado es, en definitiva, secundario. El azar de las circunstancias determinará el sentido en que se dirijan sus pasiones.

Pero no sucede de otro modo cada vez que el individuo, lejos de venir a menos, se ve por el contrario impelido a superarse continuamente a sí mismo, sin nada que le detenga. Unas veces, en efecto, no consigue el fin que se creía capaz de alcanzar, pero que en realidad excedía sus fuerzas; este es el suicidio de los incomprendidos, tan frecuente en las épocas en que las clases están revueltas. Otras, después de haber conseguido durante un tiempo satisfacer todos sus deseos y su pasión por el cambio, choca de repente con una resistencia que no puede vencer, y se deshace con impaciencia de una vida que le oprime. Este es el caso de Werther, ese corazón turbulento, como se llama a sí mismo, enamorado del infinito, que se mata por un amor contrariado, y de todos esos artistas que, después de haber conocido el éxito, se suicidan por un silbido, por una crítica algo severa, o porque dejan de estar de moda.[155]

Pero también hay otros que sin tener ninguna queja de los hombres ni de las circunstancias, llegan ellos mismos a hartarse de una carrera sin salida en la que sus deseos se exasperan en vez de saciarse. La toman entonces con la vida en general y la acusan de haberles engañado. La estéril agitación a la que se entregan les produce una especie de agotamiento que impide a las pasiones decepcionadas manifestarse con la misma violencia que en los casos precedentes. Están como cansados por adelantado y son cada vez menos capaces de reaccionar con energía. El sujeto se hunde por tanto en una especie de melancolía que, en ciertos aspectos, recuerda aquella del egoísta intelectual, pero sin su lánguido encanto. Lo que aquí resulta dominante, es un hastío más o menos violento de la existencia. Este es el estado de ánimo que Séneca observaba ya entre sus contemporáneos, al mismo tiempo que el suicidio que era su consecuencia. "El mal que nos aqueja, dice, no está en los lugares en que vivimos, está en nosotros. No tenemos fuerzas para soportar nada, incapaces de soportar el dolor, impotentes para gozar del placer, todo nos impacienta. Cuántos hombres invocan la muerte cuando, después de haberlo probado todo, se encuentran con las mismas sensaciones, incapaces de experimentar nada nuevo".[156] Hoy en día, uno de los prototipos en que se ha encarnado mejor esta clase de mentalidad, es el René de Chateaubriand. Mientras que Rafael es un meditativo ensimismado, René es un insaciable. "Se me acusa, se queja tristemente, de tener gustos inconstantes, de no poder gozar durante mucho tiempo de la misma quimera, de ser presa de una imaginación ávida por consumir sus placeres como si le agobiara su duración; se me acusa por perseguir siempre un fin fuera de mi alcance: ¡Pero yo sólo busco el bien que no conozco y cuyo instinto me persigue! *¿Es culpa mía si me encuentro con límites por todas partes, si lo que se ha acabado no tiene para mi ningún valor?*"[157]

---

[155] Ver algunos de estos casos en Brierre de Boismont, p. 187-189.
[156] *De tranquilitate animi*, II, *sub fine*. Cf. Carta XXIV.
[157] *René*, édit. Vialat, París, 1849, p. 112.

Esta descripción muestra una vez más las similitudes y las diferencias entre el suicidio egoísta y el suicidio anómico, que nuestro análisis sociológico ya nos había permitido adivinar.[158] Los suicidas de uno y otro tipo sufren lo que ha venido en llamarse nostalgia del infinito. Pero esta enfermedad no reviste la misma forma en los dos casos. En uno es la inteligencia reflexiva la que se encuentra afectada y la que se hipertrofia desmesuradamente; en el otro es la sensibilidad la que se sobreexcita y se altera. En uno, el pensamiento, a fuerza de replegarse sobre sí mismo, se queda sin objeto; en el otro, la pasión, al no reconocerse límites, se queda sin fin. El primero se pierde en el infinito del sueño, el segundo en el infinito del deseo.

De modo que incluso la definición psicológica del suicida no es tan simple como se piensa a menudo. No se lo ha definido cuando se dice de él que está cansado de la existencia, harto de la vida, etc. En realidad, hay clases muy diferentes de suicidas y estas diferencias pueden apreciarse en la forma en que se comete el suicidio. De modo que podemos clasificar actos y agentes en un determinado número de especies: ahora bien, estas especies corresponden, en sus rasgos esenciales, a los tipos de suicidios que hemos establecido anteriormente según la naturaleza de las causas sociales de las que dependen. Vienen a ser como su prolongación en el interior de los individuos.

No obstante, conviene añadir que no se presentan siempre a la experiencia en un estado de aislamiento y de pureza. Muy a menudo sucede que se combinan entre ellas de tal manera que dan lugar a especies compuestas; de modo que características pertenecientes a distintas especies pueden encontrarse juntas en un mismo suicidio. La razón no es otra que las diferentes causas sociales del suicidio pueden influir simultáneamente sobre un mismo individuo y mezclar en él sus efectos. Así es como los enfermos son presa de delirios de diferente naturaleza, mezclándose unos con otros, pero convergiendo todos en un mismo sentido a pesar de la diversidad de sus orígenes, y provocando un mismo acto. Se refuerzan mutuamente. Del mismo modo que vemos que fiebres de origen diverso coexisten en un mismo

---

[158] Ver más arriba, p. 217.

sujeto y contribuyen, cada una por su parte y a su manera, a elevar la temperatura del cuerpo.

Existen dos factores del suicidio en concreto que tienen el uno por el otro una afinidad especial, y éstos factores son el egoísmo y la anomia. Sabemos, en efecto, que no son generalmente más que dos aspectos diferentes de un mismo estado social; no es extraño por lo tanto que se encuentren en un mismo individuo. Es incluso prácticamente inevitable que el egoísta tenga cierta inclinación al desenfreno, porque, como se ha apartado de la sociedad, ésta no tiene suficiente predicamento sobre él para imponerle sus normas. Si, a pesar de todo, sus deseos no se exasperan más de lo habitual, es porque en él la vida pasional languidece, porque no piensa más que en sí mismo y el mundo exterior no le atrae. Pero puede suceder que no sea ni un egoísta completo ni un trastornado completo. Y entonces se le ve representar al mismo tiempo los dos personajes. Para llenar el vacío que siente, busca nuevas sensaciones; pone en ello, es cierto, menos entusiasmo que el apasionado propiamente dicho, pero también se cansa antes y este cansancio le devuelve de nuevo a sí mismo y refuerza su anterior melancolía. Y a la inversa, en el desenfreno hay siempre un germen de egoísmo; porque uno no se rebelaría contra cualquier freno social si estuviera muy socializado. Sólo que allí donde la influencia de la anomia es preponderante, este germen no puede desarrollarse; porque al empujar al hombre fuera de sí, impide que se refugie en sí mismo. No obstante, aunque sea menos intenso, puede dejar que el egoísmo produzca algunos de sus efectos. Por ejemplo, el límite con el que choca el insaciable puede llevarle a replegarse sobre sí mismo y a buscar en la vida interior un sucedáneo de sus decepcionadas pasiones. Pero como no encuentra en ella nada a lo que aferrarse, la tristeza que le provoca ese espectáculo le impulsa a huir de nuevo de sí mismo, y aumenta por consiguiente su inquietud y su descontento. Así es como se producen suicidios mixtos en los que el abatimiento alterna con la agitación, el sueño con la acción, los arrebatos del deseo con las meditaciones del melancólico.

La anomia puede asociarse también al altruismo. Una misma crisis puede trastornar la existencia de un individuo, romper el equilibrio entre él y su medio y, al mismo tiempo, poner sus ánimos altruistas en un estado tal que incita al suicidio. Este es concretamente el caso de lo que hemos llamado los suicidios obsidionales. Si los judíos, por ejemplo, se mataron en masa en el momento de la toma de Jerusalén, fue a la vez porque la victoria de los romanos, al convertirlos en tributarios de Roma, amenazaba con transformar el género de vida al que estaban hechos, y porque amaban demasiado su ciudad y su culto para sobrevivir a la probable aniquilación de una y de otro. Así mismo, sucede a menudo que un hombre arruinado se mate, tanto porque no quiere vivir en una situación precaria, como para ahorrar a su nombre y a su familia la vergüenza de la ruina. Si oficiales y suboficiales se suicidan fácilmente en el momento en que se ven obligados a jubilarse, es tanto a causa del cambio brusco que se va a producir en su manera de vivir, como a causa de su predisposición general a no dar importancia a la vida. Las dos causas actúan en la misma dirección. Se producen suicidios en los que, bien la exaltación pasional, bien la firmeza de carácter del suicidio altruista, se alían con la exasperada locura que produce la anomia.

En fin, el egoísmo y el altruismo mismos, opuestos en todo, pueden unir sus intereses. En algunas épocas en que la sociedad disgregada no puede servir ya como objetivo a las actividades individuales, se encuentran sin embargo individuos y grupos de individuos que, sin dejar de sufrir la influencia de ese estado general de egoísmo, aspiran a algo distinto. Pero dándose cuenta de que no es un buen método huir de sí mismos, ni ir de placer en placer sin ningún fin, y que los placeres fugaces, incluso si son continuamente renovados, no podrán calmar nunca su desasosiego, buscan un objetivo duradero al que poder aferrarse con alguna convicción que proporcione un sentido a sus vidas. Sólo que, como no hay nada real a lo que atenerse, no pueden encontrar satisfacción más que creando de la nada una realidad ideal que pueda desempeñar ese papel. Su pensamiento les hace concebir entonces un ser imaginario al que se someten y se entregan de una manera tan exclusiva cuanto más se han desprendido de todo lo demás, e incluso de sí mismos. Lo invisten de todas sus razones de ser, puesto que nada más tiene valor a sus ojos. Viven así una existencia doble y contradictoria: individualistas en todo lo que concierne al mundo real, son de un altruismo desmesurado en todo lo que concierne a este objetivo ideal. Ahora bien, tanto una como otra disposición llevan al suicidio.

Tales son los orígenes y tal es la naturaleza del suicidio estoico. Acabamos de mostrar como éste reproduce algunos de los rasgos esenciales del suicidio egoísta; pero puede ser considerado bajo un aspecto completamente distinto. Si el estoico manifiesta una absoluta indiferencia por todo aquello que excede del círculo de la personalidad individual, si exhorta al individuo a bastarse a sí mismo, al mismo tiempo le coloca en una situación de estrecha dependencia frente a la razón universal, y le reduce incluso a no ser más que el instrumento mediante el cual ésta se realiza. Combina por tanto estas dos concepciones opuestas: el individualismo moral más radical y un panteísmo intemperante. De modo que el suicidio que practica es a la vez apático como el del egoísta y se lleva a cabo como un deber como el del altruista.[159] Encontramos en él la melancolía de uno y la activa energía del otro; el egoísmo se mezcla con el misticismo. Por lo demás es esta misma alianza lo que caracteriza al misticismo propio de las épocas de decadencia, tan diferente, a pesar de las apariencias, del que se observa entre los pueblos jóvenes y en vías de formación. Éste resulta del impulso colectivo que arrastra en una misma dirección a las voluntades particulares, de la abnegación con la que los ciudadanos se olvidan de sí mismos para colaborar a la causa común; el otro no es más que un egoísmo consciente de sí mismo y de su nada, que se esfuerza por superarse, pero sólo lo consigue en apariencia y artificialmente.

II

A priori, podría llegar a pensarse que existe alguna relación entre la naturaleza del suicidio y la clase de muerte que elige el suicida. Parece, en efecto, bastante natural que los medios que emplee para llevar a cabo su resolución dependan de las pasiones que le animan, y que, por consiguiente, las pongan de manifiesto. Co-

---

[159] Séneca celebra el suicidio de Catón como el triunfo de la voluntad humana sobre las cosas (v. *De Prov.*, 2, 9 y *Ep.*, 71, 16).

Tabla XXX
*Proporción de las diferentes clases de muerte sobre 1.000 suicidios
(para ambos sexos juntos)*

Países y años		Estrangulación y ahorcamiento	Ahogados	Armas de fuego	Salto al vacío	Veneno	Asfixia
Francia	(1872)	426	269	103	28	20	69
	(1873)	430	298	106	30	21	67
	(1874)	440	269	122	28	23	72
	(1875)	446	294	107	31	19	63
Prusia	(1872)	610	197	102	6,9	25	3
	(1873)	597	217	95	8,4	25	4,6
	(1874)	610	162	126	9,1	28	6,5
	(1875)	615	170	105	9,5	35	7,7
Inglaterra	(1872)	374	221	38	30	91	
	(1873)	366	218	44	20	97	
	(1874)	374	176	58	20	94	
	(1875)	362	208	45		97	
Italia	(1874)	174	305	236	106	60	13,7
	(1875)	173	273	251	104	62	31,4
	(1876)	125	246	285	113	69	29
	(1877)	176	299	238	111	55	22

mo consecuencia, podríamos estar tentados a utilizar las informaciones que nos facilitan sobre este punto las estadísticas para definir con mayor precisión, según sus manifestaciones externas, las diferentes clases de suicidios. Pero las investigaciones que hemos llevado a cabo sobre este punto sólo nos han dado resultados negativos.

Sin embargo son sin duda causas sociales las que determinan la elección; ya que la frecuencia relativa de las diferentes formas de suicidio permanece durante mucho tiempo invariable en una misma sociedad, mientras que varía considerablemente de una sociedad a otra, como muestra la tabla siguiente:

De manera que cada pueblo tiene su clase de muerte preferida y el orden de sus preferencias apenas cambia. Es incluso más constante que la cifra total de los suicidios; y los acontecimientos que, en ocasiones, modifican pasajeramente la segunda, no afectan siempre a la primera. Pero hay más: las causas sociales son a tal punto preponderantes que la influencia de los factores cósmicos apenas es apreciable. Así, por ejemplo, los suicidios por inmersión, contrariamente a todas las presuposiciones, no varían de una estación a otra de acuerdo con alguna ley particular. Veamos cuál era en Francia, durante el periodo 1872-78, su distribución mensual comparada con la de los suicidios en general:

Proporción mensual sobre 1.000 suicidios anuales:

	Enero	Febrero	Marzo	Abril	Mayo	Junio	Julio	Agosto	Septiem.	Octubre	Noviem.	Diciemb.
Cualquier clase	75,6	66,5	84,8	97,3	103,1	109,9	103,5	86,3	74,3	74,1	65,2	59,2
por inmersión	73,5	67,0	81,9	94,4	106,4	117,3	107,7	91,2	71,0	74,3	61,0	54,2

Durante la estación templada, los suicidios por inmersión apenas aumentan un poco más que los otros; la diferencia es insignificante. Sin embargo, el verano debería de favorecerlos excepcionalmente. Es cierto que se ha dicho que la inmersión era menos frecuente en el Norte que en el Midi y se ha atribuido este hecho al clima.[160] No obstante, en Copenhague, durante el periodo 1845-56, esta forma de suicidio no era menos frecuente que en Italia (281 casos 00/00 en lugar de 300). En San Petersburgo, durante los años 1873-74, no era menos practicado. La temperatura, por tanto, no representa ningún obstáculo para esta clase de muerte.

En resumen, las causas sociales de las que dependen los suicidios en general difieren de aquellas que determinan la forma en que se llevan a cabo; porque no se puede establecer ninguna relación entre los tipos de suicidios que hemos distinguido y las formas de ejecución más extendidas. Italia es un país profundamente católico en el que la cultura científica ha estado, hasta épocas

[160] Morselli, p. 445-446.

recientes, muy poco desarrollada. Es por tanto muy probable que en ella los suicidios altruistas sean más frecuentes que en Francia y que en Alemania, ya que estos están habitualmente en razón inversa del desarrollo intelectual; varias razones que se encontrarán más adelante en esta obra confirmarán esta hipótesis. Por consiguiente, como el suicidio con armas de fuego es en ella mucho más frecuente que en los países del centro de Europa, podría llegar a pensarse que hay alguna relación con el estado de altruismo. Podría incluso añadirse, para avalar esta suposición, que esa es también la clase de suicidio preferida por los soldados. Desgraciadamente, sucede que en Francia son las clases más cultas, escritores, artistas, funcionarios, las que se matan más de esta manera.[161] Así mismo, podría parecer que el suicidio melancólico encuentra su expresión natural en colgarse. Pero de hecho es en el campo donde más se recurre a esta forma de suicidio, cuando la melancolía es un estado de ánimo más específicamente urbano.

Las causas que empujan al hombre a matarse no son por tanto las que le deciden a matarse de una manera y no de otra. Los móviles para la elección de la forma son de una naturaleza distinta. En primer lugar está el conjunto de hábitos y de azares de toda clase que ponen a su alcance tal o cual instrumento de muerte. Siguiendo siempre la línea de menor resistencia, mientras no intervenga ningún factor en contra, se tiende a emplear los medios de destrucción más a mano y que una convivencia diaria hace familiares. Esta es la razón, por ejemplo, de que en las grandes ciudades la gente se mate más que en el campo arrojándose desde un lugar elevado: en las ciudades las casas son más altas. Así mismo, a medida que el ferrocarril se extiende por todas partes, la costumbre de buscar la muerte arrojándose al tren se generaliza. La tabla en la que aparece la parte proporcional de las diferentes formas de suicidio en el conjunto de muertes voluntarias, traduce por tanto en parte la situación de la tecnología industrial, de la arquitectura más extendida, de los conocimientos científicos, etc. A medida que el uso de la electricidad se generaliza, los suicidios por procedimientos eléctricos se hacen también más frecuentes.

[161] V. Lisle, *op. cit.*, p. 94.

Pero la causa tal vez más directa, es la dignidad relativa que cada pueblo, y en el interior de cada pueblo cada grupo social, atribuye a las diferentes clases de muerte. En efecto, no todas se consideran igual. Hay algunas a las que se considera nobles, mientras otras repugnan por vulgares y envilecedoras; y la forma en que la opinión pública las clasifica cambia según las sociedades. En el ejército, la decapitación está considerada como una muerte vergonzosa; en otros lugares lo vergonzoso será colgarse. El suicidio por estrangulación está mucho más extendido en el campo que en la ciudad, y más en las ciudades pequeñas que en las grandes. La razón es que hay algo en él de violento y grosero que ofende la delicadeza de las costumbres urbanas y el respeto que las clases cultivadas sienten por la persona humana. Tal vez también esta repulsión tenga que ver con el carácter deshonroso que históricamente se atribuye a este tipo de muerte y que los refinados ciudadanos sienten con una virulencia que la sensibilidad más simple del campesino es incapaz de comprender.

La muerte elegida por el suicida es por tanto un fenómeno completamente ajeno a la naturaleza misma del suicidio. Por íntimamente que parezcan relacionados estos dos elementos de un mismo acto, son en realidad independientes el uno del otro. Al menos no hay entre ellos más que relaciones externas de yuxtaposición. Porque si bien los dos dependen de causas sociales, los estados sociales que expresan son muy diferentes. El primero no nos descubre nada sobre el segundo; sería objeto de un estudio distinto. Por eso, a pesar de que lo habitual sea tratar de ello largo y tendido cuando se habla del suicidio, no diremos nada más del asunto. No añadiría nada a los resultados que hemos obtenido de las investigaciones precedentes y que resumimos en la siguiente tabla:

*Clasificación etiológica y morfológica
de los tipos sociales de suicidio*

		Formas individuales que revisten	
	Carácter fundamental		Variedades secundarias
Tipos elementales	Suicidio egoísta		Melancolía perezosa autocomplaciente
		Apatía	Sangre fría del escéptico desengañado
	Suicidio altruista	Energía pasional o voluntaria	Sentimiento tranquilo del deber. Entusiasmo místico Valor sereno
	Suicidio anómico	Irritación hastío	Recriminación violenta contra la vida en general Recriminación violenta contra una persona en particular (homicidio-suicidio)
Tipos mixtos	Suicidio ego-anómico		Mezcla de agitación y apatía, de acción y ensoñación
	Suicidio anómico-altruista		Agitación nerviosa
	Suicidio ego-altruista		Melancolía atemperada por una cierta firmeza moral

Tales son las características generales del suicidio, es decir aquellas que provienen directamente de causas sociales. Al individualizarse en los casos particulares, se complican con variados matices según el temperamento personal de la víctima y las circunstancias especiales en las que ésta se encuentra. Pero, bajo la diversidad de las combinaciones que se producen de este modo, siempre pueden encontrarse esas formas fundamentales.

LIBRO III
Del suicidio como fenómeno social en general

Parte III

Del sole nei contro fenomeno sociali

Capítulo I

El elemento social del suicidio

Ahora que ya conocemos los factores en función de los cuales varía la tasa social de los suicidios, podemos concretar la naturaleza de la realidad a la que corresponde y que expresa numéricamente.

I

Las condiciones individuales de las que se podría suponer que depende el suicidio son, *a priori*, de dos clases.
En primer lugar está la situación externa en la que se encuentra el agente. Los hombres que se matan o bien han tenido problemas familiares, o decepciones de amor propio, o bien han caído en la melancolía, o en la enfermedad, o se reprochan alguna falta moral, etc. Sin embargo hemos visto que estas particularidades individuales no bastarían para explicar la tasa social de los suicidios; porque mientras ésta varía en proporciones considerables, las diversas combinaciones de circunstancias, que sirven de antecedentes inmediatos a los suicidios particulares, mantienen en cambio poco más o menos la misma frecuencia relativa. Esto quiere decir por tanto que ellas no son las causas determinantes del acto al que preceden. El importante papel que juegan a veces en la deliberación, no es una prueba de su eficacia. Sabemos, en efecto, que las deliberaciones humanas, tal y como las experimenta la conciencia reflexiva, a menudo no son más que puras formalidades y no tienen otro objeto que el de corroborar una resolución ya tomada por razones que la conciencia desconoce.
Por lo demás, las circunstancias a las que habitualmente se

atribuye el suicidio porque lo acompañan con bastante frecuencia, son casi infinitas. Uno se mata en la opulencia, y otro en la pobreza; uno era desgraciado en el matrimonio, y otro acababa de divorciarse librándose de un matrimonio que le hacía desgraciado. Aquí un soldado renuncia a la vida después de haber sido castigado por una falta que no había cometido; en otro lugar un criminal cuyo crimen había quedado impune se mata. Los acontecimientos de la vida más diversos, e incluso los más contradictorios, pueden servir igualmente de pretexto para el suicidio. Porque ninguno de ellos es su causa específica. ¿Podremos atribuir al menos esta causalidad a las características que todos tienen en común? Como mucho puede decirse que estas consisten habitualmente en contrariedades, en problemas, pero sin que sea posible determinar qué intensidad debe alcanzar el dolor para tener esta trágica consecuencia. No hay desengaño en la vida, por insignificante que sea, del que pueda decirse por adelantado que no nos volverá, en ningún caso, la existencia intolerable; pero tampoco lo hay del que pueda decirse que necesariamente producirá ese efecto. Vemos a hombres resistir terribles desgracias, mientras que otros se matan por una ligera molestia. Además, hemos visto que las personas que más sufren no son las que más se matan. Más bien es el excesivo desahogo el que hace atentar al hombre contra sí mismo. En las épocas y en las clases en que la vida es menos dura, resulta más fácil deshacerse de ella. Por lo demás, si realmente sucede que la situación personal de la víctima llega a ser la causa eficiente de su resolución, estos casos son evidentemente muy raros, y por consiguiente no bastan para explicar la tasa social de los suicidios.

De modo que aquellos mismos que han atribuido la máxima influencia a las condiciones individuales, las han buscado menos en los incidentes externos que en la naturaleza intrínseca del sujeto, es decir en su constitución biológica y entre los concomitantes físicos de los que ésta depende. El suicidio ha sido presentado así como el producto de un determinado temperamento, como un episodio de la neurastenia, sometido a la acción de los mismos factores que ella. Pero no hemos podido descubrir ninguna relación directa y concreta entre la neurastenia y la tasa social de los suicidios. Sucede incluso que estos dos hechos varían en razón inversa el uno del otro, y uno se encuentra en su punto más bajo en el mismo momento y en los mismos lugares en que el otro está en su apogeo. Tampoco hemos encontrado relaciones concretas entre la evolución de los suicidios y los estados del medio físico a los que se atribuye mayor influencia en el sistema nervioso, como la raza, el clima, o la temperatura. Si el neurópata puede, en determinadas condiciones, manifestar alguna disposición por el suicidio, no está predestinado a matarse necesariamente; y la influencia de los factores cósmicos no basta para determinar en este sentido concreto las tendencias generales de su naturaleza.

Muy distintos son los resultados que hemos obtenido cuando, dejando de lado al individuo, hemos buscado en la naturaleza de las sociedades mismas las causas de la aptitud que cada una de ellas tiene hacia el suicidio. Cuanto más equívocas y dudosas eran las relaciones del suicidio con los hechos de orden biológico y de orden físico, más directas y constantes son con determinados estados del medio social. Esta vez nos hemos encontrado por fin ante auténticas leyes, que nos han permitido intentar una clasificación metódica de los tipos de suicidios. Las causas sociológicas que hemos determinado de este modo, nos han explicado incluso las distintas coincidencias que a menudo se atribuyen a la influencia de causas materiales, y que se han pretendido utilizar como prueba de esta influencia. Si la mujer se mata mucho menos que el hombre, es porque está mucho menos comprometida que él con la vida colectiva, y por lo tanto acusa con menos fuerza su buena o mala influencia. Y lo mismo puede decirse del anciano y del niño, aunque por razones diferentes. En fin, si el suicidio aumenta de enero a junio para disminuir a continuación, es porque la actividad social atraviesa las mismas variaciones estacionales. Por lo tanto es natural que los diferentes efectos que ésta produce estén sujetos al mismo ritmo, y por consiguiente sean más pronunciados durante el primero de estos dos periodos: el suicidio es uno de esos efectos.

De todos estos hechos se desprende que la tasa social de los suicidios sólo puede explicarse sociológicamente. La constitución moral de la sociedad es lo que determina en todo momento el contingente de muertes voluntarias. Existe por tanto para cada pueblo una fuerza colectiva, de una energía determinada, que empuja a los hombres a matarse. Los movimientos que lleva a cabo el paciente y que, en principio, parece que sólo expresen su temperamento personal, son en realidad la consecuencia y el resultado de un estado social que manifiestan externamente.

La cuestión que nos habíamos planteado al principio de este trabajo encuentra así su solución. No es una metáfora decir que cada sociedad humana tiene hacia el suicidio una aptitud más o menos pronunciada: esta expresión está basada en la naturaleza de las cosas. Cada grupo social tiene realmente hacia este acto una inclinación colectiva propia de la que derivan las inclinaciones individuales, y no al revés. Lo que la constituye, son esas corrientes de egoísmo, de altruismo, de anomia, que actúan en la sociedad considerada, junto con las tendencias a la melancolía lánguida, o al renunciamiento activo, o a la laxitud exasperada, que son sus consecuencias. Son estas tendencias de la colectividad las que, penetrando en los individuos, los determinan a matarse. Por lo que respecta a los acontecimientos privados que pasan generalmente por ser las causas directas del suicidio, no tienen otra influencia que la que les atribuyen las disposiciones morales de la víctima, que son un eco de la disposición moral de la sociedad. Para explicar su desprendimiento de la existencia, el sujeto recurre a las circunstancias que le rodean de forma más directa; encuentra la vida triste porque él está triste. Indudablemente, en algún sentido, su tristeza le viene del exterior, pero no de tal o cual incidente de su vida, sino del grupo del que forma parte. Por eso no hay nada que no pueda servir de motivo ocasional al suicidio. Todo depende de la intensidad con la que las causas suicidógenas actúan en el individuo.

II

Por lo demás, por sí sola, la constancia de la tasa social de los suicidios bastaría para demostrar la exactitud de esta conclusión. Si, por una cuestión de método, nos hemos creído en la obligación de aplazar hasta ahora el problema, de hecho no tiene otra solución.

Cuando Quételet alertó a los filósofos[1] de la sorprendente regularidad con la que determinados fenómenos sociales se repiten durante periodos de tiempo idénticos, pensó que esto podía explicar su teoría del hombre medio, que ha seguido siendo, por lo demás, la única explicación sistemática de esta sorprendente propiedad. Según él, hay en cada sociedad un tipo determinado, que la mayoría de los individuos reproduce más o menos exactamente, y del que la minoría sólo tiende a apartarse bajo la influencia de causas perturbadoras. Por ejemplo, se da un conjunto de características físicas y morales que presentan la mayoría de los franceses, pero que no se encuentran ni en el mismo grado ni de la misma forma entre los italianos o entre los alemanes, y a la inversa. Como, por definición, estas características son con mucho las más extendidas, los actos que derivan de ellas son también con mucho los más numerosos; son los que forman el grueso del ejército por decirlo de algún modo. Y al contrario, aquellos que están determinados por las propiedades específicas son relativamente raros, lo mismo que esas propiedades. Por otro lado, sin ser completamente inmutable, este tipo general varía sin embargo mucho más lentamente que el tipo individual; porque es mucho más difícil para una sociedad cambiar en masa, que uno o varios individuos en particular cambien. Esta constancia se trasmite naturalmente a los actos que se desprenden de los atributos característicos de este tipo; los primeros siguen siendo los mismos en cantidad y cualidad mientras que los segundos no cambian, y, como estas mismas formas de actuar son también las más frecuentes, es inevitable que la constancia sea la ley general de las manifestaciones de la actividad hu-

---

[1] Particularmente en sus dos obras *Sur l'homme et le développement de ses facultées ou Essai de physique sociale*, 2 vol., París, 1835, y *Du système social et des lois que le régissent*, París, 1848. Si Quételet es el primero que ha intentado explicar científicamente esta regularidad, no es en cambio el primero en haberla observado. El auténtico fundador de la estadística moral es el pastor Süssmilch, en su obra, *Die Göttliche Ordnung in den Veränderungen des menschlichen Geschlechts, aus der Geburt, dem Tode und der Fortpflanzung desselben erwiesen*, 3 vol., 1742.

V. sobre esta misma cuestión: Wagner, *Die Gesetzmässigkeit*, etc., primera parte; Drobisch, *Die Moralische Statistik uns die menschliche Willensfreiheil*, Leipzig, 1867 (sobre todo pág. 1-58); Mayr, *Die Gesetzmässigkei im Gessellschaftsleben*, Munich, 1877; Oettingen, *Moralstatistik*, p. 90 y sig.

mana que refleja la estadística. El estadístico, en efecto, contabiliza todos los hechos de la misma clase que tienen lugar en el seno de una sociedad determinada. Puesto que la mayoría de entre ellos permanecen invariables mientras el tipo general de la sociedad no cambie, y puesto que, por otra parte, éste cambia difícilmente, los resultados de los censos estadísticos deben ser necesariamente los mismos durante largas series de años consecutivos. Por lo que respecta a los hechos que se derivan de las características particulares y de los accidentes individuales, no se atienen, es cierto, a la misma regularidad; y esta es la razón por la que la constancia nunca es absoluta. Pero como son la excepción, la invariabilidad es la regla, mientras que el cambio es excepcional.

A este tipo general, Quételet lo llama *tipo medio*, porque se obtiene casi exactamente de la media aritmética de los tipos individuales. Por ejemplo, si después de haber determinado todas las tallas en una sociedad dada, se hace la suma y se la divide por el número de individuos medidos, el resultado al que se llega expresa, con un grado de aproximación suficiente, la talla más frecuente. Ya que puede asumirse que las diferencias en más y las diferencias en menos, los enanos y los gigantes, se dan en un número aproximadamente igual. Por lo tanto, se compensan los unos a los otros, se anulan mutuamente y, por consiguiente, no afectan al cociente.

La teoría parece muy simple. Pero ante todo, sólo debería ser considerada como una explicación en el caso de que nos permitiera comprender de dónde procede que el tipo medio se presente en la mayoría de los individuos. Para que éste se mantenga inalterable mientras los individuos cambian, es necesario que en algún sentido sea independiente de ellos; pero también es necesario que exista alguna vía por la que se comunique con ellos. El problema deja de serlo si admitimos que el tipo medio y el tipo étnico son el mismo tipo. Porque los elementos constitutivos de la raza, al tener sus orígenes fuera del individuo, no están sometidos a las mismas variaciones que él; y no obstante es en él, y sólo en él, en el que toman cuerpo. Podemos entender entonces perfectamente que afecten a los elementos propiamente individuales y que incluso les sirvan de base. Para que esto fuera una explicación convincente del suicidio, sería necesario que la tendencia que arrastra al hombre a matarse dependiese estrechamente de la raza; ahora bien, sabemos que los hechos contradicen esta hipótesis. ¿Puede decirse entonces que el estado general del medio social, siendo el mismo para la mayoría de los individuos, les afecta aproximadamente de la misma manera y, por consiguiente, les imprime en parte una misma fisonomía? El medio social está esencialmente formado de ideas, de creencias, de hábitos, de tendencias comunes. Para que estas puedan impregnar así a los individuos, es necesario que existan en cierto modo independientemente de ellos; y entonces nos aproximamos a la solución que hemos propuesto. Porque implícitamente estamos admitiendo que existe una tendencia colectiva al suicidio de la que derivan las tendencias individuales, y todo el problema reside en saber en qué consiste esta tendencia y cómo actúa.

Pero todavía hay más; de cualquier modo que se explique la generalización del hombre medio, esta explicación no puede en ningún caso dar cuenta de la regularidad con la que se reproduce la tasa social de los suicidios. En efecto, por definición, las únicas características que puede presentar este tipo son aquellas que se encuentran en la mayor parte de la población. Ahora bien, el suicidio es el hecho de una minoría. En los países en que está más extendido se cuentan como mucho 300 o 400 casos por millón de habitantes. La fuerza que el instinto de conservación tiene habitualmente en los hombres lo excluye radicalmente; el hombre medio no se mata. Pero si la inclinación a matarse es una rareza y una anomalía, entonces es completamente ajena al tipo medio y, por consiguiente, un conocimiento incluso profundo de este último, lejos de ayudarnos a comprender por qué el número de suicidios es constante en una misma sociedad, no podrá siquiera explicar el por qué de esos suicidios. La teoría de Quételet se basa, en definitiva, en una observación inexacta. Consideraba como un hecho demostrado que la constancia sólo se observa en las manifestaciones más generales de la actividad humana; ahora bien, también se encuentra, y en el mismo grado, en las manifestaciones esporádicas que tienen lugar en puntos aislados y raros del cuerpo social. Él pensaba que había resuelto todos los *desiderata* demostrando cómo, en caso necesario, se podría volver inteligible la invariabilidad de aquello que no es excepcional; sin embargo la excepción misma tiene su invariabilidad, y una invariabilidad no menor que cualquier otra. Todo el mundo muere; todo organismo vivo está constituido de tal forma que no puede dejar de disolverse. Por el contrario, hay pocas personas que se matan; en la inmensa mayoría de los hombres, no hay nada que los incline al suicidio. Y sin embargo, la tasa de los suicidios es todavía más constante que la de la mortalidad general. Lo que significa que entre la difusión de una característica y su constancia no existe la estrecha relación que suponía Quételet.

Por lo demás, los resultados a los que conduce su propio método confirman esta conclusión. De acuerdo con su principio, para calcular la intensidad de una característica cualquiera del tipo medio, habría que dividir la suma de los hechos que lo manifiestan en el seno de la sociedad considerada por el número de los individuos capaces de llevarlos a cabo. Así, en un país como Francia, donde durante mucho tiempo no se han producido más de 150 suicidios por millón de habitantes, la intensidad media de la tendencia al suicidio estaría expresada por la relación $150/1.000.000=0,00015$; y en Inglaterra, donde no se dan más que 80 casos en la misma población, la relación sería 0,00008. La tendencia a matarse del individuo medio tendría por tanto esa dimensión. Tales cantidades son prácticamente iguales a cero. Una inclinación tan débil está tan alejada del acto que puede considerarse nula. No tiene fuerza suficiente para poder, por si sola, producir un suicidio. Por lo tanto no es la generalización de semejante tendencia la que puede hacernos comprender por qué se cometen anualmente tantos suicidios en una u otra de estas sociedades.

Además esta valoración es infinitamente exagerada. Quételet ha llegado a ella concediendo arbitrariamente a la media de los hombres una cierta afinidad por el suicidio y valorando la fuerza de esta afinidad por manifestaciones que no se observan entre el hombre medio, sino únicamente entre un pequeño número de sujetos excepcionales. Lo anormal se ha utilizado para determinar lo normal. Quételet pensaba que podía escapar a la objeción con la observación de que los casos anormales, que tienen lugar tanto en un sentido como en el contrario, se compensan y se anulan mutuamente. Sin embargo esta compensación sólo tiene lugar en las características que, en diversos grados, se encuentran en todo el mundo, como por ejemplo la talla. Podemos pensar, en efecto, que los sujetos excepcionalmente altos y los excepcionalmente bajos son aproximadamente tan numerosos los unos como los otros. La media de estas tallas exageradas debe de ser por tanto prácticamente igual a la talla más frecuente: por consiguiente, ésta será la que resulte del cálculo. Pero cuando se trata de un hecho de naturaleza excepcional, como la tendencia al suicidio, es lo contrario lo que tiene lugar; en este caso, el procedimiento de Quételet tiene que introducir artificialmente en el tipo medio un elemento que está fuera de la media. Sin duda, como acabamos de ver, sólo se encuentra en un estado de extrema disolución, precisamente porque el número de los individuos entre los que está repartido es muy superior al que debía de ser. Pero aunque el error no tiene prácticamente importancia, no deja por ello de ser un error.

En realidad, lo que expresa la relación calculada por Quételet, es simplemente la probabilidad que tiene cada hombre, perteneciente a un grupo social determinado, de matarse en el transcurso del año. Si sobre una población de 100.000 almas, hay anualmente 15 suicidios, puede perfectamente concluirse que hay 15 posibilidades sobre 100.000 de que un sujeto cualquiera se suicide durante ese mismo periodo de tiempo. Pero esta probabilidad no nos da de ningún modo la medida de la tendencia media al suicidio, ni puede servir para demostrar que esta tendencia exista. El hecho de que un porcentaje de individuos se mate no implica que los demás estén expuestos, en un grado cualquiera, a la muerte, y no puede enseñarnos nada sobre la naturaleza y la intensidad de las causas que empujan al suicidio.[2]

---

[2] Estas consideraciones aportan una prueba más de que la raza no puede explicar la tasa social de los suicidios. El tipo étnico, en efecto, es también un tipo genérico; sólo encontramos en él características comunes a una masa considerable de individuos. El suicidio, por el contrario, es un hecho excepcional. No hay nada en la raza que pueda bastar para empujar al suicidio; si así fuera se generalizaría, cosa que de hecho no sucede. ¿Podría llegar a pensarse que si ninguno de los elementos que constituyen la raza puede considerarse como una causa suficiente del suicidio, sin embargo sí puede volver a los hombres más o menos sensibles a la acción de las causas suicidógenas? Pero incluso en el caso de que los hechos verificaran esta hipótesis, cosa que no sucede, habría que reconocer al menos que el tipo étnico es un factor de una muy pobre eficacia, dado que su supuesta influencia no podría manifestarse en la mayoría de los casos y sólo podría apreciarse excepcionalmente. En una palabra, la raza no puede explicar cómo, so-

De manera que la teoría del hombre medio no resuelve el problema. Retomémoslo por tanto y veamos en qué términos se plantea. Los suicidas son una ínfima minoría dispersa por todos los confines del mundo; cada uno de ellos lleva a cabo su acto independientemente, sin saber que otros hacen lo propio por su cuenta; y sin embargo, mientras la sociedad no cambie, el número de suicidios es el mismo. Es preciso por lo tanto que todas estas manifestaciones individuales, por independientes que parezcan las unas de las otras, sean en realidad producto de una misma causa o de un mismo conjunto de causas que dominan a los individuos. Pues de otro modo, cómo explicar que, cada año, todas estas voluntades particulares, que se ignoran mutuamente, desemboquen en un mismo punto. No influyen, al menos en general, las unas sobre las otras; no hay ningún acuerdo entre ellas; y sin embargo, todo sucede como si ejecutaran una misma consigna. Esto quiere decir que, en el medio común en que se encuentran, existe alguna fuerza que las empuja a todas en una misma dirección, de cuya intensidad más o menos grande depende el número más o menos grande de los suicidios particulares. Ahora bien, los efectos por los que se manifiesta esta fuerza no varían según los medios orgánicos y cósmicos, sino exclusivamente según el estado del medio social. Por lo tanto es una fuerza colectiva. Dicho de otro modo, cada pueblo tiene una tendencia colectiva propia por el suicidio de la que depende la importancia del tributo que paga a la muerte voluntaria.

Desde este punto de vista, la invariabilidad de la tasa de los suicidios no tiene nada de misterioso, como tampoco lo tiene su individualidad. Porque dado que cada sociedad tiene su temperamento propio que no puede cambiar de un día para otro, y dado que esta tendencia al suicidio tiene su origen en la constitución moral de los grupos, es inevitable que difiera de un grupo a otro y que, en cada uno de ellos, siga siendo, durante largos periodos, prácticamente la misma. Este es uno de los elementos esenciales de la cenestesia social; ahora bien, tanto entre los entes colectivos como entre los individuos, el estado cenestésico es lo que hay de más personal y de más inmutable, ya que no hay nada más fundamental. Los efectos

---

bre un millón de sujetos pertenecientes todos a la misma raza, hay como mucho 100 o 200 que se matan cada año.

que resultan de él deben de tener las mismas características y la misma estabilidad. Es incluso natural que presenten una constancia superior a la de la mortalidad general. Ya que la temperatura, las variaciones climáticas, geológicas, en una palabra, las condiciones de las que depende la salud pública, cambian mucho más fácilmente de un año a otro que el carácter de los pueblos.

Sin embargo, existe una hipótesis, diferente en apariencia de la precedente, que podría resultar tentadora a algunos. Para resolver la dificultad, ¿no bastaría con suponer que los diversos incidentes de la vida privada que pasan por ser, por excelencia, las causas determinantes del suicidio, se reproducen regularmente cada año en las mismas proporciones? Todos los años, se argumentará,[3] hay aproximadamente los mismos matrimonios desgraciados, quiebras, ambiciones decepcionadas, miseria, etc. Es por lo tanto natural que si hay un mismo número de individuos en análoga situación, haya también un mismo número que toma decisiones análogas. No hace falta pensar que están sometidos a alguna fuerza que los domina; basta con suponer que, en las mismas circunstancias, razonan en general de la misma manera.

Pero sabemos que estos acontecimientos individuales, si bien preceden generalmente a los suicidios, no son realmente las causas. Una vez más, no hay desgracias en la vida que determinen necesariamente al hombre a matarse, a no ser que tenga alguna otra razón para hacerlo. La regularidad con la que pueden reproducirse estas diversas circunstancias no explica por tanto la regularidad del suicidio. Además, cualquier influencia que se le atribuya, semejante solución no haría, en todo caso, más que desplazar el problema sin resolverlo. Porque tendríamos que saber por qué estas situaciones desesperadas se repiten idénticamente cada año de acuerdo con una ley propia en cada país. ¿Qué sucede para que, en una misma sociedad, supuestamente inmutable, haya siempre tantas familias desunidas, tantas quiebras económicas, etc.? Esta repetición puntual de los mismos acontecimientos y en las mismas proporciones en un mismo pueblo, pero muy diferentes de un pueblo a otro, sería inexplicable si no hubiese en cada socie-

---

[3] Esta es, en el fondo, la opinión expuesta por Drobisch en su libro citado más arriba.

dad algunas corrientes concretas que arrastran a los habitantes con una fuerza determinada a aventuras comerciales o industriales, y a prácticas de toda clase que pueden llegar a alterar a la familia. Ahora bien, esto supone volver, bajo una forma apenas diferente, a la hipótesis misma que creíamos descartada.[4]

III

Pero intentemos comprender el sentido y el alcance de los términos que acabamos de emplear.

Por regla general, cuando se habla de tendencias o de pasiones colectivas, somos propensos a no ver en estas expresiones más que metáforas y maneras de hablar, que no designan nada real a no ser una especie de término medio entre un determinado número de estados individuales. Nos negamos a verlas como cosas, como fuerzas *sui generis* que dominan las conciencias particulares. Tal es sin embargo su naturaleza y no otra cosa es lo que la estadística del suicidio demuestra claramente.[5] Los individuos que

---

[4] Esta argumentación no sólo vale para el suicidio, aunque en su caso sea más sorprendente que en los demás. Se puede aplicar por igual al crimen en sus diferentes modalidades. El criminal, en efecto, es un ser tan excepcional como el suicida, y por consiguiente no es la naturaleza del tipo medio lo que puede explicar las variaciones de la criminalidad. Pero con el matrimonio sucede otro tanto, a pesar de que la tendencia a contraer matrimonio sea más general que la inclinación a matar o a matarse. En cada periodo de la vida, el número de personas que se casan no representa más que una pequeña minoría en relación a la población soltera de la misma edad. Así, en Francia, de los 25 a los 30 años, es decir en el periodo de años en que la nupcialidad es *máxima*, sólo hay por año 176 hombre y 135 mujeres que se casan de cada 1.000 solteros de cada sexo (periodo 1877-81). Por tanto, si la tendencia al matrimonio, que no hay que confundir con la tendencia al intercambio sexual, sólo tiene fuerza suficiente para satisfacerse en un pequeño número de sujetos, no es la fuerza que tiene en el tipo medio lo que puede explicar el estado de la nupcialidad en un momento dado. La verdad es que aquí, como cuando se trata del suicidio, las cifras de la estadística expresan, no la intensidad media de las disposiciones individuales, sino la de la fuerza colectiva que empuja al matrimonio.

[5] Por lo demás no es la única; todos los hechos de la estadística moral, como demuestra la nota precedente, implican esta conclusión.

componen una sociedad cambian de un año a otro; y sin embargo el número de suicidios es el mismo mientras la sociedad no cambie. La población de París se renueva con una extraordinaria rapidez; sin embargo, la contribución de París en el conjunto de los suicidios franceses permanece prácticamente constante. A pesar de que bastan unos pocos años para que el efectivo del ejército se renueve por completo, la tasa de los suicidios militares no varía, en una misma nación, más que muy lentamente. En todos los países, la vida colectiva evoluciona según el mismo ritmo en el transcurso del año; aumenta de enero a julio aproximadamente para disminuir a continuación. A pesar de que los miembros de las distintas sociedades europeas pertenecen a tipos medios muy diferentes los unos de los otros, las variaciones estacionales e incluso mensuales de los suicidios se rigen en todas partes por la misma ley. Así mismo, cualquiera que sea la diversidad de los temperamentos individuales, la relación entre la aptitud al suicidio de las personas casadas y la de los viudos y las viudas es idénticamente la misma en grupos sociales muy diferentes, por la única razón de que el estado moral de la viudedad mantiene en todas partes la misma relación respecto al estado moral propio del matrimonio. Las causas que determinan de este modo el contingente de las muertes voluntarias en una sociedad o una parte determinada de la sociedad, deben por tanto de ser independientes de los individuos, ya que conservan la misma intensidad cualesquiera que sean los sujetos particulares sobre los que ejercen su acción. Se diría que es la clase de vida la que, al ser siempre la misma, produce siempre los mismos efectos. Sin duda es así, pero una clase de vida determinada es algo cuya constancia necesita ser explicada. Si se mantiene invariable mientras se producen continuamente cambios en las filas de los que la practican, es imposible que estos cambios expresen toda su realidad.

Se ha creído poder evitar esta consecuencia aduciendo que esta continuidad era ella misma obra de los individuos y que, por consiguiente, para explicarla no era necesario suponer en los fenómenos sociales una especie de transcendencia con relación a la vida individual. Como se ha dicho, "cualquier fenómeno social, la palabra de una lengua, el rito de una religión, el secreto de un oficio, un procedimiento artístico, el artículo de una ley, una máxima moral, se transmiten y pasan de un individuo, pariente, maestro, amigo, vecino, o camarada, a otro individuo".[6]

Indudablemente, si sólo se tratara de hacer comprender cómo, de una manera general, una idea o un sentimiento pasa de una generación a otra, cómo el recuerdo no se pierde, esta explicación podría, en rigor, considerarse suficiente.[7] Pero la transmisión de hechos como el suicidio y, más generalmente, como los actos de toda suerte sobre los que nos informa la estadística moral, presenta un carácter muy particular que no podemos explicar tan a la ligera. La estadística trata, en efecto, no solamente en términos generales sobre una determinada manera de comportarse, *sino sobre el número de casos en el que se cumple esta manera de comportarse.* No sólo se producen suicidios cada año, sino que, por regla general, se producen tantos como en el año anterior. El estado de ánimo que determina a los hombres a matarse no se transmite pura y simplemente, sino que, lo que resulta más sorprendente, se transmite a un número igual de sujetos que reúnen todos las condiciones necesarias para pasar al acto. ¿Cómo es posible esto si sólo hay individuos en potencia? En sí mismo, el número no puede ser objeto de ninguna transmisión directa. La población de hoy no sabe por la de ayer cuál es el montante del impuesto que debe

---

[6] Tarde, La sociología elemental, en *Annales de l'Institut international de Sociologie*, p. 213.

[7] Decimos en rigor porque lo esencial del problema no puede ser resuelto de esta manera. En efecto, lo que importa si se quiere explicar esta continuidad, es hacer ver, no simplemente cómo las prácticas de uso común en un periodo no se olvidan en el periodo siguiente, sino cómo conservan su autoridad y continúan funcionando. De aquello que las nuevas generaciones pueden saber por transmisiones puramente interpersonales de lo que hacían sus antepasados, no se desprende que tengan que actuar necesariamente del mismo modo. ¿Qué es entonces lo que las obliga a hacerlo? ¿El respeto a la costumbre, la autoridad de los mayores? Pero entonces las causas de la continuidad no serían ya los individuos que sirven de vehículos a las ideas o a las prácticas, sino ese estado de ánimo eminentemente colectivo que hace que, en tal o cual pueblo, los antepasados sean objeto de un especial respeto. Y es ese estado de ánimo el que se impone a los individuos. Incluso, como la tendencia al suicidio, se da para una misma sociedad una intensidad definida cuyo grado conforma a los individuos más o menos a la tradición.

pagar al suicidio; y sin embargo va a pagar exactamente lo mismo mientras las circunstancias no cambien.

¿Habrá por tanto que suponer que cada suicida tiene como instigador y modelo, en cierto modo, una de las víctimas del año anterior, y que él es algo así como su heredero moral? Sólo con esta condición es posible concebir que la tasa social de los suicidios pueda perpetuarse por vía de las tradiciones interpersonales. Ya que si la cifra total no puede ser transmitida en bloque, entonces es necesario que las unidades de las que está formada se transmitan una a una. Cada suicida deberá de haber heredado su tendencia de alguno de sus antepasados, y cada suicidio será como el eco de un suicidio anterior. Pero no hay un solo hecho que nos autorice a admitir esta especie de filiación personal entre cada uno de los acontecimientos morales que la estadística registra este año, por ejemplo, y un acontecimiento similar del año anterior. Es algo completamente excepcional, como hemos demostrado más arriba, que un acto sea suscitado por otro acto de la misma naturaleza. ¿Por qué, por lo demás, iban a tener lugar estos rebotes regularmente de un año a otro? ¿Por qué el hecho generador iba a necesitar un año para producir otro similar? ¿Por qué, en fin, sólo se iba a suscitar una única copia? Porque es necesario que, por término medio, cada modelo sólo se reproduzca una sola vez: de otro modo el total no sería constante. Se nos dispensará de discutir más detalladamente una hipótesis tan arbitraria como insostenible. Pero si la descartamos, si la igualdad numérica de los contingentes anuales no proviene de que cada caso particular engendre su similar en el periodo siguiente, entonces sólo puede deberse a la acción permanente de alguna causa impersonal que se cierne sobre todos los casos particulares.

Es necesario usar los términos con rigor. Las tendencias colectivas tienen una existencia propia; son fuerzas tan reales como las fuerzas cósmicas, aunque sean de otra naturaleza; actúan igualmente sobre el individuo desde el exterior, aunque lo hacen por otras vías. Lo que permite afirmar que la realidad de las primeras no es inferior a la de las segundas, es que se reconoce de la misma manera, a saber, por la constancia de sus efectos. Cuando constatamos que el número de defunciones varía muy poco de un año a otro, explicamos esta regularidad diciendo que la mortalidad depende del clima, de la temperatura, de la naturaleza del suelo, en una palabra de un determinado número de fuerzas materiales que, siendo independientes de los individuos, permanecen constantes mientras las generaciones cambian. Por consiguiente, puesto que actos morales como el suicidio se reproducen con una uniformidad, no sólo igual, sino superior, debemos también admitir que dependen de fuerzas externas a los individuos. Y como estas fuerzas no pueden ser más que morales, y fuera del hombre individual no hay en el mundo otro ente moral más que la sociedad, es absolutamente necesario que sean fuerzas sociales. Pero se las llame como se las llame, lo que importa es reconocer su realidad y concebirlas como un conjunto de energías que nos impulsan a actuar desde el exterior, como hacen las energías físico-químicas cuya influencia experimentamos. Son hasta tal punto realidades *sui generis*, y no entidades verbales, que se las puede medir y comparar su tamaño relativo, como se hace con la intensidad de las corrientes eléctricas o de los focos luminosos. De manera que esta fundamental proposición de que los hechos sociales son objetivos, proposición que ya hemos tenido ocasión de defender en otra obra[8] y que consideramos como el principio del método sociológico, encuentra en la estadística moral y sobre todo en la del suicidio una prueba nueva particularmente demostrativa. Sin duda, ofende al sentido común. Pero siempre que la ciencia ha rebelado a los hombres la existencia de una fuerza ignorada, ha tropezado con la incredulidad. Puesto que no queda más remedio que modificar el sistema de ideas admitidas para que encaje el nuevo orden de cosas y elaborar conceptos nuevos, las mentes se resisten perezosamente. Sin embargo, seamos claros. Si la sociología existe, no puede consistir más que en el estudio de un mundo todavía ignorado, diferente de aquellos que exploran las demás ciencias. Ahora bien, este mundo no es nada si no es un sistema de realidades.

Pero precisamente porque choca con prejuicios tradicionales, esta concepción ha planteado objeciones a las que no tenemos más remedio que responder.

En primer lugar, supone que tanto las tendencias como los pensamientos colectivos son de una naturaleza diferente a las

---

[8] V. *Régles de la méthode sociologique*, cap. II.

tendencias y a los pensamientos individuales, que las primeras tienen algunas características que no tienen las segundas. ¿Pero cómo es posible esto, puesto que en la sociedad solo existen los individuos? A este respecto habría que decir que no hay nada en la naturaleza viva que no haya en la materia bruta, dado que la célula está exclusivamente compuesta de átomos que no tienen vida propia. Del mismo modo, la sociedad no comprende más fuerzas activas que las de los individuos; sólo que los individuos, al unirse, forman una entidad psíquica de una especie nueva, y que por consiguiente tiene una manera propia de pensar y de sentir. Indudablemente, las propiedades elementales de las que procede el hecho social están contenidas en germen en las conciencias particulares. Pero el hecho social sólo se produce cuando han sido transformadas por la asociación, puesto que es únicamente en ese momento cuando se manifiesta. La asociación es ella también un principio activo que produce efectos especiales. Pero en sí misma, es algo nuevo. Cuando las conciencias, en lugar de permanecer aisladas las unas de las otras, se agrupan y se combinan, algo nuevo tiene lugar en el mundo. Por consiguiente, es natural que este cambio produzca otros, que esta novedad engendre otras novedades, y tengan lugar fenómenos cuyas propiedades características no se encuentren ya en los elementos de los que estos están compuestos.

El único medio de refutar esta proposición consistiría en admitir que un todo es cualitativamente idéntico a la suma de sus partes, que un efecto es cualitativamente reducible a la suma de las causas que lo han producido; lo que supondría o bien negar cualquier cambio, o bien volverlo inexplicable. Se ha llegado incluso a sostener esta tesis extrema, pero no se ha encontrado para defenderla más que dos razones realmente extraordinarias. Se ha dicho 1º que, "en sociología, disponemos, por un privilegio especial, del conocimiento íntimo del elemento que conforma nuestra conciencia individual tanto como del compuesto que es la suma de las conciencias particulares"; 2º que, gracias a esta doble introspección, "constatamos claramente que si prescindimos del individuo, lo social no es nada".[9]

[9] Tarde, *op. cit.*, en *Annales de l'Institut de Sociol.*, p. 222.

La primera afirmación es una negación descarada de toda la psicología contemporánea. Hoy en día se da por supuesto que la vida psíquica, lejos de poder conocerse a simple vista, tiene, por el contrario, bajos fondos profundos en los que el sentido íntimo no penetra y a los que sólo llegamos poco a poco mediante procesos indirectos y complejos, análogos a los que emplean las ciencias naturales. Es dudoso sin embargo que la naturaleza de la conciencia ya no tenga ningún misterio. En cuanto a la segunda afirmación, es simplemente arbitraria. Por mucho que el autor afirme que, según su personal impresión, no hay nada real en la sociedad más que lo que proviene del individuo, no hay pruebas que avalen esta afirmación y su discusión es, por consiguiente, inútil. Sería muy fácil oponer a esta idea la idea contraria de un gran número de sujetos que se representan la sociedad, no como la forma que adopta espontáneamente la naturaleza individual al expandirse, sino como una fuerza contraria que los limita y contra la que se revelan. ¿Qué decir, por lo demás, de esa intuición por la que conocemos directamente y sin intermediarios, no sólo el elemento, es decir el individuo, sino el compuesto, es decir, la sociedad? Si realmente bastara con abrir los ojos y saber mirar para descubrir al instante las leyes del mundo social, la sociología sería inútil o, al menos, sería muy sencilla. Desgraciadamente los hechos no hacen más que demostrar la incompetencia de la conciencia en esta materia. Nunca hubiera conseguido por sí misma deducir la regla que relaciona todos los años, con un número siempre constante, los fenómenos demográficos, si no hubiera sido ayudada desde el exterior. Con mayor motivo aún, es incapaz por sí sola de descubrir las causas.

Pero al separar así la vida social de la vida individual, no queremos en absoluto decir que ésta no tenga nada de psíquico. Es evidente, por el contrario, que está compuesta esencialmente de representaciones. Sólo que las representaciones colectivas son de una naturaleza diferente a las del individuo. No vemos ningún inconveniente en que se diga de la sociología que es una psicología, si se añade que la psicología social tiene sus propias leyes, que no son las mismas que las de la psicología individual. Un ejemplo hará más comprensible nuestro pensamiento. Por regla general, se atribuye el origen de la religión a los sentimientos de temor o de obediencia que inspiran a los sujetos consciente seres misteriosos y temibles; desde este punto de vista, se la considera como el simple desarrollo de estados individuales y sentimientos privados. Sin embargo esta explicación simplista no tiene nada que ver con los hechos. Basta con recordar que, en el reino animal, donde la vida social es siempre muy rudimentaria, la institución religiosa es desconocida, que sólo se encuentra donde existe una organización colectiva, que cambia según la naturaleza de las sociedades, para que podamos concluir con fundamento que sólo los hombres viviendo en grupo piensan religiosamente. Nunca el individuo habría llegado a concebir la idea de fuerzas infinitamente por encima de él y de todo lo que le rodea, si no hubiera tenido conocimiento más que de sí mismo y del universo físico. Ni siquiera las grandes fuerzas naturales con las que se relaciona hubieran podido sugerirle la noción; porque, en su origen, está lejos de saber, como hoy en día, hasta qué punto le dominan; por el contrario, está convencido de poder disponer de ellas, en determinadas condiciones, a su antojo.[10] Ha sido la ciencia la que le ha enseñado sus limitaciones. El poder que se ha impuesto a sí mismo y que se ha convertido en objeto de su adoración, es la sociedad, de la que los dioses no fueron más que la forma hipostasiada. La religión es, en definitiva, el sistema de símbolos mediante el cual la sociedad toma conciencia de sí misma; es la manera de pensar propia del ser colectivo. Aquí tenemos un vasto conjunto de estados mentales que no se habrían producido si las conciencias particulares no se hubiesen unido, que son el resultado de esta unión y se añaden a los que proceden de las naturalezas individuales. Por mucho que analicemos estos últimos con la mayor minuciosidad, nunca descubriremos en ellos nada que explique cómo han surgido y se han desarrollado esas creencias y esas prácticas particulares que han dado lugar al totemismo, cómo ha surgido el naturalismo, cómo el naturalismo mismo se ha convertido aquí en la religión abstracta de Yavé, allí en el politeísmo de los griegos y los romanos, etc. Ahora bien, lo que queremos decir cuando afirmamos la heterogeneidad de los social y de lo individual, es que las observaciones precedentes no sólo se aplican a la religión, sino también al dere-

---

[10] V. Frazer, *Golden Bough*, p. 9 y sig.

cho, a la moral, a las modas, a las instituciones políticas, a las prácticas pedagógicas, etc., en una palabra, a todas las formas de vida colectiva.[11]

Sin embargo se nos ha planteado otra objeción que a primera vista puede parecer más grave. No sólo hemos admitido que los estados sociales difieren cualitativamente de los estados individuales, sino que además son, en cierto sentido, independientes de los individuos. Incluso nos hemos atrevido a comparar esta independencia con la de las fuerzas físicas. Pero, puesto que la sociedad está compuesta sólo de individuos, ¿cómo podría haber en ella algo independiente de ellos?

Si esta objeción tiene fundamento, estaremos ante una antinomia. Porque no hay que olvidar lo que ya hemos demostrado. Puesto que la cantidad de gente que se mata cada año no forma un grupo natural, como tampoco están en comunicación los unos con los otros, el número constante de los suicidios no puede deberse más que a la influencia de una misma causa que domina a los individuos y que les sobrevive. La fuerza que da unidad al conjunto formado por la multitud de los casos particulares, dispersos sobre toda la extensión del territorio, debe necesariamente encontrarse fuera de ellos. Por lo tanto, si esto fuera imposible, el problema sería insoluble. Pero esta imposibilidad no es más que aparente.

En primer lugar, no es cierto que la sociedad sólo está compuesta de individuos; comprende también cosas materiales que juegan un papel esencial en la vida común. El hecho social se materializa en ocasiones hasta convertirse en un elemento del mundo exterior. Por ejemplo, un determinado tipo de arquitectura es un fenómeno social; ahora bien, este tipo está encarnado en parte en las casas, en los edificios de toda clase que, una vez construi-

---

[11] Añadamos, para prevenir cualquier interpretación errónea, que no estamos reconociendo con esto que haya un punto concreto en el que acaba lo individual y comienza el reino de lo social. La asociación no se establece de golpe y no produce de golpe sus efectos; necesita tiempo para eso y hay, por consiguiente, momentos en que la realidad se muestra indecisa. De modo que se puede pasar sin transición de un orden de hechos a otro; pero esta no es una razón para no distinguirlos. Dicho de otro modo, no habría nada nuevo en el mundo si se pensase que no hay distintos órdenes y que la evolución es continua.

dos, se convierten en realidades autónomas, independientes de los individuos. Lo mismo sucede con las vías de comunicación y transporte, con los instrumentos y las máquinas empleados en la industria o en la vida privada que son la expresión del estado de la técnica en cada momento de la historia, con la lengua escrita, etc. La vida social, que está de este modo como cristalizada y fijada sobre soportes materiales, se encuentra por eso mismo exteriorizada y actúa sobre nosotros desde fuera. Las vías de comunicación que fueron construidas antes de que nosotros naciéramos imprimen a nuestros negocios una dirección determinada, según nos pongan en relación con tal o cual país. El niño se forma el gusto en contacto con los monumentos que conforman el gusto nacional, legado de las generaciones anteriores. En ocasiones incluso, esos monumentos desaparecen durante siglos en el olvido, y un día, cuando las naciones que los habían erigido han desaparecido hace tiempo, salen a la luz y vuelven a tener en el seno de sociedades nuevas una nueva existencia. Esto es lo que caracteriza ese fenómeno tan singular que llamamos los renacimientos. Un Renacimiento es la vida social que, después de haber quedado como depositada en las cosas y permanecido durante mucho tiempo en estado latente, se despierta de repente y viene a cambiar la orientación intelectual y moral de pueblos que no habían tenido nada que ver en su elaboración. Sin duda no podría renacer si no hubiera habido conciencias vivas dispuestas a recibir su influjo; pero, por otro lado, estas conciencias habrían pensado y sentido de un modo muy distinto si no se hubiera producido este fenómeno.

La misma observación se puede aplicar a esas fórmulas concretas en las que se condensan ya sea los dogmas de fe o los preceptos del derecho, cuando se establecen externamente bajo una forma consagrada. Seguramente, por bien redactadas que pudieran estar, serían letra muerta si no hubiera nadie para representarlas y ponerlas en práctica. Aunque no se bastan a sí mismas, no dejan por eso de ser factores *sui generis* de la actividad social. Porque tienen un modo de actuar que les es propio. Las relaciones jurídicas no son en absoluto las mismas si el derecho está escrito o no. Allí donde existe un código escrito, la jurisprudencia es más regular, pero menos flexible, la legislación más uniforme, pero también más inmutable. Saca menos provecho de la diversidad de los casos particulares y opone más resistencia a las iniciativas de los innovadores. Las formas materiales de las que se dota no son simples combinaciones verbales sin eficacia, sino realidades activas, puesto que surten efectos que no hubieran tenido lugar sin ellas. Ahora bien, no solamente son externas a las conciencias individuales, sino que además es esta exterioridad la que las distingue. Al estar menos al alcance de los individuos, estos tienen más dificultades para acomodarlas a sus circunstancias, y por esta razón también son más refractarias a los cambios.

Sin embargo, es incuestionable que toda la conciencia social no llega a exteriorizarse y a materializarse de este modo. Toda la estética nacional no está en las obras que inspira; toda la moral no se formula en preceptos concretos. La mayor parte permanece difusa. Hay toda una vida colectiva en libertad; toda clase de corrientes van, vienen, circulan en todas direcciones, se cruzan y se mezclan de mil formas diferentes y, precisamente porque se encuentran en un perpetuo estado de movilidad, no llegan a consolidar nunca una forma objetiva. Hoy es un viento de tristeza y desánimo el que sopla sobre la sociedad; mañana, por el contrario, un viento de alegre confianza animará los corazones. Durante un tiempo, todo el grupo se sentirá arrebatado por el individualismo; al periodo siguiente son las aspiraciones sociales y filantrópicas las que se convierten en preponderantes. Ayer, no se hablaba más que de cosmopolitismo, hoy es el patriotismo el que triunfa. Y toda esta agitación, todos estos flujos y reflujos tienen lugar sin que los preceptos cardinales del derecho y la moral, inamovibles en sus hieráticas fórmulas, sean siquiera modificados. Por lo demás, estos mismos preceptos no hacen más que expresar toda una vida subyacente de la que forman parte; provienen de ella, pero no la pueden suprimir. En la base de todas esas máximas, hay sentimientos actuales y vivos que esas fórmulas resumen, pero de los que ellas no son más que la envoltura superficial. No despertarían ningún eco si no correspondiesen a emociones y a impresiones concretas dispersas en la sociedad. Por lo tanto, aunque les reconocemos una realidad, no pensamos sin embargo que sean toda la realidad moral. Esto equivaldría a confundir el significante con el significado. Y un significante es sin duda importante; pero no es una especie de epifenómeno subrogatorio. Hoy ya sabemos el papel que desempeña en el desarrollo intelectual. Pero en cualquier caso no es más que un significante.[12]

Pero aunque esta vida no tenga un grado suficiente de consistencia para asentarse, no por ello deja de tener el mismo carácter que esos preceptos formulados de los que hablábamos hace un instante. *Es externa a cada individuo medio tomado aparte.* Por ejemplo, cuando un gran peligro público determina una exacerbación del sentimiento patriótico, provoca un impulso colectivo en virtud del cual la sociedad, en su conjunto, acepta como si fuera un axioma que los intereses particulares, incluso aquellos reconocidos habitualmente como los más respetables, deben supeditarse por completo al interés común. Y este principio no sólo se enuncia como una especie de *desideratum*; si es necesario se aplica al pie de la letra. ¡Observad entonces a los individuos corrientes! En un gran número de ellos encontrareis sin duda algo de ese estado moral, pero infinitamente atenuado. Son pocos los que, incluso en tiempos de guerra, están dispuestos espontáneamente a abdicar por completo de sí mismos. *Por tanto, de todas las conciencias particulares que integran la gran masa de la nación, no hay ninguna en relación a la cual la corriente colectiva no sea casi en su totalidad exterior, ya que cada una de ellas no contiene más que una parcela.*

La misma observación puede hacerse a propósito de los sentimientos morales más estables y más fundamentales. Por ejemplo, toda sociedad tiene por la vida del hombre en general un respeto cuya intensidad está determinada y puede medirse según la gravedad relativa[13] de las penas con que se castiga el homici-

---

[12] Después de esta explicación espero que no se nos vuelva a reprochar, en sociología, que queremos sustituir lo interno por lo externo. Partimos de lo externo porque es el único dato de que disponemos, pero para llegar a lo interno. El procedimiento es sin duda complicado; pero no hay otro, si no queremos arriesgarnos a que nuestra investigación recaiga, no ya sobre el orden de los hechos que queremos estudiar, sino sobre la idea personal que se tiene de ellos.

[13] Para saber si este sentimiento de respeto es más fuerte en una sociedad que en otra, no hay que considerar únicamente la violencia intrínseca de las medidas que constituyen la represión, sino el lugar que ocupa el castigo en la escala penal. El asesinato sólo se castiga con la muerte, tanto hoy como en los últimos siglos. Pero hoy en día, la pena de muerte tiene una gravedad relativa mayor; ya que constituye el castigo supremo, mientras que antiguamente podía ser agravada. Y

dio. Por otra parte, el hombre medio es consciente de esta relación, aunque en menor grado y de un modo distinto que la sociedad. Para comprobar esta diferencia basta con comparar la impresión que puede causarnos individualmente ver a un criminal, o el espectáculo mismo del crimen, con la forma de reaccionar de las masas, en esas mismas circunstancias. Es sabido a qué extremos pueden llegar si nada las detiene. La razón estriba que en este caso la indignación es colectiva. Ahora bien, la misma diferencia se encuentra siempre entre la manera en que la sociedad experimenta estos atentados y la manera en que afectan a los individuos; por consiguiente, entre la forma individual y la forma social del sentimiento que ofenden. La indignación social es de tal magnitud que a menudo sólo puede ser satisfecha con la pena capital. Para nosotros, si la víctima es un desconocido o un indiferente, si el autor del crimen no vive en nuestro entorno y, por consiguiente, no constituye una amenaza personal, aunque encontramos justo que el acto sea castigado, no estamos lo bastante indignados como para clamar venganza. No daremos un paso para descubrir al culpable; incluso evitaremos entregarle. La cosa sólo cambia de aspecto cuando la opinión pública, como se suele decir, toma cartas en el asunto. Entonces nos mostramos más exigentes y más activos. Pero es la opinión la que se expresa por nuestra boca; actuamos bajo la presión de la colectividad, no como individuos.

A menudo, la distancia entre el estado social y sus repercusiones individuales es todavía más considerable. En el caso anterior, el sentimiento colectivo, al individualizarse, conservaba al menos, en la mayor parte de los sujetos, la fuerza suficiente para oponerse a los actos que la ofenden; el horror de la sangre humana está hoy en día profundamente arraigado en la mayoría de las conciencias para prevenir la aparición de ideas homicidas. Sin embargo, la simple corrupción, el fraude silencioso y sin violencia, están lejos de inspirar la misma repulsión. No son muy numerosas las personas que respetan el derecho de los demás hasta el punto de arrancarse de raíz cualquier deseo de enriquecerse injustamente.

---

dado que esas agravaciones no se aplicaban entonces al asesinato común, éste era objeto de una menor reprobación.

No es que la educación no desarrolle una cierta repulsión por cualquier acto contrario a la equidad. ¡Pero cuánta distancia hay entre este sentimiento vago, vacilante, siempre dispuesto a contemporizar, y la deshonra categórica, sin reserva y sin paliativos, con que la sociedad condena el robo en cualquiera de sus formas! Y qué decir de tantos otros deberes que están todavía menos arraigados en el hombre común y corriente, como el que nos ordena contribuir con una parte proporcional al gasto público, o no defraudar a hacienda, no tratar de librarse astutamente del servicio militar, cumplir fielmente nuestros contratos, etc. Si sobre todos estos puntos la moralidad sólo estuviera garantizada por los tibios sentimientos de las conciencias normales, su situación sería particularmente precaria.

Es por tanto un error fundamental confundir, como se ha hecho tantas veces, el tipo colectivo de una sociedad con el tipo medio de los individuos que la componen. El hombre medio es de una moralidad muy mediocre. Únicamente tiene grabadas con más o menos fuerza las máximas esenciales de la ética, que además están lejos de tener la precisión y la autoridad que tienen en el tipo colectivo, es decir, en el conjunto de la sociedad. Esta confusión, en la que precisamente cae Quételet, hace de la génesis de la moral un problema incomprensible. Ya que si tenemos en cuenta esta mediocridad de los individuos en general, ¿cómo ha podido constituirse una moral superior si ésta sólo expresa la media de los temperamentos individuales? Lo mejor no puede surgir de lo peor sin un milagro. Si la conciencia común no es más que la conciencia más general, no puede elevarse por encima del nivel medio. ¿Pero entonces de dónde salen esos preceptos elevados y claramente imperativos que la sociedad se esfuerza en inculcar a los niños y cuyo respeto impone a sus miembros? No sin razón las religiones, y como ellas tantas filosofías, consideran que la moral sólo puede estar asegurada por Dios. El pálido e incompleto esbozo que tienen de ella las conciencias individuales no puede ser considerado como el tipo original. Más bien produce el efecto de una reproducción torpe y poco fiel cuyo modelo debe de existir en alguna parte fuera de los individuos. Por eso, con su simpleza habitual, la imaginación popular la hace residir en Dios. La ciencia, claro está, no puede preocuparse por esta idea, a la que ni siquiera tiene en cuenta.¹⁴ Sólo que si se descarta, no queda más alternativa que dejar a la moral en el aire e inexplicada, o bien hacer de ella un sistema de estados colectivos. O proviene del mundo de la experiencia, o proviene de la sociedad. Sólo puede existir en una conciencia; si no es en la del individuo, entonces es en la del grupo. Pero en este caso no tenemos más remedio que admitir que ésta, lejos de confundirse con la conciencia común, la desborda por todas partes.

La observación confirma esta hipótesis. Por un lado, la regularidad de los datos estadísticos demuestra que existen tendencias colectivas, externas a los individuos; por otro, en un considerable número de casos importantes, podemos constatar directamente esta exterioridad. Por lo demás, no tiene nada de sorprendente para cualquiera que reconozca la heterogeneidad de los estados individuales y de los estados sociales. Éstos, por definición, sólo pueden afectarnos desde el exterior, puesto que no derivan de nuestras predisposiciones personales; y al estar compuestos de elementos que nos son ajenos,¹⁵ expresan algo que está fuera de nosotros. Sin duda, en la medida en que nos identificamos con el grupo y vivimos su misma vida, estamos expuestos a su influencia; e inversamente, en tanto que tenemos una personalidad diferente a la suya, le somos rebeldes y tratamos de evitarlo. Y como no hay nadie que no lleve normalmente esta doble existencia, cada uno de nosotros es presa de un doble impulso. Por un lado somos arrastrados por la corriente social, y por otro tendemos a seguir nuestras inclinaciones naturales. El resto de la sociedad nos obliga a contener nuestras tendencias centrífugas, y nosotros contribuimos por nuestra parte a neutralizar las suyas. Sufrimos la misma presión que contribuimos a ejercer sobre los demás. Dos fuerzas contrarias conviven en nosotros. Una viene de la colectividad y trata de apoderarse del individuo; la otra viene del indivi-

---

¹⁴ Lo mismo que la ciencia de la física no se preocupa por discutir la creencia en Dios, creador del mundo físico, la ciencia de la moral no tiene en cuenta la doctrina que ve en Dios al creador de la moral. La cuestión no es de nuestra incumbencia; y no tenemos por qué pronunciarnos por ninguna de las soluciones. De lo que nos ocupamos aquí es exclusivamente de los efectos secundarios.

¹⁵ V. más arriba, p 14.

duo y repele a la anterior. La primera es muy superior a la segunda, ya que está formada por una combinación de todas las fuerzas particulares; pero como a la vez encuentra tantas resistencias como sujetos particulares hay, se desgasta en parte en todas esas luchas y sólo penetra en nosotros desfigurada y debilitada. Cuando es muy intensa, cuando las circunstancias que la ponen en marcha se repiten frecuentemente, todavía puede imprimir su huella en las constituciones individuales, suscitando estados de una cierta violencia que, una vez organizados, funcionan con la espontaneidad del instinto; esto es lo que sucede con las ideas morales más esenciales. Pero la mayoría de las corrientes sociales o son demasiado débiles o sólo están en contacto con nosotros de una manera demasiado intermitente como para que puedan echar profundas raíces; su efecto es superficial. Por consiguiente, siguen siendo casi completamente externas. De manera que el medio de calcular un elemento cualquiera del tipo colectivo, no consiste en medir el tamaño que tiene en las conciencias individuales y sacar la media de todas estas medidas; más bien es la suma lo que habría que hacer. Y todavía este procedimiento de evaluación estaría por debajo de la realidad; pues no obtendríamos así más que el sentimiento social, pero carente de todo aquello que ha perdido al individualizarse.

Por tanto hay cierta frivolidad en tachar a nuestra concepción de escolástica y reprocharle que fundamente los fenómenos sociales en no sé qué principio vital de un género nuevo. Si nos negamos a admitir que tengan como substrato la conciencia del individuo, les reconocemos en cambio otra; la que forman al unirse y combinarse todas las conciencias individuales. Este substrato no tiene nada de substancial ni de ontológico, puesto que no es nada más que un todo compuesto de distintas partes. Pero no deja de ser tan real como los elementos que lo componen; pues estos tampoco están constituidos de otro modo. Ellos también son a su vez compuestos. Hoy en día ya se sabe que el yo es el resultado de una multitud de conciencias sin yo; que cada una de estas conciencias elementales es, a su vez, producto de unidades vitales sin conciencia, lo mismo que cada unidad vital se debe a una asociación de partículas inanimadas. Por lo tanto, si el psicólogo y el biólogo consideran con razón bien fundados los fenómenos que estudian, sólo porque están ligados con una combinación de elementos de un orden inmediatamente inferior, ¿por qué no iba a ser lo mismo en sociología? Sólo aquellos que no han renunciado a la hipótesis de una fuerza vital y un alma substancial podrían pensar que esta base es insuficiente. De modo que no hay nada menos extraño que esta proposición considerada escandalosa por algunos:[16] Una creencia o una práctica social es susceptible de existir independientemente de sus expresiones individuales. Con esto no pretendemos decir evidentemente que la sociedad sea posible sin individuos, absurdo manifiesto del que podrían habernos eximido, sino que entendemos: 1º que el grupo formado por individuos asociados es una realidad de una clase distinta a la de cada individuo tomado aparte; 2º que los estados colectivos existen en el grupo de la naturaleza de que derivan, antes de afectar al individuo en cuanto tal y de constituir en él, bajo una forma nueva, una existencia puramente interior.

Esta manera de entender las relaciones del individuo con la sociedad recuerda, por lo demás, la idea que los zoólogos contemporáneos tienden a hacerse de las relaciones que mantiene igualmente con la especie o la raza. La teoría simplista según la cual la especie no sería más que un individuo perpetuado en el tiempo y generalizado en el espacio, está siendo abandonada. Tropieza con el hecho de que los cambios que se producen en un sujeto aislado sólo se convierten en específicos en casos muy raros y, tal vez, dudosos.[17] Las características distintivas de la raza no cambian en el individuo más que cuando cambian en la raza en general. Esta tendría por tanto alguna realidad, de la que procederían las diversas formas que adopta en los seres particulares, sin llegar a ser en absoluto una generalización de estos últimos. Sin duda, no podemos considerar estas doctrinas definitivamente demostradas. Pero nos basta con mostrar que nuestras ideas sociológicas, que no hemos tomado prestadas a ninguna otra clase de investigaciones, tienen alguna analogía con las ciencias más positivas.

---

[16] V. Tarde, *op. cit.*, p. 212.
[17] V. Delage, *Structure du protoplasme, passim*; Weissmann, *L'hérédité* y todas las teorías que se asemejan a la de Weissmann.

IV

Apliquemos ahora estas ideas a la cuestión del suicidio y veremos cómo se concretará más la solución que hemos adelantado al principio de este capítulo.

No hay ideal moral que no combine, en proporciones variables según las sociedades, el egoísmo, el altruismo, y una cierta anomia. La vida social supone a la vez que el individuo tiene una determinada personalidad, que está dispuesto, si la comunidad se lo exige, a renunciar a ella, y en fin, que está abierto, en cierta medida, a las ideas de progreso. Por eso no hay pueblo en el que no coexistan estas tres corrientes de opinión, que inclinan al hombre en tres direcciones divergentes, y en ocasiones contrarias. Allí donde se moderan mutuamente, el agente moral se encuentra en un estado de equilibrio que le pone al abrigo de cualquier idea de suicidio. Pero basta con que una de ellas rebase un determinado grado de intensidad en detrimento de las otras para que, por las razones expuestas, se convierta en suicidógena al individualizarse.

Naturalmente, cuanto más fuerte es más sujetos habrá que contamine y empuje al suicidio, e inversamente. Pero esta intensidad sólo puede depender de las tres clases de causas siguientes: 1º de la naturaleza de los individuos que componen la sociedad; 2º de la manera en que están asociados, es decir de la naturaleza de la organización social; 3º de los acontecimientos pasajeros que disturban el funcionamiento de la vida colectiva sin alterar su constitución anatómica, como las crisis nacionales, económicas, etc. Por lo que respecta a las propiedades individuales, sólo pueden jugar un papel las que son comunes a todos los individuos. Porque las que son estrictamente personales o que sólo pertenecen a pequeñas minorías se pierden en la gran masa de las otras; además, como difieren entre ellas, se neutralizan y se anulan mutuamente en el transcurso de la elaboración del que resulta el fenómeno colectivo. Por lo tanto, sólo las características generales de la humanidad pueden surtir algún efecto. Ahora bien, estas son casi inmutables; al menos, para que puedan cambiar, no es suficiente con unos cuantos siglos que puede durar una nación. Por consiguiente, las condiciones sociales de las que depende el número de los suicidios son las únicas en función de las que puede variar; porque también son las únicas que son variables. Esta es la razón por la que permanece constante mientras la sociedad no cambie. Esta constancia no proviene de que el estado de ánimo, generador del suicidio, se encuentre, no se sabe por qué azar, en un número determinado de particulares que lo transmiten, tampoco se sabe por qué razón, a un mismo número de imitadores. La razón es que las causas impersonales, que lo han producido y lo alimentan, son las mismas. La razón es que nada ha venido a modificar ni la manera en que las unidades sociales se agrupan, ni la naturaleza de su *consensus*. Las acciones y las reacciones que intercambian siguen siendo por tanto idénticas; por consiguiente, las ideas y los sentimientos que proceden de ellas no pueden cambiar.

No obstante, es muy raro, si no imposible, que una de esas corrientes llegue a ejercer semejante preponderancia en todos los puntos de la sociedad. Siempre es en medios restringidos, en los que encuentra unas condiciones particularmente favorables a su desarrollo, donde alcanza ese grado de violencia. Y siempre es una condición social determinada, una profesión determinada, una confesión religiosa determinada, lo que la estimulan especialmente. De este modo se explica el carácter doble del suicidio. Cuando se lo analiza por sus manifestaciones externas, estamos tentados a no ver en él más que una serie de acontecimientos independientes los unos de los otros; ya que se produce en puntos distintos, sin relaciones apreciables entre ellos. Y sin embargo, la suma formada por todos los casos particulares juntos tiene una unidad y una individualidad, puesto que la tasa social de los suicidios es un rasgo distintivo de cada personalidad colectiva. La razón es que si bien esos medios particulares en los que tiene lugar preferentemente son distintos los unos de los otros, y están distribuidos de mil formas diferentes sobre toda la extensión del territorio, están sin embargo estrechamente ligados entre sí; ya que forman parte de un mismo todo, como si fueran órganos de un mismo organismo. El estado en que se encuentra cada uno de ellos depende por tanto del estado general de la sociedad; hay una íntima vinculación entre el grado de virulencia que alcanza tal o cual tendencia y la intensidad que tiene en el conjunto del cuerpo social. El altruismo es más o menos violento en el ejército dependiendo de cómo sea en la población civil;[18] el individualismo intelectual está tanto más desarrollado y es tanto más fecundo en suicidios en los medios protestantes cuanto más pronunciado sea en el resto de la nación, etc. Todo tiene una explicación.

Pero si, fuera de la vesania, no hay estado individual que pueda ser considerado como un factor determinante del suicidio, parece sin embargo que un sentimiento colectivo no pueda influir en los individuos cuando son absolutamente refractarios a él. Podría por lo tanto pensarse que la explicación precedente está incompleta mientras no demostremos cómo, dónde, y cuándo se desarrollan las corrientes suicidógenas y encuentran un número suficiente de sujetos asequibles a su influencia.

Pero suponiendo que realmente esta coincidencia sea siempre necesaria, y que una tendencia colectiva no pueda imponerse por la fuerza a los particulares independientemente de toda predisposición previa, esta armonía tiene lugar por sí misma; ya que las causas que determinan la corriente social actúan al mismo tiempo sobre los individuos y los predisponen convenientemente para que se presten a la acción colectiva. Entre estos dos órdenes de factores hay un parentesco natural, ya que dependen de una misma causa, y al mismo tiempo la expresan: por eso se combinan y se adaptan el uno al otro. La hipercivilización que provoca la tendencia anómica y la tendencia egoísta tiene también como efecto aguzar los sistemas nerviosos, volverlos excesivamente sensibles; por esta misma razón son menos capaces de ser constantes en su apego a un objeto definido, se someten menos a cualquier disciplina, y son más propensos a la irritación violenta y a la depresión exagerada. Inversamente, la cultura vulgar y ruda que implica el altruismo excesivo de los primitivos, desarrolla una insensibilidad que favorece la renuncia. En una palabra, dado que la sociedad hace en gran parte al individuo, lo hace, en la misma medida, a su imagen. La materia que necesita no puede faltarle pues es la misma que, por decirlo de algún modo, moldea con sus propias manos.

Ahora ya podemos representarnos mejor cuál es el papel de los factores individuales en la génesis del suicidio. Si en un mismo medio moral, por ejemplo en una misma confesión, o en un

---

[18] V. más arriba, p. 249.

mismo regimiento, o en una misma profesión, unos individuos lo padecen y otros no, se debe sin duda, al menos en general, a que la constitución mental de los primeros, tal y como la han conformado la naturaleza y los acontecimientos, ofrece menos resistencia a la corriente suicidógena. Aunque si estas condiciones pueden contribuir a determinar los sujetos particulares en los que esta corriente se encarna, no dependen de ellas ni sus características distintivas ni su intensidad. No es porque haya tantos neurópatas en un grupo social por lo que éste cuente anualmente con tantos suicidios. La neuropatía hace únicamente que estos sucumban antes. Aquí reside la gran diferencia que separa el punto de vista del clínico de el del sociólogo. El primero siempre se encuentra frente a casos particulares, aislados los unos de los otros. Muy a menudo comprueba que la víctima era o un nervioso o un alcohólico, y explica por uno u otro de estos estados psicopáticos el suicidio. Tiene razón en un sentido; porque si ese individuo y no otro se ha matado, con frecuencia es por ese motivo. Pero no es por ese motivo por lo que hay personas que se matan, *ni sobre todo por el que se maten, en cada sociedad, un número definido en cada periodo de tiempo determinado.* La causa productora del fenómeno escapa necesariamente a quien no observa más que a los individuos; porque se encuentra fuera de los individuos. Para descubrirla, hay que elevarse por encima de los suicidios particulares y ver lo que tienen en común. Se objetará que si no hubiera bastantes neurasténicos, las causas sociales no podrían producir todos sus efectos. Pero no existe ninguna sociedad en la que las diferentes formas de degeneración nerviosa no provean al suicidio de más candidatos de los necesarios. Únicamente algunos son llamados, si es que puede hablarse así. Son aquellos que, como consecuencia de las circunstancias, se encuentran más próximos a las corrientes pesimistas y, por consiguiente, han estado más expuestos a su influencia.

Pero todavía queda una última cuestión por resolver. Dado que cada año cuenta con un número igual de suicidios, esto quiere decir que la corriente no arrastra de un solo golpe a todos los candidatos. Los sujetos que arrastrará el año próximo ya existen ahora; y la mayoría están ya inmersos en la colectividad y, por consiguiente, sometidos a su influencia. ¿Por qué se salvan provisionalmente? Sin duda se entiende que sea necesario un año para producir todos sus efectos; ya que, del mismo modo que las condiciones de la actividad social no son las mismas según las estaciones, la corriente también cambia, en los diferentes momentos del año, tanto de intensidad como de dirección. Solamente cuando el ciclo anual se ha cumplido puede decirse que han tenido lugar todas las combinaciones de circunstancias, en función de las cuales se producen sus variaciones. Pero dado que el año siguiente no hace más que repetir, hipotéticamente, las mismas combinaciones que el anterior, ¿por qué no ha bastado con el primero? ¿Por qué, por utilizar una expresión popular, la sociedad sólo paga sus impuestos a plazos?

Lo que explica esta contemporización, a nuestro juicio, es la forma en que el tiempo actúa sobre la tendencia al suicidio. Es sólo un factor auxiliar, pero importante. Sabemos que ésta aumenta sin interrupción desde la juventud hasta la madurez,[19] y que a menudo es diez veces más fuerte al final de la vida que al principio. Lo que quiere decir que la fuerza colectiva que empuja al hombre a matarse solo le penetra poco a poco. En condiciones iguales, a medida que avanza en edad se hace más accesible, sin duda porque se necesitan experiencias repetidas para llegar a sentir todo el vacío de una existencia egoísta o toda la vanidad de las ambiciones desmedidas. Esta es la razón por la que los suicidas sólo cumplen su destino por oleadas sucesivas de generaciones.[20]

---

[19] Señalemos sin embargo que esta progresión sólo se ha comprobado en las sociedades europeas, en las que el suicidio altruista es relativamente raro. Quizás en su caso la progresión no se cumpla. Es posible que alcance su apogeo más bien hacia el momento de la madurez, cuando el hombre está inmerso de una forma más activa en la vida social. Las relaciones que este tipo de suicidio mantiene con el homicidio, de las que hablaremos en el capítulo siguiente, confirman esta hipótesis.

[20] Sin pretender plantear una cuestión metafísica que no es nuestro tema, queremos no obstante insistir en que esta teoría estadística no supone que se le prive al hombre de toda clase de libertad. Al contrario, respeta más el problema del libre albedrío que si se hiciera del individuo la fuente de todos los fenómenos sociales. Cualesquiera que sean las causas a las que se debe la regularidad de las manifestaciones colectivas, no pueden dejar de producir sus efectos allí donde se encuentren: en el caso contrario, veríamos a estos efectos variar caprichosamente, cuando en realidad son uniformes. Por lo tanto, si son inherentes a los individuos, no pueden dejar de determinar necesariamente a aquellos en los que se encuentran. Por consiguiente, en esta hipótesis, no vemos la forma de escapar al determinismo más riguroso. Pero no sucede lo mismo cuando esta constancia de los

datos demográficos proviene de una fuerza externa a los individuos. Ya que ésta no determina a unos sujetos más que a otros. Exige un número definido de determinados actos, pero le es indiferente que esos actos los cometa un individuo u otro. Podemos suponer que algunos se les resisten mientras que otros se entregan a ellos. En definitiva, nuestra teoría sólo añade a las fuerzas físicas, químicas, biológicas y psicológicas, las fuerzas sociales que actúan sobre el hombre desde el exterior tanto como las primeras. Por lo tanto, si estas no excluyen la libertad humana, no hay razón para que sea de otro modo con aquellas. La cuestión se plantea en los mismos términos tanto para unas como para otras. Cuando se declara un foco de epidemia, su intensidad predetermina la importancia de la mortalidad que causará; pero las personas a las que alcanzará no están por eso decididas. La situación de los suicidas no es diferente en relación a las corrientes suicidógenas.

Capítulo II

Relaciones del suicidio con los otros fenómenos sociales

Dado que el suicidio es un fenómeno esencialmente social, será importante comprobar el lugar que ocupa en el conjunto de los fenómenos sociales.

La primera y la más importante cuestión que se plantea sobre este tema consiste en saber si debe de ser clasificado entre los actos que la moral permite o entre los que prohibe. ¿Hay que ver en él, en algún sentido, un hecho criminológico? Esta cuestión ha sido ampliamente debatida. Generalmente, para resolverla, se empieza por formular una determinada concepción del ideal moral y a continuación se trata de ver si el suicidio la contradice o no. Por razones que hemos expuesto en otro lugar, [21] no compartimos este método. Una deducción sin verificación es siempre sospechosa y además, por si fuera poco, ésta se basa exclusivamente en la sensibilidad individual; ya que cada cual concibe a su manera ese ideal moral que se plantea como axioma. En lugar de proceder de este modo, vamos a ver primero cómo a lo largo de la historia los distintos pueblos han considerado moralmente al suicidio; y a continuación trataremos de determinar cuáles han sido las razones de esa consideración. Entonces sólo nos quedará por ver si esas razones están fundadas en la naturaleza de nuestras sociedades actuales, y si lo están, en qué medida.[22]

---

[21] V. *Division du travail social*, Introducción.
[22] Bibliografía sobre este tema. Appiano Buonafede, *Histoire critique et philosophique du suicide*, 1762; trad. fr., París, 1843. – Bourquelot, Recherches sur les opinions de la législation en matière de morts volontaires, en *Bibliothèque de l'Ecole des Chartes*, 1842 y 1843. – Guernesey, *Suicide, history of the penal laws*, New York, 1883. – Garrison, *Le suicide en droit romain et en droit français*, Toulouse, 1883. – Wynn Wescott, *Sui-*

I

Tan pronto como las comunidades cristianas fueron constituidas, el suicidio fue terminantemente prohibido en ellas. Ya en el año 452, el concilio de Arles declaró que el suicidio era un crimen y sólo podía ser producto de un furor diabólico. Pero hubo que esperar al siglo siguiente, en el año 563, durante el concilio de Praga, para que esta prescripción recibiese una sanción penal. Allí se decidió que los suicidas no serían "honrados con ninguna mención en el santo sacrificio de la misa, y los cantos de salmos no acompañarían sus cuerpos a la tumba". La legislación civil se inspiró en el derecho canónico, añadiendo a las penas religiosas penas materiales. Un capítulo de la orden de san Luis regula especialmente la materia. Al cadáver del suicida se le incoaría un proceso por encima de las autoridades competentes en materia de homicidio; los bienes del fallecido no pasaban a los herederos, sino al barón. En muchos casos no se contentaban con la confiscación, sino que además prescribían diferentes suplicios. "En Burdeos, el cadáver era colgado por los pies; en Abbeville, se le arrastraba sobre una parihuelas por las calles; en Lille, si el cadáver era de un hombre, era arrastrado con horcas y finalmente colgado; si era de una mujer, era quemado".[23] La locura no siempre era considerada como una excusa. Una ordenanza criminal, promulgada por Luis XIV en 1670, sanciona estas costumbres sin apenas atenuarlas. Se pronunciaba una condena *ad perpetuam rei memoriam*; el cuerpo, arrastrado boca abajo sobre unas parihuelas por las calles y caminos, era a continuación colgado o arrojado a un vertedero. Los bienes eran confiscados. Los nobles caían en desgracia y eran declarados plebeyos; se talaban sus bosques, se demolía su castillo, se rompían sus escudos de armas. Todavía podemos encontrar un fallo del Parlamento de París, del 31 de enero de 1749, conforme a esta legislación.

Bruscamente, la revolución de1789 abolió todas estas medidas represivas y tachó al suicidio de la lista de crímenes contra la

---

cide, Londres, 1885, p. 43-58. – Geiger, *Der Selbstmord im klassischen Altertum*, Augsbourg, 1888.

[23] Garrison, *op. cit.*, p. 77.

ley. Sin embargo todas las religiones a las que pertenecen los franceses continúan prohibiéndolo y castigándolo, y la moral pública lo condena. Sigue inspirando en la opinión una repulsión que se hace extensiva a los lugares en que el suicida ha llevado a cabo su resolución y a todas las personas de su entorno familiar. Está considerado una tara moral, aunque la opinión parezca tener una tendencia a ser más indulgente sobre este punto que antiguamente. Por lo demás, sigue conservando algo de su viejo carácter criminológico. De acuerdo con la jurisprudencia más frecuente, el cómplice del suicidio es perseguido como homicida. No sería así si el suicidio estuviera considerado como un acto moralmente indiferente.

Esta misma legislación la encontramos entre todos los pueblos cristianos, y en casi todas partes sigue siendo más severa que en Francia. En Inglaterra, desde el siglo X, el rey Eduardo, en uno de los códigos que promulgó, comparaba a los suicidas con los ladrones, los asesinos, y los criminales de cualquier clase. Hasta 1823, era costumbre arrastrar el cuerpo del suicida por las calles con un palo atravesado y enterrarlo en un camino sin ninguna ceremonia. Todavía hoy se los entierra en un lugar aparte. El suicida era declarado felón (*felo de se*) y sus bienes pasaban a la Corona. Esta disposición no fue abolida hasta 1870, al mismo tiempo que eran abolidas todas las confiscaciones por causa de felonía. En realidad, la exageración del castigo hacía tiempo que lo había hecho inaplicable; el jurado eludía la ley declarando a menudo que el suicida había obrado en un momento de locura y que, por consiguiente, no era responsable de sus actos. Pero el acto sigue siendo calificado de crimen; cada vez que se comete es objeto de una instrucción religiosa y de un juicio, y en principio se castiga la tentativa. Según Ferri,[24] en 1889 todavía encontramos 106 procedimientos entablados por ese delito y 84 condenas, sólo en Inglaterra. La complicidad, con mayor motivo, todavía se condena más.

En Zurich, cuenta Michelet, el cadáver era antiguamente sometido a un trato espantoso. Si el hombre se había apuñalado se le introducía junto a la cabeza un trozo de madera y se clavaba en él el cuchillo; si se había ahogado, se le enterraba en la arena a po-

---

[24] *Omicidio-suicidio*, p. 61-62.

ca profundidad de la orilla.[25] En Prusia, con anterioridad al Código penal de 1871, el enterramiento debía tener lugar sin pompa alguna y sin ceremonias religiosas. El nuevo Código penal alemán castiga todavía la complicidad con tres años de cárcel (art. 216). En Austria, las antiguas prescripciones canónicas se mantienen casi íntegramente.

El derecho ruso es todavía más severo. Si el suicida no parece que haya actuado bajo la influencia de un disturbio mental, crónico o transitorio, su testamento se considera nulo, así como todas las disposiciones que haya podido tomar antes de su muerte. Se le niega la sepultura cristiana. La simple tentativa está castigada con una multa que la autoridad eclesiástica se encarga de fijar. En fin, cualquiera que incite a otro a matarse o le ayude de cualquier manera a ejecutar su resolución, por ejemplo facilitándole los instrumentos necesarios, es considerado como cómplice de homicidio premeditado.[26] El Código español, además de las penas religiosas y morales, prescribe la confiscación de los bienes y castiga cualquier tipo de complicidad.[27]

Finalmente, el Código penal del Estado de Nueva York, que sin embargo es de fecha reciente (1881), califica el suicidio como un crimen. Es cierto que a pesar de esta calificación se ha renunciado a castigarlo por razones prácticas, ya que no se le podía imponer de ningún modo la pena al culpable. Pero la tentativa puede acarrear una condena, bien una pena de cárcel que puede durar hasta 2 años, bien una multa que puede ascender hasta los 200 dólares, o bien incluso las dos cosas a la vez. El sólo hecho de aconsejar el suicidio o favorecerlo se considera complicidad de asesinato.[28]

Las sociedades mahometanas no prohiben menos enérgicamente el suicidio. "El hombre, dice Mahoma, sólo muere por voluntad de Dios y el final de su vida está escrito en el libro".[29] – "Cuando llega el final los hombres no pueden ni retrasarlo ni ade-

---

[25] *Origines du droit français*, p. 371.
[26] Ferri, *op. cit.*, p. 62.
[27] Garrison, *op. cit.*, p. 144, 145.
[28] Ferri, *op. cit.*, p. 63, 64.
[29] Corán, III, v. 139.

lantarlo un solo instante".³⁰ – "Hemos dispuesto que la muerte os llegue por turno y nada ni nadie podrá cambiar esta disposición".³¹ – No hay nada en efecto más contrario al espíritu general de la civilización mahometana que el suicidio; ya que la virtud por excelencia consiste en la sumisión absoluta a la voluntad divina, en la dócil resignación "que hace que soportemos todo con paciencia".³² Acto de insubordinación y de rebelión, el suicidio sólo podía se considerado como una falta grave contra el deber fundamental.

Si nos remontamos desde las sociedades modernas a las que les han precedido en la historia, es decir a las ciudades grecorromanas, encontraremos también en ellas una legislación sobre el suicidio, aunque no se base por completo en el mismo principio. El suicidio sólo era considerado ilegítimo cuando no había sido autorizado por el Estado. En Atenas, por ejemplo, el hombre que se mataba era acusado de atimia como si hubiera cometido una injusticia con la ciudad;³³ le eran negados los honores habituales de la sepultura; y además se le cortaba una mano al cadáver y era enterrada aparte.³⁴ Con ligeras variantes, lo mismo sucedía en Tebas y en Chipre.³⁵ En Esparta, la regla era tan estricta que Aristodemo la sufrió por la forma en que buscó y encontró la muerte en la batalla de Platea. Pero estos castigos no se aplicaban más que en el caso en que el individuo se mataba sin haber pedido previamente permiso a las autoridades competentes. En Atenas, si antes de matarse pedía al Senado la autorización, argumentando las razones que le hacían la vida intolerable, y si su petición era escuchada, el suicidio estaba considerado como un acto legítimo. Libanio³⁶ nos relata sobre este tema algunos preceptos de los que no nos dice la época, pero que estuvieron realmente en vigor en Atenas; por lo demás, hace un gran elogio de estas leyes y asegura que

---

[30] *Ibid.*, XVI, v. 63.
[31] *Ibid.*, LVI, v. 60.
[32] *Ibid.*, XXXIII, v. 33.
[33] Aristóteles, *Ética Nic.*, v. 11,3.
[34] Eschine, C. *Clésiphon*, p. 244. – Platón, *Leyes*, IX, 12, p. 873.
[35] Dion Chrysostome, *Or.*, 4, 14 (ed. Teubner, V, 2, p. 207).
[36] *Melet*, edit. Reiske, Altenburg, 1797, p. 198 y sig.

tuvieron efectos muy beneficiosos. Estaban redactadas en los siguientes términos: "Que aquel que no quiera vivir más tiempo exponga sus razones al Senado y, después de haber obtenido su autorización, abandone la vida. Si la existencia te es odiosa, muere; si la fortuna te ha vuelto la espalda, bebe la cicuta. Si el dolor te ha postrado, abandona la vida. Que el infortunado cuente su infortunio, que el magistrado le proporcione el remedio y su miseria terminará". Esta misma ley la encontramos en Ceos.[37] Fue llevada a Marsella por los colonos griegos que fundaron esta ciudad. Los magistrados tenían reservas de veneno y facilitaban la cantidad necesaria a todos aquellos que, después de haber sometido al consejo de los Seiscientos las razones que creían tener para matarse, obtenían su autorización.[38]

Estamos bastante menos informados sobre las disposiciones del derecho romano primitivo: los fragmentos de la ley de las XII Tablas que han llegado hasta nosotros no nos hablan del suicidio. No obstante, como este Código estaba muy inspirado en la legislación griega, es bastante probable que contuviese análogas disposiciones. En cualquier caso, Servio, en su comentario sobre la *Eneida*,[39] nos refiere que, según los libros de los pontífices, todo el que se ahorcaba era privado de sepultura. Los estatutos de una cofradía religiosa de Lanuvium promulgaban la misma pena.[40] Según el analista Casio Hermina, citado por Servio, Tarquino el Soberbio, a fin de combatir una epidemia de suicidios, habría ordenado crucificar a los cadáveres de los muertos y dejar que fueran presa de los pájaros y los animales salvajes.[41] La costumbre de no hacer funerales a los suicidas parece haber persistido, al menos en principio, pues en el *Digesto* puede leerse: *Non solent autem lugeri suspendiosi nec qui manus sibi intulerunt, non traedio vitae, sed mala conscientia.*[42]

---

[37] Valerio Máximo, 2, 6, 8.
[38] Valerio Máximo, 2, 6, 7.
[39] XII, 603.
[40] V. Lasaulx, Ueber die Bücher des Koenings Numa, en sus *Etudes d'antiquité classique*. Citamos según Geiger, p. 63.
[41] Servio, *loc. cit.* – Plinio, *Hist. nat.*, XXXVI, 24.
[42] III, tít. II, lib. II, 3

Según un texto de Quintiliano,[43] habría habido en Roma, hasta una época bastante tardía, una institución análoga a la que acabamos de ver en Grecia, destinada a moderar los rigores de las disposiciones precedentes. El ciudadano que quería matarse debía exponer sus razones al Senado que decidía si eran aceptables y determinaba incluso la clase de muerte. Lo que nos permite suponer que ha existido realmente en Roma una práctica similar a esta, es que todavía en tiempos del Imperio quedaba en el ejército algún vestigio de ella. El soldado que intentaba matarse para escapar al servicio era castigado con la muerte; pero si podía demostrarse que había sido inducido por algún móvil excusable, se le licenciaba.[44] En fin, si su acto se había debido a los remordimientos por algún delito militar, su testamento era anulado y sus bienes pasaban al erario público.[45] En Roma, por lo demás, la consideración de los motivos que habían inspirado el suicidio ha jugado siempre un papel preponderante en su apreciación moral o jurídica. De ahí el precepto: *Et merito, si sine causa sibi manus intulit, puniendus est: qui enim sibi non pepercit, multo minus aliis parcet.*[46] La opinión pública, censurándolo por regla general, se reservaba el derecho de autorizarlo en ciertos casos. Semejante principio es un pariente cercano del que sirve de base a la institución de la que habla Quintiliano; y era tan fundamental en la legislación romana del suicidio que se mantuvo hasta la época de los emperadores. Con el tiempo, la lista de las excusas legítimas se amplió. Finalmente sólo quedó una *causa injusta*: la intención de escapar a una condena por algún crimen. Parece que incluso hubo un momento en que la ley que privaba al suicida de los beneficios de la tolerancia quedó sin aplicación.[47]

Si nos trasladamos de la ciudad a los pueblos primitivos en los que prospera el suicidio altruista, es difícil decir nada concreto sobre la legislación que podían tener al respecto. No obstante, la complacencia con que se consideraba al suicidio nos permite su-

---

[43] *Inst. orat.*, VII, 4, 39. – *Declam.* 337.
[44] *Digesto*, lib. XLIX, tít. XVI, ley 6, 7.
[45] *Ibid.*, lib. XXVIII, tít. III, ley 6, 7.
[46] *Digesto*, lib. XLVIII, tít. XXI, ley 3, 6.
[47] Hacia el final de la República y el comienzo del Imperio, v. Geiger, p. 69.

poner que no estaba formalmente prohibido. Aunque es posible también que no se tolerara en todos los casos. Pero sea como fuere, de todas las sociedades que han superado ese estadio inferior, no se conoce ninguna en que el derecho a matarse se conceda sin reservas al individuo. Aunque es cierto que, tanto en Grecia como en Italia, hubo un periodo en que las antiguas prescripciones relativas al suicidio cayeron casi totalmente en desuso. Pero eso ocurrió únicamente en la época en que el régimen de la ciudad entró él mismo también en decadencia. Esta tolerancia tardía no puede ser considerada por tanto como un ejemplo a imitar, ya que está evidentemente relacionada con la grave perturbación que padecían entonces aquellas sociedades. Es el síntoma de un estado mórbido.

Semejante unanimidad en la condena, si hacemos abstracción de esos casos de regresión, es ya por sí misma un hecho significativo que debería de bastar para hacer dudar a los moralistas demasiado propensos a la indulgencia. Es necesario que un autor tenga gran confianza en el poder de su lógica para atreverse a rebatir hasta ese punto la conciencia moral de la humanidad; o bien, considerando que esta prohibición sólo tiene fundamento en el pasado y que está reclamando su abrogación en el presente, necesitaría demostrar antes que se ha producido alguna transformación profunda en las condiciones fundamentales de la vida colectiva.

De esta teoría se deduce una conclusión más significativa todavía que nos hace dudar de que se pueda demostrar algo semejante. Si dejamos de lado las diferencias de detalle que presentan las medidas represivas adoptadas por los diferentes pueblos, vemos que la legislación sobre el suicidio ha pasado por dos fases principales. En la primera, se le prohibe al individuo destruirse por propia voluntad; pero el Estado puede autorizarle a hacerlo. El acto sólo es inmoral cuando es por completo un hecho de individuos particulares y los órganos de la vida colectiva no han participado en él. En determinadas circunstancias, la sociedad se deja desarmar, en cierto modo, y consiente en absolver lo que repudia por principio. En el segundo periodo, la condena es total y sin excepciones. La facultad para disponer de una vida humana, salvo cuando la muerte es el castigo de un crimen,[48] no se reconoce

---

[48] Incluso este derecho empieza ya a serle discutido a la sociedad.

ni al sujeto interesado ni a la sociedad. Es un derecho sustraído en lo sucesivo tanto a la arbitrariedad colectiva como a la privada. El suicidio es considerado inmoral, en sí mismo y por sí mismo, sin importar quienes participen en él. De manera que a medida que se avanza en la historia, la prohibición en lugar de relajarse, no hace más que endurecerse. Si hoy en día la opinión pública parece menos estricta en sus juicios sobre este punto, esta relajación debe de provenir de causas accidentales y pasajeras; porque es totalmente improbable que la evolución moral, después de desarrollarse en un mismo sentido durante siglos, retroceda en este punto.

Las ideas que imprimen a esa evolución ese sentido son siempre ideas actuales. En ocasiones se ha dicho que si el suicidio está prohibido y merece estarlo, es porque al matarse el hombre rehuye sus obligaciones para con la sociedad. Pero si tenemos en cuenta esta consideración, deberíamos, como en Grecia, dejar que la sociedad libre defienda sus intereses a su manera. Si no le reconocemos esta facultad, es porque no vemos sólo en el suicida a un mal pagador del que ella sería acreedora. Porque un acreedor siempre puede condonar las deudas de las que es beneficiario. Por lo demás, si la reprobación de la que el suicidio es objeto no tuviera otro origen, debería ser tanto más formal cuanto más estrechamente subordinado al Estado esté el individuo; por consiguiente, tendría que alcanzar su punto culminante en las sociedades primitivas. Sin embargo, es lo contrario lo que sucede, adquiere más importancia a medida que los derechos del individuo se desarrollan frente a los del Estado. Si se ha convertido en tan formal y tan rigurosa en las sociedades cristianas, la causa de este cambio debe de estar, no ya en la noción que estos pueblos tienen del Estado, sino en el nuevo concepto que tienen de la persona humana. Ésta se ha convertido a sus ojos en algo sagrado, incluso en lo sagrado por excelencia, sobre la que nadie puede poner sus manos. Sin duda bajo el régimen de la ciudad, el individuo no tenía ya una vida tan intrascendente como en las sociedades primitivas. Se le reconocía un valor social; pero se consideraba que este valor pertenecía al Estado. La ciudad podía por tanto disponer libremente de él, sin que él tuviera los mismos derechos sobre sí mismo. Pero hoy en día ha adquirido una especie de dignidad que le pone por encima tanto de sí mismo como de la sociedad. Mientras su conducta no le haga desmerecer de su condición de hombre, es como si participara en cierto modo de esa naturaleza *sui generis* que toda religión reconoce a sus dioses y que los hace inalcanzables a todo mortal. Está impregnado de religiosidad; el hombre se ha convertido en un dios para los otros hombres. Por eso cualquier atentado contra él nos parece un sacrilegio. Y el suicidio es uno de esos atentados. Poco importa quién ejecute el acto; nos escandaliza porque viola el carácter sacrosanto de nuestra persona que debemos respetar tanto en nosotros como en nuestros semejantes.

Por tanto, el suicidio se reprueba porque deroga ese culto por la persona humana sobre el que descansa toda nuestra moral. Lo que confirma esta explicación, es que nosotros lo consideramos de un modo distinto a como lo consideraban los pueblos de la antigüedad. Antiguamente, no se veía en él más que un delito civil cometido contra el Estado; la religión se desinteresaba más o menos de él.[49] Hoy, por el contrario, se ha convertido en un acto fundamentalmente religioso. Los concilios lo condenan, y los poderes laicos, al castigarlo, no han hecho más que secundar e imitar a la autoridad eclesiástica. Nos consideramos sagrados porque tenemos un alma inmortal que forma parte de la divinidad. No podemos pertenecer por completo a ningún poder temporal porque pertenecemos a Dios.

Pero si es esa la razón por la que se ha incluido al suicidio entre los actos ilícitos, ¿no habría que concluir que esta condena ya no tiene hoy fundamento? A lo que parece, la crítica científica no concede el menor valor a esas concepciones místicas ni reconoce que haya en el hombre nada sobrehumano. Con este razonamiento, Ferri, en su *Omicidio-suicidio*, se ha aventurado a presentar todas las prohibiciones del suicidio como un vestigio del pasado condenado a desaparecer. Considerando absurdo desde el punto de vista racionalista que el individuo pueda tener un fin fuera de sí mismo, deduce de ello que somos siempre libres de renunciar a las ventajas de la vida común renunciando a la vida. El derecho a la vida implica a su juicio el derecho a la muerte.

Sin embargo esta argumentación extrae prematuramente de la forma conclusiones sobre el fondo, confunde la expresión verbal

---

[49] V. Geiger, *op. cit.*, p. 58-59.

con la que traducimos nuestro sentimiento con el sentimiento mismo. Sin duda, tomados en sí mismos y en abstracto, los símbolos religiosos, mediante los que interpretamos el respeto que nos inspira la persona humana, no son apropiados y es fácil demostrarlo; pero de aquí no se deduce que ese respeto no tenga razón de ser. El hecho de que juegue un papel preponderante en nuestro derecho y en nuestra moral debe, por el contrario, precavernos contra semejante interpretación. Por tanto, en lugar de tomar al pie de la letra esta explicación, examinémosla, analicemos cómo se ha formado, y comprobaremos que, si bien la fórmula corriente es vulgar, no deja sin embargo de tener un valor objetivo.

Esta especie de transcendencia que atribuimos a la persona humana no es una característica exclusiva de ella. Se la encuentra por todas partes. Es simplemente la huella que dejan los sentimientos colectivos de cierta intensidad sobre los objetos en que se fijan. Precisamente porque emanan de la colectividad, los fines hacia los que tienden nuestras actividades no pueden ser más que colectivos. Ahora bien, la sociedad tiene necesidades que nosotros no tenemos. Los actos que estas necesidades nos inspiran no se corresponden con el sentido de nuestras inclinaciones individuales; no tienen como finalidad nuestro propio interés, sino que consisten más bien en sacrificios y en privaciones. Cuando ayuno, cuando hago penitencia para agradar a Dios, cuando, por respeto a una tradición de la que casi siempre ignoro su sentido, me impongo algún sacrificio, cuando pago mis impuestos, cuando entrego mi voluntad o mi vida por el Estado, estoy renunciando a algo de mi mismo; y en la resistencia que nuestro egoísmo opone a esos renunciamientos, nos damos cuenta fácilmente de que hay un poder superior al que estamos sometidos que lo exige. Incluso cuando cedemos de buen grado a sus órdenes, somos conscientes de que nuestra conducta está determinada por un sentimiento de deferencia hacia algo más grande que nosotros mismos. A pesar de la espontaneidad con que obedecemos a la voz que nos dicta esta abnegación, nos damos cuenta de que nos habla en un tono imperativo que no es el del instinto. Por esta razón, aunque la escuchemos en el interior de nuestras conciencias, no podemos considerarla nuestra sin caer en una contradicción. La enajenamos, como hacemos con nuestras sensaciones; la proyectamos al exterior, la relacionamos con un ser que concebimos fuera de nosotros y superior a nosotros, puesto que nos ordena y nosotros obedecemos sus órdenes. Naturalmente, todo lo que imaginamos que proviene del mismo origen participa de las mismas características. Así es como hemos necesitado imaginar un mundo por encima de éste y lo hemos poblado de realidades de otra naturaleza.

Tal es el origen de todas esas ideas de transcendencia que están en la base de las religiones y de las morales; porque la obligación moral es inexplicable de otro modo. Posiblemente la forma concreta con la que disfrazamos habitualmente estas ideas carezca de todo valor científico. Que las fundamentemos en un ser personal de una naturaleza especial, o en alguna fuerza abstracta que hipostasiamos confusamente bajo la denominación de ideal moral, siempre son representaciones metafóricas que no expresan adecuadamente los hechos. Pero el *processus* que simbolizan no deja de ser real. Sigue siendo verdad que en todos esos casos nos sentimos impelidos a actuar por una autoridad que está por encima de nosotros, a saber, la sociedad, y que los fines a los que ésta nos vincula gozan de una verdadera supremacía moral. Si es así, todas las objeciones que puedan hacerse a las ideas habituales con las que los hombres han tratado de representarse esta supremacía que percibían, no menoscabarán la realidad. Esta crítica es superficial y no llega al fondo de las cosas. Por tanto, si podemos admitir que la exaltación de la persona humana es uno de los fines que persiguen y deben perseguir las sociedades modernas, todos los preceptos morales que deriven de este principio estarán justificados, sin importar la manera cómo se los justifique habitualmente. Si las razones que satisfacen a la mayoría son criticables, bastará con traducirlas a otro lenguaje para que brillen con luz propia.

Ahora bien, este objetivo no es solamente de hecho uno de los que persiguen las modernas sociedades, sino que es además una ley histórica que los pueblos tienden cada vez más a desprenderse de cualquier otro objetivo. En su origen, la sociedad es todo, y el individuo no es nada. Por consiguiente, los sentimientos sociales más intensos son los que vinculan al individuo con la colectividad, ya que ella es en sí misma su propio fin. Al hombre sólo se le considera como un instrumento en sus manos; de ella parecen derivar todos sus derechos y él no tiene ninguna prerrogativa sobre ella porque no hay nada por encima de ella. Pero, poco a poco, las cosas cambian. A medida que las sociedades crecen y se hacen más densas, se hacen también más complejas, el trabajo se divide, las diferencias individuales se multiplican,[50] y vemos como se acerca el momento en el que no quedará nada en común entre los miembros de un mismo grupo humano, a no ser el hecho de que todos son hombres. En estas condiciones, es inevitable que la sensibilidad colectiva se aferre con todas sus fuerzas a este único objeto que le queda y que le confiera por eso mismo un valor incomparable. Dado que la persona humana es la única cosa que conmueve unánimemente todos los corazones, dado que su glorificación es el único objetivo que puede ser perseguido colectivamente, no puede dejar de adquirir a los ojos de todos una importancia excepcional. De este modo se eleva muy por encima de todos los fines humanos y adquiere un carácter religioso.

Este culto del hombre es una cosa distinta del individualismo egoísta del que ya hemos hablado que conduce al suicidio. Lejos de apartar a los individuos de la sociedad y de cualquier fin por encima de ellos, los une en un mismo pensamiento y hace de ellos los obreros de una misma obra. Puesto que el hombre que es objeto del amor y del respeto colectivos no es el individuo sensible y empírico que hay en todos nosotros; es el hombre en general, la humanidad ideal, tal y como la concibe cada pueblo en cada momento de su historia. Ahora bien, ninguno de nosotros la representa completamente, como tampoco ninguno de nosotros le es completamente ajeno. De lo que se trata por tanto, no es de concentrar a cada sujeto particular sobre sí mismo y sobre sus propios intereses, sino de subordinarlo a los intereses generales del género humano. Un fin semejante le hace salir de sí mismo; impersonal y desinteresado se cierne por encima de todas las personalidades individuales; como cualquier ideal, sólo puede concebirse como algo por encima de la realidad y dominándola. Domina incluso a las sociedades, puesto que toda la actividad social depende de él. Y esta es la razón por la que no está en sus manos disponer de ellas. Al reconocerles una razón de ser, se las ha puesto ba-

---

[50] V. nuestra *Division du travail social*, lib. II.

jo su tutela y ya no pueden librarse de ella; y menos todavía puede autorizar a los hombres a librarse de sí mismos. Nuestra dignidad moral ya no es asunto de la ciudad; pero no por eso se ha convertido en algo nuestro, y no por eso podemos hacer con ella lo que queramos. ¿De dónde proviene entonces, si la sociedad, ese ente superior a nosotros, no la tiene?

En estas condiciones se hace necesario clasificar al suicidio entre los actos inmorales; puesto que niega por principio esta religión de la humanidad. El hombre que se mata, se dice, no causa ningún perjuicio más que a sí mismo y la sociedad no debe intervenir, en virtud del antiguo axioma *Volenti non fit injuria*. Pero esto es un error. La sociedad se resiente, porque se ofende la idea sobre la que descansan hoy día sus máximas morales más respetadas, y que es casi el único vínculo que queda entre sus miembros, y si esta ofensa se produce impunemente, dicha idea se debilitaría. ¿Cómo iba a conservar la menor autoridad, si cuando se la viola la conciencia moral no protestara? Desde el momento en que la persona humana es y debe ser considerada como algo sagrado, de la que ni el individuo ni el grupo pueden disponer libremente, cualquier atentado contra ella debe ser prohibido. Poco importa que el culpable y la víctima sean un único y mismo sujeto: el perjuicio social que resulta del acto no desaparece porque el autor del mismo sea a la vez su víctima. Si en sí mismo y de una manera general, el hecho de destruir violentamente una vida humana nos rebela como si fuera un sacrilegio, no podremos tolerarlo en ningún caso. Un sentimiento colectivo que se relajara hasta ese punto perdería pronto su fuerza.

Esto no quiere decir sin embargo que tengamos que volver a los bárbaros castigos con que se condenaba el suicidio durante los últimos siglos. Esos castigos fueron establecidos en una época en que bajo la influencia de circunstancias transitorias todo el sistema represivo se recrudeció con una severidad exagerada. Sin embargo es necesario mantener el principio de que el homicidio de uno mismo debe ser reprobado. Pero queda por saber cómo poner de manifiesto esta reprobación. ¿Bastaría con las sanciones morales, o serían necesarias sanciones legales?, ¿y en este caso, cuáles? Este es un problema práctico que será tratado en el capítulo siguiente.

II

En primer lugar, a fin de determinar mejor el grado de inmoralidad del suicidio, analicemos las relaciones que mantiene con los demás actos inmorales, particularmente con los crímenes y con los delitos.

Según M. Lacassagne, se daría una relación generalmente inversa entre la evolución de los suicidios y la de los delitos contra la propiedad (robos, incendios, fraudes, etc.). Esta tesis ha sido defendida en su nombre por uno de sus discípulos, el Dr. Chaussinand, en su *Contribution à l'étude de la statistique criminelle*.[51] Sin embargo, las pruebas para demostrar la tesis brillan por su ausencia. Según este autor, bastaría con comparar las dos curvas para comprobar que varían en sentido inverso la una de la otra. En realidad es imposible percibir entre ellas ningún tipo de relación ni directa ni inversa. Sin duda, a partir de 1854, se ve como los delitos contra la propiedad disminuyen mientras los suicidios aumentan. Pero esa disminución es en parte ficticia; proviene sencillamente de que sobre esa fecha los tribunales tomaron por costumbre correccionalizar determinados crímenes con el fin de sustraerlos a la jurisdicción de la Sala de lo Criminal de la que hasta entonces dependían, para deferirlos a los tribunales correccionales. Un determinado número de fechorías desaparecieron a partir de ese momento de la columna de los crímenes, pero fue para reaparecer en la de los delitos; y son los delitos contra la propiedad los que más se han beneficiado de esta jurisprudencia hoy en día general. Por lo tanto, si la estadística refleja un número menor, es de temer que esta disminución se deba exclusivamente a una artimaña de la contabilidad.

Pero aunque esta disminución hubiera sido real, no podría concluirse nada de ella; ya que si a partir de 1854 las dos curvas evolucionan en sentido inverso, de 1826 a 1854 la de los crímenes contra la propiedad o bien sube a la par que la de los suicidios, aunque algo menos rápido, o bien permanece estacionaria. De 1831 a 1835, se calculaban anualmente, por término medio, 5.095 acusados; este número ascendía a 5.732 durante el perio-

---

[51] Lyon, 1881. En el congreso de criminología que tuvo lugar en Roma en 1887, M. Lacassagne reivindicó, por lo demás, la paternidad de esta teoría.

do siguiente, era todavía de 4.918 en 1841-45, y de 4.992 de 1846 a 1850, sólo un 2% más bajo que en 1830. Por lo demás, el trazado general de las dos curvas excluye cualquier idea de aproximación. La de los crímenes contra la propiedad es una curva muy accidentada; se la ve dar bruscos saltos de un año a otro; su evolución, caprichosa aparentemente, depende evidentemente de una multitud de circunstancias accidentales. Por el contrario, la de los suicidios sube regular y uniformemente; no presenta, salvo raras excepciones, ni alzas bruscas ni caídas repentinas. La ascensión es continua y progresiva. Entre dos fenómenos cuyo desarrollo es tan poco comparable no puede existir ninguna clase de vínculo.

M. Lacassagne parece por lo demás haberse quedado solo. Pero no sucede lo mismo con otra teoría según la cual el suicidio habría que relacionarlo con los crímenes contra las personas y, más concretamente, con el homicidio. Esta teoría cuenta con numerosos defensores y merece un examen serio.[52]

Desde 1833, Guerry venía observando que los crímenes contra las personas son dos veces más numerosos en los departamentos del sur que en los del norte, mientras que con el suicidio sucede a la inversa. Más tarde Despine calculó que en los 14 departamentos en que los crímenes de sangre son más frecuentes, se producían 30 suicidios únicamente por millón de habitantes, mientras que en los otros 14 departamentos, donde esos mismos crímenes eran mucho más raros, se producían 82 casos. El mismo autor añade que en el Sena de cada 100 denuncias, se calcula que sólo 17 son crímenes contra las personas, con una media de 427 suicidios por millón, mientras que en Córcega la proporción de los primeros es del 83%, y la de los segundos de 18 únicamente por millón de habitantes.

---

[52] *Bibliografía*. – Guerry, *Essai sur la statistique morale de la France*. – Cazauvielh, *Du suicide, de l'aliénation mentale et des crimes contre les personnes, comparés dans leurs rapports réciproques*, 2 vol., 1840. – Despine, *Psychologie natur.*, p. 111. – Maury, *Du mouvement moral des sociétés*, en *Revue des Deux Mondes*, 1860. – Morselli, *Il suicidio*, p. 243 y sig. – *Actes du Premier Congrès international d'Anthropologie criminelle*, Turín, 1886-87, p. 202 y sig. – Tarde, *Criminalité comparée*, p. 152 y sig. – Ferri, *Omicidio-suicidio*, 4ª ed., Turín, 1895, p. 253 y sig.

No obstante estos eran datos aislados, hasta que la escuela italiana de criminología los hizo propios, y Ferri y Morselli en concreto basaron toda una doctrina en ellos.

Según estos autores, el antagonismo entre el suicidio y el homicidio sería una ley absolutamente general. Ya se trate de su distribución geográfica o de su evolución en el tiempo, en todas partes se les vería desarrollarse en sentido inverso el uno del otro. Sin embargo este antagonismo, una vez admitido, puede explicarse de dos maneras. O bien el homicidio y el suicidio forman dos corrientes contrarias y opuestas hasta tal extremo que una no puede ganar terreno sin que la otra lo pierda; o bien son dos canales diferentes de una única y misma corriente alimentada por una misma fuente y que, por consiguiente, no puede avanzar en una dirección sin retroceder en la otra en la misma medida. De estas dos explicaciones, los criminólogos italianos adoptan la segunda. En el suicidio y en el homicidio ven dos manifestaciones de un mismo estado, dos efectos de una misma causa que se manifiestan bien de una forma o bien de otra, pero nunca de las dos formas a la vez.

Lo que les ha decidido a escoger esta interpretación es que, según ellos, la inversión que presentan en determinados aspectos estos dos fenómenos no excluye cualquier paralelismo. Si se dan condiciones en función de las cuales varían inversamente, hay en cambio otras que los afectan de la misma manera. Por ejemplo, dice Morselli, la temperatura ejerce la misma influencia sobre los dos; alcanzan su máximo en el mismo momento del año, cuando se acerca la estación cálida; los dos son más frecuentes en el hombre que en la mujer; en fin, los dos, según Ferri, aumentan con la edad. La razón es que aunque se oponen en ciertos aspectos, son en parte actos de la misma naturaleza. Ahora bien, los factores bajo cuya influencia reaccionan de modo similar, son todos individuales; porque o bien consisten directamente en determinados estados orgánicos (edad, sexo), o bien pertenecen al medio cósmico, que sólo puede influir en el individuo moral a través del individuo físico. Por tanto, el suicidio y el homicidio se confundirían en cuanto a sus condiciones individuales. La constitución psicológica que predispondría a uno y otro sería la misma: las dos pendientes serían una sola. Ferri y Morselli, siguiendo a Lombroso, han intentado incluso definir este temperamento. Estaría caracterizado por una degeneración del organismo que pondría al hombre en unas condiciones desfavorables para defenderse. El criminal y el suicida serían ambos unos degenerados y unos impotentes. Igualmente incapaces uno y otro de jugar un papel útil en la sociedad, estarían destinados, por consiguiente, a ser derrotados.

Esta predisposición única, que por sí misma no se inclina ni en un sentido ni en otro, según la naturaleza del medio social sentiría preferencia por la forma del homicidio o por la del suicidio; y así es como se producirían esos fenómenos de contraste que, siendo como son reales, no dejan de enmascarar una identidad fundamental. Allí donde las costumbres generales son tranquilas y pacíficas, donde se siente horror a derramar sangre humana, el vencido se resignará, confesará su impotencia, y adelantándose a los efectos de la selección natural, se retirará de la lucha retirándose de la vida. Allí, por el contrario, donde la moral media tenga un carácter más duro, donde la vida humana se respete menos, se revelará, declarará la guerra a la sociedad, y matará en lugar de matarse. En una palabra, el asesinato de sí mismo y el asesinato de otro son dos actos violentos. Pero o bien la violencia de la que derivan, al no encontrar resistencia en el medio social, se desata y entonces se convierte en homicidio; o bien, al no poder manifestarse externamente por la presión que ejerce sobre ella la opinión pública, remonta hacia su fuente y el sujeto mismo de donde proviene se convierte en su víctima.

El suicidio sería por tanto un homicidio transformado y atenuado. Así considerado parece casi beneficioso; ya que, si no es un bien, al menos es un mal menor que nos ahorra otro peor. Parece incluso que no se debería tratar de frenarlo con medidas prohibitivas, ya que al hacerlo se estaría aflojando al mismo tiempo la brida al homicidio. Es una válvula de seguridad que conviene dejar abierta. En definitiva, el suicidio tendría la gran ventaja de desembarazarnos, sin intervención social y, por consiguiente, de la forma más sencilla y más económica posible, de un determinado número de sujetos inútiles o dañinos. ¿No es preferible acaso dejar que se eliminen ellos mismos silenciosamente, que obligar a la sociedad a expulsarlos violentamente de su seno?

¿Tiene fundamento esta ingeniosa tesis? El problema es doble y cada término debe ser examinado aparte. ¿Son idénticas las condiciones psicológicas del crimen y del suicidio? ¿Son antagónicas las condiciones sociales de las que dependen?

III

Se han alegado tres hechos para demostrar la uniformidad psicológica de los dos fenómenos.

En primer lugar el sexo ejerce una influencia similar tanto en el suicidio como en el homicidio. Para hablar con más precisión, esta influencia del sexo es mucho más producto de causas sociales que de causas orgánicas. No es porque la mujer difiere psicológicamente del hombre por lo que se mata menos o mata menos; es porque no participa en la misma medida en la vida colectiva. Pero además, la mujer dista mucho de ser ajena a esas dos formas de inmoralidad. Se olvida que hay crímenes de los que tiene el monopolio: como los infanticidios, los abortos, y los envenenamientos. Siempre que el homicidio está a su alcance, lo comete con tanta frecuencia, o incluso más, que el hombre. Según Oettingen,[53] se le pueden atribuir la mitad de los crímenes domésticos. Nada nos autoriza por tanto a suponer que tenga, en virtud de su constitución congénita, un mayor respeto por la vida de los demás; lo que ocurre es que le faltan ocasiones porque se encuentra menos inmersa en la refriega de la vida. Las causas que empujan a los crímenes de sangre influyen menos sobre ella que sobre el hombre, porque ella se mantiene más tiempo fuera de su esfera de influencia. Por esa misma razón está menos expuesta a las muertes accidentales: de cada 100 fallecimientos de esta clase, solamente 20 son femeninos.

Por lo demás, incluso si reunimos bajo un mismo epígrafe todos los homicidios intencionados, crímenes, asesinatos, parricidios, infanticidios, envenenamientos, la parte que le corresponde a la mujer en el total sigue siendo bastante alta. En Francia, de cada 100 de estos crímenes, hay 38 o 39 que son cometidos por mujeres, y hasta 42 si se cuentan los abortos. La proporción es del 51% en Alemania, y del 52% en Austria. Es cierto que estamos de-

---

[53] *Moralstatistik*, p. 526.

jando de lado los homicidios involuntarios; pero solamente cuando el homicidio es voluntario puede considerarse tal. Por otra parte, los crímenes específicos de la mujer, infanticidios, abortos, crímenes domésticos, son, por su naturaleza, difíciles de descubrir. Se cometen por tanto un gran número que escapan a la justicia y, por consiguiente, a la estadística. Si se piensa que, muy probablemente, la mujer se beneficia ya en la instrucción del crimen de la misma indulgencia de la que se beneficia en el juicio, en el que se la suele absolver más a menudo que al hombre, veremos que en definitiva la aptitud para el homicidio no debe de ser muy diferente en los dos sexos. Por el contrario ya conocemos la gran inmunidad de que goza la mujer respecto al suicidio.

La influencia de la edad sobre uno y otro problema no revela menos diferencias. Según Ferri, tanto el homicidio como el suicidio serían más frecuentes a medida que el hombre avanza en la vida. Morselli en cambio opina lo contrario.[54] La verdad es que no hay ni inversión ni concordancia. Mientras que el suicidio aumenta regularmente hasta la vejez, el crimen y el asesinato alcanzan su apogeo con la madurez, hacia los 30 o 35 años, para disminuir a continuación. Esto es lo que puede verse en la tabla XXXI. Es imposible descubrir en ella la menor prueba ni de una identidad natural, ni de un antagonismo entre el suicidio y los crímenes de sangre.

Queda la acción de la temperatura. Si se reúnen juntos todos los crímenes contra las personas, la curva que se obtiene parece confirmar la teoría de la escuela italiana. Sube hasta junio y desciende regularmente hasta diciembre, lo mismo que la de los suicidios. Pero este resultado proviene sencillamente de que entre los crímenes contra las personas se cuentan, además de los homicidios, los atentados contra el pudor y las violaciones. Dado que estos crímenes alcanzan su máximo en junio y dado que son mucho más numerosos que los atentados contra la vida, son ellos los que imprimen a la curva su configuración. Pero estos crímenes no tienen ningún parentesco con el homicidio; por tanto, si queremos saber cómo varía éste último en los diferentes momentos del año,

---

[54] *Op. cit.*, p. 333. – En las *Actas del Congreso de Roma*, p. 205, el mismo autor plantea sin embargo algunas dudas sobre la existencia real de este antagonismo.

Tabla XXXI
*Evolución comparada de los crímenes, asesinatos, y
suicidios cometidos a diferentes edades en Francia (1887)*

	Sobre 100.000 habitantes de cada edad		Sobre 100.000 habitantes de cada sexo y edad	
	Crímenes	Asesinatos	Hombres	Mujeres
De 16 a 21 años[55]	6,2	8	14	9
De 21 a 25 –	9,7	14,9	23	9
De 25 a 30 –	15,4	15,4	30	9
De 30 a 40 –	11	15,9	33	9
De 40 a 50 –	6,9	11	50	12
De 50 a 60 –	2	6,5	69	17
Por encima de 60	2,3	2,5	91	20

hay que aislarlo de los otros. Ahora bien, si procedemos a esta operación, y sobre todo si ponemos cuidado en distinguir unas de otras las diferentes formas de criminalidad homicida, no descubrimos ninguna señal del anunciado paralelismo (ver tabla XXXII).

Mientras que el aumento del suicidio es continuo y regular de enero a junio aproximadamente, así como su descenso durante la otra parte del año, el crimen, el asesinato, el infanticidio, oscilan de un mes a otro de la manera más caprichosa. No solamente la evolución general no es la misma, sino que ni las *máximas* ni las *mínimas* coinciden. Los crímenes presentan dos *máximas*, una en febrero y la otra en agosto; los asesinatos también presentan dos, pero en parte diferentes, una en febrero y la otra en noviembre. En cuanto a los infanticidios, la *máxima* se da en marzo; y en cuanto a las lesiones y heridas mortales en agosto y septiembre. Si se calculan las variaciones, no ya mensuales, sino estacionales, las

---

[55] Las cifras relativas a los dos primeros periodos no son, por lo que se refiere al homicidio, de una rigurosa exactitud, porque la estadística criminal comienza su primer periodo a partir de los 16 años hasta los 21, mientras que el censo sólo recoge la cifra global de la población de 15 a 20 años. Pero esta ligera inexactitud no altera para nada los resultados generales que se desprenden de la tabla. Respecto al infanticidio, el máximo se alcanza antes, hacia los 25 años, y disminuye mucho más rápido. Es fácil comprender las razones.

Tabla XXXII
Variaciones mensuales
de las diferentes formas de criminalidad homicida[56]
(1827-1870)

	Crímenes	Asesinatos	Infanticidios	Lesiones y heridas mortales
Enero	560	829	647	830
Febrero	664	926	750	937
Marzo	600	766	783	840
Abril	574	712	662	867
Mayo	587	809	666	983
Junio	644	853	552	938
Julio	614	776	491	919
Agosto	716	849	501	997
Septiembre	665	839	495	993
Octubre	653	815	478	892
Noviembre	650	942	497	960
Diciembre	591	866	542	886

divergencias no aparecen menos marcadas. El otoño cuenta casi con tantos crímenes como el verano (1.968 en lugar de 1.974) y el invierno cuenta con más que la primavera. Respecto al asesinato, es el invierno el que está en cabeza (2.621), le sigue el otoño (2.596), después el verano (2.478) y finalmente la primavera (2.287). Respecto al infanticidio, la primavera se impone sobre las demás estaciones (2.111), seguida del invierno (1.939). Respecto a las lesiones, el verano y el otoño están al mismo nivel (2.854 en un caso y 2.845 en el otro); a continuación viene la primavera (2.690) y a poca distancia, el invierno (2.653). La distribución del suicidio, como hemos visto, es muy diferente.

Por lo demás, si la inclinación al suicidio no fuera más que una inclinación al crimen reprimida, los criminales y los asesinos, una vez que han sido detenidos y no pueden dar rienda suelta a sus instintos violentos, deberían convertirse en sus propias víctimas. La tendencia homicida, bajo la influencia del confinamien-

[56] Según Chaussinand.

to, debería de transformarse por lo tanto en tendencia al suicidio. Sin embargo, y según el testimonio de varios observadores, parece ser que los grandes criminales sólo se matan raramente. Cazauvieilh ha recogido datos facilitados por los médicos de nuestras prisiones sobre la frecuencia del suicidio entre los presos.[57] En Rochefort, durante treinta años, sólo se conoce un caso; ninguno en Toulon, donde la población reclusa era habitualmente de 3 a 4.000 individuos (1818-1834). En Brest, los resultados eran algo diferentes; en diecisiete años, sobre una población media de aproximadamente 3.000 individuos, se habían cometido 13 suicidios, lo que da una tasa anual de 21 por 100.000; aunque más elevada que las precedentes, esta cifra no tiene nada de exagerado, ya que está referida a una población principalmente masculina y adulta. Según el Dr. Lisle, "de 9.320 fallecimientos contabilizados en las cárceles de 1816 a 1837 inclusive, sólo se cuentan 6 suicidios".[58] Los resultados de una encuesta hecha por el Dr. Ferrus arrojan únicamente 30 suicidios en siete años en las diferentes prisiones estatales sobre una población media de 15.111 reclusos. La proporción era todavía menor en las cárceles donde sólo hay constancia de 5 suicidios de 1838 a 1845 sobre una población media de 7.041 individuos.[59] Brierre de Boismont confirma este último dato y añade: "Los asesinos de profesión, los grandes criminales, recurren más raramente a este medio violento para escapar a la condena que los detenidos por un crimen menor".[60] El Dr. Leroy señala también que "los delincuentes profesionales, los habituales de las cárceles" atentan raramente contra sus vidas.[61]

Dos estadísticas, citadas una por Morselli[62] y la otra por Lombroso,[63] tratan sin embargo de demostrar que los reclusos, en general, son excepcionalmente propensos al suicidio. Pero como estos documentos no distinguen entre los criminales y los asesinos

---

[57] *Op. cit.*, p. 310 y sig.
[58] *Op. cit.*, p. 67.
[59] *Des prisonniers, de l'emprisonnement et des prisons*, París, 1850, p. 133.
[60] *Op. cit.*, p. 95.
[61] *Le suicide dans le département de Seine-et-Marne*.
[62] *Op. cit.*, p. 377.
[63] *L'homme criminal*, trad fr., p. 338.

de otros criminales, no podemos sacar ninguna conclusión sobre la cuestión que nos ocupa. Parece incluso que confirmen más bien las observaciones precedentes. Demuestran que, por sí misma, la detención desarrolla una fuerte inclinación al suicidio. Incluso si no se tiene en cuenta a los individuos que se matan tan pronto como son arrestados y antes de ser condenados, queda un considerable número de suicidios que sólo pueden atribuirse a la influencia ejercida por la vida carcelaria.[64] Pero entonces el criminal encarcelado debería de sentir por la muerte voluntaria una fuerte inclinación, teniendo en cuenta que la agravación que resulta de su encarcelamiento se vería reforzada por las predisposiciones congénitas que se le presumen. El hecho que desde este punto de vista se encuentre más bien por debajo de la media que por encima, contradice la hipótesis según la cual su temperamento tendría una afinidad natural con el suicidio, dispuesta a manifestarse en cuanto las circunstancias favoreciesen su desarrollo. Por lo demás, no pretendemos mantener que goce de una auténtica inmunidad; los datos de que disponemos no son suficientes para zanjar la cuestión. Es posible que en determinadas condiciones los grandes criminales concedan poca importancia a su vida y puedan renunciar a ella sin demasiados problemas. Pero como mínimo el hecho no es ni tan general ni tan ineluctable como presume la tesis italiana. Y esto es lo único que queríamos demostrar.[65]

[64] ¿En qué consiste esta influencia? Una parte parece que deba ser atribuida al régimen penitenciario. Pero no nos extrañaría que la vida en común de la cárcel produjera los mismos efectos. Como se sabe, la sociedad que forman los delincuentes y los reclusos es muy consistente; el individuo desaparece por completo y la disciplina de la cárcel actúa en el mismo sentido. Podría por tanto estar sucediendo algo análogo a lo que ya hemos observado en el ejército. Lo que confirma esta hipótesis es que las epidemias de suicidios son tan frecuentes en las prisiones como en los cuarteles.

[65] Una estadística que cita Ferri (*Omicidio*, p. 373) no es más convincente. De 1866 a 1867, habría habido en las cárceles italianas 17 suicidios cometidos por reclusos condenados por crímenes contra las personas, y únicamente 5 cometidos por autores de crímenes contra la propiedad. Pero hay que tener en cuenta que en las cárceles los primeros son mucho más numerosos que los segundos. De estas cifras no se puede por tanto sacar conclusiones. Por lo demás ignoramos la fuente de la que ha extraído los datos el autor de esta estadística.

IV

Pero todavía queda por discutir la segunda afirmación de esta escuela. Habida cuenta de que el homicidio y el suicidio no derivan de un mismo estado psicológico, tendremos que comprobar si hay un antagonismo real entre las condiciones sociales de las que dependen.

El problema es más complejo de lo que pensaban los autores italianos y algunos de sus adversarios. Es cierto que en numerosos casos la ley de la inversión no se verifica. Bastante a menudo, los dos fenómenos, en lugar de repelerse y excluirse, se desarrollan paralelamente. Por ejemplo en Francia, inmediatamente después de la guerra de 1870, los crímenes han manifestado una cierta tendencia a crecer. Se contaban 105 solamente de media anual durante los años 1861-65; crecieron a 163 de 1871 a 1876, y los asesinatos, durante el mismo periodo de tiempo, pasaron de 175 a 201. En el mismo periodo los suicidios aumentaban en proporciones considerables. El mismo fenómeno se había producido durante los años 1840-50. En Prusia, los suicidios que de 1865 a 1870 no habían rebasado los 3.658 casos, alcanzaron 4.459 en 1876 y 5.042 en 1878, aumentando en un 36%. Los crímenes y los asesinatos siguieron la misma evolución; de 151 en 1869, pasaron sucesivamente a 166 en 1874, a 221 en 1875, a 253 en 1878, aumentando un 67%.[66] El mismo fenómeno tuvo lugar en Sajonia. Antes de 1870 los suicidios oscilaban entre 600 y 700; una sola vez, en 1868, hubo 800. A partir de 1876 subieron a 981, luego a 1.114, a 1.126, y finalmente, en 1880, estaban en 1.171.[67] Paralelamente, los atentados contra la vida ajena pasaban de 637 en 1873 a 2.232 en 1878.[68] En Irlanda, de 1865 a 1880, el suicidio crece un 29%, el homicidio crece también y casi en la misma proporción (23%).[69]

En Bélgica, de 1841 a 1885, los homicidios pasaron de 47 a 139 y los suicidios de 240 a 670; lo que da un crecimiento de un 195% para los primeros y de un 178% para los segundos. Estas cifras con-

---

[66] Según Oettingen, *Moralstatistik*, anexos, tabla 61.
[67] *Ibid.*, tabla 109.
[68] *Ibid.*, tabla 65.
[69] Según las mismas tablas confeccionadas por Ferri.

cuerdan tan poco con la ley que Ferri no tuvo más remedio que poner en duda la exactitud de la estadística belga. Pero incluso limitándose a los años más recientes sobre los cuales los datos son menos sospechosos, se llega al mismo resultado. De 1874 a 1885, el aumento es, para los homicidios de 51% (139 casos en lugar de 92), y para los suicidios del 79% (670 casos en lugar de 374).

La distribución geográfica de los dos fenómenos da lugar a observaciones análogas. Los departamentos franceses que cuentan con más suicidios son: el Sena, el Seine-et-Marne, el Seine-et-Oise, y el Marne. Y aunque no están también a la cabeza por lo que respecta al homicidio, están a un nivel bastante alto, el Sena ocupa el lugar 26 en crímenes y el 17 en asesinatos, Seine-et-Marne el 33 y el 14, Seine-et-Oise el 15 y el 24, Marne el 27 y el 21. Var, que ocupa el 10° lugar en suicidios, ocupa el 5° en asesinatos y el 6° en crímenes. En las Bocas del Ródano, donde la gente se mata bastante, también mata bastante; están en 5° lugar en crímenes y en 6° en asesinatos.[70] Tanto en el mapa del suicidio como en el del homicidio, la Isla de Francia aparece representada con una mancha oscura, lo mismo que la franja formada por los departamentos mediterráneos, con la sola diferencia de que la primera región es menos oscura en el mapa del homicidio que en el del suicidio y a la inversa en la segunda. Así mismo, en Italia, Roma que es el tercer distrito judicial en cuanto a muertes voluntarias es además el cuarto en homicidios premeditados. En fin, ya hemos visto que en las sociedades primitivas, en las que la vida es poco respetada, los suicidios son a menudo muy numerosos.

Pero por incuestionables que sean estos hechos y por mucho interés que se tenga en resaltarlos, hay otros contrarios a ellos que no son menos constantes y que son incluso mucho más numerosos. Si en algunos casos los dos fenómenos concuerdan, al menos parcialmente, en otros en cambio son manifiestamente contrarios.

1° Si en determinados momentos del siglo las dos curvas, tomadas en conjunto, progresan en el mismo sentido, en cambio cuando se las puede seguir durante un espacio de tiempo largo, contrastan claramente. En Francia, de 1826 a 1880, el suicidio cre-

---

[70] Esta clasificación de los departamentos está tomada de Bournet, *De la criminalité en France et en Italie*, París, 1884, p. 41 y 51.

ce regularmente como hemos visto; el homicidio, por el contrario, tiende a disminuir, aunque menos rápidamente. En 1826-30, había anualmente 279 acusados de homicidio por término medio, en 1876-80 no había más que 160, y en el intervalo el número había disminuido incluso a 121 en 1861-65 y a 119 en 1856-60. En dos momentos distintos, hacia 1845, nada más finalizar la guerra, se produjo una tendencia a aumentar; pero si se hace abstracción de estas oscilaciones secundarias, la tendencia a disminuir es evidente. La disminución es de un 43%, y mayor aun si tenemos en cuenta que la población al mismo tiempo aumentó en un 16%.

La regresión es menos marcada en lo que respecta a los asesinatos. En 1826-30 había 258 acusados de asesinato, y en 1876-80 todavía encontramos 239. La disminución sólo es apreciable si se tiene en cuenta el crecimiento de la población. Esta diferencia en la evolución del asesinato no tiene nada de sorprendente. Se trata de un crimen mixto que tiene similitudes con el homicidio, pero también diferencias; se debe, en parte, a causas distintas. Una veces no es más que un homicidio más premeditado y voluntario, y otras no es más que el resultado de un crimen contra la propiedad. En este último caso, depende de factores distintos de los que depende el homicidio. Lo que lo determina no es el conjunto de las tendencias de toda clase que empujan al derramamiento de sangre, sino los móviles muy diferentes que están en la raíz del robo. La dualidad de estos dos crímenes era ya apreciable en la tabla de sus variaciones mensuales y estacionales. El asesinato alcanza su punto culminante en invierno y más concretamente en noviembre, lo mismo que los atentados contra la propiedad. No es a través de las variaciones por las que atraviesa como se puede observar mejor la evolución del impulso homicida; la curva del homicidio traduce más bien la orientación general.

El mismo fenómeno se observa en Prusia. En 1834 había 368 sumarios abiertos por homicidios o lesiones, o sea uno por cada 29.000 habitantes; en 1851 no había más que 257, uno por cada 53.000 habitantes. Esta evolución ha continuado, aunque un poco más lenta. En 1852 había todavía un sumario por cada 76.000 habitantes; en 1873 uno únicamente por cada 109.000.[71] En Ita-

---

[71] Starke, *Verbrechen und Verbrecher in Preussen*, Berlín, 1884, p. 144 y sig.

lia, de 1875 a 1890, la disminución entre los homicidios simples y premeditados fue de un 18% (2.660 en lugar de 3.280) mientras que los suicidios aumentaban un 80%.[72] Allí donde el homicidio no pierde terreno, permanece al menos estacionario. En Inglaterra, de 1860 a 1865 se contaba anualmente con 359 casos, en 1881-85 no hubo más que 329; en Austria había 528 en 1866-70, y no hubo más que 510 en 1881-85,[73] y es probable que si en estos diferentes países se separara el homicidio del asesinato, la disminución sería más marcada. Durante el mismo periodo el suicidio aumentaba en todos estos Estados.

Sin embargo M. Tarde ha tratado de demostrar que en Francia esta disminución del homicidio era sólo aparente.[74] Sencillamente estaría debida a que se habrían omitido en los juicios todos aquellos clasificados nulos por los tribunales y que han terminado en un auto de sobreseimiento. Según este autor, el número de crímenes que quedan impunes de este modo, y que por esta misma razón no se tienen en cuenta en los totales de la estadística judicial, estaría siempre creciendo; si los añadimos a los crímenes de su misma especie que han sido objeto de juicio, tendríamos una progresión continua en lugar de la anunciada regresión. Desgraciadamente, la prueba que aporta de esta afirmación no es más que un ingenioso juego de cifras. Se limita a comparar el número de los homicidios y de los asesinatos que no han sido denunciados a los tribunales durante el lustro 1861-65 con el de los años 1876-80 y 1880-85, y observar que el segundo y sobre todo el tercero son superiores al primero. Pero ocurre que el periodo 1861-65 es, de todo el siglo, aquel en el que menos procesos se han sobreseído sin juicio; el número es excepcionalmente pequeño y no conocemos las causas. Es por tanto el peor término de comparación posible. Por lo demás, no es comparando dos o tres cifras como se deduce una ley. Si en lugar de escoger así su periodo de referencia, M. Tarde hubiera observado durante más tiempo las variaciones que experimentaban el número de los procesos, habría llegado a una conclusión muy distinta. Este es el resultado de ese trabajo.

[72] Según las tablas de Ferri.
[73] V. Bosco, *Gli Omicidii in alcuni Stati d'Europa*, Roma, 1889.
[74] *Philosophie pénale*, p. 347-48.

Número de causas sobreseídas[75]

	1835-38	1839-40	1846-50	1861-65	1876-80	1880-85
Crímenes	442	503	408	223	322	322
Asesinatos	313	320	333	217	231	252

Las cantidades no varían de una forma muy regular; pero de 1835 a 1885 han disminuido sensiblemente, a pesar del aumento producido hacia 1876. La disminución es del 37% para los crímenes y del 24% para los asesinatos. No hay nada aquí que permita concluir que se ha producido un crecimiento de la criminalidad correspondiente.[76]

[75] Algunas de estas causas no son sobreseidas porque no constituyen ni crímenes ni delitos. Habría por tanto que descontarlas. Sin embargo no lo hemos hecho para seguir a nuestro autor en su propio terreno; por lo demás, hemos comprobado que descontándolas no cambiaría nada el resultado que se desprende de estas cifras.

[76] Una consideración secundaria, presentada por el mismo autor en apoyo de su tesis, no es más convincente. Según él, habría que tener en cuenta también los homicidios clasificados por error entre las muertes voluntarias o accidentales. Ahora bien, como tanto el número de unas como el de otras ha aumentado desde principios de siglo, él deduce que la cantidad de los homicidios correspondientes a una u otra de estas etiquetas ha debido de crecer igualmente. Así que aquí tenemos también un aumento considerable que hay que tener en cuenta, argumenta el autor, si queremos apreciar con exactitud la evolución del homicidio. – Sin embargo este razonamiento está basado en una confusión. Que la cantidad de muertes accidentales y voluntarias haya crecido no quiere decir que suceda lo mismo con los homicidios clasificados erróneamente bajo esta etiqueta. Que haya más suicidios y más accidentes, no quiere decir que haya también más falsos suicidios y más falsos accidentes. Para que semejante hipótesis tuviera alguna verosimilitud, habría que demostrar que las estadísticas administrativas o judiciales, en los casos dudosos, se hacen peor que antiguamente; suposición para la que no tenemos ningún fundamento. M. Tarde se extraña de que haya hoy en día más muertes por inmersión que antiguamente y se inclina a ver en este aumento un aumento disimulado de los homicidios. Pero el número de muertos por rayo ha aumentado todavía más; se ha duplicado. Sin embargo la criminalidad no tiene nada que ver en ello. Lo cierto es que las estadísticas son cada vez más exactas, y en cuanto a los casos de muerte por inmersión hay que decir que los baños de mar son más frecuentes, los puertos más activos, los barcos más numerosos en nuestros ríos, y que todo ello da lugar a más accidentes.

2º Si hay países que suman juntos el suicidio y el homicidio, siempre es en proporciones desiguales; jamás estas dos manifestaciones alcanzan su grado máximo de intensidad en el mismo punto. Incluso es una regla general que *allí donde el homicidio está muy desarrollado, otorga una especie de inmunidad contra el suicidio.*

España, Irlanda e Italia son los tres países de Europa donde la gente se mata menos; el primero cuenta con 17 casos por millón de habitantes, el segundo con 21, y el tercero con 37. Inversamente, no hay países donde se mate tanto. *Estas son las únicas regiones en las que el número de homicidios supera al de las muertes voluntarias*; España tiene tres veces más de unos que de otras (1.484 homicidios por término medio durante los años 1885-89 y 514 suicidios solamente), Irlanda el doble (225 por un lado y 116 por el otro), Italia una vez y media más (2.322 frente a 1.437). Por el contrario, Francia y Prusia son muy fecundas en suicidios (160 y 260 casos por millón); los homicidios en ellas son en cambio diez veces menos numerosos: Francia no cuenta más que con 734 casos y Prusia con 459, por término medio al año durante el periodo 1882-88.

Las mismas relaciones se observan en el interior de cada país. En Italia, en el mapa de los suicidios, todo el norte aparece oscuro y el sur totalmente claro; exactamente al contrario que en el mapa de los homicidios. Por lo demás, si dividimos las provincias italianas en dos clases según la tasa de los suicidios, y si tratamos de determinar en cada una la tasa media de los homicidios, el antagonismo entre ambas aparece de la manera más evidente.

1ª clase. De 4,1 suicidios a 30 por 1 millón   271,9 homicidios por 1 millón
2ª clase.   30   "   88   "   95,2   "   "

La provincia en la que se mata más es Calabria, 69 homicidios premeditados por millón; no hay ninguna donde el suicidio sea tan raro.

En Francia, los departamentos en los que se cometen más homicidios son Córcega, los Pirineos Orientales, Lozère y Ardèche. Ahora bien, en relación con los suicidios Córcega baja del 1º puesto al 85°, los Pirineos Orientales al 63°, Lozère al 83°, y en fin Ardèche al 68°.[77]

En Austria es en Austria inferior, en Bohemia, y en Moravia, donde el suicidio alcanza su máximo, mientras que está poco desarrollado en Carniola y en Dalmacia. Por el contrario, Dalmacia cuenta con 79 homicidios por millón de habitantes y Carniola 57,4, mientras que Austria inferior sólo tiene 14, Bohemia 11, y Moravia 15.

3° Hemos demostrado que las guerras tienen sobre la evolución del suicidio una influencia disuasoria. Producen el mismo efecto sobre los robos, las estafas, los abusos de confianza, etc. Pero hay un crimen que se exceptúa, y este crimen es el homicidio. En Francia, en 1870, los homicidios que eran por término medio 119 durante los años 1866-69, pasan bruscamente a 132, luego a 224 en 1871, aumentando en un 88%,[78] para volver a disminuir a 162 en 1872. Este crecimiento parecerá todavía más importante si se tiene en cuenta que la edad a la que se mata más está sobre la treintena, y que entonces toda la juventud estaba movilizada. Los crímenes que habría cometido en tiempos de paz no han entrado por tanto en los cálculos de la estadística. Además, no sería extraño que el desconcierto de la administración de justicia haya impedido que más de un crimen sea conocido o se haya perdido más de un sumario. Si a pesar de estas dos causas de disminución, el número de los homicidios ha aumentado, podemos imaginar la gran importancia del aumento real.

Lo mismo sucede en Prusia cuando estalla la guerra contra Dinamarca en 1864, los homicidios pasan de 137 a 169, nivel que no habían alcanzado desde 1854; en 1865 descienden a 153, pero vuelven a aumentar en 1866 (159), a pesar de que el ejército prusiano había sido movilizado. En 1870 se constata con relación a 1869 un ligero descenso (151 casos en lugar de 185) que se acentúa todavía más en 1871 (136 casos), mucho menos sin embargo

---

[77] Con respecto al asesinato, la inversión es menos pronunciada; lo que confirma lo que se ha dicho más arriba sobre el carácter mixto de este crimen.

[78] Los asesinatos, por el contrario, que estaban en 200 en 1869, y 215 en 1868, disminuyen a 162 en 1870. Vemos por tanto que estas dos clases de crímenes deben ser distinguidas siempre.

que en el resto de los crímenes. En ese mismo periodo, los robos considerados como delitos disminuían a la mitad, 4.599 en 1870 en lugar de 8.676 en 1869. Además, en esas cifras, los homicidios y los asesinatos se confunden; a pesar de que estos dos crímenes no tienen el mismo significado y sabemos que, también en Francia, sólo los primeros aumentan en tiempo de guerra. Por lo tanto, si la disminución global de los homicidios de cualquier clase no es más considerable, podría pensarse que los homicidios, una vez separados de los asesinatos, presentarían un aumento importante. Por lo demás, si se pudieran añadir todos los casos que han debido de omitirse por las dos causas señaladas más arriba, esta aparente disminución quedaría reducida a poca cosa. En fin, es muy significativo que los homicidios involuntarios hayan aumentado entonces considerablemente, de 268 en 1869 a 303 en 1870 y a 310 en 1871.[79] ¿No demuestra esto que, en ese momento, la vida humana valía menos que en tiempos de paz?

Las crisis políticas surten el mismo efecto. En Francia, mientras que de 1840 a 1846 la curva de los homicidios permanece inalterada, en 1848 sube bruscamente, para alcanzar su máximo en 1849 con 240 casos.[80] El mismo fenómeno se había producido ya durante los primeros años del reinado de Louis-Philippe. Los enfrentamientos de los partidos políticos fueron entonces de una violencia extrema. En ese momento también los homicidios alcanzaron el punto más alto al que llegarían durante todo el siglo. De 204 en 1830 subieron a 264 en 1831, cifra que no ha sido superada hasta ahora; en 1832 encontramos todavía 253 y 257 en 1833. En 1834 se produjo una brusca disminución que mantuvo su tendencia; en 1838 no hay más que 145 casos, o sea una disminución del 44%. Durante este tiempo el suicidio evolucionaba en sentido contrario. En 1833 está al mismo nivel que en 1829 (1.973 casos por un lado, 1.904 por el otro); después, en 1834, comienza un rápido movimiento ascendente. En 1838 el aumento es de un 30%.

4º El suicidio es mucho más urbano que rural. El homicidio al contrario. Sumando juntos los homicidios, parricidios e infanticidios, comprobamos que, en el campo, en 1887, se cometieron 11,1

---

[79] Según Starke, *op. cit.*, p. 133.
[80] Los asesinatos permanecen poco más o menos estacionarios.

crímenes de esta clase y 8,6 únicamente en las ciudades. En 1880 las cifras son poco más o menos las mismas; respectivamente 11,0 y 9,3.

5º Hemos visto que el catolicismo disminuye la tendencia al suicidio mientras que el protestantismo la aumenta. Inversamente, los homicidios son mucho más frecuentes en los países católicos que entre los pueblos protestantes:

País católico	Homicidios simples por 1 millón de habitantes	Asesinatos por 1 millón de habitantes	País protestante	Homicidios simples por 1 millón de habitantes	Asesinatos por 1 millón de habitantes
Italia	70	23,1	Alemania	3,4	3,3
España	64,9	8,2	Inglaterra	3,9	1,7
Hungría	56,2	11,9	Dinamarca	4,6	3,7
Austria	10,2	8,7	Holanda	3,1	2,5
Irlanda	8,1	2,3	Escocia	4,4	0,70
Bélgica	8,5	4,2			
Francia	6,4	5,6			
Medias	32,1	9,1	Medias	3,8	2,3

Sobre todo en lo que respecta al homicidio la oposición entre estos dos grupos de sociedades es sorprendente.

El mismo contraste se observa en el interior de Alemania. Los distritos que están más por encima de la media son todos católicos; Posen (18,2 homicidios y asesinatos por millón de habitantes), Donau (16,7), Bromberg (14,8), la Alta y la Baja Baviera (13,0). Y lo mismo ocurre en el interior de Baviera, las provincias son tanto más fecundas en homicidios cuanto menos protestantes cuentan:

Provincias

Con minoría católica	Homicidios y asesinatos por 1 millón de habitantes	Con mayoría católica	Homicidios y asesinatos por 1 millón de habitantes	Con más del 90% de población católica	Homicidios y asesinatos por 1 millón de habitantes
Palatinado del Rhin	2,8			Alto Palatinado	4,3
Franconia central	6,9	Franconia inferior	9	Alta Baviera	13,0
Alta Franconia	6,9	Suabia	9,2	Baja Baviera	13,0
Media	5,5	Media	9,1	Media	10,1

Sólo el Alto Palatinado se exceptúa a la ley. No hay más que comparar esta tabla con la de la pág. 150 para comprobar la inversión entre el reparto del suicidio y el homicidio.

6º En fin, mientras que la vida familiar ejerce una acción moderadora sobre el suicidio, sobre el homicidio ejerce la acción opuesta. Durante los años 1884-87, un millón de parejas daba por término medio al año 5,07 homicidios; un millón de solteros por encima de los 15 años, 12,7. Los primeros parecerían por tanto gozar, con relación a los segundos, de un coeficiente de preservación igual a aproximadamente 2,3. Sin embargo hay que tener en cuenta que estas dos categorías de sujetos no tienen la misma edad, y que la intensidad de la inclinación al homicidio varía según los diferentes momentos de la vida. Los solteros tienen por término medio de 25 a 30 años, los casados alrededor de 45. Y es entre los 25 y los 30 años cuando la tendencia al homicidio está en su grado máximo; un millón de individuos de esta edad produce anualmente 15,4 homicidios, mientras que a los 45 años la tasa sólo es de 6,9. La proporción entre la primera cifra y la segunda es de 2,2. De modo que por el simple hecho de su edad más avanzada, las personas casadas deberían cometer 2 veces menos homicidios que las solteras. Su situación, aparentemente privilegiada, no proviene de que estén casadas, sino de que tienen más edad. La vida doméstica no les proporciona ninguna inmunidad.

La vida doméstica no sólo no preserva del homicidio, sino que podemos incluso suponer que lo provoca. Es bastante probable que la población casada goce, en principio, de una moralidad más alta que la población soltera. A nuestro juicio debe esta superioridad no tanto a la selección matrimonial, cuyos efectos sin embargo no son despreciables, cuanto a la acción ejercida por la familia sobre cada uno de sus miembros. Es bastante probable que un sujeto esté menos templado moralmente cuando está solo y abandonado a sus propias fuerzas, que cuando experimenta en todo momento la bienhechora disciplina del medio familiar. Por lo tanto, si en lo que respecta al homicidio los casados no están en mejor situación que los solteros, es porque la influencia moralizadora de la que se benefician y que debería de alejarles de toda clase de crímenes, se encuentra neutralizada parcialmente por una influencia contraria que les empuja al homicidio y que debe de proceder del medio familiar.[81]

En resumen, una veces el suicidio convive con el homicidio y otras se excluyen mutuamente; unas veces reaccionan de la misma manera bajo la influencia de las mismas condiciones, otras reaccionan en sentido contrario y estos casos son los más numerosos. ¿Cómo explicar estos hechos aparentemente contradictorios?

La única manera de compaginarlos consiste en admitir que hay especies diferentes de suicidios, algunas de las cuales tienen un cierto parentesco con el homicidio, mientras que otras lo repelen. Porque no es posible que un único y mismo fenómeno se comporte de un modo tan diferente en las mismas circunstancias. El suicidio que evoluciona como el homicidio y el que evoluciona en sentido contrario no pueden tener la misma naturaleza.

Ya hemos demostrado que hay tipos diferentes de suicidios, cuyas características específicas no son en absoluto las mismas. Esto confirma la conclusión del libro anterior al mismo tiempo que sirve para explicar los hechos que acabamos de exponer. Por sí mismos habrían bastado para conjeturar la diversidad interna del suicidio; pero la hipótesis deja de serlo en cuanto se relaciona con los resultados obtenidos anteriormente, además de que esta relación sirve para confirmarlos todavía más. Ahora que ya sabemos que hay diferentes clases de suicidios y en qué consisten, podemos sin dificultad distinguir aquellas que son incompatibles con el homicidio y aquellas, por el contrario, que dependen en parte de las mismas causas, y de dónde proviene el que la incompatibilidad sea el hecho más frecuente.

El tipo de suicidio que actualmente está más extendido y que más contribuye a elevar la cifra anual de las muertes voluntarias, es el suicidio egoísta. Lo que le caracteriza es un estado de depresión y de apatía producido por un individualismo exagerado. El individuo no se aferra a la vida, porque tampoco se aferra a lo único que le relacionaría con la realidad, es decir a la sociedad. Al formarse de sí mismo y de su propio valor una idea exagerada, bus-

---

[81] Estas observaciones pretenden más bien plantear la cuestión que zanjarla. Sólo podrá ser resuelta cuando se haya separado el efecto de la edad de el del estado civil, como hemos hecho con el suicidio.

ca en ellos una finalidad, pero como este objetivo no puede satisfacerle, arrastra una existencia lánguida y tediosa en la que no encuentra ningún sentido. El homicidio en cambio depende de condiciones opuestas. Es un acto violento y pasional. Allí donde la sociedad está formada de tal modo que el individualismo de las partes que la componen es poco pronunciado, la intensidad de los sentimientos colectivos eleva el nivel general de la vida pasional; y nada es más favorable al desarrollo de pasiones particularmente homicidas. Allí donde el espíritu doméstico ha conservado su antigua fuerza, las ofensas infligidas a la familia son consideradas como sacrilegios cuya venganza nunca será considerada suficientemente cruel, y cuyo castigo no puede dejarse en manos de terceros. De aquí proviene la práctica de la *vendetta* que baña de sangre todavía a nuestra Córcega y a algunos países meridionales. Allí donde la fe religiosa es muy viva, incita con frecuencia al homicidio, y lo mismo puede decirse de la fe política.

Pero además y sobre todo, la corriente homicida, de una manera general, es tanto más violenta cuanto menos censurada está por la opinión pública, es decir cuando los atentados contra la vida se consideran con más benevolencia; y dado que se les atribuye tanta menos gravedad cuanto menos valor concede al individuo y a sus intereses la moral pública, un individualismo débil, o, para retomar nuestra expresión, un estado de altruismo excesivo empuja a cometer homicidios. Esta es la razón por la que en las sociedades primitivas son a la vez numerosos y poco castigados. Esta frecuencia y la relativa indulgencia de la que disfrutan proceden de una sola y misma causa. El menor respeto de que son objeto las personalidades individuales, las expone más a la violencia, al mismo tiempo que hace que esa violencia parezca menos criminal. El suicidio egoísta y el homicidio resultan por tanto de causas opuestas, y por consiguiente es imposible que una pueda desarrollarse con facilidad donde la otra prospera. Allí donde las pasiones sociales son vivas, el hombre se siente mucho menos inclinado a las ensoñaciones estériles o a los fríos cálculos del epicúreo. Cuando está acostumbrado a depreciar los destinos particulares, no siente ningún interés en interrogarse sobre su propio destino. Cuando el dolor humano le es indiferente, sobrelleva mejor sus sufrimientos personales.

Por el contrario, y por las mismas causas, el suicidio altruista y el homicidio pueden desarrollarse paralelamente; ya que dependen de condiciones que sólo difieren en grado. Cuando uno ha sido educado en el desprecio de su propia vida, no puede estimar demasiado la de otro. Por este motivo los homicidios y las muertes voluntarias se encuentran igualmente en estado endémico en algunos pueblos primitivos. Pero es poco probable que puedan atribuirse al mismo origen los casos de paralelismo que hemos encontrado en las naciones civilizadas. No es un estado de altruismo exagerado lo que puede provocar esos suicidios que vemos a veces en los medios más cultivados coexistir frecuentemente con los homicidios. Ya que para empujar al suicidio, es necesario que el altruismo sea excepcionalmente intenso, más intenso incluso que para empujar al homicidio. En efecto, por poco valor que se conceda a la vida del individuo en general, la del individuo que yo soy siempre tendrá a mis ojos más valor que la de otro. Por regla general, el hombre medio se siente más inclinado a respetar a la persona humana en él mismo que en sus semejantes; por consiguiente, se necesita una causa superior para sacrificar el respeto a uno mismo en aras del respeto a los otros. Sin embargo hoy día, si exceptuamos algunos medios especiales poco numerosos, como el ejército, la despersonalización y la renuncia está poco extendida, y los sentimientos contrarios son demasiado generales y demasiado fuertes como para que resulte fácil sacrificarse uno mismo. Debe de haber por tanto otra forma de suicidio más moderna, susceptible a la vez de combinarse con el homicidio.

Esta forma es el suicidio anómico. La anomia, en efecto, provoca un estado de exasperación y de lasitud exacerbado que puede, dependiendo de las circunstancias, volverse contra el sujeto mismo o contra algún otro; en el primer caso tenemos el suicidio, en el segundo el homicidio. En cuanto a las causas que determinan la dirección que siguen las fuerzas sobreexcitadas, tienen que ver probablemente con la constitución moral del agente. Según ésta sea más o menos resistente, se inclina hacia un lado o hacia otro. Un hombre de mediocre moralidad mata antes que matarse. Hemos visto incluso que, en ocasiones, estas dos manifestaciones se producen una a continuación de la otra, y que no son más que las dos caras de un único y mismo acto; lo que demuestra su estrecho parentesco. El estado de exacerbación en el que se encuentra entonces el individuo es tal que, para aliviarse, necesita dos víctimas.

Esta es la razón por la que hoy en día encontramos cierto paralelismo entre el desarrollo del homicidio y el del suicidio, sobre todo en las grandes ciudades y en las regiones con un alto grado de civilización. La anomia se encuentra aquí en su estado más agudo. La misma causa impide que los homicidios disminuyan a la velocidad que aumentan los suicidios. Si los progresos del individualismo agotan una de las fuentes del homicidio, la anomia, que acompaña al desarrollo económico, abre la otra. Particularmente en Francia, y sobre todo en Prusia, podemos llegar a pensar que si los homicidios de uno mismo y los homicidios de otro han aumentado simultáneamente después de la guerra, la razón estriba en la inestabilidad moral que, por diferentes causas, se ha acrecentado en estos dos países. En fin, así se explica también por qué, a pesar de concordancias parciales, el antagonismo es el hecho más general. Porque el suicidio anómico sólo está generalizado en algunos puntos concretos, allí donde la actividad industrial y comercial es más intensa. El suicidio egoísta es sin duda el que está más extendido; pero excluye los crímenes de sangre.

Por lo tanto llegamos a la siguiente conclusión. Si el suicidio y el homicidio varían con frecuencia en razón inversa el uno del otro, no es porque sean las dos caras diferentes de un único y mismo fenómeno; es porque constituyen, en ciertos aspectos, dos corrientes sociales contrarias. Se excluyen por lo tanto como el día excluye a la noche, como las enfermedades provocadas por una sequía extrema excluyen a las provocadas por una extrema humedad. Si a pesar de todo esta oposición general no impide cierta armonía, es porque determinados tipos de suicidio, en lugar de depender de las causas contrarias de las que dependen los homicidios, manifiestan por el contrario el mismo estado social y se desarrollan en el seno del mismo medio moral. Es fácil imaginar por lo demás que los homicidios que coexisten con el suicidio anómico y los que coinciden con el suicidio altruista no deben de ser de la misma naturaleza; el homicidio, por consiguiente, lo mismo que el suicidio, no es una entidad criminal única e indivisible, sino que debe de comprender una variedad de especies muy diferentes las unas de las otras. Pero este no es el lugar para insistir sobre tan importante aserto criminológico.

Por lo tanto, no es exacto decir que el suicidio tenga una influencia benéfica que disminuye la inmoralidad, y que por consiguiente podría haber algún interés en no obstaculizar su desarrollo. El suicidio no es un derivado del homicidio. Sin duda la constitución moral de la que depende el suicidio egoísta, y la que hace que disminuya el homicidio entre los pueblos más civilizados, están relacionadas. Sin embargo el suicida de esta categoría, lejos de ser un homicida frustrado, no tiene nada de lo que distingue a un homicida. Es un sujeto triste y deprimido. Podemos por tanto condenar su acto sin transformar en asesinos a aquellos que están en su mismo camino. ¿Censurar el suicidio equivale a censurar, y consiguientemente debilitar, el estado de espíritu del que procede, a saber esa especie de hiperestesia por todo lo que concierne al individuo?, ¿nos arriesgamos así a reforzar la inclinación a la despersonalización y al homicidio que deriva de ella? Sin embargo, el individualismo, para poder contener la inclinación al homicidio, no necesita alcanzar ese grado de intensidad excesiva que hace de él una fuente de suicidios. Para que el individuo sienta repugnancia por el derramamiento de sangre de sus semejantes no es necesario que sólo le importe su persona. Basta con que ame y respete a la persona humana en general. La tendencia al individualismo puede ser contenida en sus justos límites, sin que la tendencia al homicidio se vea por eso reforzada.

En cuanto a la anomia, dado que provoca tanto el homicidio como el suicidio, todo aquello que la pueda refrenar refrenará a ambos. Ni siquiera hay que temer que una vez que se la ha impedido manifestarse en forma de suicidios, se traduzca en homicidios más numerosos; porque el hombre que es lo bastante sensible a la disciplina moral como para renunciar a matarse por respeto a la opinión pública y a sus prohibiciones, será todavía más refractario al homicidio que se condena y reprime más severamente. Por lo demás, hemos visto que son los mejores los que se matan en semejante caso; no hay ninguna razón para favorecer una selección al revés.

Este capítulo puede ser útil para aclarar un problema que se debate a menudo.

Ya hemos visto a qué discusiones ha dado lugar la cuestión de saber si los sentimientos que tenemos por nuestros semejantes no son más que una extensión de los sentimientos egoístas o bien,

Lámina VI[82]
Suicidios por edad de casados y viudos según tengan o no hijos
(Departamentos franceses menos el Sena)

Números absolutos (años 1889-91)

Edad	Casados		Viudos	
	Sin hijos	Con hijos	Sin hijos	Con hijos
Hombres				
De 0 a 15 años	1,3	0,3	0,3	
De 15 a 20 −	0,3	0,6		
De 20 a 25 −	6,6	6,6	0,6	
De 25 a 30 −	33	34	2,6	3
De 30 a 40 −	109	246	11,6	20,6
De 40 a 50 −	137	367	28	48
De 50 a 60 −	190	457	48	108
De 60 a 70 −	164	385	90	173
De 70 a 80 −	74	187	86	212
De 80 en adelante	9	36	25	71
Mujeres				
De 0 a 15 años				
De 15 a 20 −	2,3	0,3	0,3	
De 20 a 25 −	15	15	0,6	0,3
De 25 a 30 −	23	31	2,6	2,3
De 30 a 40 −	46	84	9	12,6
De 40 a 50 −	55	98	17	19
De 50 a 60 −	57	106	26	40
De 60 a 70 −	35	67	47	65
De 70 a 80 −	15	32	30	68
De 80 en adelante	1,3	2,6	12	19

[82] Esta tabla ha sido confeccionada con documentos inéditos del ministerio de Justicia. No nos ha servido de mucho porque el censo de la población no contempla, a cada edad, el número de casados y de viudos sin hijos. Publicamos sin embargo los resultados de nuestro trabajo con la esperanza de que pueda ser utilizado más adelante, cuando esta laguna del censo se haya resuelto.

por el contrario, son independientes de ellos. Acabamos de ver que ni una ni otra hipótesis tienen fundamento. Seguramente la compasión hacia otro y la compasión hacia nosotros mismos no son ajenas la una a la otra, dado que crecen o disminuyen paralelamente; pero la una no deriva de la otra. Si existe entre ellas un vínculo de parentesco, es porque las dos derivan de un mismo estado de conciencia colectiva de la que no son más que aspectos diferentes. Lo que expresan es la manera en que la opinión aprecia el valor moral del individuo en general. Si éste tiene mucho peso en la consideración pública, aplicamos a los demás y a nosotros mismos el mismo juicio social; tanto su persona como la nuestra adquieren más valor a nuestros ojos y somos más sensibles tanto a lo que afecta individualmente a cada uno de ellos como a lo que nos afecta a nosotros en particular. Sus sufrimientos, lo mismo que nuestros sufrimientos, nos resultan en seguida intolerables. La simpatía que sentimos por ellos no es por lo tanto una simple prolongación de la que sentimos por nosotros mismos. Pero una y otra son efectos de una misma causa; ambas están constituidas por un mismo sentimiento moral. Sin duda éste se diversifica según se aplique a nosotros mismos o a otro; nuestros instintos egoístas le refuerzan en el primer caso y le debilitan en el segundo. Pero está presente y activo tanto en un caso como en otro. ¡Qué verdad es que incluso los sentimientos que parecen depender casi exclusivamente de la complexión personal del individuo dependen de causas que le superan! Nuestro egoísmo mismo es en gran parte un producto de la sociedad.

Capítulo II
Consecuencias prácticas

Ahora que ya sabemos lo que es el suicidio, cuáles son sus clases y sus leyes principales, nos falta por conocer qué actitud deben de adoptar las sociedades actuales frente a él.

Pero esta cuestión presupone otra. ¿La situación actual del suicidio entre los pueblos civilizados debe de ser considerada normal o anormal? Según la respuesta que demos a esta pregunta veremos que algunas reformas son necesarias y posibles para refrenarlo, o bien por el contrario que conviene aceptarlo tal cual es, aunque lamentándolo.

I

Tal vez pueda resultar extraño que esta cuestión se llegue a plantear.

Estamos acostumbrados a considerar anormal todo lo que es amoral. Si como hemos demostrado, el suicidio ofende a la conciencia moral, parece imposible no ver en él un fenómeno de patología social. Pero en otra parte[83] hemos demostrado que incluso la forma eminente de la inmoralidad, a saber el crimen, no debía ser necesariamente clasificado entre las manifestaciones mórbidas. Es cierto que esta afirmación desconcertó a algunas mentes y puede parecer, a simple vista, que quebranta los fundamentos de la moral. Sin embargo no tiene nada de subversivo. Basta para convencerse de ello con remitir a la argumentación sobre la que descansa y que puede resumirse del siguiente modo.

[83] V. *Règles de la méthode sociologique*, cap. III.

O bien la palabra enfermedad no significa nada, o bien designa algo evitable. Sin duda todo lo que es evitable no es mórbido, pero todo lo que es mórbido puede ser evitado, al menos por la mayoría de los individuos. Si no queremos renunciar a toda distinción tanto en las ideas como en los términos, es imposible llamar así a un sentimiento o una característica que los individuos de una especie no pueden dejar de tener porque está implícita necesariamente en su constitución. Por otra parte sólo tenemos una característica objetiva, empíricamente determinable y susceptible de ser controlada por otro en la que podamos reconocer la existencia de esa necesidad, y esa característica es la universalidad. Cuando dos hechos se encuentren en conexión, siempre y en todas partes y sin una sola excepción, es contrario a cualquier método suponer que puedan darse por separado. Esto no quiere decir que uno sea siempre la causa del otro. El vínculo que hay entre los dos puede ser mediato,[84] pero no deja de ser, y de ser necesario.

No existe sociedad conocida en la que bajo diferentes formas no se observe una criminalidad más o menos desarrollada. No hay pueblo cuya moral no sea diariamente violada. Debemos admitir por tanto que el crimen es necesario, que no puede dejar de existir, que las condiciones fundamentales de la organización social, tal y como las conocemos, lo implican lógicamente. Por consiguiente es normal. Es inútil invocar aquí las imperfecciones inevitables de la naturaleza humana y afirmar que el mal, aunque no pueda ser evitado, no deja de ser el mal; este es un lenguaje de predicador, no de científico. Una imperfección necesaria no es una enfermedad; en ese caso habría que ver enfermedades por todas parte, porque la imperfección está por todas partes. No hay función del organismo ni forma anatómica a propósito de las cuales no se pueda imaginar algún perfeccionamiento. Se ha dicho en ocasiones que un óptico se avergonzaría si hubiera fabricado un instrumento de visión tan rudimentario como el ojo humano. Pero ni se ha demostrado ni se puede demostrar que la estructura de este órgano sea anormal. Es más, es imposible que aquello que es

---

[84] ¿Pero acaso no es mediato todo vínculo lógico? Por próximos que estén los dos términos que relaciona, siempre son distintos, y por consiguiente hay entre ellos una distancia, un intervalo lógico.

necesario no contenga alguna imperfección, por emplear el lenguaje un poco teológico de nuestros adversarios. *Aquello que es condición indispensable de la vida no puede no ser útil, a menos que la vida no sea útil.* No hay vuelta de hoja. Ya hemos demostrado cómo puede ser útil el crimen. Pero sólo es útil si es condenado y reprimido. Se ha pensado equivocadamente que el mero hecho de catalogarlo entre los fenómenos de sociología normal implicaba su absolución. Si es normal que haya crímenes, es normal que sean castigados. La condena y el crimen son los dos términos de una pareja inseparable. No puede faltar ninguno de los dos. Cualquier relajamiento anormal del sistema represivo tiene como efecto estimular la criminalidad y conferirle un grado de intensidad anormal.

Apliquemos estas ideas al suicidio.

No disponemos de datos suficientes para poder afirmar que no hay sociedad en la que no exista el suicidio. Sólo en un pequeño número de pueblos la estadística recoge datos sobre este particular. En cuanto al resto, la existencia de un suicidio crónico no puede ser confirmada más que por los indicios que ha dejado en la legislación. Así pues no sabemos con exactitud si el suicidio ha sido en todas partes objeto de una reglamentación jurídica. Pero podemos afirmar que éste es el caso más frecuente. En ocasiones es prescrito, otras veces es condenado; unas veces la prohibición es absoluta, otras contempla matices y excepciones. Pero todas las analogías nos permiten suponer que nunca ha permanecido ajeno al derecho y a la moral; es decir, que siempre ha tenido suficiente importancia como para atraer sobre él el interés de la opinión pública. En cualquier caso es incuestionable que han existido siempre corrientes suicidógenas, más o menos intensas según las épocas, en todos los pueblos europeos; la estadística nos proporciona la prueba desde el último siglo, y para las épocas anteriores disponemos de los documentos jurídicos. El suicidio es por tanto un elemento de su constitución normal e incluso, probablemente, de toda constitución social.

No es difícil por lo demás ver los vínculos que mantiene con ella.

Estos son evidentes cuando se trata del suicidio altruista en las sociedades primitivas. Precisamente porque la estrecha subordinación del individuo al grupo es el principio sobre el que descansan, el suicidio altruista es en estas sociedades, por decirlo así, un procedimiento indispensable de la disciplina colectiva. Si el hombre no tuviera entonces su vida por poca cosa no sería lo que es; pero desde el momento en que le concede poca importancia es inevitable que cualquier cosa sea un pretexto para deshacerse de ella. Hay por tanto un vínculo estrecho entre la práctica de este suicidio y la organización moral de estas sociedades. Sucede lo mismo hoy en día en esos ambientes particulares en los que la abnegación y la objetividad son indispensables. Todavía hoy el espíritu militar no puede fortalecerse si el individuo no se olvida de sí mismo, y este olvido de sí es lo que abre precisamente la puerta al suicidio.

Por razones opuestas, en las sociedades y en los ambientes en que la dignidad de la persona es la norma suprema de conducta, en que el hombre es como un dios para el hombre, el individuo se inclina fácilmente a tomar por dios al hombre que hay en él, a erigirse a sí mismo en objeto de su propio culto. Cuando la moral se dedica sobre todo a ofrecerle una idea elevada de sí mismo, basta con que las circunstancias se combinen de un determinado modo para que sea incapaz de percibir nada por encima de él. Evidentemente el individualismo no supone necesariamente el egoísmo, pero se acerca bastante a él; no se puede estimular uno sin favorecer al otro. Así es como se produce el suicidio egoísta. En fin, en los pueblos en los que el progreso es y debe ser rápido, las reglas que frenan a los individuos deben de ser suficientemente flexibles y maleables; si conservaran la rigidez inamovible que tienen en las sociedades primitivas, obstaculizarían la evolución y evitarían que se llevara a cabo a tiempo. De modo que es inevitable que los deseos y las ambiciones, al estar menos reprimidos, se desborden tumultuosamente por algunos puntos. Desde el momento en que se inculca a los hombres el precepto de que tienen el deber de progresar, es más difícil que se resignen; por consiguiente el número de descontentos y de inquietos no puede dejar de aumentar. Toda moral de progreso y de perfeccionamiento es por tanto inseparable de un cierto grado de anomia. De modo que cada constitución moral determinada se corresponde con un tipo de suicidio determinado. No puede existir una sin que se de el otro; ya que el suicidio es simplemente la forma que adopta cada una de ellas en determinadas condiciones particulares, pero que no pueden dejar de producirse.

Podría pensarse entonces que estas diversas corrientes sólo provocan el suicidio cuando se desbordan; y que tal vez fuera posible moderar su intensidad. Pero esto equivale a pretender que las condiciones de vida sean iguales en todas partes, cosa que no es ni posible ni deseable. En toda sociedad hay ambientes particulares donde los sentimientos colectivos sólo penetran modificándose; según los casos, o se refuerzan o se debilitan. Para que una corriente tenga en el conjunto de un país cierta intensidad, es necesario que en determinados puntos o rebose o no alcance el mínimo.

Sin embargo estos excesos, de más o de menos, no solamente son necesarios sino que tienen su utilidad. Ya que si el estado más frecuente es también el más adecuado a las circunstancias más frecuentes de la vida social, el resto de las circunstancias no tendrá nada que ver con él; y sin embargo la sociedad debe de poder adaptarse tanto a unas como a otras. Un hombre al que la actividad no le atrajera más de lo normal no podría sobrevivir en situaciones que exigen un esfuerzo excepcional. Del mismo modo, una sociedad con un individualismo intelectual desmedido será incapaz de sacudirse el yugo de las tradiciones y de renovar sus creencias, a pesar de necesitarlo. Inversamente, allí donde estos mismos sentimientos no puedan, llegado el caso, disminuir lo suficiente como para permitir a la corriente contraria desarrollarse, ¿qué sucederá en tiempos de guerra, cuando la obediencia pasiva es el único deber? Pero para que estas formas de actividad puedan llegar a producirse cuando son útiles, es necesario que la sociedad no las haya olvidado por completo. Es por lo tanto indispensable que ocupen algún lugar en la vida cotidiana; que haya sectores de la sociedad donde se mantenga una afición intransigente por la crítica y el libre examen, y otros, como el ejército, donde se conserve casi intacta la vieja religión de la autoridad. Sin duda es necesario que, en tiempos normales, la acción de estos focos especiales no se extienda más allá de ciertos límites; teniendo en cuenta que los sentimientos que se elaboran en ellos corresponden a circunstancias particulares, es esencial que no se generalicen. Pero si conviene que estén localizados, conviene igualmente que se produzcan. Esta necesidad parecerá más evidente todavía si pensamos que las sociedades no solamente están obligadas a hacer frente a situaciones diversas en el transcurso de un mismo periodo, sino que además no pueden mantenerse sin transformarse. Las proporciones normales de individualismo y de altruismo que resultan más convenientes a los pueblos modernos no son las mismas a lo largo de un siglo. El futuro no sería posible si no estuviera germinando en el presente. Para que una tendencia colectiva pueda debilitarse o intensificarse al evolucionar, es necesario que no se consolide en una forma única de la que no pueda deshacerse fácilmente; no podría cambiar en el tiempo si no presentara algún cambio en el espacio.[85]

Las diferentes corrientes de melancolía colectiva que se derivan de esos tres estados morales, tienen su razón de ser siempre y cuando no sean excesivas. Pues es un error pensar que la alegría pura es el estado normal de la sensibilidad. El hombre no podría vivir si fuera totalmente refractario a la tristeza. Hay sufrimientos a los que uno no puede adaptarse más que buscándolos, y el placer que se encuentra en ello tiene necesariamente algo de melancólico. La melancolía sólo es mórbida cuando ocupa demasiado lugar en la vida; pero no es menos mórbido un estado del que se encuentre totalmente excluida. Es necesario que la inclinación a la expansión alegre sea moderada por la inclinación contraria; sólo con esta condición se mantendrá dentro de sus límites y se hallará en armonía con las cosas. Con las sociedades sucede lo mismo que con los individuos. Una moral demasiado alegre es una moral relajada; sólo conviene a los pueblos en decadencia y sólo se encuentra entre ellos. La vida es a menudo dura, decepcionante, o vacía. Es preciso que la sensibilidad colectiva refleje esta cara de la existencia. Por eso, junto a la corriente optimista que anima a los hombres a enfrentarse al mundo con confianza, es necesario que exista una corriente opuesta, menos intensa sin duda y

---

[85] Lo que ha contribuido a oscurecer esta cuestión es que nunca se insiste bastante en lo relativas que son estas ideas sobre la salud y la enfermedad. Lo que es normal hoy día ya no lo será mañana, y a la inversa. Los voluminosos intestinos del hombre primitivo eran normales en relación a su medio, pero hoy día no lo serían. Lo que es mórbido para los individuos puede ser normal para la sociedad. La neurastenia es una enfermedad desde el punto de vista de la fisiología individual; ¿pero qué sería de la sociedad sin los neurasténicos? Actualmente desempeñan un papel. Cuando se dice de un estado que es normal o anormal, hay que añadir en relación a qué se le califica así; de otro modo no se entiende.

menos extendida que la anterior, pero capaz sin embargo de contenerla parcialmente; porque una tendencia no se limita a sí misma, sino que tiene que ser limitada siempre por otra tendencia. Incluso parece, a juzgar por ciertos indicios, que la inclinación por una determinada melancolía vaya más bien desarrollándose a medida que ascendemos en la escala social. Como ya hemos dicho en otra obra,[86] es un hecho al menos curioso que las grandes religiones de los pueblos más civilizados estén impregnadas de melancolía más profundamente que las creencias más simples de las sociedades primitivas. Sin duda esto no quiere decir que la corriente pesimista deba subsumir definitivamente a la otra, pero es una prueba de que no pierde terreno y no parece estar destinada a desaparecer. Ahora bien, para que pueda existir y conservarse, es necesario que haya en la sociedad un órgano especial que la sirva de substrato. Es necesario que haya grupos de individuos que representen de una forma más concreta esta disposición del sentimiento colectivo. La parte de la población que representa este papel es necesariamente aquella en la que las ideas de suicidio germinan con mayor facilidad.

Sin embargo, que una corriente suicidógena de una cierta intensidad deba de ser considerada como un fenómeno de sociología normal, no significa que toda corriente del mismo género tenga necesariamente el mismo significado. Si el espíritu de sacrificio, el amor al progreso, o la inclinación al individualismo, se dan en cualquier clase de sociedad y no pueden darse sin que generen suicidios, sólo lo hacen en una cierta medida, variable según los pueblos. Esta particularidad sólo tiene razón de ser si no rebasa ciertos límites. Del mismo modo, la inclinación colectiva a la melancolía sólo es saludable con la condición de no ser preponderante. Por consiguiente, la cuestión de saber si el estado actual del suicidio en las naciones civilizadas es normal o no, no queda zanjada con lo dicho. Nos queda por averiguar si la enorme agravación que se ha producido desde hace un siglo no es de origen patológico.

Se ha dicho que ese era el precio de la civilización. La verdad es que el incremento ha sido general en Europa, y tanto más alto cuanto más alta es la cultura de las naciones. En Prusia, de 1826 a

---

[86] V. *Division du travail social*, p. 266.

1890 ha sido de un 411%, en Francia, de 1826 a 1888 del 385%, en la Austria alemana, de 1841-45 a 1877 del 318%, en Sajonia, de 1841 a 1875 del 238%, en Bélgica, de 1841 a 1889 del 212%, en Suecia, de 1841 a 1871-75 del 72% únicamente, y en Dinamarca, durante el mismo periodo, del 35%. Italia, a partir de 1870, es decir a partir del momento en que se convirtió en una de las grandes potencias de la civilización europea, ha visto el efectivo de suicidios pasar de 788 casos a 1.653, o sea un aumento del 109% en veinte años. Además en todas partes encontramos que en las zonas con un mayor grado de civilización el suicidio está más extendido. Era fácil por tanto pensar que había un vínculo entre el progreso de la civilización y el de los suicidios, que uno no podía darse sin el otro;[87] esta es una tesis análoga a la del criminólogo italiano, según el cual el crecimiento de los delitos tendría como causa y como compensación el crecimiento paralelo de las transacciones económicas.[88] Si se admite esta tesis, deberíamos concluir que la constitución propia de las sociedades más desarrolladas implica una estimulación excepcional de las corrientes suicidógenas; por consiguiente, la extrema violencia que presentan actualmente, siendo necesaria, sería normal, y no habría ningún motivo para adoptar medidas especiales contra ella, a no ser que se tomen al mismo tiempo contra la civilización.[89]

Sin embargo, un primer hecho debe ponernos en guardia contra este razonamiento. En Roma, en el momento en que el imperio alcanzaba su apogeo, se produjo a la vez una auténtica hecatombe de muertes voluntarias. Hubiera podido argumentarse entonces, como ahora, que aquello era el precio del desarrollo cultural al que se había llegado y que es una ley de los pue-

---

[87] Oettingen, *Ueber acuten und chronischen Selbstmord*, p. 28-32 y *Moralstatistik*, p. 761.

[88] M. Poletti; sólo conocemos su teoría a través del resumen que ha hecho de ella M. Tarde en su *Criminalité comparée*, p. 72.

[89] Para evitar esta conclusión se ha dicho (Oettingen) que el suicidio es únicamente uno de los lados malos de la civilización (*Schattenseite*) y que es posible reducirlo sin combatirla. Pero esto es hablar por hablar. Si el suicidio deriva de las mismas causas de las que depende la cultura, no se puede disminuir uno sin disminuir a la otra; porque el único modo de conseguir algo eficazmente consiste en actuar sobre las causas.

blos civilizados proveer al suicidio de un mayor número de víctimas. Pero la historia nos enseña lo poco fundada que está esta deducción; porque aquella epidemia de suicidios sólo duró un tiempo, mientras que la cultura romana ha sobrevivido. No solamente las comunidades cristianas asimilaron los mejores frutos, sino que, desde el siglo XVI, después del descubrimiento de la imprenta, después del Renacimiento y la Reforma, habían sobrepasado con mucho el nivel más alto al que habían llegado nunca las sociedades primitivas. Y sin embargo, hasta el siglo XVIII, el suicidio tuvo un desarrollo muy débil. No era por tanto necesario que el progreso hiciera correr tanta sangre, ya que sus logros pudieron ser conservados e incluso superados sin que continuase teniendo los mismos efectos homicidas. ¿Y no podría ser entonces que hoy estuviera sucediendo lo mismo, que el progreso de nuestra civilización y el del suicidio no se impliquen lógicamente, y que éste, por consiguiente, pueda ser atajado sin que el otro se detenga al mismo tiempo? Hemos visto, por lo demás, que el suicidio se encuentra desde las primeras etapas de la evolución, e incluso en ocasiones con la mayor virulencia. Por lo tanto, si existe en el seno de los pueblos más primitivos, no hay ninguna razón para pensar que esté relacionado necesariamente con un mayor refinamiento de las costumbres. Sin duda, los tipos que se observan en esas épocas lejanas han desaparecido en parte; pero precisamente, esta desaparición debería de haber aligerado algo nuestro tributo anual, y sin embargo sorprendentemente éste cada día es mayor.

Hay motivos para pensar que esta agravación no se debe a la naturaleza intrínseca del progreso, sino a las particulares condiciones en las que éste se lleva a cabo en nuestros días, y nada nos garantiza que éstas sean normales. Porque no hay que dejarse deslumbrar por el brillante desarrollo de las ciencias, de las artes, y de la industria, del que estamos siendo testigos; es demasiado cierto que se lleva a cabo en medio de una efervescencia enfermiza de la que cada uno de nosotros sufre las dolorosas consecuencias. Por tanto, es muy posible, e incluso probable, que el movimiento ascendente de los suicidios tenga por origen un estado patológico que acompaña actualmente al desarrollo de la civilización, pero sin que sea su condición necesaria.

La rapidez con la que han crecido no permite además ninguna otra hipótesis. En menos de cincuenta años se han triplicado, cuadruplicado, quintuplicado incluso según los países. Por otra parte, sabemos que están relacionados con aquello que más arraigado está en la constitución de las sociedades, puesto que expresan lo que éstas sienten, y los sentimientos de los pueblos, como los de los individuos, reflejan el estado del organismo en lo que tiene de más fundamental. Es necesario por tanto que nuestra organización social se haya alterado profundamente en el transcurso de este siglo para que haya podido determinar semejante crecimiento en la tasa de los suicidios. Ahora bien, es imposible que una alteración, a la vez tan grave y tan rápida, no sea mórbida; porque una sociedad no puede cambiar de estructura tan repentinamente. Sólo mediante una serie de modificaciones lentas y casi imperceptibles llegan a modificarse las características de una sociedad. Y además estas posibles transformaciones son limitadas. Una vez que un tipo social se ha fijado, deja de ser moldeable; rápidamente se alcanza un límite que no puede ser rebasado. Los cambios que se deducen de la estadística de los suicidios contemporáneos no pueden ser por tanto normales. Incluso sin saber con precisión en qué consisten, podemos afirmar ya que son el resultado, no de una evolución normal, sino de una conmoción enfermiza que ha desarraigado fácilmente a las instituciones del pasado, pero sin poner nada en su lugar; porque la obra de siglos no puede rehacerse en unos cuantos años. Y entonces, si la causa en anormal, el efecto no puede dejar de serlo también. Por consiguiente, lo que testimonia la creciente marea de muertes voluntarias, no es el deslumbramiento de nuestra civilización, sino un estado de crisis y de perturbación que no puede prolongarse sin peligro.

A estas diferentes razones puede añadirse una más. Si es cierto que normalmente la melancolía colectiva tiene un papel que jugar en la vida de las sociedades, con frecuencia no es ni lo bastante general ni lo bastante intensa como para penetrar en los centros nerviosos del cuerpo social. Permanece en el estado de corriente subterránea que el sujeto colectivo barrunta obscuramente, y sufre por consiguiente su influjo, pero sin ser consciente de ello. Como mucho, si estas vagas disposiciones llegan a afectar a la conciencia común, sólo será a pequeños golpes intermitentes. Además, por regla general, sólo se manifiestan en forma de opiniones parciales, de máximas aisladas, que no tienen nada que ver las unas con las otras, que a pesar de su apariencia de absolutas sólo ponen de relieve un aspecto de la realidad, y que otras máximas contrarias a ellas corrigen y completan. De aquí es de donde proceden esos aforismos melancólicos, esos refranes absurdos contra la vida con los que se regodea a veces el espíritu del pueblo, pero que no son más numerosos que los preceptos opuestos. No traducen más que impresiones pasajeras que no han hecho más que pasar por la cabeza sin llegar a ocuparla por completo. Sólo cuando esos sentimientos adquieren una fuerza excepcional absorben lo suficientemente la atención pública como para ser percibidos en su conjunto, coordinados y sistematizados, y se convierten entonces en la base de doctrinas generales sobre la vida. De hecho, en Roma y en Grecia, sólo cuando la sociedad se sintió gravemente alterada aparecieron las teorías pesimistas de Epicuro y de Zenón. La formación de estos grandes sistemas es pues el índice de que la corriente pesimista ha llegado a un grado de intensidad anormal, debido a alguna perturbación del organismo social. Ahora bien, sabemos como estos sistemas se han multiplicado en nuestros días. Para hacerse una idea precisa de su número y de su importancia, no basta con tener en cuenta las filosofías que tienen oficialmente esas características, como son las de Schopenhauer, o Hartmann, etc. Hay que tener en cuenta además a todas aquellas que, con diferentes denominaciones, proceden de ese mismo espíritu. El anarquista, el esteta, el místico, el socialista revolucionario, si bien no desesperan del futuro, coinciden al menos con el pesimista en un mismo sentimiento de odio o de hastío por la realidad, sienten la misma necesidad de destruirla o de escapar a ella. La melancolía colectiva no habría invadido la conciencia hasta ese punto si no hubiera sido presa de un desarrollo mórbido, y por consiguiente el desarrollo del suicidio que provoca es de la misma naturaleza.[90]

---

[90] Este argumento está expuesto a una objeción. El Budismo y el Jainismo son doctrina sistemáticamente pesimistas de la vida; ¿habría que ver en ellas el indicio de un estado mórbido de los pueblos que las han practicado? No las conocemos lo suficiente como para atrevernos a zanjar la cuestión. Considérese nuestro razonamiento aplicable únicamente a los pueblos europeos, e incluso sólo a

Todas estas pruebas contribuyen a hacernos ver el enorme crecimiento que se ha producido desde hace un siglo en el número de las muertes voluntarias como un fenómeno patológico que cada día es más amenazante. ¿A qué medios podemos recurrir para conjurarlo?

II

Algunos autores han recomendado el restablecimiento de las penas conminatorias antiguamente en uso.[91]

Sinceramente pensamos que nuestra indulgencia actual hacia el suicidio es excesiva. Dado que ofende a la moral, debería de ser rechazado con más energía y claridad, y este rechazo debería de manifestarse mediante signos externos y concretos, es decir mediante penas. El relajamiento de nuestro sistema represivo sobre este punto es, en sí mismo, un fenómeno anormal. Evidentemente las penas demasiado severas serían imposibles: la opinión pública no las toleraría. Ya que como hemos visto, el suicidio es un pariente cercano de las verdaderas virtudes de las que no es más que su exageración. Por eso las opiniones están divididas a su respecto. Puesto que procede, hasta cierto punto, de sentimientos que la opinión tiene en alta consideración, no lo puede censurar sin reservas ni sin dudas. De aquí es de donde provienen las eternas controversias entre los teóricos sobre la cuestión de decidir si es o no es contrario a la moral. Puesto que está relacionado, a través de una serie continua de grados intermedios, con otros actos que la moral aprueba o tolera, no es nada raro que se haya podido pensar que es similar a ellos y se haya querido beneficiarle con la misma tolerancia. Raramente se plantea esta pretensión respecto al homicidio y al robo, porque aquí la línea de demarcación está mucho más marcada.[92] Además, el solo hecho de la muerte que

---

sociedades de tipo urbano. Dentro de estos límites, nos parece difícilmente discutible. Es posible que el espíritu de sacrificio propio de algunas otras sociedades pueda ser formulado sistemáticamente de una forma natural.

[91] Entre otros Lisle, *op. cit.*, p. 437 y sig.

[92] Esto no quiere decir que, incluso en estos casos, la división entre los actos

se ha infligido la víctima inspira, a pesar de todo, demasiada compasión como para que la condena pueda ser inexorable.

Por todas estas razones no se podrían promulgar más que penas morales. Como mucho se podría negar al suicida los honores de una sepultura normal, o privar al autor de la tentativa de determinados derechos cívicos, políticos, o familiares, por ejemplo determinadas prerrogativas paternas, o el desempeño de funciones públicas. La opinión pública aceptaría fácilmente que a quien ha intentado sustraerse a sus deberes fundamentales, se le privara de los derechos correspondientes. Pero por legítimas que fuesen estas medidas, nunca tendrían más que una influencia muy secundaria; es pueril imaginar que puedan bastar para atajar una corriente de semejante violencia.

Por lo demás, por sí solas, no atacarían la fuente del mal. Pues en efecto, si hemos renunciado a prohibir legalmente el suicidio, es porque su inmoralidad no nos parece tan evidente. Dejamos que se desarrolle libremente porque no nos escandaliza tanto como antiguamente. Pero no es con disposiciones legales como podrá despertarse nuestra sensibilidad moral. No depende del legislador que un hecho nos parezca o no moralmente detestable. Cuando la ley reprime actos que la opinión pública considera inofensivos, es ella la que nos indigna, no el acto que castiga. Nuestra excesiva tolerancia respecto al suicidio proviene de una generalización del estado de ánimo del que deriva, de modo que no podemos condenarlo sin condenarnos a nosotros mismos; estamos demasiado impregnados de él como para no excusarlo en parte. Así pues, el único medio de volvernos más severos consiste en actuar directamente sobre la corriente pesimista, devolverla a su lecho normal y mantenerla en él, evitar que actúe sobre la mayoría de las conciencias, y fortalecer éstas. Una vez que hayan encontrado su equilibrio moral, reaccionarán como deben contra to-

---

morales y los actos inmorales sea absoluta. La oposición entre el bien y el mal no tiene el carácter radical que le atribuye la opinión pública. Se pasa continuamente de uno a otro de una manera inconsciente, y las fronteras entre ambos son con frecuencia muy imprecisas. Evidentemente, cuando se trata de crímenes probados, la distancia es mayor y la relación entre los extremos menos aparente que en el suicidio.

do lo que las ofenda. Ya no será necesario pensar en ningún sistema represivo; éste se impondrá por sí mismo por la fuerza de la necesidad. De otro modo será artificial, y por consiguiente sin gran utilidad.

¿Y acaso no será la educación el medio más seguro de obtener este resultado? Dado que ésta permite actuar sobre el carácter, ¿no sería suficiente con formar éste de manera a hacerle más animoso, y por tanto menos indulgente con las voluntades que claudican? Esto es lo que piensa Morselli. Para él, el tratamiento profiláctico del suicidio está contenido por entero en el precepto siguiente:[93] "Desarrollar en el hombre la facultad de coordinar sus ideas y sus sentimientos, a fin de que se encuentre en condiciones de perseguir un fin concreto en la vida; en una palabra, dar a la facultad moral fuerza y energía." Un pensador de una escuela completamente diferente llega a la misma conclusión: "¿Cómo, se pregunta M. Franck, atajar las causas del suicidio? Mejorando la gran tarea de la educación, trabajando en desarrollar no sólo las inteligencias, sino el carácter, no sólo las ideas, sino las convicciones".[94]

Esto es conceder a la educación un poder que ella no tiene. La educación no es más que la imagen y el reflejo de la sociedad. La imita y la reproduce en miniatura; no la crea. La educación es saludable cuando los pueblos se encuentran ellos mismos en buen estado de salud; pero se corrompe con ellos, sin poder modificarse por sí misma. Si el medio moral está viciado, puesto que los educadores viven en él no pueden evitar estar contagiados; ¿y cómo iban entonces a dar a sus alumnos una orientación diferente de la que ellos han recibido? Cada nueva generación es educada por su predecesora, es preciso por tanto que ésta se enmiende para poder enmendar a la que sigue. Es un círculo vicioso. Puede suceder que, de cuando en cuando, surja alguien cuyas ideas y aspiraciones estén por encima de las de sus contemporáneos; pero no es con individualidades aisladas como se reforma la constitución moral de los pueblos. Sin duda nos gusta pensar que una voz elocuente puede bastar para transformar como por encanto la materia social; pero en esto como en todo lo demás, nada se consigue

---

[93] *Op. cit.*, p. 499.
[94] Art. "Suicidio", en *Diction. Philos.*

de la nada. Las más enérgicas voluntades no pueden sacar de la nada fuerzas que no existen, y los fracasos de la experiencia acaban siempre por disipar estas ilusiones infantiles. Por lo demás, incluso cuando por un incomprensible milagro un sistema pedagógico llegara a constituirse en contradicción con el sistema social, no surtiría ningún efecto en razón de esa misma contradicción. Si la organización colectiva de la que resulta la constitución moral que se quiere combatir se mantiene, el niño, a partir del momento en que entre en contacto con ella, no puede dejar de sufrir su influencia. El medio artificial de la escuela sólo puede preservarle durante un tiempo y débilmente. A medida que la vida real le vaya absorbiendo más y más, irá destruyendo el trabajo del educador. La educación no puede por tanto reformarse a no ser que la sociedad se reforme a sí misma. Pero para eso hay que atajar las causas de la enfermedad que padece.

Estas causas las conocemos. Las hemos expuesto cuando hemos tratado de las fuentes de las que proceden las principales corrientes suicidógenas. No obstante, hay una que no tiene mucho que ver con el progreso actual del suicidio; se trata de la corriente altruista. Hoy en día pierde más terreno del que gana; se la encuentra preferentemente en las sociedades primitivas. Si se conserva en el ejército, no parece en cambio que tenga en él una intensidad anormal; pues el altruismo es necesario en cierta medida para mantener el espíritu militar. Por lo demás, incluso en el ejército, está declinando cada vez más. El suicidio egoísta y el suicidio anómico son por tanto los únicos cuyo desarrollo puede considerarse mórbido, y va a ser de ellos, por consiguiente, de los que vamos a ocuparnos.

El suicidio egoísta es el resultado de que la sociedad no esté suficientemente cohesionada en todos sus puntos como para mantener a todos sus miembros bajo su control. Por lo tanto, si este suicidio se multiplica de una forma desmedida, es porque la situación de la que depende se ha generalizado en exceso; la sociedad, agitada y debilitada, deja escapar demasiado de su influencia a un gran número de individuos. Por consiguiente, la única manera de remediar el mal consiste en que los grupos sociales vuelvan a adquirir la suficiente consistencia para controlar más férreamente al individuo y ser a la vez controlados por él. Es necesario que éste se sienta mucho más solidario de un ente colectivo que le ha precedido en el tiempo, que le sobrevivirá, y que le desborda por todos los lados. Con esta condición dejará de buscar en sí mismo el único móvil de su conducta, y comprendiendo que él no es más que el instrumento de un fin que está por encima de él, sentirá que sirve para algo. La vida volverá a tener sentido a sus ojos porque habrá vuelto a encontrar su finalidad y su orientación naturales. ¿Y qué grupos son los más aptos para recordar continuamente al hombre este saludable sentimiento de solidaridad?

No es la sociedad política. Hoy en día sobre todo, en nuestros grandes Estados modernos, se encuentra demasiado alejados del individuo para actuar eficazmente sobre él con la suficiente continuidad. Cualesquiera que sean los lazos que haya entre nuestros quehaceres cotidianos y el conjunto de la vida pública, son demasiado indirectos para que los experimentemos con alguna intensidad y continuidad. Sólo cuando nuestros intereses principales están en juego somos conscientes de nuestra dependencia del cuerpo político. Sin duda, entre los individuos que constituyen la elite moral de la población, es raro que la idea de patria esté por completo ausente; pero en tiempos normales esta idea suele permanecer en la penumbra, inconsciente, e incluso puede suceder que se eclipse por completo. Se necesitan circunstancias excepcionales, como una gran crisis nacional o política, para que pase a primer plano, invada las conciencias, y se convierta en el móvil principal de la conducta. Ahora bien, no es un hecho tan intermitente como éste el que puede refrenar de una manera continua la tendencia al suicidio. Es necesario que no sólo de tarde en tarde, sino en cada instante de su vida, el individuo pueda darse cuenta de que lo que hace tiene una finalidad. Para que su existencia no le parezca vana, necesita ver en todo momento que ésta tiene un fin que le afecta directamente. Pero esto sólo es posible si un medio social, más sencillo y menos amplio, le protege y ofrece un plazo más corto a su actividad.

La sociedad religiosa no es menos inadecuada para ejercer esta función. Lo que no quiere decir, sin duda, que no haya podido, en determinadas condiciones, ejercer una influencia bienhechora; pero sucede que las condiciones necesarias para ejercer esta influencia actualmente no se dan. Efectivamente, sólo puede preservar del suicidio cuando tiene una constitución férrea que vigila estrechamente al individuos. La religión católica impone a sus fieles un amplio programa de dogmas y de prácticas estando presente en todas las circunstancias de la vida temporal, y esta es la razón por la que los une con más fuerza de lo que une el protestantismo a los suyos. El católico está mucho menos expuesto a perder de vista los lazos que le unen al grupo confesional del que forma parte, porque ese grupo mantiene una relación constante con él en forma de preceptos imperativos que se aplican a las diferentes circunstancias de la vida. No tiene que preguntarse por el sentido de sus actos, todos tienden a Dios porque todos están ordenados por Dios, es decir por la Iglesia que es su representante en la Tierra. Pero además, como estos mandamientos se supone que emanan de una autoridad sobrehumana, la reflexión humana no tiene ningún derecho a intervenir en ellos. Sería una contradicción atribuirles semejante origen y permitir la libre crítica. La religión no modera por tanto la inclinación al suicidio más que en la medida en que impide al hombre pensar con libertad. Ahora bien, este control sobre la mente de los individuos es actualmente difícil, y cada día lo será más. Atenta contra nuestras más íntimas convicciones. Cada día estamos menos dispuestos a admitir que puedan ponerse límites a la razón y ordenarle: no irás más lejos. Esta idea no es reciente; la historia del pensamiento es la historia del progreso y de la libertad de opinión. Es pueril querer detener una corriente que se ha demostrado irresistible. A menos que las grandes sociedades actuales se descompongan irremediablemente y que retornemos a los pequeños agrupamientos sociales de antaño,[95] es decir, a menos que la humanidad vuelva a su punto de partida, las religiones no podrán ya ejercer ninguna influencia amplia y profunda sobre las conciencias. Esto no quiere decir que no se funden nuevas religiones. Pero las únicas viables serán aquellas

---

[95] No se malinterprete nuestro pensamiento. Sin duda llegará un día en que las sociedades actuales fenecerán; en que se descompondrán en grupos más pequeños. Si deducimos el futuro del pasado, esta situación sólo será provisional, pequeños grupos formarán la materia de nuevas sociedades, mucho más amplias que las que conocemos. Incluso podemos prever que serán mucho más amplias que aquellas que han originado las sociedades actuales.

que concedan al libre examen y a la iniciativa individual más lugar incluso que las sectas más liberales del protestantismo. Por tanto no podrán ejercer sobre sus miembros la indispensable influencia que ponga freno al suicidio.

Si numerosos autores han visto en la religión el único remedio actual contra el mal, es porque se confunden sobre los orígenes de su poder. Se lo atribuyen casi por completo a un determinado número de elevados pensamientos y de nobles máximas con los que el racionalismo podría acomodarse y que bastaría, piensan, con inocular en el corazón y la mente de los hombres para prevenir las flaquezas. Pero esto es equivocarse sobre lo que es la esencia de la religión, y sobre todo sobre las causas de la inmunidad que ha conferido en ocasiones contra el suicidio. Este privilegio no provenía de que mantuviera en el hombre alguna vaga idea de un más allá más o menos misterioso, sino de la férrea y minuciosa disciplina a la que sometía la conducta y el pensamiento. Cuando ésta ha quedado reducida a un idealismo simbólico, a una filosofía tradicional, discutible y más o menos ajena a nuestras ocupaciones cotidianas, es difícil que pueda ejercer sobre nosotros mucha influencia. Un Dios que su majestad relega fuera del universo y de todo aquello que es temporal, no podrá servir como fin a nuestra actividad temporal que de este modo se queda sin fin. Hay desde ese momento demasiadas cosas que no tienen nada que ver con él como para que baste para dar un sentido a la vida. Entregándonos el mundo como algo indigno de él, nos deja al mismo tiempo abandonados a nosotros mismos en todo lo que concierne a la vida en el mundo. No es meditando sobre los misterios que nos rodean, ni siquiera creyendo en un ser todopoderoso, aunque infinitamente alejado de nosotros y al que sólo rendiremos cuentas en un futuro indeterminado, como podrá impedirse que los hombres se desprendan de la existencia. En una palabra, sólo estamos protegidos contra el suicidio egoísta en la medida en que estamos socializados; pero las religiones no pueden socializarnos más que en la medida en que nos retiran el derecho al libre examen. Ahora bien, las religiones ya no tienen, y probablemente ya no tendrán nunca sobre nosotros bastante autoridad para obtener semejante sacrificio. Por lo tanto no es con ellas con las que hay que contar para contener el suicidio. Por lo demás, si aquellos que ven en un restablecimiento de las religiones el único medio de curarnos fueran consecuentes con ellos mismos, deberían reclamar el restablecimiento de las religiones más arcaicas. Porque el judaísmo preserva mejor del suicidio que el catolicismo y el catolicismo que el protestantismo. Y sin embargo es la religión protestante la que está más apartada de las prácticas materiales, la más idealista por consiguiente. El judaísmo, por el contrario, a pesar de su gran papel en la historia, conserva todavía en muchos aspectos formas religiosas primitivas. ¡Qué verdad es que la superioridad moral e intelectual del dogma no influye para nada en el suicidio!

Queda la familia, cuya virtud profiláctica está fuera de duda. Pero sería una ilusión pensar que bastaría con disminuir el número de solteros para detener el desarrollo del suicidio. Porque si los casados tienen una tendencia menor a matarse, esta tendencia va aumentando con la misma regularidad y en las mismas proporciones que la de los solteros. De 1880 a 1887, los suicidios de casados han crecido un 35% (3.706 casos en lugar de 2.735); los suicidios de solteros un 13% solamente (2.894 casos en lugar de 2.554). En 1863-68, según los cálculos de Bertillon, la tasa de los primeros era de 154 por millón; en 1887 era de 242, con un aumento de un 57%. Durante el mismo periodo, la tasa de los solteros no aumentó mucho más; pasó de 173 a 289, con un crecimiento de un 67%. *La agravación que se ha producido en el transcurso del siglo es por tanto independiente del estado civil.*

Y es que, en efecto, se han producido en la constitución de la familia algunos cambios que no la permiten ya tener la misma influencia preservadora que tenía en otro tiempo. Mientras que antiguamente mantenía a la mayoría de sus miembros en su órbita desde su nacimiento hasta su muerte, y formaba una masa compacta, indivisible, dotada de una especie de perennidad, hoy en día sólo tiene una duración efímera. Apenas se ha constituido cuando ya se está dispersando. En cuanto los hijos están materialmente criados, suelen continuar su educación fuera del hogar; sobre todo desde que se hacen adultos, se ha convertido casi en una regla que se establezcan lejos de sus padres, y el hogar se queda vacío. Por tanto, podemos decir que durante la mayor parte del tiempo la familia se reduce hoy a una única pareja conyugal, y ya hemos visto que ésta apenas influye sobre el suicidio. Y en consecuencia, al ocupar la familia menos lugar en la vida, deja también de ser su único fin en la misma. Esto no quiere decir que queramos menos a nuestros hijos; pero ya no están unidos a nuestra existencia de una manera tan estrecha y tan continua como antes, y por consiguiente necesitamos otras razones para vivir. Puesto que tenemos que vivir sin ellos, tenemos también que dirigir nuestros pensamientos y nuestras acciones a otros objetivos.

Pero sobre todo, esta periódica dispersión ha reducido a nada a la familia como ser colectivo. Antiguamente la sociedad doméstica no era únicamente una reunión de individuos unidos entre ellos por lazos de mutuo cariño; era también el grupo mismo, en su unidad abstracta e impersonal. Era el apellido hereditario con todos los recuerdos que llevaba asociados, la casa familiar, el lugar de los antepasados, la situación y la reputación tradicionales, etc. Todo esto tiende a desaparecer. Una sociedad que está disolviéndose continuamente para volver a formarse en otros lugares, en otras condiciones y con otros elementos, no tiene suficiente continuidad para crearse una fisonomía personal, una historia propia a la que puedan aferrarse sus miembros. Por tanto, si los hombres no reemplazan este antiguo objetivo de su actividad a medida que se les priva de él, es imposible que no se produzca un gran vacío en la existencia.

Esta causa no multiplica únicamente los suicidios de los casados, sino también los de los solteros. Ya que este estado de la familia obliga a los jóvenes a dejar su familia natal antes de estar en condiciones de fundar una nueva; en parte por esta razón cada día hay más personas que viven solas, y ya hemos visto como este aislamiento refuerza la tendencia al suicidio. Y sin embargo, nada detendrá esta evolución. Antiguamente, cuando cada comunidad estaba más o menos cerrada a las demás por las costumbres, por las tradiciones, por la precariedad de las vías de comunicación, las generaciones permanecían a la fuerza en su lugar de origen, o al menos no podían alejarse demasiado. Pero a medida que desaparecen las barreras y que todos los lugares se nivelan, es inevitable que los individuos, en la medida de sus ambiciones y de sus intereses, ocupen los vastos espacios que se les abren. Ninguna medida podrá detener esta dispersión necesaria y devolver a la familia la indivisibilidad en la que residía su fuerza.

III

¿La enfermedad será entonces incurable? Podría creerse así a primera vista puesto que de todas las sociedades cuya saludable influencia hemos demostrado antes, no hay ninguna que parezca estar en condiciones de aportar un verdadero remedio. Sin embargo hemos visto que si la religión, la familia y la patria, preservan del suicidio egoísta, la causa no debe ser buscada en la especial naturaleza de los sentimientos que cada una despierta. Todas deben esa virtud al hecho general de que son sociedades y sólo disfrutan de ella en la medida en que son sociedades bien cohesionadas, es decir sin exceso ni en un sentido ni en el otro. Cualquier otro grupo podría por tanto ejercer la misma influencia siempre y cuando tuviera la misma cohesión. Ahora bien, además de la sociedad confesional, familiar, y política, hay otra de la que hasta ahora no hemos hablado; esta otra es la que forman, mediante su asociación, todos los trabajadores de una misma categoría, todos aquellos que desempeñan una misma función, es decir el grupo profesional y la corporación.

Que pueda jugar ese papel se deduce de su definición. Dado que esta sociedad está compuesta de individuos que desempeñan los mismos trabajos y cuyos intereses son comunes e incluso idénticos, no hay un terreno más propicio para que germinen ideas y sentimientos sociales. La identidad de origen, de cultura, de ocupación, hace de la actividad profesional la materia más rica para la vida en común. Por lo demás, la corporación ha demostrado en el pasado que era susceptible de constituirse como una personalidad colectiva, celosa, incluso en exceso, de su autonomía y de su autoridad sobre sus miembros; es normal por lo tanto que estos puedan encontrar en ella una orientación moral. No hay ninguna razón para que el interés corporativo no adquiera a los ojos de los trabajadores ese carácter respetable y esa supremacía que el interés social tiene siempre respecto a los intereses privados en una sociedad bien constituida. Por otra parte, el grupo profesional tiene sobre todos los demás la triple ventaja de que pertenece a cualquier tiempo, a cualquier lugar, y que su influjo se ejerce durante la mayor parte de la vida. No actúa sobre los individuos de una manera intermitente como la sociedad política, sino que está siempre en contacto con ellos por la única razón de que la función de la que es órgano y con la que ellos colaboran está siempre en activo. Sigue a los trabajadores allá donde vayan; algo que no puede hacer la familia. En cualquier parte donde estén la encuentran a su alrededor, les recuerda sus deberes, les apoya si llega el caso. En fin, como la vida profesional ocupa casi toda la vida, la acción corporativa se deja sentir sobre cualquier pormenor de nuestras ocupaciones, que de este modo son orientadas en un sentido colectivo. La corporación tiene por tanto todo lo que hace falta para proteger al individuo, para sacarle de su estado de aislamiento moral y, dada la impotencia actual de los demás grupos, es la única que puede cumplir esta indispensable función.

Pero para que la corporación tenga esta influencia, es necesario que esté organizada sobre bases muy distintas a las actuales. En primer lugar, es esencial que en lugar de seguir siendo un grupo privado que la ley permite, pero que el Estado ignora, se convierta en un órgano concreto y reconocido de nuestra vida pública. Con esto no queremos decir que necesariamente haya que hacerla obligatoria; sino que lo que es esencial es que esté constituida de tal forma que pueda jugar un papel social, en lugar de limitarse a ser la expresión de combinaciones diversas de intereses particulares. Pero esto no es todo. Para que este continente no se quede sin contenido, hay que depositar en él todos aquellos gérmenes de vida susceptibles de desarrollarse en ese medio. Para que esta agrupación no sea una mera etiqueta, hay que atribuirla funciones determinadas, y hay una que ella está en mejores condiciones que cualquier otra para desempeñarla.

Actualmente las sociedades europeas se encuentran ante la alternativa de dejar sin ninguna reglamentación a la vida profesional o de reglamentarla por mediación del Estado, pues no existe ningún otro órgano constituido que pueda desempeñar este papel moderador. Sin embargo el Estado se encuentra demasiado alejado de estas complejas manifestaciones como para poder encontrar la forma concreta que conviene a cada una de ellas. El Estado es una pesada máquina que sólo sirve para tareas generales y sencillas. Su acción, siempre uniforme, no puede plegarse ni ajustarse a la infinita diversidad de circunstancias particulares. De aquí se deduce que sea forzosamente constrictivo y nivelador. Pero por otro lado, somos conscientes de que es imposible dejar sin organización toda la vida que se desarrolla libremente. Por esta razón, oscilando continuamente de un lado a otro, pasamos alternativamente de una reglamentación autoritaria, cuyo exceso de rigidez vuelve impotente, a una abstención sistemática, que no puede durar debido a la anarquía que provoca. Ya se trate de la duración de la jornada laboral, o de la higiene, o de los salarios, o de las medidas de protección y de asistencia, en todas partes los buenos deseos chocan con la misma dificultad. En cuanto se intentan fijar algunas normas, se comprueba que son inaplicables en la práctica porque les falta flexibilidad; o como mucho sólo se aplican a la fuerza en el terreno para el que fueron pensadas.

La única manera de resolver esta antinomia consiste en constituir fuera del Estado, aunque bajo su control, un conjunto de fuerzas colectivas cuya influencia reguladora pueda ejercerse con más libertad. Ahora bien, no solamente las corporaciones reconstituidas cumplen esta condición, sino que no conocemos otros grupos que pudieran cumplirlas. Las corporaciones están en contacto con los hechos, directa y constantemente en contacto para experimentar todos los matices, y deberían de ser lo suficientemente autónomas como para poder respetar la diversidad de los mismos. Por tanto es a ellas a las que compete presidir esas cajas de seguros, de asistencia y de pensiones que tantas personas sencillas necesitan, pero que dudan, no sin razón, en dejar en manos tan poderosa y tan torpes como las del Estado; a ellas igualmente compete regular los conflictos que surgen continuamente entre las distintas categorías de una misma profesión, establecer, de una manera diferente según las diferentes clases de empresas, las condiciones a las que deben de plegarse los contratos para ser justos, impedir, en nombre del interés común, que los fuertes exploten a los débiles, etc. A medida que se divide el trabajo, el derecho y la moral, que descansan siempre en los mismos principios generales, adoptan una forma diferente según las distintas funciones. Además de los derechos y los deberes que son comunes a todos los hombres, hay algunos que dependen de las características propias de cada profesión, cuyo número e importancia aumenta a medida que la actividad profesional se desarrolla y se diversifica más. Cada una de estas disciplinas especializadas necesitará un órgano igualmente especializado para aplicarla y mantenerla. ¿Y quién podría formar este órgano mejor que los trabajadores que comparten la misma función?

Así es, a grandes rasgos, como deberían de ser las corporaciones para que pudieran prestar los servicios que se esperan de ellas con todo derecho. Sin duda, cuando se piensa en la situación en la que se encuentran actualmente, nos resulta difícil imaginar que puedan algún día alcanzar la dignidad de la fuerza moral. Están formadas por individuos que no tienen ningún vínculo en común, que no mantienen entre ellos más que relaciones superficiales e intermitentes, que están incluso más dispuestos a considerarse rivales y enemigos que colaboradores. Pero el día que sean conscientes de todo lo que tienen en común, que las relaciones entre ellos y el grupo de que forman parte se estrechen, surgirán sentimientos de solidaridad que hoy son casi desconocidos y la temperatura moral de este medio profesional, hoy día tan fría y tan ajena a sus miembros, se elevará necesariamente. Estos cambios no se producirán únicamente, como los ejemplos precedentes podrían hacer creer, entre los agentes de la vida económica. No hay profesión en la sociedad que no reclame esta organización y que no sea susceptible de tenerla. De modo que la trama social, cuyos hilos se encuentran tan peligrosamente distendidos, se estrecharía y se fortalecería en toda su extensión.

Este restablecimiento, cuya necesidad es sentida universalmente, tiene desgraciadamente contra él la mala reputación que han dejado en la historia las corporaciones del antiguo régimen. Sin embargo, el hecho de que se hayan mantenido, no solamente desde la Edad Media sino desde la antigüedad grecorromana,[96] no tiene más fuerza probatoria para demostrar que son indispensables que la que tiene su reciente abrogación para demostrar su inutilidad. Si, exceptuando un siglo, en todas partes en que la actividad profesional ha conocido algún desarrollo se ha organizado corporativamente, ¿no es altamente probable que esta organización sea necesaria, y que si hace cien años no se encontró a la altura de su papel el remedio consistirá en perfeccionarla y en me-

---

[96] Los primeros colegios de artesanos se remontan a la Roma real. V. Marquardt, *Privat Leben der Roemer*, II, p. 4.

jorarla, y no en suprimirla radicalmente? Es verdad que había acabado por convertirse en un obstáculo para el urgente progreso. La vieja corporación, estrechamente local, cerrada a cualquier influencia del exterior, se había convertido en algo sin sentido en una nación moral y políticamente unificada; la autonomía excesiva de la que gozaba y que hacía de ella un Estado dentro del Estado, no podía mantenerse, mientras que el órgano gubernamental, extendiendo sus ramificaciones en todas direcciones, controlaba cada vez más todos los órganos secundarios de la sociedad. Sería necesario por tanto ampliar la base sobre la que descansaba la institución y vincularla a la vida nacional. Porque si las corporaciones similares de las diferentes localidades, en lugar de permanecer aisladas hubieran estado unidas unas a otras de manera que formaran un mismo sistema, y si todos estos sistemas hubieran estado supeditados a la acción general del Estado y conservado un sentido de solidaridad permanente, el despotismo de la rutina y el egoísmo profesional habrían quedado reducidos a sus justas proporciones. La tradición no se mantiene invariable tan fácilmente en una vasta asociación repartida por un inmenso territorio, como en una pequeña camarilla que no rebase los límites de una ciudad;[97] al mismo tiempo cada grupo particular está menos predispuesto a no ver y perseguir más que su propio interés una vez que está en contacto con el centro rector de la vida pública. Podría decirse que sólo con esta condición la idea del bien común puede mantenerse despierta en las conciencias con suficiente continuidad. Porque como las comunicaciones serían entonces ininterrumpidas entre cada órgano particular y el poder encargado de representar los intereses generales, la sociedad no tendría en cuenta a los individuos solamente de una forma intermitente o vaga; la sentiríamos presente en todos los aspectos de nuestra vida cotidiana. Pero al suprimir lo que existía sin poner nada en su lugar, no se ha hecho más que sustituir el egoísmo corporativo por el egoísmo individual, que es más disolvente todavía. Por eso, de todas las destrucciones llevadas a cabo en esta época, ésta es la única que habría que lamentar. Al dispersar a los únicos grupos que

---

[97] Véanse las razones en nuestro *Division du travail social*, lib. II, cap. III, particularmente, p. 335 y sig.

hubieran podido reunir conscientemente las voluntades individuales, hemos roto con nuestras propias manos el instrumento más apropiado para nuestra reorganización moral.

Además no solamente el suicidio egoísta sería combatido de esta forma. Pariente próximo del anterior, el suicidio anómico es susceptible del mismo tratamiento. La anomia proviene de una carencia de fuerzas colectivas en determinados puntos de la sociedad, es decir de falta de grupos constituidos para reglamentar la vida social. Por tanto, en parte resulta de ese mismo estado de descomposición del que también proviene la corriente egoísta. Naturalmente esta misma causa produce efectos diferentes según su punto de incidencia, y según influya en las funciones activas y prácticas o en las funciones representativas. Enardece y exaspera a las primeras, y desorienta y desconcierta a las segundas. El remedio es por tanto el mismo en uno y otro caso. Y en efecto, como hemos podido ver, el principal papel de las corporaciones sería, tanto en el futuro como en el pasado, regular las funciones sociales y, más concretamente, las funciones económicas, sacarlas por consiguiente del estado de desorganización en que se encuentran actualmente. Cada vez que la codicia exacerbada estuviese tentada a extralimitarse, serían las corporaciones las encargadas de determinar la parte que debe equitativamente corresponder a cada clase de cooperadores. Estando por encima de sus miembros, tendría toda la autoridad necesaria para exigir de ellos los sacrificios y las concesiones indispensables, e imponerle una norma. Obligando a los más fuertes a utilizar su fuerza con moderación, impidiendo a los débiles las reivindicaciones sin cuento, inculcando en unos y otros el sentimiento de sus deberes recíprocos y del interés común, regulando la producción, en determinados casos, de manera que no degenere en una fiebre enfermiza, moderaría unas pasiones con otras, y poniéndoles límites estaría en condiciones de calmarlas. De este modo se establecería una disciplina moral de una clase nueva, sin la cual todos los descubrimientos de la ciencia y todos los progresos del bienestar no producirán más que descontentos.

No podemos imaginarnos en qué otro medio podría elaborarse esta ley de justicia distributiva tan urgente, ni qué otro órgano podría aplicarla. La religión, que antiguamente se había arrogado este papel, hoy sería incapaz de desempeñarlo, ya que el único principio que es capaz de dictar para la reglamentación de la vida económica es el desprecio de la riqueza. Si exhorta a sus fieles a contentarse con su suerte, es en virtud de la idea de que nuestra condición terrenal es indiferente para nuestra salvación. Si predica que nuestro deber consiste en aceptar dócilmente nuestro destino tal y como nos ha venido dado por las circunstancias, es con el fin de atraernos hacia fines más dignos de nuestros esfuerzos; y esta es también la razón por la que, de un modo general, recomienda la moderación de los deseos. Sin embargo esta pasiva resignación es incompatible con el lugar que ocupan hoy los intereses temporales en la vida colectiva. La disciplina que necesitan debe tener como finalidad, no relegarlos a un segundo plano y reducirlos todo lo posible, sino dotarles de una organización acorde a su importancia. El problema es hoy más complejo, y si no es un remedio aflojar las riendas de los apetitos, tampoco basta con tensarlas para contenerlos. Si los últimos defensores de las viejas teorías económicas cometen el error de ignorar que una norma es tan necesaria hoy como antiguamente, los apologistas de la institución religiosa cometen el error de creer que la norma antigua pueda ser eficaz hoy día. Incluso podría decirse que su ineficacia actual es la causa del mal.

Estas fáciles soluciones no pueden afrontar las dificultades de la situación. Sin duda sólo puede imponerse a los hombres una convicción moral; pero además es necesario que esta convicción tenga que ver con las cosas de este mundo para que pueda valorarlas con justicia. El grupo profesional reúne esta doble condición. Como es un grupo, domina a los individuos lo suficiente como para limitar sus apetitos; pero comparte tan de cerca su vida que no puede dejar de simpatizar con sus necesidades. Por lo demás, sigue siendo cierto que el Estado tiene también funciones importantes que cumplir. Él es el único que puede oponer al punto de vista particular de cada corporación un sentimiento de utilidad general y el necesario equilibrio orgánico. Pero sabemos que su acción no puede ejercerse útilmente más que si existe todo un sistema de organismos secundarios que lo diversifiquen. Y esos organismos son los que ante todo hay que suscitar.

No obstante hay una clase de suicidio que no podrá ser combatida con este procedimiento; y es el suicidio que resulta de la anomia conyugal. Aquí parece que nos encontremos ante una insoluble antinomia.

Este suicidio tiene como causa, como ya dijimos, la institución del divorcio y el conjunto de ideas y de costumbres de las que esta institución es el resultado y que no hace más que consagrar. ¿Debería entonces suprimirse allí donde existe? Este es un problema demasiado complejo para tratarlo aquí; sólo podrá ser planteado eficazmente después de haber procedido a un estudio sobre el matrimonio y su evolución. Por el momento sólo podemos ocuparnos de las relaciones entre el divorcio y el suicidio. Desde este punto de vista, no tenemos más remedio que admitir que el único medio de disminuir el número de los suicidios debidos a la anomia conyugal consiste en hacer el matrimonio más indisoluble.

Pero lo que vuelve este problema particularmente inquietante y le confiere casi un interés dramático, es que no se pueden disminuir así los suicidios de los maridos sin que aumenten al mismo tiempo los de las mujeres. ¿Será necesario por tanto sacrificar a uno de los dos sexos y la solución se reducirá a escoger el mal menor? No vemos otra solución mientras los intereses de los cónyuges en el matrimonio sean tan manifiestamente contrarios. Mientras unos tengan ante todo necesidad de libertad, y los otros de disciplina, la institución matrimonial no podrá beneficiar en la misma medida a unos y a otros. Pero este antagonismo, que hace que actualmente no haya solución, no es irremediable e imaginamos que está destinado a desaparecer.

Su origen está en que los dos sexos no participan en la misma proporción en la vida social. El hombre está inmerso en ella de una forma activa mientras que la mujer sólo se relaciona con ella a distancia. Como consecuencia, el hombre ha adquirido un mayor grado de socialización que la mujer. Sus gustos, sus aspiraciones, su estado de ánimo, tienen en gran parte un origen colectivo, mientras que los de su compañera están más influenciados por el organismo. Tienen por tanto necesidades distintas, y por consiguiente es imposible que una institución, destinada a regular su vida en común, pueda ser equitativa y satisfacer simultáneamente exigencias tan opuestas. No puede convenir a la vez a dos personas de las que una es, casi por completo, un producto de la sociedad, mientras que la otra ha permanecido en gran medida tal y como era por naturaleza. Pero no está en absoluto demostrado que esta oposición deba mantenerse necesariamente. Sin duda, en un sentido, estaba menos marcada en sus orígenes de lo que lo está hoy en día; pero no podemos concluir que esté destinada a desarrollarse indefinidamente. Las formas sociales más primitivas se reproducen a menudo en los estadios más altos de la evolución, pero bajo formas diferentes y casi contrarias a las que tenían en principio. Seguramente no se trata de suponer que la mujer estará alguna vez en condiciones de desempeñar en la sociedad las mismas funciones que el hombre; pero podrá desempeñar un papel que, perteneciéndole en exclusividad, sea sin embargo más activo y más importante que el que tiene hoy en día. El sexo femenino no se volverá más similar al sexo masculino; por el contrario, podemos prever que se distinguirá de él cada vez más. Pero estas diferencias también serán utilizadas socialmente más de lo que lo eran en el pasado. ¿Por qué, por ejemplo, a medida que el hombre es absorbido cada vez más por funciones utilitarias teniendo que renunciar a las funciones estéticas, no iban éstas a quedar en manos de la mujer? Los dos sexos acortarían las distancias entre ellos sin dejar por tanto de ser diferentes. Se socializarían igualmente, pero de maneras diferentes.[98] Y parece que este es el sentido de la evolución. En las ciudades la mujer difiere mucho más del hombre que en el campo; y sin embargo es en las ciudades donde su constitución intelectual y moral está más impregnada de vida social.

En cualquier caso, este es el único medio de atenuar el triste conflicto moral que divide en la actualidad a los sexos, del cual la estadística del suicidio nos ha dado una prueba definitiva. Solamente cuando la distancia sea menor entre los dos cónyuges, el matrimonio no tendrá por qué favorecer necesariamente a uno en detrimento del otro. Y en cuanto a los que reclaman hoy la igual-

---

[98] Esta diferenciación, podemos preverlo, no tendrá probablemente ya el carácter estrictamente reglamentario que tiene hoy en día. La mujer no estará excluida de oficio de determinadas funciones y relegada a otras. Podrá escoger más libremente, pero su elección, estando determinada por sus aptitudes, se dirigirá en general hacia un mismo tipo de ocupaciones. Será sensiblemente uniforme, sin ser obligatoria.

dad de derechos para la mujer, se olvidan de que una situación producto de siglos no puede abolirse en un instante; por lo demás, esta igualdad jurídica no puede ser legítima mientras la desigualdad psicológica sea tan flagrante. Por lo tanto, debemos dirigir nuestros esfuerzos a disminuir esta última. Para que el hombre y la mujer puedan estar protegidos igualmente por la misma institución, es necesario, ante todo, que sean dos personas de la misma naturaleza. Solamente entonces la indisolubilidad del vínculo conyugal no podrá ya ser acusada de no ser útil más que a una de las partes en conflicto.

IV

En resumen, lo mismo que el suicidio no proviene de las dificultades que pueda tener el hombre para vivir, el medio de detener sus progresos no consiste en hacer la lucha menos dura y la vida más fácil. Si hoy en día la gente se mata más que antes, no es porque necesitemos hacer mayores esfuerzos para sobrevivir, ni porque nuestras necesidades básicas estén menos satisfechas; es que ya no sabemos hasta dónde llegan nuestras necesidades y no percibimos el sentido de nuestros actos. Sin duda la competencia es cada día mayor, porque la mayor facilidad de las comunicaciones enfrenta a un número de competidores que crece cada día más. Pero por otro lado, una división del trabajo más perfeccionada y la cooperación más compleja que la acompaña, multiplicando y diversificando al infinito los empleos en que el hombre puede hacerse útil a los hombres, multiplican los medios de subsistencia y los ponen al alcance de una mayor variedad de sujetos. Incluso las aptitudes más inferiores pueden encontrar hoy su lugar. Al mismo tiempo, la producción más intensa que resulta de esta cooperación más inteligente, al aumentar el capital de recursos que dispone la humanidad, asegura a cada trabajador una remuneración mayor y mantiene así el equilibrio entre un mayor gasto de fuerzas vitales y su reposición. Es evidente que en todos los niveles de la jerarquía social el bienestar medio ha aumentado, aunque tal vez este aumento no se haya producido siempre en las proporciones más equitativas. El malestar que experimentamos no proviene por tanto de que las causas objetivas del sufrimiento hayan aumentado en número o en intensidad; pone de manifiesto, no ya una miseria económica, sino una alarmante miseria moral.

Pero no hay que confundirse sobre el sentido de esta palabra. Cuando se dice de un malestar individual o social que tiene un origen moral, se puede pensar que no tiene ningún tratamiento eficaz, que sólo puede ser tratado con consejos insistentes y reproches metódicos, en una palabra, mediante una intervención verbal. Se razona como si un sistema de ideas no tuviera nada que ver con el resto del universo, como si, por consiguiente, para deshacerlo o para rehacerlo bastara con pronunciar de determinado modo determinadas fórmulas. No nos damos cuenta de que esto equivale a aplicar a las cosas del pensamiento las creencias y los métodos que el primitivo aplica a las cosas del mundo físico. Lo mismo que él cree en la existencia de palabras mágicas que tienen el poder de transmutar a una persona en otra, admitimos implícitamente, sin darnos cuenta de la tosquedad de este pensamiento, que con palabras apropiadas se pueden cambiar las mentes y los comportamientos. Del mismo modo que el salvaje que, afirmando enérgicamente su voluntad de ver producirse tal o cual fenómeno cósmico, imagina que puede provocarlo mediante las virtudes de la magia simpática, nosotros pensamos que si formulamos con convicción nuestro deseo de ver realizada tal o cual revolución, se producirá espontáneamente. Pero en realidad, el sistema mental de un pueblo es un sistema de fuerzas concretas a las que no se puede ni desordenar ni reordenar mediante simples exhortaciones. Depende, en efecto, de la manera en que los elementos sociales están agrupados y organizados. En un pueblo determinado, formado por un determinado número de individuos dispuestos de una determinada manera, se produce un conjunto determinado de ideas y de prácticas colectivas que permanecen constantes en tanto las condiciones de las que dependen permanezcan ellas también idénticas. En efecto, según las partes de las que se componga sean más o menos numerosas y estén ordenadas según tal o cual plan, la naturaleza del ente colectivo varía necesariamente, y por consiguiente sus formas de pensar y de actuar; pero no se pueden cambiar estas últimas más que cambiándole a él y no se le puede cambiar sin modificar su constitución anatómica. Resulta por tanto que al calificar de moral la enfermedad de la que el anormal progreso de los suicidios constituye el síntoma, estamos intentando reducirla al nivel de cualquier dolencia superficial que pueda aplacarse con buenas palabras. Pero la realidad es todo lo contrario, la alteración del temperamento moral que de este modo se pone de manifiesto, demuestra una alteración profunda de nuestra estructura social. Para curar una es por tanto necesario reformar la otra.

Ya hemos dicho en qué debe consistir esta reforma a nuestro juicio. Y lo que demuestra definitivamente su urgencia es que se ha vuelto necesaria, no solamente por el estado actual del suicidio, sino por todo el conjunto de nuestro desarrollo histórico.

Su característica más relevante es que ha hecho tabla rasa sucesivamente de todas las viejas instituciones sociales. Unas tras otras han ido siendo suprimidas, ya sea por el lento desgaste del tiempo, ya por grandes conmociones, sin que nada haya venido a sustituirlas. En su origen, la sociedad estaba organizada sobre la base de la familia; formada por la reunión de un determinado número de sociedades más pequeñas, los clanes, en los que todos sus miembros eran o se consideraban parientes. Esta organización no parece que se haya mantenido pura mucho tiempo. Muy pronto la familia deja de ser una división política para convertirse en el centro de la vida privada. A la antigua agrupación doméstica la sustituye entonces la agrupación territorial. Los individuos que ocupan un mismo territorio se forman a la larga ideas y costumbres comunes, independientemente de cualquier consanguinidad, pero que se diferencian de las de sus vecinos más alejados. Se constituyen así pequeños grupos que no tienen otra base material que la vecindad y las relaciones que resultan de ella, pero en los que cada cual conserva su propia fisonomía; así se han formado los pueblos, mejor aún, las ciudades, con sus dependencias. Indudablemente, lo más frecuente es que no se encierren en un aislamiento primitivo. Constituyen confederaciones entre ellas, se mezclan en distintas formas, y forman así sociedades más o menos complejas de las que pasan a formar parte conservando siempre su personalidad. Continúan siendo como un segmento elemental del que la sociedad total no es más que una reproducción ampliada. Pero poco a poco, a medida que se estrechan los lazos entre las confederaciones, las circunscripciones territoriales se mezclan unas con otras y pierden su antigua individualidad moral. De una ciudad a otra, de un distrito a otro, las diferencias van disminuyendo.[99] El gran cambio que llevó a cabo la Revolución francesa fue precisamente llevar ese nivelamiento hasta un punto desconocido hasta entonces. Esto no quiere decir que lo haya improvisado; llevaba tiempo preparándose con la progresiva centralización a la que había procedido el antiguo régimen. La supresión legal de las viejas provincias, la creación de nuevas divisiones territoriales, puramente artificiales y nominales, la consagró definitivamente. Más tarde, el desarrollo de las vías de comunicación, al mezclar a las poblaciones, borró hasta los últimos vestigios de la antigua situación. Y puesto que en el mismo momento lo que quedaba de la organización profesional fue destruido violentamente, todos los órganos secundarios de la vida social se encontraron aniquilados.

Sólo una fuerza colectiva sobrevivió a la tormenta: el Estado. Arrastrado por la marcha de los acontecimientos éste tendió a concentrar todas aquellas formas de actividad que podían tener un carácter social, y no tuvo que hacer frente más que a una masa inconsistente de individuos. Pero entonces, y por eso mismo, se encontró sobrecargado de funciones que no estaba en condiciones de satisfacer y que no ha podido desempeñar de una forma útil. Pues como a menudo se observa, el Estado es tan prepotente como impotente. Hace un esfuerzo enfermizo por abarcar toda suerte de cosas que se le escapan o de las que sólo puede hacerse cargo violentándolas. De ahí ese despilfarro de fuerzas que se le reprocha, efectivamente desproporcionado con los resultados obtenidos. Por otra parte, los individuos ya no están sometidos a ninguna otra acción colectiva más que a la suya, puesto que es la única colectividad organizada. Sólo por mediación suya son conscientes de la sociedad y de la dependencia que tienen respecto a ella. Pero como el Estado está alejado de ellos no puede ejercer más que una acción distante y discontinua; esta es la razón por la

---

[99] Por supuesto que sólo podemos señalar las principales etapas de esta evolución. No queremos decir que las sociedades modernas hayan sucedido a la ciudad: pasamos por alto los estados intermedios.

que esta dependencia no se experimenta ni con la constancia ni con la fuerza necesarias. Durante la mayor parte de sus vidas no hay nada que les haga pensar en otra cosa que no sean ellos mismos y les imponga un freno. En estas condiciones es inevitable que se hundan en el egoísmo o el desenfreno. El hombre no puede entregarse a fines que están fuera de su alcance y someterse a una regla, si no reconoce por encima de él nada con lo que identificarse. Liberarle de toda presión social equivale a abandonarle a sí mismo y a desmoralizarle. Tales son, en efecto, las dos características de nuestra situación moral. Mientras que el Estado se hincha y se hipertrofie para poder controlar férreamente a los individuos, aunque sin conseguirlo, estos, sin vínculos entre ellos, se deslizan unos sobre otros como moléculas líquidas, sin encontrar ningún núcleo suficientemente fuerte que los modere, los estabilice, y los organice.

De cuando en cuando, para remediar el mal, alguien propone que se devuelva a las agrupaciones locales algo de su antigua autonomía; es lo que se llama descentralizar. Pero la única descentralización realmente útil sería aquella que produjera al mismo tiempo una mayor concentración de las fuerzas sociales. Es necesario, sin aflojar los lazos que unen a cada parte de la sociedad con el Estado, crear poderes morales que ejerzan sobre la mayoría de los individuos un influencia que el Estado no puede ejercer. Ahora bien, hoy día, ni la comunidad, ni la jurisdicción, ni la provincia, tienen suficientemente ascendencia sobre nosotros como para poder ejercer esa influencia; no vemos en ellas más que etiquetas convencionales, desprovistas de todo significado. Sin duda, en iguales circunstancias, preferimos generalmente vivir en los lugares en que hemos nacido y en los que nos hemos criado. Pero ya no quedan patrias locales y no volverá a haberlas. La vida general del país, definitivamente unificada, es contraria a cualquier dispersión de esta clase. Se puede lamentar lo que se ha perdido; pero de nada sirve. Es imposible resucitar artificialmente un espíritu particularista que ya no tiene ningún fundamento. En adelante se podrá, con ayuda de algunas combinaciones ingeniosas, aligerar un poco el funcionamiento de la máquina gubernamental; pero nunca será así como se modifique el equilibrio moral de la sociedad. Por este medio se conseguirá desahogar a los ministerios sobrecargados, y dar algún contenido más a la actividad de las autoridades regionales; pero con esto no se conseguirá hacer de las diferentes regiones otros tantos medios morales. Porque además de que las medidas administrativas no pueden bastar para alcanzar semejante resultado, éste no es en sí mismo ni posible ni deseable.

La única descentralización que sin romper la unidad nacional permitiría multiplicar los centros de la vida comunitaria, es la que podríamos llamar *descentralización profesional*. Ya que, como cada uno de estos centros no sería más que el núcleo de una actividad especial y limitada, serían inseparables los unos de los otros y el individuo podría, por consiguiente, estar vinculado a ellos sin dejar de ser por eso menos solidario con el todo. La vida social no puede dividirse y seguir siendo a la vez una, a no ser que cada una de esas divisiones represente una función. Así es como lo han comprendido la mayoría de los autores y de los hombres de Estado,[100] que desearían hacer del grupo profesional la base de nuestra organización política, es decir, dividir el colegio electoral no por circunscripciones territoriales sino por corporaciones. Pero para eso, hay que empezar por organizar la corporación. Es necesario que sea algo más que una reunión de individuos que se encuentran el día de las votaciones sin tener nada en común entre ellos. No podrá desempeñar el papel al que se la destina más que si, en vez de continuar siendo un ente convencional, se convierte en una institución concreta, una personalidad colectiva, con sus costumbres y sus tradiciones, sus derechos y sus deberes, su unidad en definitiva. La mayor dificultad no consiste en decidir por decreto que los representantes serán nombrados por profesión ni cuántos tendrá cada una de ellas, sino en conseguir que cada corporación se convierta en una individualidad moral. De otro modo no se hará más que añadir un marco externo y artificial a las que ya existen y se quiere reemplazar.

De modo que una monografía sobre el suicidio tiene un alcance que sobrepasa el orden concreto de los hechos que constituyen su objeto. Las cuestiones que plantea tienen que ver con los gravísimos problemas prácticos que se plantean actualmente. Los anor-

---

[100] V. sobre este punto, Benoist, L'organisation du suffrage universel, en *Revue des Deux Mondes*, 1886.

males progresos del suicidio y el malestar general que aquejan las sociedades contemporáneas derivan de las mismas causas. Ese número excepcionalmente alto de muertes voluntarias pone de manifiesto el estado de profunda perturbación que padecen las sociedades civilizadas y su gravedad. Puede decirse incluso que da la medida exacta de su gravedad. Cuando estos sufrimientos se expresan por boca de un teórico, podría llegar a pensarse que se los exagera y no se los traduce fielmente. Pero en este caso, en la estadística de los suicidios, hablan por sí mismos sin dar lugar a la apreciación personal. No se puede por tanto atajar esta corriente de melancolía colectiva más que atenuando, en lo posible, el malestar colectivo del que es producto y síntoma. Hemos visto que para alcanzar este fin, no era necesario ni volver a instaurar artificialmente formas sociales caducas, a las que sólo se podría transmitir una apariencia de vida, ni inventar de la nada formas completamente nuevas y sin analogías en la historia. Lo que hace falta es buscar en el pasado los gérmenes de vida nueva que contenía y urgir su desarrollo.

En cuanto a determinar con mayor exactitud bajo qué forma concreta están llamados a desarrollarse estos gérmenes en el futuro, es decir, cómo debería de ser en concreto la organización profesional que necesitamos, es algo que no podemos abordar en esta obra. Solamente después de un estudio específico sobre el régimen corporativo y las leyes de su evolución, sería posible precisar más las conclusiones precedentes. Tampoco hay que exagerar el interés de esos programas excesivamente concretos que gustan tanto a los filósofos de la política. No son más que juegos imaginativos, siempre demasiado alejados de la complejidad de los hechos como para poder servir de algo en la práctica; la realidad social no es tan simple y todavía no se la conoce lo suficiente como para poder anticiparla con detalle. Sólo el contacto directo con las cosas puede dar a las enseñanzas de la ciencia la determinación que necesitan. Una vez reconocida la existencia del mal, en qué consiste y de qué depende, cuando se conoce por consiguiente las características generales del remedio y el punto en que debe ser aplicado, lo esencial no es fijar por adelantado un plan que lo prevea todo; lo esencial es ponerse resueltamente manos a la obra.

Índice

Introducción

I – Necesidad de constituir, mediante una definición objetiva, el objeto de la investigación. Definición objetiva del suicidio. Cómo ésta previene las exclusiones arbitrarias y las identificaciones engañosas: eliminación de los suicidios de animales. Cómo establece las relaciones del suicidio con las formas ordinarias de la conducta / 7

II – Diferencia entre el suicidio considerado en los individuos y el suicidio como fenómeno colectivo. La tasa social de los suicidios; su definición. Su constancia y su especificidad superiores a la de la mortalidad general.
    La tasa social de los suicidios es por tanto un fenómeno *sui generis*; es ella la que constituye el objeto del presente estudio. División de la obra / 13

Bibliografía general / 21

Libro primero
Los factores extra-sociales

Capítulo I
El suicidio y los estados psicopáticos

Principales factores extra-sociales susceptibles de tener una influencia sobre la tasa social de los suicidios: tendencias individuales suficientemente generalizadas, estados del medio físico / 25

I – Teoría según la cual el suicidio no sería más que una consecuencia de la locura. Dos maneras de demostrarla: 1º el suicidio es una monomanía *sui generis*; 2º es un síndrome de la locura que no se encuentra en ninguna otra parte / 26

II – ¿Es el suicidio una monomanía? La existencia de las monomanías ya no se admite. Razones clínicas y psicológicas contrarias a esta hipótesis / 27

III – ¿Es el suicidio un episodio específico de la locura? Reducción de todos los suicidios vesánicos a cuatro tipos. Existencia de suicidios razonables que no entran en esta clasificación / 31

IV – Sin embargo el suicidio, sin ser un producto de la locura, ¿no dependerá acaso estrechamente de la neurastenia? Razones para creer que el neurasténico es el tipo psicológico más extendido entre los suicidas. Queda por determinar la influencia de esta condición individual sobre la tasa de los suicidios. Método para determinarla: comprobar si la tasa de los suicidios varía como la de la locura. Ausencia de cualquier relación en la manera en que estos dos fenómenos varían en función de los sexos, los cultos, la edad, los países, el grado de civilización. Lo que explica esta ausencia de relaciones: indeterminación de los efectos que implica la neurastenia / 38

V – ¿Tendrá relaciones más directas con la tasa del alcoholismo? Comparación con la distribución geográfica de los delitos de embriaguez, las locuras alcohólicas, y el consumo de alcohol. Resultados negativos de esta comparación / 50

Capítulo II
El suicidio y los estados psicológicos normales.
La raza. La herencia

I – Necesidad de definir la raza. No puede ser definida más que como un tipo hereditario; pero entonces la palabra adquiere un sentido indeterminado. Necesidad por tanto de una gran reserva al respecto / 60

II – Tres grandes razas distinguidas por Morselli. Gran diversidad en la actitud hacia el suicidio entre los eslavos, los celta-romanos, y los pueblos germánicos. Sólo los alemanes tienen una inclinación generalmente intensa, pero la pierden cuando están fuera de Alemania.
Sobre la pretendida relación entre el suicidio y la talla: resultados de una coincidencia / 64

III – La raza sólo puede ser un factor del suicidio si éste fuera esencialmente hereditario; insuficiencia de las pruebas favorables a la herencia: 1° La relativa frecuencia de casos imputables a la herencia se desconoce; 2° Posibilidad de otra explicación; influencia de la locura y de la imitación. Razones contrarias a esta herencia especial: 1° ¿Por qué el suicidio se transmitirá menos a la mujer? 2° La manera en que el suicidio evoluciona con la edad es incompatible con esta hipótesis / 74

Capítulo III
El suicidio y los factores cósmicos

I – El clima no tiene ninguna influencia / 87

II – La temperatura. Variaciones estacionales del suicidio; su generalidad. Cómo la escuela italiana las explica por la temperatura / 89

III – La discutible concepción del suicidio base de esta teoría. Examen de los hechos: la influencia del calor anormal y del frío anormal no demuestra nada; ausencia de relaciones entre la tasa de los suicidios y la temperatura estacional o mensual; el suicidio es raro en un gran número de países cálidos.
Hipótesis según la cual serían los primeros calores los que resultarían nocivos. Inconciliable: 1° con la continuidad de la curva de los suicidios en su ascenso y en su descenso; 2° con el hecho de que los primeros fríos, que deberían de surtir el mismo efecto, resultan inofensivos / 92

IV – Naturaleza de las causas de las que dependen estas variaciones. Paralelismo perfecto entre las variaciones mensuales del suicidio y las de la duración de los días; confirmado por el hecho de que los suicidios tienen lugar sobre todo durante el día. Razón de este paralelismo: durante el día, la vida social está en plena efervescencia. Explicación confirmada por el hecho de que el suicidio está en su punto más alto en los días y las horas de máxima actividad social. Cómo esta actividad refleja las variaciones estacionales del suicidio; diversas pruebas confirmativas.

Las variaciones mensuales del suicidio dependen por tanto de causas sociales / 100

Capítulo IV
La imitación

La imitación es un fenómeno de psicología individual. Utilidad de investigar si tiene alguna influencia en la tasa social de los suicidios / 110

I – Diferencia entre la imitación y varios otros fenómenos con los que ha sido confundida. Definición de la imitación / 111

II – Numerosos casos en que los suicidios se transmiten por contagio de individuo a individuo; distinción entre los hechos de contagio y las epidemias. Cómo el problema de la posible influencia de la imitación sobre la tasa de los suicidios se queda sin resolver / 119

III – Esta influencia debe ser estudiada a través de la distribución geográfica de los suicidios. Criterios para reconocerla. Aplicación de este método al mapa de los suicidios franceses por distritos, al mapa por municipios de Seine-et-Marne, y al mapa de Europa en general. No hay ningún signo visible de la imitación en la distribución geográfica.

Propuesta de experimento: ¿el suicidio crece con el número de lectores de periódicos? Razones que apoyan la opinión contraria / 122

IV – Razón que hace que la imitación no tenga efectos apreciables sobre la tasa de los suicidios: no es un factor original y no hace más que reforzar la acción de los otros factores.

Consecuencia práctica de esta discusión: no se debe prohibir la publicidad judicial.

Consecuencia teórica: la imitación no tiene la eficacia social que se le presume / 133

Libro II
Causas sociales y tipos sociales

Capítulo I
Método para determinarlas

I – Utilidad de clasificar morfológicamente los tipos de suicidio para remontarnos a continuación a sus causas; imposibilidad de esta clasificación. El único método practicable consiste en clasificar los suicidios por sus causas. Porque esta clasificación es la más adecuada para un estudio sociológico del suicidio / 139

II – ¿Cómo llegar a las causas? Las informaciones que nos da la estadística sobre las presuntas razones de los suicidios: 1º son dudosas; 2º no descubren las verdaderas causas. El único método eficaz consiste en estudiar las variaciones en las tasa de los suicidios en función de los diversos concomitantes sociales / 143

Capítulo II
El suicidio egoísta

I – El suicidio y las religiones. Agravación general debida al protestantismo; inmunidad de los católicos y sobre todo de los judíos / 148

II – La inmunidad de los católicos no está relacionada con su condición de minoría en los países protestantes, sino con su menor individualismo religioso, como consecuencia de la mayor cohesión de la iglesia católica. Cómo se aplica esta explicación a los judíos / 153

III – Comprobación de esta explicación: 1º la inmunidad relativa de Inglaterra, en relación a los otros países protestantes, ligada a la mayor cohesión de la iglesia anglicana; 2º el individualismo religioso varía tanto como la curiosidad por conocer; ahora bien, a) la curiosidad por conocer es mayor entre los pueblos protestantes que entre los católicos, b) la curiosidad por conocer varía como el suicidio siempre que corresponde a un progreso del individualismo religioso. Cómo la excepción de los judíos confirma esta ley / 158

IV – Consecuencias de este capítulo: 1º la ciencia es el remedio al mal del que el progreso de los suicidios es síntoma, pero no causa; 2º si la sociedad religiosa preserva del suicidio, es sencillamente porque es una sociedad con una gran cohesión / 168

Capítulo III
El suicidio egoísta (*continuación*)

I – Inmunidad general de los casados tal y como la ha calculado Bertillon. Inconvenientes del método que ha seguido. Necesidad de separar netamente la influencia de la edad y la del estado civil. Tablas donde se ha efectuado esta separación. Leyes que se desprenden de ella / 171

II – Explicación de estas leyes. El coeficiente de preservación de los cónyuges no tiene que ver con la selección matrimonial. Pruebas: 1º razones *a priori*; 2º razones de hecho deducidas : a) de las variaciones del coeficiente en distintas edades; b) de la desigual inmunidad de la que gozan los cónyuges de ambos sexos.

Esta inmunidad ¿se debe al matrimonio o a la familia? Razones contrarias a la primera hipótesis: 1º contraste entre el estado estacionario de la nupcialidad y los progresos del suicidio; 2º débil inmunidad de los maridos sin hijos; 3º agravación en las mujeres sin hijos / 182

III – La inmunidad moderada de la que gozan los hombres casados sin hijos, ¿se debe a la selección conyugal? Prueba en contra deducida de la agravación en las mujeres sin hijos. Cómo la persistencia parcial de este coeficiente en el viudo sin hijos se explica sipan necesidad de hacer intervenir a la selección conyugal. Teoría general sobre la viudedad / 193

IV – Tabla recapitulativa de los resultados precedentes. A la acción de la familia se le debe casi toda la inmunidad de los maridos y toda la de las mujeres. Crece con la densidad de la familia, es decir con su grado de cohesión / 203

V – El suicidio y las crisis políticas nacionales. Cómo la regresión que experimenta entonces es real y general. Se debe a que el grupo adquiere en estas crisis una mayor cohesión / 211

VI – Conclusión general del capítulo. Relación directa entre el suicidio y el grado de integración de los grupos sociales, sean cual sean. Motivo de esta relación; por qué y en qué condiciones la sociedad es necesaria para el individuo. Cómo, cuando ésta le falla, el suicidio se desarrolla. Pruebas que confirman esta explicación. Constitución del suicidio egoísta / 218

CAPÍTULO IV
El suicidio altruista

I – El suicidio en las sociedades primitivas: características que le distinguen, opuestas a las del suicidio egoísta. Constitución del suicidio altruista obligatorio. Otras formas de este tipo / 228

II – El suicidio en los ejércitos europeos; generalidad de la agravación que resulta del servicio militar. Cómo es independiente del celibato y del alcoholismo. Tampoco se debe al hastío que provoca el servicio. Pruebas: 1º crece con la duración del servicio; 2º es más fuerte entre los voluntarios y los reenganchados; 3º entre los oficiales y los suboficiales que entre los soldados rasos. Se debe al espíritu militar y al estado de altruismo que implica. Pruebas que lo confirman: 1º es tanto más fuerte cuanto menor es la inclinación de los pueblos por el suicidio egoísta; 2º se encuentra en su grado más alto entre las tropas de elite; 3º disminuye a medida que el suicidio egoísta se desarrolla / 241

III – Cómo los resultados obtenidos justifican el método seguido / 254

Capítulo V
El suicidio anómico

I – El suicidio crece con las crisis económicas. Esta progresión se mantiene en las crisis de prosperidad: los ejemplos de Prusia y de Italia. Las exposiciones universales. El suicidio y la riqueza / 257

II – Explicación de esta relación. El hombre sólo puede vivir cuando sus necesidades están en armonía con sus medios; lo que implica una limitación de estos últimos. La sociedad es la que los limita; cómo se ejerce normalmente esta influencia moderadora. Cómo las crisis la obstaculizan; y cómo provocan desórdenes, *anomia*, suicidios. Conclusión de la relación del suicidio con la riqueza / 265

III – La anomia se encuentra actualmente en estado crónico en el mundo económico. Suicidios que provoca. Constitución del suicidio anómico / 275

IV – Suicidios debidos a la anomia conyugal. La viudedad. El divorcio. Paralelismo entre los divorcios y los suicidios. Se debe a una constitución matrimonial que actúa en sentido inverso sobre los maridos y sobre las mujeres; pruebas a favor. En qué consiste esta constitución matrimonial. El debilitamiento de la disciplina matrimonial que implica el divorcio agrava la tendencia al suicidio entre los hombres y la disminuye entre las mujeres. Razón de este antagonismo. Pruebas que confirman esta explicación.
Concepción del matrimonio que se desprende de este capítulo / 280

Capítulo VI
Formas individuales de los diferentes tipos de suicidios

Utilidad y posibilidad de completar la clasificación etiológica que precede con una clasificación morfológica / 303

I – Formas fundamentales que presentan las tres corrientes suicidógenas al encarnarse en los individuos. Formas mixtas que resultan de la combinación de estas formas fundamentales / 305

II – ¿Hay que hacer intervenir en esta clasificación el instrumento que se ha elegido para darse muerte? Cómo esta elección depende de causas sociales. Pero estas causas son independientes de aquellas que determinan el suicidio. No se tienen por tanto en cuenta en la presente investigación.
Tabla sinóptica de los diferentes tipos de suicidios / 317

Libro III
Del suicidio como fenómeno social en general

Capítulo I
El elemento social del suicidio

I – Resultados de todo lo que precede. Ausencia de relaciones entre la tasa de los suicidios y los fenómenos cósmicos o biológicos. Relaciones concretas con los hechos sociales. La tasa social corresponde por tanto a una inclinación colectiva de la sociedad / 325

II – La constancia y la individualidad de esta tasa no puede explicarse de otro modo. Teoría de Quetelet para explicarla: el hombre medio. Refutación: la regularidad de los datos estadísticos se encuentra incluso en hechos que están fuera de la media. Necesidad de admitir una fuerza o un grupo de fuerzas colectivas cuya intensidad pueda expresar la tasa social de los suicidios / 328

III – Lo que hay que entender por esta fuerza colectiva: es una realidad exterior y por encima del individuo. Exposición y examen de las objeciones hechas a esta concepción:
1º Objeción según la cual un hecho social no puede transmitirse más que por tradiciones interpersonales. Respuesta: la tasa de los suicidios no puede transmitirse de este modo.
2º Objeción según la cual el individuo es todo lo que hay de real en la sociedad. Respuesta: a) Cómo las cosas materiales, exter-

nas a los individuos, se erigen en hechos sociales y juegan en calidad de tales un papel *sui generis*; b) Los hechos sociales que no se objetivan de esta forma desbordan la conciencia individual. Tienen como substrato la suma formada por las conciencias individuales reunidas en sociedad. Cómo esta concepción no tiene nada de ontológica / 336

IV – Aplicación de estas ideas al suicidio / 353

Capítulo II
Relaciones del suicidio con los demás fenómenos sociales

Método para determinar si el suicidio debe de ser clasificado entre los hechos morales o inmorales / 359

I – Exposición histórica de las disposiciones jurídicas o morales en uso en las diferentes sociedades relativas al suicidio. Progreso continuo de la reprobación de la que es objeto, excepto en épocas de decadencia. Razón de ser de esta reprobación; cómo cada día tiene más que ver con la constitución normal de las sociedades modernas / 360

II – Relaciones del suicidio con las otras formas de la inmoralidad. El suicidio y los atentados contra la propiedad; ausencia de cualquier relación. El suicidio y el homicidio; teoría según la cual los dos consistirían en un mismo estado orgánico-psíquico, aunque dependería de condiciones sociales opuestas / 373

III – Discusión de la primera parte de la proposición. Cómo el sexo, la edad, la temperatura, no influyen de la misma manera sobre los dos fenómenos / 377

IV – Discusión de la segunda parte. Casos en que el antagonismo no se verifica. Casos, más numerosos, en los que se verifica. Explicación de estas aparentes contradicciones: existencia de diferentes tipos de suicidios de los que unos excluyen el homicidio mientras que otros dependen de las mismas condiciones sociales. Naturaleza de estos tipos; por qué los primeros son actualmente más numerosos que los segundos.

Cómo lo que precede aclara la cuestión de las relaciones históricas entre el egoísmo y el altruismo / 383

Capítulo III
Consecuencias prácticas

I – La solución del problema práctico varía según se atribuya al estado actual del suicidio un carácter normal o anormal. Cómo se plantea la cuestión a pesar de la naturaleza inmoral del suicidio. Razones para creer que la existencia de una tasa moderada de suicidios no tiene nada de mórbido. Razones para creer no obstante que la tasa actual entre los pueblos europeos es el índice de un estado patológico / 400

II – Medios propuestos para conjurar el mal: 1° medidas representativas. Cuáles serían posibles. Por qué no podrían tener más que una eficacia limitada; 2° la educación. Ésta no puede reformar el estado moral de la sociedad porque no es más que su reflejo. Necesidad de remontarse a las causas mismas de las corrientes suicidógenas; se puede sin embargo dejar de lado el suicidio altruista cuyo estado no tiene nada de anormal.

El remedio contra el suicidio egoísta: hacer más consistentes a los grupos en que se asocian los individuos. ¿Cuáles son los más adecuados para desempeñar este papel? No es la sociedad política que está demasiado alejada del individuo – ni la sociedad religiosa que sólo lo socializa privándole de la libertad de pensar – ni la familia que tiende a reducirse a la pareja conyugal. Los suicidios de los casados progresan como los de los solteros / 411

III – Del grupo profesional. Por qué es el único en condiciones de cumplir esta función. En lo que debe de convertirse para ello. Cómo puede constituir un medio moral. – Cómo puede contener también el suicidio anómico. – Casos de anomia conyugal. Posición antinómica del problema: el antagonismo de los sexos. Medios para remediarlo / 420

IV – Conclusión. El estado actual del suicidio es indicativo de miseria moral. Lo que hay que entender por enfermedad moral de la sociedad. Cómo la reforma propuesta es una exigencia del conjunto de nuestra evolución histórica. Desaparición de todos los grupos intermedios entre el individuo y el Estado; necesidad de volverlos a constituir. La descentralización profesional se opone a la descentralización territorial; cómo ésta es la base necesaria de la organización social.

Importancia del problema del suicidio; su vinculación con los mayores problemas prácticos del momento presente / 429